BELLETRISTIK

Friedrich Hebbel

DRAMEN

1988

Verlag Philipp Reclam jun. Leipzig

Herausgegeben von Lothar Ehrlich

ISBN 3-379-00287-9

Text nach: Friedrich Hebbel, Werke in fünf Bänden. Hrsg. von
G. Fricke, W. Keller, K. Pörnbacher, München: Hanser 1978

Reclams Universal-Bibliothek Band 1252
1. Auflage
Reihengestaltung: Lothar Reher
Lizenz Nr. 363. 340/37/88 · LSV 7106 · Vbg. 27,5
Printed in the German Democratic Republic
Grafischer Großbetrieb Völkerfreundschaft Dresden
Gesetzt aus Garamond-Antiqua
Bestellnummer: 6614067
00300

Ein Wort über das Drama

Die Kunst hat es mit dem Leben, dem innern und äußern, zu tun, und man kann wohl sagen, daß sie beides zugleich darstellt, seine reinste Form und seinen höchsten Gehalt. Die Hauptgattungen der Kunst und ihre Gesetze ergeben sich unmittelbar aus der Verschiedenheit der Elemente, die sie im jedesmaligen Fall aus dem Leben herausnimmt und verarbeitet. Das Leben erscheint aber in zwiefacher Gestalt, als Sein und als Werden, und die Kunst löst ihre Aufgabe am vollkommensten, wenn sie sich zwischen beiden gemessen in der Schwebe erhält. Nur so versichert sie sich der Gegenwart wie der Zukunft, die ihr gleich wichtig sein müssen, nur so wird sie, was sie werden soll, Leben im Leben; denn das Zuständlich-Geschlossene erstickt den schöpferischen Hauch, ohne den sie wirkungslos bliebe, und das Embryonisch-Aufzuckende schließt die Form aus.

Das Drama stellt den Lebensprozeß an sich dar. Und zwar nicht bloß in dem Sinne, daß es uns das Leben in seiner ganzen Breite vorführt, was die epische Dichtung sich ja wohl auch zu tun erlaubt, sondern in dem Sinne, daß es uns das bedenkliche Verhältnis vergegenwärtigt, worin das aus dem ursprünglichen Nexus entlassene Individuum dem Ganzen, dessen Teil es trotz seiner unbegreiflichen Freiheit noch immer geblieben ist, gegenübersteht. Das Drama ist demnach, wie es sich für die höchste Kunstform schicken will, auf gleiche Weise ans Seiende wie ans Werdende verwiesen: ans Seiende, indem es nicht müde werden darf, die ewige Wahrheit zu wiederholen, daß das Leben als Vereinzelung, die nicht Maß zu halten weiß, die Schuld nicht bloß zufällig erzeugt, sondern sie notwendig und wesentlich mit einschließt und bedingt; ans Werdende, indem es an immer neuen Stoffen, wie die wandelnde Zeit und ihr Niederschlag, die Geschichte, sie ihm entgegenbringt, darzutun hat, daß der Mensch, wie die Dinge um ihn her sich auch verändern mögen, seiner Natur und seinem Geschick nach ewig derselbe bleibt. Hiebei ist nicht zu übersehen, daß die dramatische Schuld nicht, wie die christliche Erbsünde, erst aus der Richtung des menschlichen Willens entspringt, sondern unmittelbar aus dem Willen selbst, aus der starren, eigenmächtigen Ausdehnung des Ichs, hervorgeht, und daß es daher dramatisch völlig gleichgültig ist, ob der Held an einer vortrefflichen oder einer verwerflichen Bestrebung scheitert.

Den Stoff des Dramas bilden Fabel und Charaktere. Von jener wollen wir hier absehen, denn sie ist, wenigstens bei den Neueren, ein untergeordnetes Moment geworden, wie jeder, der etwa zweifelt, sich klarmachen kann, wenn er ein Shakespearesches Stück zur Hand nimmt und sich fragt, was wohl den Dichter entzündet hat, die Geschichte oder die Menschen, die er auftreten läßt. Von der allergrößten Wichtigkeit dagegen ist die Behandlung der Charaktere. Diese dürfen in keinem Fall als fertige erscheinen, die nur noch allerlei Verhältnisse durch- und abspielen und wohl äußerlich an Glück oder Unglück, nicht aber innerlich an Kern und Wesenhaftigkeit gewinnen und verlieren können. Dies ist der Tod des Dramas, der Tod vor der Geburt. Nur dadurch, daß es uns veranschaulicht, wie das Individuum im Kampf zwischen seinem persönlichen und dem allgemeinen Weltwillen, der die Tat, den Ausdruck der Freiheit, immer durch die Begebenheit, den Ausdruck der Notwendigkeit, modifiziert und umgestaltet, seine Form und seinen Schwerpunkt gewinnt, und daß es uns so die Natur alles menschlichen Handelns klarmacht, das beständig, so wie es ein inneres Motiv zu manifestieren sucht, zugleich ein widerstrebendes, auf Herstellung des Gleichgewichtes berechnetes äußeres entbindet – nur dadurch wird das Drama lebendig. Und obgleich die zugrunde gelegte Idee, von der die hier vorausgesetzte Würde des Dramas und sein Wert abhängt, den Ring abgibt, innerhalb dessen sich alles planetarisch regen und bewegen muß, so hat der Dichter doch, im gehörigen Sinn und unbeschadet der wahren Einheit, für Vervielfältigung der Interessen oder richtiger für Vergegenwärtigung der Totalität des Lebens und der Welt zu sorgen und sich wohl zu hüten, alle seine Charaktere, wie dies in den sogenannten lyrischen Stücken öfters geschieht, dem Zentrum gleich nah zu stellen. Das vollkommenste Lebensbild entsteht dann, wenn der Hauptcharakter das für die Neben- und Gegencharaktere wird, was das Geschick, mit

dem er ringt, für ihn ist, und wenn sich auf solche Weise alles, bis zu den untersten Abstufungen herab, in-, durch- und miteinander entwickelt, bedingt und spiegelt.
Es fragt sich nun: In welchem Verhältnis steht das Drama zur Geschichte und inwiefern muß es historisch sein? Ich denke soweit, als es dieses schon an und für sich ist und als die Kunst für die höchste Geschichtschreibung gelten darf, indem sie die großartigsten und bedeutendsten Lebensprozesse gar nicht darstellen kann, ohne die entscheidenden historischen Krisen, welche sie hervorrufen und bedingen, die Auflockerung oder die allmähliche Verdichtung der religiösen und politischen Formen der Welt, als der Hauptleiter und Träger aller Bildung, mit einem Wort: die Atmosphäre der Zeiten zugleich mit zur Anschauung zu bringen. Die materielle Geschichte, die schon Napoleon die Fabel der Übereinkunft nannte, dieser buntscheckige ungeheure Wust von zweifelhaften Tatsachen und einseitig oder gar nicht umrissenen Charakterbildern, wird früher oder später das menschliche Fassungsvermögen übersteigen, und das neuere Drama, besonders das Shakespearesche, und nicht bloß das vorzugsweise historisch genannte, sondern das ganze könnte auf diesem Wege zur entfernteren Nachwelt ganz von selbst in dieselbe Stellung kommen, worin das antike zu uns steht. Dann, eher wohl nicht, wird man aufhören, mit beschränktem Sinn nach einer gemeinen Identität zwischen Kunst und Geschichte zu forschen und gegebene und verarbeitete Situationen und Charaktere ängstlich miteinander zu vergleichen; denn man hat einsehen gelernt, daß dabei ja doch nur die fast gleichgültige Übereinstimmung zwischen dem ersten und zweiten Porträt, nicht aber die zwischen Bild und Wahrheit überhaupt, herausgebracht werden kann, und man hat erkannt, daß das Drama nicht bloß in seiner Totalität, wo es sich von selbst versteht, sondern daß es schon in jedem seiner Elemente symbolisch ist und als symbolisch betrachtet werden muß, ebenso wie der Maler die Farben, durch die er seinen Figuren rote Wangen und blaue Augen gibt, nicht aus wirklichem Menschenblut herausdestilliert, sondern sich ruhig und unangefochten des Zinnobers und des Indigos bedient.
Aber der Inhalt des Lebens ist unerschöpflich, und das Me-

dium der Kunst ist begrenzt. Das Leben kennt keinen Abschluß, der Faden, an dem es die Erscheinungen abspinnt, zieht sich ins Unendliche hin, die Kunst dagegen muß abschließen, sie muß den Faden, so gut es geht, zum Kreis zusammenknüpfen, und dies ist der Punkt, den Goethe allein im Auge haben konnte, als er aussprach, daß alle ihre Formen etwas Unwahres mit sich führten. Dies Unwahre läßt sich freilich schon im Leben selbst aufzeigen, denn auch dieses bietet keine einzige Form dar, worin alle seine Elemente gleichmäßig aufgehen; es kann den vollkommensten Mann z. B. nicht bilden, ohne ihm die Vorzüge vorzuenthalten, die das vollkommenste Weib ausmachen, und die beiden Eimer im Brunnen, wovon immer nur einer voll sein kann, sind das bezeichnendste Symbol aller Schöpfung. Viel schlimmer und bedenklicher jedoch als im Leben, wo das Ganze stets für das Einzelne eintritt und entschädigt, stellt sich dieser Grundmangel in der Kunst heraus, und zwar deshalb, weil hier der *Bruch* auf der einen Seite durchaus durch einen *Überschuß* auf der andern gedeckt werden muß.

Ich will den Gedanken erläutern, indem ich die Anwendung aufs Drama mache. Die vorzüglichsten Dramen aller Literaturen zeigen uns, daß der Dichter den unsichtbaren Ring, innerhalb dessen das von ihm aufgestellte Lebensbild sich bewegt, oft nur dadurch zusammenfügen konnte, daß er einem oder einigen der Hauptcharaktere ein das Maß des Wirklichen bei weitem überschreitendes Welt- und Selbstbewußtsein verlieh. Ich will die Alten unangeführt lassen, denn ihre Behandlung der Charaktere war eine andere, ich will nur an Shakespeare und, mit Übergehung des vielleicht zu schlagenden Hamlet, an die Monologe im „Macbeth" und im „Richard", sowie an den Bastard im „König Johann" erinnern. Man hat, nebenbei sei es bemerkt, bei Shakespeare in diesem offenbaren Gebrechen zuweilen schon eine Tugend, einen besonderen Vorzug erblicken wollen (sogar Hegel in seiner Ästhetik), statt sich an dem Nachweis zu begnügen, daß dasselbe nicht im Dichter, sondern in der Kunst selbst seinen Grund habe. Was sich aber solchemnach bei den größten Dramatikern als durchgehender Zug in ganzen Charakteren findet, das wird auch oft im einzelnen, in den kulminierenden Momenten, angetroffen, indem das Wort neben der Tat einhergeht oder ihr wohl gar voraneilt, und dies ist es, um ein höchst wichtiges Resultat zu ziehen, was die *bewußte* Darstellung in der Kunst von der *unbewußten* im Leben unterscheidet, daß jene, wenn sie ihre Wirkung nicht verfehlen will, scharfe und ganze Umrisse bringen muß, während diese, die ihre Beglaubigung nicht erst zu erringen braucht und der es am Ende gleichgültig sein darf, ob und wie sie verstanden wird, sich an halben, am Ach und O, an einer Miene, einer Bewegung, genügen lassen mag. Goethes Ausspruch, der an das gefährlichste Geheimnis der Kunst zu ticken wagte, ist oft nachgesprochen, aber meistens nur auf das, was man äußerlich Form nennt, bezogen worden. Der Knabe sieht im tiefsinnigsten Bibelvers nur seine guten Bekannten, die *vierundzwanzig* Buchstaben, durch die er ausgedrückt ward.

Das deutsche Drama scheint einen neuen Aufflug zu nehmen. Welche Aufgabe hat es jetzt zu lösen? Die Frage könnte befremden, denn die zunächst liegende Antwort muß allerdings lauten: Dieselbe, die das Drama zu allen Zeiten zu lösen hatte. Aber man kann weiter fragen: Soll es in die Gegenwart hineingreifen? soll es sich nach der Vergangenheit zurückwenden? oder soll es sich um keine von beiden bekümmern, d. h., soll es sozial, historisch oder philosophisch sein? Respektable Talente haben diese drei verschiedenen Richtungen schon eingeschlagen. Das *soziale* Thema hat Gutzkow aufgenommen. Vier seiner Stücke liegen vor, und sie machen in ihrer Gesamtheit einen befriedigenderen Eindruck als einzeln, sie sind offenbar Korrelate, die den gesellschaftlichen Zustand mit scharfen, schneidenden Lichtern in seinen Höhen und Niederungen beleuchten. Richard Savage zeigt, was eine Galanterie bedeutet, wenn sie zugleich mit der Natur und der Rücksicht aufs Dekorum schließt; je grausamer, um so besser; es war nicht recht, daß der Verfasser den ursprünglichen Schluß veränderte, denn gerade darin lag das Tragische, daß sowenig die Lady als Richard über ihr näheres Verhältnis zueinander klarwerden konnten. Werner genügt am wenigsten; er scheint mehr aus einem Gefühl als aus einer Idee hervorgegangen zu sein. Patkul hat gerade darin seine Stärke, worin man seine Schwäche suchen könnte, im Charakter und in der Situation des Kurfürsten; er zeigt, wer an einem Hof die abhängigste Person ist, und es gilt gleich, ob die Zeichnung auf August den Starken paßt oder nicht. Die Schule der Reichen lehrt, daß die Extreme von Glück und Unglück in ihrer Wirkung auf den Menschen zusammenfallen. – Andere haben sich dem *historischen* Drama zugewandt. Ich glaube nun und habe es oben ausgeführt, daß der wahre historische Charakter des Dramas niemals im Stoff liegt und daß ein reines Phantasiegebilde, selbst ein Liebesgemälde, wenn nur der Geist des Lebens in ihm weht und es für die Nachwelt, die nicht wissen will, wie unsere Großväter sich in unsern Köpfen abgebildet haben, sondern wie wir selbst beschaffen waren, frisch erhält, sehr historisch sein kann. Ich will hiemit keineswegs sagen, daß die Poeten ihre dramatischen Dichtungen aus der Luft greifen sollen; im Gegenteil, wenn ihnen die Geschichte oder Sage einen Anhaltspunkt darbietet, so sollen sie ihn nicht in lächerlichem Erfindungsdünkel verschmähen, sondern ihn dankbar benutzen. Ich will nur den weitverbreiteten Wahn, als ob der Dichter etwas anderes geben könne als sich selbst, als seinen eigenen Lebensprozeß, bestreiten; er kann es nicht und hat es auch nicht nötig, denn wenn er wahrhaft lebt, wenn er sich nicht klein und eigensinnig in sein dürftiges Ich verkriecht, sondern durchströmt wird von den unsichtbaren Elementen, die zu allen Zeiten im Fluß sind und neue Formen und Gestalten vorbereiten, so darf er dem Zug seines Geistes getrost folgen und kann gewiß sein, daß er in seinen Bedürfnissen die Bedürfnisse der Welt, in seinen Phantasien die Bilder der Zukunft ausspricht, womit es sich freilich sehr wohl verträgt, daß er sich in die Kämpfe, die eben auf der Straße vorfallen, nicht persönlich mischt. Die Geschichte ist für den Dichter ein Vehikel zur Verkörperung seiner Anschauungen und Ideen, nicht aber ist umgekehrt der Dichter der Auferstehungsengel der Geschichte; und was die deutsche Geschichte speziell betrifft, so hat Wienbarg in seiner vortrefflichen Abhandlung über Uhland es mit großem Recht in Frage gestellt, ob sie auch nur Vehikel sein kann. Wer mich versteht, der wird finden, daß Shakespeare und Äschylos meine Ansicht eher bestätigen als widerlegen. – Auch *philosophische* Dramen liegen vor. Bei diesen kommt alles darauf an, ob die Metaphysik aus dem Leben hervorgeht oder ob das Leben aus der Metaphysik hervorgehen soll. In dem einen Fall wird etwas Gesundes, aber gerade keine neue Gattung entstehen, in dem andern ein Monstrum.

Nun ist noch ein Viertes möglich, ein Drama, das die hier charakterisierten verschiedenen Richtungen in sich vereinigt und ebendeshalb keine einzelne entschieden hervortreten läßt. Dieses Drama ist das Ziel meiner eigenen Bestrebungen, und wenn ich, was ich meine, durch meine Versuche selbst, durch die Judith und die nächstens erscheinende Genoveva, nicht deutlich gemacht habe, so wäre es töricht, mit abstrakten Entwickelungen nachzuhelfen.

Judith

Eine Tragödie in fünf Akten

Vorwort

Die Anordnung der Szenen, die ich, der Raumersparnis wegen, in dem gedruckten Manuskript nicht angeben konnte, habe ich den verehrlichen Bühnendirektionen überlassen zu dürfen geglaubt. Das Kostüm und anderes der Art vorzuschreiben, habe ich ebensowenig notwendig finden können. Daß hier nur die freie orientalische Bekleidung und Dekorierung am Platze ist und daß Assyrer und Ebräer durch ihre Tracht auf eine leicht in die Augen fallende Weise unterschieden werden müssen, versteht sich von selbst. Im übrigen halte ich dafür, daß zu große Treue und Ängstlichkeit in solchen Dingen die Illusion eher stört als befördert, indem die Aufmerksamkeit dadurch auf fremdartige Gegenstände geleitet und von der Hauptsache abgezogen wird. Besonders bei dem vorliegenden Drama möchte dies der Fall sein. Es ist keine von den Wachskerzen, welche die Poeten zuweilen anzünden, um irgendeinen Vorgang oder einen historischen Charakter, der ihnen dunkel scheint, um nichts und wieder nichts zu beleuchten. Die Poesie hat der Geschichte gegenüber eine andere Aufgabe als die der Gräberverzierung und der Transfiguration; sie soll ihre Kraft nicht an Kupferstiche und Vignetten vergeuden, sie soll das Zeitliche nicht ewig machen, das uns völlig Abgestorbene nicht durch das Medium der Form in ein gespenstisches Leben zurückgalvanisieren wollen. Nicht wegen ihrer Seufzer und ihres Jammers soll uns der Dichter die neronischen Menschenfackeln früherer Jahrhunderte, die ein grausamer Blitz des Schicksals in Brand steckte, vorführen, nur wegen des düsterroten Lichts, womit sie ein Labyrinth, in das sich auch unser Fuß hineinverirren könnte, erhellten. Das Faktum, daß ein verschlagenes Weib vorzeiten einem Helden den Kopf abschlug, ließ mich gleichgültig, ja, es empörte mich in der Art, wie die Bibel es zum Teil erzählt. Aber ich wollte in bezug auf den zwischen den Geschlechtern anhängigen großen Prozeß den Unterschied zwischen dem echten, ursprünglichen Handeln und dem bloßen Sich-Selbst-Herausfordern in einem Bilde zeichnen; und jene alte Fabel, die ich fast vergessen hatte und die mir in der Münchner Galerie vor einem Gemälde des Giulio Romano einmal an einem trüben Novembermorgen wieder lebendig wurde, bot sich mir als Anlehnungspunkt dar. Auch reizte mich nebenbei im Holofernes die Darstellung einer jener ungeheuerlichen Individualitäten, die, weil die Zivilisation die Nabelschnur, wodurch sie mit der Natur zusammenhingen, noch nicht durchschnitten hatte, sich mit dem All fast noch als eins fühlten und aus einem dumpfen Polytheismus in die frevelhafteste Ausschweifung des Monotheismus stürzend, jeden ihrer Gedanken ihrem Selbst als Zuwachs vindizierten und alles, was sie ahnten, zu sein glaubten. Diese paar Bemerkungen über das, was ich beabsichtigte, schienen mir als Fingerzeige für die Aufführung nicht überflüssig, deshalb hielt ich sie nicht zurück.

PERSONEN

JUDITH
HOLOFERNES
HAUPTLEUTE DES HOLOFERNES
KÄMMERER DES HOLOFERNES
GESANDTE VON LIBYEN
GESANDTE VON MESOPOTAMIEN
SOLDATEN UND TRABANTEN
MIRZA, *die Magd Judiths*
EPHRAIM
DIE ÄLTESTEN VON BETHULIEN
PRIESTER IN BETHULIEN
BÜRGER IN BETHULIEN, *darunter*
AMMON
HOSEA
BEN
ASSAD UND SEIN BRUDER
DANIEL, *stumm und blind, gottbegeistert*
SAMAJA, *Assads Freund*
JOSUA
DELIA, *Weib des Samaja*
ACHIOR, *der Hauptmann der Moabiter*
ASSYRISCHER PRIESTER
WEIBER, KINDER
SAMUEL, *ein uralter Greis, und sein Enkel*

Die Handlung ereignet sich vor und in der Stadt Bethulien

ERSTER AKT

Das Lager des Holofernes

Vorn, zur rechten Hand, das Zelt des Feldhauptmanns. Zelte. Kriegsvolk und Getümmel. Den Hintergrund schließt ein Gebirge, worin eine Stadt sichtbar ist.
Der Feldhauptmann Holofernes tritt mit seinen Hauptleuten aus dem offnen Zelt hervor. Musik erschallt. Er macht nach einer Weile ein Zeichen. Die Musik verstummt.

HOLOFERNES: Opfer!
OBERPRIESTER: Welchem Gott?
HOLOFERNES: Wem ward gestern geopfert?
OBERPRIESTER: Wir losten nach deinem Befehl, und das Los entschied für Baal.
HOLOFERNES: So ist Baal heut nicht hungrig. Bringt das Opfer einem, den ihr alle kennt und doch nicht kennt!
OBERPRIESTER *mit lauter Stimme:* Holofernes befiehlt, daß wir einem Gott opfern sollen, den wir alle kennen und doch nicht kennen!
HOLOFERNES *lachend:* Das ist der Gott, den ich am meisten verehre.
Es wird geopfert.
Trabant!
TRABANT: Was gebietet Holofernes?
HOLOFERNES: Wer unter meinen Kriegern sich über seinen Hauptmann zu beschweren hat, der tret hervor! Verkünd es!
TRABANT *durch die Reihen der Soldaten gehend:* Wer sich über seinen Hauptmann zu beschweren hat, der soll hervortreten. Holofernes will ihn hören.
EIN KRIEGER: Ich klage meinen Hauptmann an.
HOLOFERNES: Weshalb?
DER KRIEGER: Ich hatt mir im gestrigen Sturm eine Sklavin erbeutet, so schön, daß ich schüchtern vor ihr ward und sie nicht anzurühren wagte. Der Hauptmann kommt gegen Abend, da ich abwesend bin, in mein Zelt, er sieht das Mägdlein und haut sie nieder, da sie sich ihm widersetzt.

HOLOFERNES: Der angeklagte Hauptmann ist des Todes! *Zu einem Reisigen:* Schnell. Aber auch der Kläger. Nimm ihn mit! Doch stirbt der Hauptmann zuerst.
DER KRIEGER: Du willst mich mit ihm töten lassen?
HOLOFERNES: Weil du mir zu keck bist. Um euch zu versuchen, ließ ich das Gebot ausgehen. Wollt ich deinesgleichen die Klage über eure Hauptleute gestatten: wer sicherte mich vor den Beschwerden der Hauptleute!
DER KRIEGER: Deinetwegen verschont ich das Mädchen; dir wollt ich sie zuführen.
HOLOFERNES: Wenn der Bettler eine Krone findet, so weiß er freilich, daß sie dem König gehört. Der König dankt ihm nicht lange, wenn er sie bringt. Doch ich will dir deinen guten Willen lohnen, denn ich bin heut morgen gnädig. Du magst dich in meinem besten Wein betrinken, bevor man dich tötet. Fort!
Der Soldat wird von dem Reisigen abgeführt in den Hintergrund.
HOLOFERNES *zu einem der Hauptleute:* Laß die Kamele zäumen!
HAUPTMANN: Es ist bereits geschehen.
HOLOFERNES: Hatt ichs denn schon befohlen?
HAUPTMANN: Nein, aber ich durfte erwarten, daß dus gleich befehlen würdest.
HOLOFERNES: Wer bist du, daß du wagst, mir meine Gedanken aus dem Kopfe zu stehlen? Ich will es nicht, dies zudringliche, zuvorkommende Wesen. Mein Wille ist die Eins und euer Tun die Zwei, nicht umgekehrt. Merk dir das!
HAUPTMANN: Verzeihung! *Geht ab.*
HOLOFERNES *allein:* Das ist die Kunst, sich nicht auslernen zu lassen, ewig ein Geheimnis zu bleiben! Das Wasser versteht diese Kunst nicht; man setzte dem Meer einen Damm und grub dem Fluß ein Bett. Das Feuer versteht sie auch nicht, es ist so weit heruntergekommen, daß die Küchenjungen seine Natur erforscht haben, und nun muß es jedem Lump den Kohl gar machen. Nicht einmal die Sonne versteht sie, man hat ihr ihre Bahnen abgelauscht, und Schuster und Schneider messen nach ihrem Schatten die Zeit ab. Aber ich versteh sie. Da lauern sie um mich herum und gucken in die Ritzen und Spalten meiner Seele hinein und suchen aus jedem Wort meines

Mundes einen Dietrich für meine Herzenskammer zu schmieden. Doch mein Heute paßt nie zum Gestern, ich bin keiner von den Toren, die in feiger Eitelkeit vor sich selbst niederfallen und einen Tag immer zum Narren des andern machen, ich hacke den heutigen Holofernes lustig in Stücke und gebe ihn dem Holofernes von morgen zu essen; ich sehe im Leben nicht ein bloßes langweiliges Füttern, sondern ein stetes Um- und Wiedergebären des Daseins; ja es kommt mir unter all dem blöden Volk zuweilen vor, als ob ich allein da bin, als ob sie nur dadurch zum Gefühl ihrer selbst kommen können, daß ich ihnen Arm und Bein abhaue. Sie merkens auch mehr und mehr, aber statt nun näher zu mir heranzutreten und an mir hinaufzuklettern, ziehn sie sich armselig von mir zurück und fliehn mich, wie der Hase das Feuer, das ihm den Bart versengen könnte. Hätt ich doch nur einen Feind, nur einen, der mir gegenüberzutreten wagte! Ich wollt ihn küssen, ich wollte, wenn ich ihn nach heißem Kampf in den Staub geworfen hätte, mich auf ihn stürzen und mit ihm sterben! Nebukadnezar ist leider nichts als eine hochmütige Zahl, die sich dadurch die Zeit vertreibt, daß sie sich ewig mit sich selbst multipliziert. Wenn ich mich und Assyrien abziehe, so bleibt nichts übrig als eine mit Fett ausgestopfte Menschenhaut. Ich will ihm die Welt unterwerfen, und wenn er sie hat, will ich sie ihm wieder abnehmen!

EIN HAUPTMANN: Von unserm großen König trifft soeben ein Bote ein.

HOLOFERNES: Führe ihn augenblicklich zu mir. *Für sich:* Nacken, bist du noch gelenkig genug, dich zu beugen? Nebukadnezar sorgt dafür, daß dus nicht verlernest.

BOTE: Nebukadnezar, vor dem die Erde sich krümmt und dem Macht und Herrschaft gegeben ist vom Aufgang bis zum Niedergang, entbietet seinem Feldhauptmann Holofernes den Gruß der Gewalt.

HOLOFERNES: In Demut harr ich seiner Befehle.

BOTE: Nebukadnezar will nicht, daß fernerhin andre Götter verehrt werden neben ihm.

HOLOFERNES *stolz:* Wahrscheinlich hat er diesen Entschluß gefaßt, als er die Nachricht von meinen neuesten Siegen empfing.

Bote: Nebukadnezar gebietet, daß man ihm allein opfern und die Altäre und Tempel der andern Götter mit Feuer und Flamme vertilgen soll.

Holofernes *für sich:* Einer statt so vieler, das ist ja recht bequem! Niemand aber hats bequemer als der König selbst. Er nimmt seinen blanken Helm in die Hand und verrichtet seine Andacht vor seinem eigenen Bilde. Nur vor Bauchgrimmen muß er sich hüten, damit er nicht Gesichter schneide und sich selbst erschrecke. *Laut:* Nebukadnezar hat gewiß im letzten Monat kein Zahnweh mehr gehabt?

Bote: Wir danken den Göttern dafür.

Holofernes: Du willst sagen, ihm selbst.

Bote: Nebukadnezar gebietet, daß man ihm jeden Morgen bei Sonnenaufgang ein Opfer darbringen soll.

Holofernes: Heute ists leider schon zu spät, wir wollen seiner bei Sonnenuntergang gedenken!

Bote: Nebukadnezar gebietet endlich noch dir, Holofernes, daß du dich schonen und dein Leben nicht jedem Unfall preisgeben sollst.

Holofernes: Ja, Freund, wenn die Schwerter ohne die Männer nur etwas Erkleckliches ausrichten könnten. Und dann – sieh, ich greife mein Leben durch nichts so sehr an, als durch Trinken auf des Königs Gesundheit, und das kann ich doch unmöglich einstellen.

Bote: Nebukadnezar sagte, keiner seiner Diener könne dich ersetzen, und er habe noch viel für dich zu tun.

Holofernes: Gut, ich werde mich selbst lieben, weil mein König es befiehlt. Ich küsse den Schemel seiner Füße.

Bote ab.

Trabant!

Trabant: Was gebietet Holofernes?

Holofernes: Es ist kein Gott außer Nebukadnezar. Verkünd es.

Trabant *geht durch die Reihen der Soldaten:* Es ist kein Gott außer Nebukadnezar.

Ein Oberpriester geht vorüber.

Holofernes: Priester, du hast gehört, was ich ausrufen ließ?

Priester: Ja.

HOLOFERNES: So gehe hin und zertrümmre den Baal, den wir mit uns schleppen. Ich schenke dir das Holz.
PRIESTER: Wie kann ich zertrümmern, was ich angebetet habe?
HOLOFERNES: Baal mag sich wehren. Eins von beidem: du zertrümmerst den Gott, oder du hängst dich auf.
PRIESTER: Ich zertrümmre. *Für sich:* Baal trägt goldene Armbänder.
HOLOFERNES *allein:* Verflucht sei Nebukadnezar! Verflucht sei er, weil er einen großen Gedanken hatte, einen Gedanken, den er nicht zu Ehren bringen, den er nur verhunzen und lächerlich machen kann! Wohl fühl ichs längst: die Menschheit hat nur den einen großen Zweck, einen Gott aus sich zu gebären; und der Gott, den sie gebiert, wie will er zeigen, daß ers ist, als dadurch, daß er sich ihr zum ewigen Kampf gegenüberstellt, daß er all die törichten Regungen des Mitleids, des Schauderns vor sich selbst, des Zurückschwindelns vor seiner ungeheuren Aufgabe unterdrückt, daß er sie zu Staub zermalmt und ihr noch in der Todesstunde den Jubelruf abzwingt? – Nebukadnezar weiß sichs leichter zu machen. Der Ausrufer muß ihn zum Gott stempeln, und ich soll der Welt den Beweis liefern, daß ers sei!
Der Oberpriester geht vorüber.
Ist Baal zertrümmert?
PRIESTER: Er lodert in Flammen; mög ers vergeben.
HOLOFERNES: Es ist kein Gott als Nebukadnezar. Dir befehl ich, die Gründe dafür aufzufinden. Jeden Grund bezahl ich mit einer Unze Goldes, und drei Tage hast du Zeit.
PRIESTER: Ich hoffe, dem Befehl zu genügen. *Ab.*
EIN HAUPTMANN: Gesandte eines Königs bitten um Gehör.
HOLOFERNES: Welches Königs?
HAUPTMANN: Verzeih! Man kann die Namen all der Könige, die sich vor dir demütigen, unmöglich behalten.
HOLOFERNES *wirft ihm eine goldene Kette zu:* Die erste Unmöglichkeit, die mir gefällt. Führe sie vor.
GESANDTE *werfen sich zu Boden:* So wird der König von Libyen sich vor dir in den Staub werfen, wenn du ihm die Gnade erzeigst, in seiner Hauptstadt einzuziehn.

HOLOFERNES: Warum kamt ihr nicht schon gestern, warum nicht vorgestern?
GESANDTE: Herr!
HOLOFERNES: War die Entfernung zu groß oder die Ehrfurcht zu klein?
GESANDTE: Weh uns!
HOLOFERNES *für sich:* Grimm füllt meine Seele, Grimm gegen Nebukadnezar. Ich muß schon gnädig sein, damit dies Wurmgeschlecht sich nicht überhebt und sich für den Quell meines Grimmes hält. *Laut:* Stehet auf und sagt eurem König –
HAUPTMANN *tritt auf:* Gesandte von Mesopotamien!
HOLOFERNES: Führe sie herein.
MESOPOTAMISCHE GESANDTE *werfen sich zur Erde:* Mesopotamien bietet dem großen Holofernes Unterwerfung, wenn es dadurch seine Gnade erlangen kann.
HOLOFERNES: Meine Gnade verschenk ich, ich verkauf sie nicht.
MESOPOTAMISCHE GESANDTE: Nicht so. Mesopotamien unterwirft sich unter jeder Bedingung, es hofft bloß auf Gnade.
HOLOFERNES: Ich weiß nicht, ob ich diese Hoffnung erfüllen darf. Ihr habt lange gezögert.
MESOPOTAMISCHE GESANDTE: Nicht länger, als es der weite Weg mit sich brachte.
HOLOFERNES: Einerlei. Ich habe geschworen, daß ich das Volk, welches sich zuletzt vor mir demütigen würde, vertilgen will. Ich muß den Schwur halten.
MESOPOTAMISCHE GESANDTE: Wir sind die letzten nicht. Unterwegs hörten wir, daß die Ebräer, unter allen die einzigen, dir trotzen wollen und sich verschanzt haben.
HOLOFERNES: Dann bringt eurem König die Botschaft, daß ich die Unterwerfung annehme. Auf welche Bedingungen: das wird er durch denjenigen meiner Hauptleute erfahren, den ich wegen der Erfüllung an ihn absenden werde. *Zu den libyschen Gesandten:* Sagt eurem König dasselbe. *Zu den mesopotamischen Gesandten:* Wer sind die Ebräer?
MESOPOTAMISCHE GESANDTE: Herr, dies ist ein Volk von Wahnsinnigen. Du siehst es schon daraus, daß sie sich dir zu widersetzen wagen. Noch mehr magst du es daran er-

kennen, daß sie einen Gott anbeten, den sie nicht sehen noch hören können, von dem niemand weiß, wo er wohnt, und dem sie doch Opfer bringen, als ob er wild und drohend, wie unsre Götter, vom Altar auf sie herabschaute. Sie wohnen im Gebirge.

HOLOFERNES: Welche Städte haben sie, was vermögen sie, welcher König herrscht über sie, wieviel Kriegsvolk steht ihm zu Gebot?

MESOPOTAMISCHE GESANDTE: Herr, dies Volk ist versteckt und mißtrauisch. Wir wissen von ihnen nicht viel mehr, wie sie selbst von ihrem unsichtbaren Gott wissen. Sie scheuen die Berührung mit fremden Völkern. Sie essen und trinken nicht mit uns, höchstens schlagen sie sich mit uns.

HOLOFERNES: Wozu redest du, wenn du meine Frage nicht beantworten kannst? *Macht ein Zeichen mit der Hand; die Gesandten, unter Kniebeugungen und Niederfallen, gehen ab.*
Die Hauptleute der Moabiter und Ammoniter sollen vor mir erscheinen. *Trabant ab.* Ich achte ein Volk, das mir Widerstand leisten will. Schade, daß ich alles, was ich achte, vernichten muß.

Die Hauptleute treten auf, unter ihnen Achior.
Was ist das für ein Volk, das im Gebirge wohnt?

ACHIOR: Herr, ich kenn es wohl, dies Volk, und ich will dir sagen, wie es damit bestellt ist. Dies Volk ist verächtlich, wenn es auszieht mit Spießen und Schwertern, die Waffen sind eitel Spielwerk in seiner Hand, das sein eigener Gott zerbricht, denn er will nicht, daß es kämpfen und sich mit Blut beflecken soll, er allein will seine Feinde vernichten; aber furchtbar ist dies Volk, wenn es sich demütigt vor seinem Gott, wie er es verlangt, wenn es sich auf die Knie wirft und sich das Haupt mit Asche bestreut, wenn es Wehklagen ausstößt und sich selbst verflucht; dann ist es, als ob die Welt eine andre wird, als ob die Natur ihre eigenen Gesetze vergißt, das Unmögliche wird wirklich, das Meer teilt sich, also, daß die Gewässer fest auf beiden Seiten stehen wie Mauern, zwischen denen eine Straße sich hinzieht, vom Himmel fällt Brot herab, und aus dem Wüstensand quillt ein frischer Trunk!

HOLOFERNES: Wie heißt ihr Gott?

ACHIOR: Sie halten es für Raub an ihm, seinen Namen auszusprechen, und würden den Fremden, der dies tun wollte, gewiß töten.
HOLOFERNES: Was haben sie für Städte?
ACHIOR *deutet auf die Stadt im Gebirge:* Bethulien heißt die Stadt, die uns zunächst liegt und die du dort siehst. Diese haben sie verschanzt. Ihre Hauptstadt aber heißt Jerusalem. Ich war dort und sah den Tempel ihres Gottes. Er hat auf Erden seinesgleichen nicht. Mir wars, wie ich bewundernd vor ihm stand, als ob sich mir etwas auf den Nacken legte und mich zu Boden drückte; ich lag mit einmal auf den Knien und wußte selbst nicht, wie das kam. Fast hätten sie mich gesteinigt, denn als ich mich wieder erhob, fühlt ich einen unwiderstehlichen Drang, in das Heiligtum einzutreten, und darauf steht der Tod. – Ein schönes Mädchen vertrat mir den Weg und sagte mir das; ich weiß nicht, wars aus Mitleid mit meiner Jugend oder aus Furcht vor der Verunreinigung des Tempels durch einen Heiden. Nun höre auf mich, o Herr, und achte meine Worte nicht gering! Laß forschen, ob dies Volk sich versündigt hat wider seinen Gott; ist das, so laß uns hinaufziehn, dann gibt ihr Gott sie dir gewiß in die Hände, und du wirst sie leicht unter deine Füße bringen. Haben sie sich aber nicht versündigt wider ihren Gott, so kehre um! Denn ihr Gott wird sie beschirmen, und wir werden zum Spott dem ganzen Lande. Du bist ein gewaltiger Held, aber ihr Gott ist zu mächtig; kann er dir niemand entgegenstellen, der dir gleicht, so kann er dich zwingen, daß du dich wider dich selbst empörst und dich mit eigener Hand aus dem Wege räumst.
HOLOFERNES: Weissagest du mir aus Furcht oder Arglist des Herzens? Ich könnte dich strafen, weil du dich erfrechst, neben mir noch einen andern zu fürchten. Aber ich wills nicht tun, du sollst dir selbst zum Gericht gesprochen haben. Was die Ebräer erwartet, das erwartet auch dich! Ergreift ihn und führt ihn ungefährdet hin! *Es geschieht.* Und wer ihn bei Einnahme der Stadt niedermacht und mir sein Haupt bringt, dem wäg ichs auf mit Gold! *Mit erhobener Stimme:* Nun auf gen Bethulien!
Der Zug setzt sich in Bewegung.

ZWEITER AKT

Gemach der Judith

Judith und Mirza am Webstuhl.

JUDITH: Was sagst du zu diesem Traum?
MIRZA: Ach, höre lieber auf das, was ich dir sagte.
JUDITH: Ich ging und ging, und mir wars ganz eilig, und doch wußt ich nicht, wohin michs trieb. Zuweilen stand ich still und sann nach, dann wars mir, als ob ich eine große Sünde beginge; fort! fort! sagt ich zu mir selbst und ging schneller wie zuvor.
MIRZA: Eben ging Ephraim vorbei. Er war ganz traurig.
JUDITH *ohne auf sie zu hören:* Plötzlich stand ich auf einem hohen Berg, mir schwindelte, dann ward ich stolz, die Sonne war mir so nah, ich nickte ihr zu und sah immer hinauf. Mit einmal bemerkt ich einen Abgrund zu meinen Füßen, wenige Schritte von mir, dunkel, unabsehlich, voll Rauch und Qualm. Und ich vermochte nicht zurückzugehen noch stillzustehen, ich taumelte vorwärts; „Gott! Gott!" rief ich in meiner Angst. – „Hie bin ich!" tönte es aus dem Abgrund herauf, freundlich, süß; ich sprang, weiche Arme fingen mich auf, ich glaubte, einem an der Brust zu ruhen, den ich nicht sah, und mir ward unsäglich wohl, aber ich war zu schwer, er konnte mich nicht halten, ich sank, sank, ich hört ihn weinen, und wie glühende Tränen träufelte es auf meine Wange. –
MIRZA: Ich kenne einen Traumdeuter. Soll ich ihn zu dir rufen?
JUDITH: Leider ists gegen das Gesetz. Aber das weiß ich, solche Träume soll man nicht gering achten! Sieh, ich denke mir das so. Wenn der Mensch im Schlaf liegt, aufgelöst, nicht mehr zusammengehalten durch das Bewußtsein seiner selbst, dann verdrängt ein Gefühl der Zukunft alle Gedanken und Bilder der Gegenwart, und die Dinge, die kommen sollen, gleiten als Schatten durch die Seele, vorbereitend, warnend, tröstend. Daher kommts, daß uns so selten oder nie etwas wahrhaft überrascht, daß wir auf das Gute schon lange vorher so zuversichtlich hoffen und

vor jedem Übel unwillkürlich zittern. Oft hab ich gedacht, ob der Mensch wohl auch noch kurz vor seinem Tode träumt.

Mirza: Warum hörst du nie, wenn ich dir von Ephraim spreche?

Judith: Weil michs vor Männern schaudert.

Mirza: Und hast doch einen Mann gehabt!

Judith: Ich muß dir ein Geheimnis anvertrauen. Mein Mann war wahnsinnig.

Mirza: Unmöglich! Wie wäre mir das entgangen?

Judith: Er war es, ich muß es so nennen, wenn ich nicht vor mir selbst erschrecken, wenn ich nicht glauben soll, daß ich ein grauenhaftes, fürchterliches Wesen bin. Sieh, keine vierzehn Jahr war ich alt, da ward ich dem Manasses zugeführt. Du wirst des Abends noch gedenken, du folgtest mir. Mit jedem Schritt, den ich tat, ward mir beklommener, bald meint ich, ich sollte aufhören zu leben, bald, ich sollte erst anfangen. Ach, und der Abend war so lockend, so verführerisch, man konnt ihm nicht widerstehen; der warme Wind hob meinen Schleier, als wollt er sagen: nun ists Zeit; aber ich hielt ihn fest, denn ich fühlte, wie mein Gesicht glühte, und ich schämte mich dessen. Mein Vater ging an meiner Seite, er war sehr ernsthaft und sprach manches, worauf ich nicht hörte, zuweilen schaut ich zu ihm auf, dann dacht ich: Manasses sieht gewiß anders aus. Hast du denn all das nicht bemerkt? Du warst ja auch dabei.

Mirza: Ich schämte mich mit dir.

Judith: Endlich kam ich in sein Haus, und seine alte Mutter trat mir mit einem feierlichen Gesicht entgegen. Es kostete mir Überwindung, sie Mutter zu nennen; ich glaubte, meine Mutter müsse das in ihrem Grabe fühlen und es müsse ihr weh tun. Dann salbtest du mich mit Narden und Öl, da hatt ich doch wahrlich eine Empfindung, als wäre ich tot und würde als Tote gesalbt; du sagtest auch, ich würde bleich. Nun kam Manasses, und als er mich anschaute, erst schüchtern, dann dreist und immer dreister, als er zuletzt meine Hand faßte und etwas sagen wollte und nicht konnte, da war mirs ganz so, als ob ich in Brand gesteckt würde, als ob es lichterloh aus mir herausflammte. Verzeih, daß ich dies sage.

MIRZA: Du preßtest dein Gesicht erst einige Augenblicke in deine Hände, dann sprangst du schnell auf und fielst ihm um den Hals. Ich erschrak ordentlich.

JUDITH: Ich sah es und lachte dich aus, ich dünkte mich mit einmal viel klüger als du. Nun höre weiter, Mirza. Wir gingen in die Kammer hinein; die Alte tat allerlei seltsame Dinge und sprach etwas wie einen Segen; mir ward doch wieder schwer und ängstlich, als ich mich mit Manasses allein befand. Drei Lichter brannten, er wollte sie auslöschen. „Laß, laß", sagte ich bittend. „Närrin!" sagte er und wollte mich fassen – da ging eins der Lichter aus, wir bemerktens kaum; er küßte mich – da erlosch das zweite. Er schauderte und ich nach ihm, dann lacht' er und sprach: „Das dritte lösch ich selbst." – „Schnell, schnell", sagte ich, denn es überlief mich kalt; er tats. Der Mond schien hell in die Kammer, ich schlüpfte ins Bett, er schien mir gerade ins Gesicht. Manasses rief: „Ich sehe dich so deutlich wie am Tage" und kam auf mich zu. Auf einmal blieb er stehen; es war, als ob die schwarze Erde eine Hand ausgestreckt und ihn von unten damit gepackt hätte. Mir wards unheimlich. „Komm, komm!" rief ich und schämte mich gar nicht, daß ichs tat. „Ich kann ja nicht", antwortete er dumpf und bleiern; „ich kann nicht!" wiederholte er noch einmal und starrte schrecklich mit weit aufgerissenen Augen zu mir herüber, dann schwankte er zum Fenster und sagte wohl zehnmal hintereinander: „Ich kann nicht!" Er schien nicht mich, er schien etwas Fremdes, Entsetzliches zu sehen.

MIRZA: Unglückliche!

JUDITH: Ich fing an, heftig zu weinen, ich kam mir verunreinigt vor, ich haßte und verabscheute mich. Er gab mir liebe, liebe Worte, ich streckte die Arme nach ihm aus, aber statt zu kommen, begann er leise zu beten. Mein Herz hörte auf zu schlagen, mir war, als ob ich einfröre in meinem Blut; ich wühlte mich in mich selbst hinein wie in etwas Fremdes, und als ich mich zuletzt nach und nach in Schlaf verlor, hatt ich ein Gefühl, als ob ich erwachte. Am andern Morgen stand Manasses vor meinem Bett, er sah mich mit unendlichem Mitleid an, mir wards schwer, ich hätte ersticken mögen; da wars, als ob etwas in mir riß, ich brach in ein wildes Gelächter aus und konnte wieder atmen. Seine Mutter blickte finster und spöttisch auf mich, ich merkte, daß sie gelauscht hatte, sie sagte kein Wort zu mir und trat flüsternd mit ihrem Sohn in eine Ecke. „Pfui!" rief er auf einmal laut und zornig; „Judith ist ein Engel!" setzte er hinzu und wollte mich küssen, ich weigerte ihm meinen Mund, er nickte sonderbar mit dem Kopf, es schien ihm recht zu sein. *Nach einer langen Pause:* Sechs Monate war ich sein Weib – er hat mich nie berührt.

MIRZA: Und –?

JUDITH: Wir gingen so eins neben dem andern hin, wir fühlten, daß wir zueinander gehörten, aber es war, als ob etwas zwischen uns stände, etwas Dunkles, Unbekanntes. Zuweilen ruhte sein Auge mit einem Ausdruck auf mir, der mich schaudern machte; ich hätte ihn in einem solchen Moment erwürgen können, aus Angst, aus Notwehr, sein Blick bohrte wie ein Giftpfeil in mich hinein. Du weißt, es war vor drei Jahren in der Gerstenernte, da kam er krank vom Felde zurück und lag nach drittehalb Tagen im Sterben. Mir wars, als wollt er sich mit einem Raub an meinem Innersten davonschleichen, ich haßte ihn, seiner Krankheit wegen, mir schiens, als ob er mich mit seinem Tode wie mit einem Frevel bedrohte. Er darf nicht sterben – riefs in meiner Brust – er darf sein Geheimnis nicht mit ins Grab hinuntern ehmen, du mußt Mut fassen und ihn endlich fragen. Manasses – sprach ich und beugte mich über ihn – was war das in unsrer Hochzeitsnacht? – Sein dunkles Auge war schon zugefallen, er schlug es mühsam wieder auf, ich schauderte, denn er schien sich aus seinem Leibe wie aus einem Sarge zu erheben. Er sah mich lange an, dann sagte er: „Ja, ja, ja, jetzt darf ichs dir sagen, du – –" Aber schnell, als ob ichs nimmermehr wissen dürfte, trat der Tod zwischen mich und ihn und verschloß seinen Mund auf ewig. *Nach einem großen Stillschweigen:* Sag, Mirza, muß ich nicht selbst wahnsinnig werden, wenn ich aufhöre, Manasses für wahnsinnig zu halten?

MIRZA: Ich schaudere.

JUDITH: Du hast oft gesehen, daß ich manchmal, wenn ich still am Webstuhl oder bei sonst einer Arbeit zu sitzen scheine, plötzlich ganz zusammenfalle und zu beten anfange. Man hat mich deswegen fromm und gottesfürchtig genannt. Ich sage dir, Mirza, wenn ich das tue, so geschiehts, weil ich mich vor meinen Gedanken nicht mehr zu retten weiß. Mein Gebet ist dann ein Untertauchen in Gott, es ist nur eine andere Art von Selbstmord, ich springe in den Ewigen hinein, wie Verzweifelnde in ein tiefes Wasser – –

MIRZA *mit Gewalt ablenkend:* Du solltest lieber in solchen Augenblicken vor einen Spiegel treten. Vor dem Glanz deiner Jugend und Schönheit würden die Nachtgespenster scheu und geblendet entweichen.

JUDITH: Ha, Törin, kennst du die Frucht, die sich selber essen kann? Du wärest besser nicht jung und nicht schön, wenn du es für dich allein sein mußt. Ein Weib ist ein Nichts; nur durch den Mann kann sie etwas werden: sie kann Mutter durch ihn werden. Das Kind, das sie gebiert, ist der einzige Dank, den sie der Natur für ihr Dasein darbringen kann. Unselig sind die Unfruchtbaren, doppelt unselig bin ich, die ich nicht Jungfrau bin und auch nicht Weib!

MIRZA: Wer verbietets dir, auch für andere, auch für einen geliebten Mann jung und schön zu sein? Hast du nicht unter den Edelsten die Wahl?

JUDITH *sehr ernst:* Du hast mich in nichts verstanden. Meine Schönheit ist die der Tollkirsche; ihr Genuß bringt Wahnsinn und Tod!

EPHRAIM *tritt hastig herein:* Ha, ihr seid so ruhig, und Holofernes steht vor der Stadt!

MIRZA: So sei Gott uns gnädig!

EPHRAIM: Wahrlich, Judith, wenn du gesehen hättest, was ich sah, du würdest zittern. Man möchte schwören, alles, was Furcht und Schrecken einflößen kann, sei im Solde des Heiden. Diese Menge von Kamelen und Rossen, von Wagen und Mauerbrechern! Ein Glück, daß Wälle und Tore keine Augen haben! Sie würden vor Angst einstürzen, wenn sie all den Greuel erblicken könnten!

JUDITH: Ich glaube, du sahest mehr wie andere.

EPHRAIM: Ich sage dir, Judith, es gibt keinen in ganz Bethulien, der jetzt nicht aussieht, als ob er das Fieber hätte. Du scheinst wenig vom Holofernes zu wissen, ich weiß um so mehr von ihm. Jedes Wort aus seinem Munde ist

ein reißendes Tier. Wenn es des Abends dunkel wird
– –

JUDITH: So läßt er Lichter anzünden.

EPHRAIM: Das tun wir, ich und du! Er läßt Dörfer und Städte in Brand stecken und sagt: „Dies sind meine Fackeln! Ich hab sie billiger wie andere." Und er meint sehr gnädig zu sein, wenn er bei der Glut einer und derselben Stadt sein Schwert putzen und seinen Braten schmoren läßt. Als er Bethulien erblickte, soll er gelacht und seinen Koch spöttisch gefragt haben: „Meinst du, daß du ein Straußenei dabei rösten kannst?"

JUDITH: Ich möcht ihn sehen! *Für sich:* Was sagt ich da!

EPHRAIM: Wehe dir, wenn du von ihm gesehen würdest! Holofernes tötet die Weiber durch Küsse und Umarmungen wie die Männer durch Spieß und Schwert. Hätte er dich in den Mauern der Stadt gewußt: deinetwegen allein wäre er gekommen!

JUDITH *lächelnd:* Möcht es so sein! Dann braucht ich ja nur zu ihm hinauszugehen und Stadt und Land wäre gerettet!

EPHRAIM: Du allein hast das Recht, diesen Gedanken auszudenken!

JUDITH: Und warum nicht? Eine für alle, und eine, die sich immer umsonst fragte: Wozu bist du da? Ha, und wenn er nicht meinetwegen kam, wär er nicht dahin zu bringen, daß er meinetwegen gekommen zu sein glaubte? Ragt der Riese mit seinem Haupt so hoch in die Wolken hinein, daß ihr ihn nicht erreichen könnt, ei, so werft ihm einen Edelstein vor die Füße. Er wird sich bücken, um ihn aufzuheben, und dann überwältigt ihr ihn leicht.

EPHRAIM *für sich:* Mein Plan war einfältig. Was ihr Angst einjagen und sie mir in die Arme treiben sollte, macht sie kühn. Ich komme mir wie gerichtet vor, wenn ich ihr ins Auge schaue. Ich hoffte, sie sollte in dieser allgemeinen Not sich nach einem Beschützer umsehen, und wer war ihr näher wie ich. *Laut:* Judith, du bist so mutig, daß du aufhörst, schön zu sein.

JUDITH: Wenn du ein Mann bist, so darfst du mir das sagen!

EPHRAIM: Ich bin ein Mann und darf dir mehr sagen. Sieh,

auf und von der Veste des Himmels herunter rufst du die
heiligen, schützenden Kräfte, und sie segnen und schirmen
dein Werk, wenn nicht dich! Denn du willst, was alles
will; worüber die Gottheit brütet in ihrem ersten Zorn
und worüber die Natur, die vor der Riesengeburt ihres
eigenen Schoßes zittert und die den zweiten Mann nicht
erschaffen wird, oder nur darum, damit er den ersten vertilge,
knirschend sinnt in qualvollem Traum!

EPHRAIM: Nur weil du mich hassest, weil du mich töten
willst, forderst du das Undenkbare.

JUDITH *glühend:* Ich hab dir recht getan! Was? solch ein Gedanke
begeistert dich nicht? Er berauscht dich nicht einmal?
Ich, die du liebst, ich, die ich dich über dich selbst
erhöhen wollte, um dich wieder lieben zu können, ich leg
ihn dir in die Seele, und er ist dir nichts als eine Last, die
dich nur tiefer in den Staub drückt? Sieh, wenn du ihn
mit Jauchzen empfangen, wenn du stürmisch nach einem
Schwert gegriffen und dir nicht einmal zum flüchtigen
Lebewohl die Zeit genommen hättest, dann, o, das fühl
ich, dann hätt ich mich dir weinend in den Weg geworfen,
ich hätte dir die Gefahr ausgemalt mit der Angst eines
Herzens, das für sein Geliebtestes zittert, ich hätte
dich zurückgehalten oder wäre dir gefolgt. Jetzt – ha! ich
bin mehr als gerechtfertigt; deine Liebe ist die Strafe deiner
armseligen Natur, sie ward dir zum Fluch, damit sie
dich verzehre; ich würde mir zürnen, wenn ich mich
auch nur auf einer Regung des Mitleids mit dir ertappte.
Ich begreife dich ganz, ich begreife sogar, daß das Höchste
dir sein muß wie das Gemeinste, daß du lächeln
mußt, wenn ich bete!

EPHRAIM: Verachte mich! Aber erst zeig mir den, der das
Unmögliche möglich macht!

JUDITH: Ich werd ihn dir zeigen! Er wird kommen! Er muß
ja kommen! Und ist deine Feigheit die deines ganzen Geschlechts,
sehen alle Männer in der Gefahr nichts als die
Warnung, sie zu vermeiden – dann hat ein Weib das
Recht erlangt auf eine große Tat, dann – ha, ich hab sie
von dir gefordert, ich muß beweisen, daß sie möglich ist!

DRITTER AKT

Gemach der Judith

Judith in schlechten Kleidern, mit Asche bestreut, sitzt zusammengekauert da.

MIRZA *tritt ein und betrachtet sie:* So sitzt sie nun schon drei Tage und drei Nächte. Sie ißt nicht, sie trinkt nicht, sie spricht nicht. Sie seufzt und wehklagt nicht einmal. „Das Haus brennt!" schrie ich ihr gestern abend zu und stellte mich, als hätt ich den Kopf verloren. Sie veränderte keine Miene und blieb sitzen. Ich glaube, sie will, daß man sie in einen Sarg packen, den Deckel über sie nageln und sie forttragen soll. Sie hört alles, was ich hier rede, und doch sagt sie nichts dazu. Judith, soll ich den Totengräber bestellen?

Judith winkt ihr mit der Hand, fortzugehen.

Ich gehe, aber nur um gleich wiederzukommen. Ich vergesse den Feind und alle Not über dich. Wenn einer den Bogen auf mich anlegte, ich würds nicht bemerken, solange ich dich dort lebendig-tot sitzen sehe. Erst hattest du so viel Mut, daß die Männer sich schämten, und nun – Ephraim hatte recht; er sagte: Sie fordert sich selbst heraus, um ihre Furcht zu vergessen. *Ab.*

JUDITH *stürzt auf die Knie:*

Gott, Gott! Mir ist, als müßt ich dich am Zipfel fassen wie einen, der mich auf ewig zu verlassen droht! Ich wollte nicht beten, aber ich muß beten, wie ich Odem schöpfen muß, wenn ich nicht ersticken soll! Gott! Gott! Warum neigst du dich nicht auf mich herab? Ich bin ja zu schwach, um zu dir emporzuklimmen! Sieh, hier lieg ich, wie außer der Welt und außer der Zeit; ich harre mit Angst eines Winkes von dir, der mich aufstehn und handeln heißt! Mit Frohlocken sah ichs, als die Gefahr uns nahetrat, denn mir war sie nichts als ein Zeichen, daß du dich unter deinen Auserwählten verherrlichen wollest. Mit schaudernder Wonne erkannt ich, daß das, was mich erhob, alle andern zu Boden warf, denn mir kam es vor, als ob dein Finger gnadenvoll auf mich deutete, als ob dein Triumph von mir ausgehen solle! Mit Entzücken sah ichs, daß jener, dem ich das große Werk abtreten wollte, um in Demut das höchste Opfer zu bringen, sich davor feig und zitternd wie ein Wurm in dem Schlamm seiner Armseligkeit verkroch. „Du bists, du bists!" rief ich mir zu und warf mich vor dir nieder und schwur mir mit einem teuren Eid, niemals wieder aufzustehen, oder erst dann, wenn du mir den Weg gezeigt, der zum Herzen des Holofernes führt. Ich lauschte in mich selbst hinein, weil ich glaubte, ein Blitz der Vernichtung müsse aus meiner Seele hervorspringen; ich horchte in die Welt hinaus, weil ich dachte: Ein Held hat dich überflüssig gemacht; aber in mir und außer mir bleibts dunkel. Nur ein Gedanke kam mir, nur einer, mit dem ich spielte und der immer wiederkehrt; doch der kam nicht von dir. Oder kam er von dir? – *Sie springt auf.* Es kam von dir! Der Weg zu meiner Tat geht durch die Sünde! Dank, Dank dir, Herr! Du machst mein Auge hell. Vor dir wird das Unreine rein; wenn du zwischen mich und meine Tat eine Sünde stellst: wer bin ich, daß ich mit dir darüber hadern, daß ich mich dir entziehen sollte! Ist nicht meine Tat soviel wert, als sie mich kostet? Darf ich meine Ehre, meinen unbefleckten Leib mehr lieben wie dich? O, es löst sich in mir wie ein Knoten. Du machtest mich schön; jetzt weiß ich, wozu. Du versagtest mir ein Kind; jetzt fühl ich, warum, und freu mich, daß ich mein eigen Selbst nicht doppelt zu lieben hab. Was ich sonst für Fluch hielt, erscheint mir nun wie Segen! – *Sie tritt vor einen Spiegel.* Sei mir gegrüßt, mein Bild! Schämt euch, Wangen, daß ihr noch nicht glüht; ist der Weg zwischen euch und dem Herzen so weit? Augen, ich lob euch, ihr habt Feuer getrunken und seid berauscht! Armer Mund, dir nehm ichs nicht übel, daß du bleich bist, du sollst das Entsetzen küssen. *Sie tritt vom Spiegel weg.* Holofernes, dieses alles ist dein; ich habe keinen Teil mehr daran; ich hab mich tief in mein Innerstes zusammengezogen. Nimms, aber zittre, wenn du es hast; ich werde in einer Stunde, wo dus nicht denkst, aus mir herausfahren, wie ein Schwert aus der Scheide, und mich mit deinem Leben bezahlt machen! Muß ich dich küssen, so will ich mir einbilden, es geschieht mit vergifteten Lippen; wenn ich dich umarme, will ich denken, daß ich dich erwürge. Gott, laß ihn Greuel begehen unter meinen Augen, blutige Greuel, aber schütze mich, daß ich nichts Gutes von ihm sehe!

MIRZA *kommt:* Riefst du mich, Judith?

JUDITH: Nein – ja. Mirza, du sollst mich schmücken.

MIRZA: Willst du nicht essen?

JUDITH: Nein, ich will geschmückt sein.

MIRZA: Iß, Judith! Ich kanns nicht länger aushalten!

JUDITH: Du?

MIRZA: Sieh, als du gar nicht essen und trinken wolltest, da schwur ich: dann will ich auch nicht! Ich tats, um dich zu zwingen; wenn du nicht Mitleid mit dir selbst hattest, so solltest dus mit mir haben. Ich sagte es dir, aber du hasts wohl nicht gehört. Es sind nun drei Tage.

JUDITH: Ich wollt, ich wäre soviel Liebe wert.

MIRZA: Laß uns essen und trinken! Es wird bald zum letztenmal sein, wenigstens das Trinken. Die Röhren zum Brunnen sind abgehauen; auch zu den kleinen Brunnen an der Mauer kann niemand mehr kommen, denn sie werden von den Kriegsleuten bewacht. Doch sind schon welche hinausgegangen, die sich lieber töten lassen als noch länger dursten wollten. Von einem sagt man, daß er, schon durchstoßen, sterbend zum Brunnen kroch, um sich noch einmal zu letzen; aber eh er das Wasser, das er schon in der Hand hielt, an die Lippen brachte, gab er den Geist auf. Keiner versah sich dieser Grausamkeit vom Feind, darum ward der Wassermangel in der Stadt gleich so allgemein. Wer auch noch ein wenig hat, hälts geheim wie einen Schatz.

JUDITH: O, greulich, statt des Lebens, das man nicht nehmen kann, die Bedingung des Lebens zu nehmen! Schlagt tot, sengt und brennt, aber raubt dem Menschen nicht mitten im Überfluß der Natur seine Notdurft! O, ich habe schon zu lange gesäumt!

MIRZA: Mir hat Ephraim Wasser für dich gebracht. Du magst die Größe seiner Liebe daran erkennen. Seinem eignen Bruder hat ers versagt!

JUDITH: Pfui! Dieser Mensch gehört zu denen, die sogar dann sündigen, wenn sie etwas Gutes tun wollen!

MIRZA: Das gefiel mir auch nicht, aber dennoch bist du zu hart gegen ihn.
JUDITH: Nein, sag ich dir, nein! Jedes Weib hat ein Recht, von jedem Mann zu verlangen, daß er ein Held sei. Ist dir nicht, wenn du einen siehst, als sähst du, was du sein möchtest, sein solltest? Ein Mann mag dem andern seine Feigheit vergeben, nimmer ein Weib. Verzeihst dus der Stütze, daß sie bricht? Kaum kannst du verzeihen, daß du der Stütze bedarfst!
MIRZA: Konntest dus denn erwarten, daß Ephraim deinem Befehl gehorchen werde?
JUDITH: Von einem, der Hand an sich selbst gelegt, der dadurch sein Leben herrenlos gemacht hatte, durfte ichs erwarten. Ich schlug an ihn wie an einen Kiesel, von dem ich nicht weiß, ob ich ihn behalten oder wegwerfen soll; hätt er einen Funken gegeben – der Funke wäre in mein Herz hineingesprungen. Jetzt tret ich den schnöden Stein mit Füßen!
MIRZA: Wie aber sollt ers ausführen?
JUDITH: Der Schütz, welcher frägt, wie er schießen soll, wird nicht treffen. Ziel – Auge – Hand – da ists! *Mit einem Blick gen Himmel.* O, ich sahs über der Welt schweben wie eine Taube, die ein Nest sucht zum Brüten, und die erste Seele, die in der Erstarrung erglühend aufging, mußte den Erlösungsgedanken empfangen. Doch, Mirza, geh und iß, dann schmücke mich!
MIRZA: Ich warte so lange als du wartest!
JUDITH: Du siehst mich so traurig an. Nun, ich geh mit dir! Aber nachher nimm all deinen Witz zusammen und schmücke mich, wie zur Hochzeit. Lächle nicht! Meine Schönheit ist jetzt meine Pflicht! *Geht ab.*

Öffentlicher Platz in Bethulien

Viel Volk. Eine Gruppe junger Bürger, bewaffnet.

EIN BÜRGER *zum andern:* Was sagst du, Ammon?
AMMON: Ich frage dich, Hosea, was besser ist, der Tod durchs Schwert, der so schnell kommt, daß er dir gar nicht die Zeit läßt, ihn zu fürchten und zu fühlen, oder dies langsame Verdorren, das uns bevorsteht?

Hosea: Wenn ich dir antworten sollte, müßte mir der Hals nicht so trocken sein. Man wird durstiger durchs Sprechen.

Ammon: Du hast recht.

Ben *ein dritter Bürger:* Man kommt so weit, daß man sich selbst wegen der paar Blutstropfen beneidet, die einem noch in den Adern sickern. Ich möchte mich anzapfen wie ein Faß. *Steckt den Finger in den Mund.*

Hosea: Das beste ist, daß man über den Durst den Hunger vergißt.

Ammon: Nun, zu essen haben wir noch.

Hosea: Wie lange wirds dauern? Besonders wenn man Leute wie dich unter uns duldet, die mehr Viktualien im Magen als auf den Schultern tragen können.

Ammon: Ich zehre vom Eigenen. Das geht keinen was an.

Hosea: In Kriegszeiten ist alles allgemein. Man sollte dich und deinesgleichen dahin stellen, wo die meisten Pfeile fallen. Man sollte überhaupt die Unmäßigen immer vorausschieben; siegen sie, so braucht man nicht ihnen, sondern den Ochsen und Mastkälbern zu danken, deren Mark in ihnen rumort; kommen sie um, so ist auch das ein Vorteil.

Ammon gibt ihm eine Ohrfeige.

Glaube nicht, daß ich wiedergebe, was ich empfange. Aber das merk dir: wenn du in Gefahr kommst, so erwarte nicht von mir, daß ich dir beispringe. Ich trags dem Holofernes auf, mich zu rächen.

Ammon: Undankbarer! Einen prügeln, heißt, ihm einen Panzer aus seiner eigenen Haut schmieden. Die Ohrfeige von heute macht dich unempfindlich gegen die, welche dich morgen erwartet.

Ben: Ihr seid Narren. Zankt euch und vergeßt, daß ihr gleich den Wall beziehen sollt.

Ammon: Nein, wir sind kluge Leute; solange wir miteinander hadern, denken wir nicht an unsre Not.

Ben: Kommt, kommt! wir müssen fort.

Ammon: Ich weiß nicht, ob es nicht besser wäre, wenn wir dem Holofernes öffneten. Den, der das täte, tötete er gewiß nicht!

Ben: So tötete ich ihn. *Sie gehen ab.*

Zwei ältere Bürger im Gespräch.

Der Eine: Hast du wieder einen neuen Greuel vom Holofernes gehört?
Der Andere: Freilich.
Der Eine: Wie treibst dus nur auf? Aber erzähl mir doch!
Der Andere: Er steht und spricht mit einem seiner Hauptleute. Allerlei Heimlichkeiten. Auf einmal bemerkt er in der Nähe einen Soldaten. „Hast du gehört", fragt er den, „was ich sprach?" – „Nein", antwortet der Mensch. „Das ist ein Glück für dich", sagt der Tyrann, „sonst ließe ich dir den Kopf herunterschlagen, weil Ohren daran sitzen!"
Der Eine: Man sollte glauben, man müßte leblos niederfallen, wenn man so etwas vernimmt. Das ist das Niederträchtigste an der Furcht, daß sie einen nur halb tötet, nicht ganz.
Der Andere: Mir ist die Langmut Gottes unbegreiflich. Wenn er einen solchen Heiden nicht haßt, wen soll er noch hassen?
Gehen vorüber.

Samuel, ein uralter Greis, von seinem Enkel geführt, tritt auf.
Enkel: Singet dem Herrn ein neues Lied, denn seine Güte währet ewiglich!
Samuel: Ewiglich! *Er setzt sich auf einen Stein.* Samuel dürstet. Enkel, warum gehst du nicht und holst ihm einen frischen Trunk?
Enkel: Ahn, der Feind steht vor der Stadt! – Wieder vergaß ers!
Samuel: Den Psalm! Lauter! Was stockst du!
Enkel: Zeuge von dem Herrn, o Jüngling, denn du weißt nicht, ob du ein Greis wirst! Rühm ihn, o Greis, denn du wurdest nicht alt, um das zu verhehlen, was der Barmherzige an dir getan hat!
Samuel *zornig:* Hält der Brunnen nicht mehr so viel Wasser, als Samuel braucht, wenn er zum letztenmal trinken will? Kann der Enkel nicht schöpfen, ob der Mittag gleich heiß ist?
Enkel *sehr laut:* Schwerter halten den Brunnen bewacht, Speere starren, die Heiden haben große Gewalt über Israel.
Samuel *steht auf:* Nicht über Israel! Wen suchte der Herr, als er Wellen und Winden Macht gab über das Schifflein,

daß es hinauf und hinunter flog? Nicht den, der am
Steuer saß, noch sonst einen anderen, den trotzigen Jonas
allein, der ruhig schlief. Vom sichern Schiff trieb er ihn
in die tobende Meerflut hinein, aus der Meerflut in des
Leviathans Rachen, aus dem Rachen des Untiers durch
die Klippen der Zähne in den finstern Bauch. Aber als Jonas nun Buße tat, war der Herr da nicht stark genug, ihn
noch aus dem Bauch des Leviathans wieder zu erretten?
Stehet auf, ihr heimlichen Missetäter, die ihr in euch selber schlaft, wie Jonas schlief! Wartet nicht, bis man das
Los über euch wirft, tretet hervor und sprecht: Wir sinds,
damit nicht der Unschuldige vertilgt werde mit dem
Schuldigen! *Er faßt seinen Bart.* Samuel schlug den Aaron,
spitz war der Nagel, weich war das Hirn, tief war Aarons
Schlummer in seines Weibes Schoß. Samuel nahm des
Aaron Weib und zeugt den Ham mit ihr, aber sie starb
vor Entsetzen, als sie das Kind erblickte, denn des Kin-
des Haupt trug das Zeichen des Nagels, wie des Toten
Haupt, und Samuel ging in sich und kehrte sein Angesicht gegen sich selbst!

ENKEL: Ahn! Ahn! Du selbst bist Samuel, und ich bin der
Sohn des Ham!

SAMUEL: Samuel schor sich das Haupt und stellte sich vor
seine Tür und harrte der Rache, wie man des Glückes
harrt, siebzig Jahre und länger, bis er seine Tage nicht
mehr zu zählen vermochte. Aber die Pest ging vorüber,
und ihr Atem traf ihn nicht, und das Elend ging vorüber
und kehrte nicht bei ihm ein, und der Tod ging vorüber
und rührte ihn nicht an. Die Rache kam nicht von selbst,
und er hatte nicht den Mut, sie zu rufen.

ENKEL: Komm, komm! *Er führt ihn auf die Seite.*

SAMUEL: Aarons Sohn, wo bist du, oder seines Sohnes Sohn,
oder sein Bruder, daß Samuel den Stoß eurer Hand nicht
fühlt, noch den Tritt eurer Füße? Auge um Auge, sprach
der Herr, Zahn um Zahn, Blut um Blut!

ENKEL: Aarons Sohn ist tot und seines Sohnes Sohn und
sein Bruder, der ganze Stamm.

SAMUEL: Blieb kein Rächer? Sind dies die letzten Zeiten,
daß der Herr die Sünde aufgeschossen stehen läßt und
die Sicheln zerbricht? Wehe! Wehe!

Der Enkel führt ihn ab.

Zwei Bürger.
ERSTER: Wie ich dir sage, nicht allenthalben fehlts an Wasser. Es gibt Leute unter uns, die sich nicht allein vollsaufen, sondern die sich sogar täglich mehrere Male waschen.
ZWEITER: O, ich glaubs. Ich will dir doch etwas vertrauen. Mein Nachbar Assaph hatte eine Ziege, die in seinem Gärtlein lustig weidete. Ich sehe gerade ins Gärtlein hinab, und mir wurde jedesmal zumute wie einer schwangeren Frau, wenn ich das Tier mit seinen vollen Eutern erblickte. Gestern ging ich zu Assaph und bat ihn um ein wenig Milch. Als er mirs abschlug, griff ich zum Bogen, tötete die Ziege mit einem raschen Schuß und schickte ihm, was sie wert ist! Ich tat recht, denn die Ziege verleitete ihn zur Hartherzigkeit gegen seinen Nächsten.
ERSTER: Von dir konnte man den Streich erwarten! Du hast ja schon als ganz kleines Kind eine Jungfrau zur Mutter gemacht!
ZWEITER: Was!
ERSTER: Ja! ja! Bist du nicht der Erstgeborne?
Gehen vorüber.

Einer der Ältesten tritt auf.
DER ÄLTESTE: Hört, hört, ihr Männer von Bethulien! *Das Volk versammelt sich um ihn.* Hört, was euch durch meinen Mund der fromme Hohepriester Jojakim zu wissen tut!
ASSAD *ein Bürger, seinen Bruder Daniel, der stumm und blind ist, an der Hand:* Gebt acht, der Hohepriester will, daß wir Löwen sein sollen. Dann kann er um so besser Hase sein.
EIN ANDERER: Lästere nicht!
ASSAD: Ich lasse keine Trostgründe gelten, als die ich aus dem Brunnen schöpfen kann.
DER ÄLTESTE: Ihr sollt gedenken an Moses, den Diener des Herrn, der nicht mit dem Schwert, sondern mit Gebet den Amalek schlug. Ihr sollt nicht zittern vor Schild und Speer, denn ein Wort der Heiligen macht sie zuschanden.
ASSAD: Wo ist Moses? Wo sind Heilige?
DER ÄLTESTE: Ihr sollt Mut fassen und gedenken, daß das Heiligtum des Herrn in Gefahr ist.

Assad: Ich meinte, der Herr wolle uns schützen. Nun läufts darauf hinaus, daß wir ihn schützen sollen!

Der Älteste: Und vor allem sollt ihr nicht vergessen, daß der Herr, wenn er euch umkommen läßt, euch euren Tod und eure Marter in Kindern und Kindeskindern bis zum zehnten Glied hinab vergüten kann!

Assad: Wer sagt mir, wie meine Kinder und Kindeskinder ausschlagen? Könnens nicht Bursche sein, deren ich mich schämen muß, die mir zum Spott herumlaufen! *Zum Ältesten:* Mann, deine Lippe zittert, dein Auge irrt unstet, deine Zähne möchten die klingenden Worte zerreißen, hinter denen sich deine Angst versteckt. Wie kannst du den Mut von uns verlangen, den du selbst nicht hast? Ich will einmal im Namen dieser aller zu dir reden. Gib Befehl, daß die Tore der Stadt geöffnet werden. Unterwürfigkeit findet Barmherzigkeit! Ich sags nicht meinetwegen, ich sags dieser armen Stummen wegen, ich sags wegen der Weiber und Kinder. *Umstehende geben Zeichen des Beifalls.* Gib Befehl, augenblicklichen, oder wir tuns ohne deinen Befehl.

Daniel *reißt sich von ihm los:* Steiniget ihn! Steiniget ihn!

Volk: War dieser Mann nicht stumm?

Assad *seinen Bruder mit Entsetzen betrachtend:* Stumm und blind. Er ist mein Bruder. Dreißig Jahre ist er alt und sprach nie ein Wort.

Daniel: Ja, das ist mein Bruder! Er hat mich erquickt mit Speis und Trank. Er hat mich gekleidet und ließ mich bei sich wohnen! Er hat mich gepflegt bei Tag und bei Nacht. Gib mir die Hand, du treuer Bruder. *Als er sie faßt, schleudert er sie wie von Entsetzen gepackt von sich.* Steiniget ihn, steiniget ihn!

Assad: Wehe! Wehe! Der Geist des Herrn spricht aus des Stummen Munde! Steiniget mich!

Das Volk verfolgt ihn, ihn steinigend.

Samaja *ihnen bestürzt nacheilend:* Was wollt ihr? *Ab.*

Daniel *begeistert:* Ich komme, ich komme, spricht der Herr, aber ihr sollt nicht fragen, woher? Meint ihr, es sei Zeit? Ich allein weiß, wann es Zeit ist!

Volk: Ein Prophet, ein Prophet!

Daniel: Ich ließ euch wachsen und gedeihen, wie das Korn zur Sommerzeit! Meinet ihr, daß ich den Heiden meine

Ernte überlassen werde? Wahrlich, ich sage euch, das wird nimmermehr geschehen!

Judith mit Mirza erscheint unter dem Volk.

VOLK *wirft sich zu Boden:* Heil uns!

DANIEL: Und ob euer Feind noch so groß ist, so brauche ich doch nur ein kleines, um ihn zu vernichten! Heiliget euch! Heiliget euch! denn ich will wohnen bei euch und will euch nicht verlassen, wenn ihr mich nicht verlaßt! – *Nach einer Pause:* Bruder, deine Hand!

SAMAJA *zurückkehrend:* Tot ist dein Bruder! Du hast ihn getötet! Das war dein Dank für all seine Liebe! O, wie gern hätt ich ihn gerettet! Wir waren ja Freunde von Jugend auf! Was aber konnt ich ausrichten gegen so viele, die deine Torheit verrückt gemacht hatte. „Nimm dich Daniels an!" rief er mir zu, als mich sein brechendes Auge erkannt. Ich leg dir dies Wort als ein glühendes Vermächtnis in die Seele!

Daniel will sprechen und kanns nicht; er wimmert.

SAMAJA *zum Volk:* Schämet euch, daß ihr auf den Knien liegt, schämet euch noch mehr, daß ihr einen edlen Mann, der es mit euch allen wohl meinte, gemordet habt! Ha, ihr verfolgtet ihn so wütend, als könntet ihr in ihm eure eigenen Sünden zu Tode steinigen! Alles, was er hier gegen den Ältesten, nicht aus Feigheit, sondern aus Mitleid mit eurem Elend vorbrachte, war zwischen uns heute morgen verabredet; dieser Stumme saß dabei zusammengekauert und teilnahmlos wie immer; er verriet seinen Abscheu mit keiner Miene. – *Zum Ältesten:* Alles, was mein Freund verlangte, verlang ich noch: schleuniges Öffnen der Tore, Unterwerfung auf Gnad und Ungnade. – *Zu Daniel:* Nun zeige, daß der Herr aus dir sprach. Fluche mir, wie du dem Bruder fluchtest!

Daniel in höchster Angst will reden und kann nicht.

Sehet ihr den Propheten? Ein Dämon des Abgrunds, der euch verlocken wollte, entsiegelte seinen Mund, aber Gott verschloß ihn wieder und verschloß ihn auf ewig. Oder könnt ihr glauben, daß der Herr die Stummen reden macht, damit sie Brudermörder werden?

Daniel schlägt sich.

JUDITH *tritt in die Mitte des Volkes:* Lasset euch nicht versuchen! Hat es euch nicht gepackt wie Gottesnähe und

euch in heiliger Vernichtung zu Boden geworfen? Wollt
ihr es jetzt dulden, daß man euer tiefstes Gefühl der
Lüge zeiht?

SAMAJA: Weib, was willst du? Siehst du nicht, daß dieser
verzweifelt? Ahnst du nicht, daß er verzweifeln muß,
wenn er ein Mensch ist? *Zu Daniel:* Reiß dir die Haare
aus, zerstoß dir den Kopf an der Mauer, daß die Hunde
dein Gehirn lecken; das ist das einzige, was du noch auf
der Welt zu tun hast! Was gegen die Natur ist, das ist gegen Gott!

STIMMEN IM VOLK: Er hat recht!

JUDITH *zu Samaja:* Willst du dem Herrn den Weg vorschreiben, den er wandeln soll? Reinigt er nicht jeden Weg dadurch, daß er ihn wandelt?

SAMAJA: Was gegen die Natur ist, das ist gegen Gott! Der
Herr tat Wunder unter den Vätern; die Väter waren besser wie wir. Wenn er jetzt Wunder tun wollte, warum
läßt er nicht regnen? Und warum tut er nicht ein Wunder
im Herzen des Holofernes und bewegt ihn zum Abzug?

EIN BÜRGER *dringt auf Daniel ein:* Stirb, Sünder, der du uns
verleitet hast, uns mit dem Blute eines Gerechten zu beflecken!

SAMAJA *tritt zwischen ihn und Daniel:* Niemand darf den Kain
töten! So sprach der Herr. Aber Kain darf sich selbst töten! So spricht in mir eine Stimme! Und Kain wirds tun!
Dies sei euch ein Zeichen: lebt dieser Mensch noch bis
morgen, kann er seine Tat einen ganzen Tag und eine
ganze Nacht tragen, so tut nach seinen Worten und harret, bis ihr tot hinsinkt oder bis euch ein Wunder erlöst!
Wo nicht, so tut, was Assad euch sagte: öffnet die Tore
und ergebt euch. Und wenn ihr im Druck eurer Sünden
nicht zu hoffen wagt, daß der Herr das Herz des Holofernes rühren wird, so legt Hand an euch selbst! Tötet euch
untereinander und laßt nur die Kinder am Leben! Die
werden die Assyrier verschonen, denn sie haben selbst
Kinder oder wünschen Kinder zu haben. Macht ein großes Morden daraus, wo der Sohn den Vater niedersticht
und wo der Freund dem Freunde dadurch seine Liebe
beweist, daß er ihm die Gurgel abschneidet, ohne sich
erst bitten zu lassen. *Faßt den Daniel bei der Hand.* Den

Stummen nehm ich in mein Haus. *Für sich:* Wahrlich, die Stadt, die sein Bruder retten wollte, soll nicht durch seine Raserei zugrunde gehen! Ich will ihn in eine Kammer einschließen, ich will ihm ein blankes Messer in die Hand drücken, ich will ihm in die Seele reden, bis er vollbringt, was ich im Namen der Natur und als ihr Prophet voraus verkündigt habe. Gott Lob, daß er nur stumm und blind ist, daß er nicht auch taub ist. *Er geht mit Daniel ab.*

VOLK *durcheinander:* Warum gehen uns die Augen so spät auf! Wir wollen nicht länger warten. Keine Stunde! Wir wollen die Tore öffnen. Kommt!

JOSUA *ein Bürger:* Wer war schuld, daß wir uns nicht demütigten wie die übrigen Völker? Wer verführte uns, daß wir die schon gebeugten Nacken trotzig emporhoben? Wer hieß uns in die Wolken blicken und die Erde darüber vergessen?

VOLK: Wer anders als Priester und Älteste?

JUDITH *für sich:* O Gott, jetzt hadern die Unseligen mit denen, die sie aus nichts zu etwas machten! – *Laut:* Seht ihr im Unglück, das euch trifft, nur eine Aufforderung, es euch durch Gemeinheit zu verdienen?

JOSUA *geht unter den Bürgern umher:* Als ich vom Zug des Holofernes hörte, da war mein erster Gedanke, daß wir ihm entgegengehen und seine Gnade erflehen sollten. Wer unter euch dachte anders? *Alle schweigen.* Warum kam Holofernes? Nur, um uns zu unterwerfen; hätte er die Unterwerfung auf der Hälfte des Weges angetroffen, er hätte den ganzen nicht gemacht und wäre umgekehrt, denn er hat genug zu tun. Dann säßen wir jetzt in Frieden und labten uns an Speis und Trank; nun ist unser kümmerliches Leben nichts als eine Anweisung auf alle Martern, die möglich sind.

VOLK: Wehe! Wehe!

JOSUA: Und wir sind unschuldig, wir haben nie getrotzt, wir haben immer gezittert. Aber Holofernes war noch fern, und Älteste und Priester waren nah und bedrohten uns! Da vergaßen wir die eine Furcht über die andere. Wißt ihr was? Wir wollen Älteste und Priester aus der Stadt heraustreiben und zum Holofernes sagen: Da sind die Empörer. Mag er sich ihrer erbarmen, so ists gut; wo nicht, so wollen wir doch lieber um sie klagen als um uns selbst!

Volk: Wird das uns retten?
Judith: Das ist, als ob einer mit dem Schwert, womit er sich nicht zu verteidigen vermag, den Waffenschmied, der es ihm gab, ermorden wollte.
Volk: Hilft es wohl?
Josua: Wie sollt es nicht? Kopf ab, heißts, nicht Fuß ab oder Hand ab.
Volk: Du hast recht! Das ist der Weg!
Josua *zu dem Ältesten, der den Auftritt ernst angesehen hat:* Was sagst du dazu?
Der Älteste: Ich würde selbst dazu raten, wenns helfen könnte. Ich bin heute gerade dreiundsiebzig Jahr alt geworden und möchte wohl zu den Vätern eingehen; auf ein paar Atemzüge mehr oder weniger kommts nicht an. Zwar glaube ich ein ehrliches Grab verdient zu haben und möchte lieber in der Erde als im Magen eines wilden Tieres ruhen; doch wenn ihr meint, daß ich für euch alle genug tun kann, so bin ich bereit. Ich schenk euch diesen grauen Kopf. Macht aber schnell, damit der Tod euch nicht zuvorkomme und das Geschenk hohnlachend in eine Grube hineinwerfe. Nur einmal erlaubt mir noch, diesen Kopf, der nun euch gehört, zu brauchen. Nicht von mir allein, von allen Ältesten und allen Priestern ist die Rede. Wollt ihr euch, bevor ihr zu opfern beginnt, nicht die Mühe nehmen, die Opfer zu zählen?
Judith *wild:* Das hört ihr an und schlagt nicht an eure Brust und werft euch nicht nieder und küßt dem Greis die Füße? Bei der Hand fassen möcht ich jetzt den Holofernes und ihn hereinführen und ihm selbst das Schwert schleifen, wenn es stumpf würde, ehe es jeden dieser Köpfe abgemäht hätte!
Josua: Der Älteste sprach klug, sehr klug. Widersetzen konnt er sich nicht, das sah er, da gab er sich denn drein und auf eine Weise – ich wette, wenn die Lämmer sprechen könnten, es würde kein einziges geschlachtet. *Zu Judith:* Gewiß hat er dich nicht allein gerührt.
Judith: Widersetzen konnt er sich nicht, aber er konnte euren schlechten Plan doch zuschanden machen, er konnte sich töten! Und er griff krampfhaft nach dem Schwert, ich bemerkt es wohl und trat ihm näher, um ihn zu hindern;

wollen, verläßt sie ihr Haus und wandelt mit uns und spricht uns Trost ein!

DER VORIGE: Sie ist reich und hat viele Güter. Aber wißt ihr, was sie einmal sagte? „Ich verwalte diese Güter nur, sie gehören den Armen." Und sie sagts nicht bloß, sie tuts. Ich glaube, sie nimmt nur darum keinen Mann wieder, weil sie dann aufhören müßte, die Mutter der Bedürftigen zu sein! Wenn der Herr uns hilft, so geschiehts ihretwegen!

JUDITH *zu Achior:* Du kennst den Holofernes. Sprich mir von ihm!

ACHIOR: Ich weiß, daß er nach meinem Blut dürstet, aber glaube nicht, daß ich ihn schmähe! Wenn er mit dem erhobenen Schwerte vor mir stände und mir zuriefe: „Töte mich, sonst töt ich dich" – ich weiß nicht, was ich täte!

JUDITH: Das ist dein Gefühl. Er hatte dich in seiner Gewalt und ließ dich frei!

ACHIOR: O, es ist nicht das! Das könnte mich eher empören. Das Blut steigt mir in die Wangen, wenn ich bedenke, wie gering er einen Mann achten muß, den er selbst, die Waffen in der Hand, zu seinem Feind hinüberschickt.

JUDITH: Er ist ein Tyrann!

ACHIOR: Ja, aber er wurde geboren, es zu sein. Man hält sich und die Welt für nichts, wenn man bei ihm ist. Einmal ritt ich mit ihm im wildesten Gebirg. Wir kommen an eine Kluft, breit, schwindlig tief. Er spornt sein Pferd, ich greif ihm in die Zügel, deute auf die Tiefe und sage: „Sie ist unergründlich!" – „Ich will ja auch nicht hinein, ich will hinüber!" ruft er und wagt den grausigen Sprung. Ehe ich noch folgen kann, hat er kehrtgemacht und ist wieder bei mir. „Ich meinte dort eine Quelle zu sehen" – sagt er – „und wollte trinken, aber es ist nichts. Verschlafen wir den Durst." Und wirft mir die Zügel zu und springt herab vom Pferd und schläft ein. Ich konnte mich nicht halten, ich stieg gleichfalls ab und berührte sein Kleid mit meinen Lippen und stellte mich gegen die Sonne, damit er Schatten habe. Pfui über mich! Ich bin so sehr sein Sklave, daß ich ihn lobe, wenn ich von ihm spreche.

JUDITH: Er liebt die Weiber?

ACHIOR: Ja, aber nicht anders wie Essen und Trinken.

Judith: Fluch ihm!
Achior: Was willst du? Ich hab eine meines Volks gekannt, die verrückt ward, weil er sie verschmähte. Sie schlich sich in sein Schlafgemach und trat plötzlich, als er sich eben ins Bett gelegt hatte, mit gezücktem Dolch drohend vor ihn hin.
Judith: Was tat er?
Achior: Er lachte und lachte so lange, bis sie sich selbst durchstach!
Judith: Hab Dank, Holofernes! Nur an diese brauch ich zu denken, und ich werde Mut haben wie ein Mann!
Achior: Was ist dir?
Judith: O, steigt vor mir empor aus euern Gräbern, ihr, die er morden ließ, daß ich in eure Wunden schaue! Tretet vor mich hin, ihr, die er geschändet hat, und schlagt die auf ewig zugefallenen Augen noch einmal wieder auf, daß ich drin lese, wieviel er euch schuldig ward! Ihr alle sollt bezahlt werden! Doch warum denk ich eurer, warum nicht der Jünglinge, die sein Schwert noch fressen, der Jungfrauen, die er in seinen Armen noch zerdrücken kann! Ich will die Toten rächen und die Lebendigen beschirmen. –
Zu Achior: Ich bin doch für ein Opfer schön genug?
Achior: Niemand sah deinesgleichen.
Judith *zu dem Ältesten:* Ich hab ein Geschäft bei dem Holofernes. Wollt Ihr mir das Tor öffnen lassen?
Der Älteste: Was hast du vor?
Judith: Niemand darf es wissen als der Herr unser Gott!
Der Älteste: So sei er mit dir! Das Tor steht dir offen!
Ephraim: Judith! Judith! Nimmer vollbringst dus!
Judith *zu Mirza:* Hast du den Mut, mich zu begleiten?
Mirza: Ich hätte noch weniger den Mut, dich allein ziehen zu lassen.
Judith: Und du tatest, was ich dir befahl?
Mirza: Wein und Brot ist hier. Es ist nur wenig!
Judith: Es ist zuviel!
Ephraim *für sich:* Hätt ich das geahnt, so hätt ich nach ihren Worten getan! Grausam werd ich gestraft!
Judith *geht ein paar Schritte, dann wendet sie sich noch einmal zum Volk:* Betet für mich wie für eine Sterbende! Lehrt die kleinen Kinder meinen Namen und lasset sie für mich beten!

Sie geht auf das Tor zu, es wird geöffnet; sowie sie heraus ist, fallen alle, außer Ephraim, auf die Knie.
EPHRAIM: Ich will nicht beten, daß Gott sie schützen soll. Ich will sie selbst schützen! Sie geht in des Löwen Höhle – ich glaube, sie tuts nur, weil sie erwartet, daß alle Männer ihr folgen werden. Ich folge; wenn ich sterbe, so sterb ich ja nur etwas früher als alle die andern. Vielleicht kehrt sie um! *Ab.*
DELIA *tritt in größter Bewegung unter das Volk:* Wehe! Wehe!
EINER DER ÄLTESTEN: Was hast du?
DELIA: Der Stumme! Der furchtbare Stumme! Er hat meinen Mann erwürgt!
EINER AUS DEM VOLKE: Das ist des Samaja Weib!
DER VORIGE ÄLTESTE *zu Delia:* Wie konnte das geschehen?
DELIA: Samaja kam mit dem Stummen zu Hause. Er ging mit ihm in die hintere Kammer und riegelte hinter sich zu. Ich hörte Samaja laut reden und den Stummen ächzen und schluchzen. Was ists? denk ich und schleiche mich an die Kammertür und lausche hinein durch einen Spalt. Der Stumme sitzt und hält ein scharfes Messer in der Hand, Samaja steht neben ihm und macht ihm schwere Vorwürfe. Der Stumme kehrt das Messer gegen seine Brust, ich stoß einen Schrei aus und entsetze mich, da ich sehe, daß Samaja ihn nicht in seiner Raserei zu hindern sucht. Aber auf einmal wirft der Stumme sein Messer weg und fällt über Samaja her; er reißt ihn, wie mit übermenschlicher Gewalt, zu Boden und packt ihn bei der Kehle. Samaja kann sich seiner nicht erwehren, er ringt mit ihm; ich rufe um Hilfe. Nachbarn kommen herbei, die Tür, die von innen verriegelt ist, wird eingerannt. Zu spät. Der Stumme hat Samaja schon erwürgt; wie ein Tier wütet er noch gegen den Toten und lacht, da er uns eintreten hört. Als er mich an der Stimme erkennt, wird er still und rutscht auf den Knien zu mir heran; Mörder! ruf ich; da weist er mit dem Finger gen Himmel, dann sucht er das Messer am Boden, hebt es auf, reicht es mir und deutet auf seine Brust, als ob er wolle, daß ich ihn durchstoßen solle.
EIN PRIESTER: Daniel ist ein Prophet. Der Herr hat den Stummen reden lassen; er hat ein Wunder getan, damit

ihr an die Wunder, die er noch tun will, glauben könnt! Samaja ist zuschanden worden mit seiner Prophezeiung! An Daniel hat er gefrevelt, durch Daniels Hand hat er seinen Lohn empfangen.
STIMMEN IM VOLK: Hin zu Daniel, damit ihm kein Leid geschehe!
DER PRIESTER: Der Herr hat ihn gesandt, der Herr wird ihn schützen. Gehet hin und betet!
Das Volk zerstreut sich zu verschiedenen Seiten.
DELIA: Weiter haben sie keinen Trost für mich, als daß sie sagen: er, den ich liebte, sei ein Sünder gewesen. *Sie geht ab.*

VIERTER AKT

Zelt des Holofernes

Holofernes und zwei seiner Hauptleute.

EINER DER HAUPTLEUTE: Der Feldhauptmann sieht aus wie ein Feuer, das ausgehen will.
DER ZWEITE: Vor solch einem Feuer muß man sich in acht nehmen. Es verschlingt alles, was ihm nahe kommt, um sich zu ernähren.
DER ERSTE: Weißt du, daß Holofernes in der letzten Nacht nahe daran war, sich selbst zu töten?
DER ZWEITE: Das ist nicht wahr!
DER ERSTE: Doch! Ihn drückt der Alp, und er glaubt im Schlafe, daß sich jemand auf ihn wirft und ihn würgen will. Er greift, in seinen Traum verstrickt, nach dem Dolch und meint den Feind hinterrücks zu durchbohren und stößt ihn in die eigne Brust.

Glücklicherweise gleitet das Eisen an den Rippen ab. Er erwacht und siehts und ruft, als der Kämmerer ihn verbinden will, lachend aus: „Laß laufen, mich kühlts, ich hab des Blutes zuviel!"
DER ZWEITE: Es klingt fabelhaft.

DER ERSTE: Frag den Kämmerer!
HOLOFERNES *wendet sich rasch:* Fragt mich selbst! *Sie erschrekken.* Ich rufs euch zu, weil ich euch gern hab und nicht mag, daß zwei Helden, die ich brauchen kann, sich aus Langeweile durch allerlei schnöde Betrachtungen und Vergleiche um den Hals reden. *Für sich:* Sie wundern sich, daß ich ihr Gespräch hörte; Schande genug für mich, daß ich Zeit und Aufmerksamkeit dafür hatte! Ein Kopf, der sich nicht selbst mit Gedanken auszufüllen weiß, der für die Grillen und Einfälle andrer Platz übrig hat, ist nicht wert, daß man ihn füttert; die Ohren sind Almosensammler des Geistes, nur Bettler und Sklaven bedürfen ihrer, und man wird eins von beiden, wenn man sie braucht. *Zu den Hauptleuten:* Ich hadere nicht mit euch; es ist meine Schuld, daß ihr nichts zu tun habt und daß ihr Worte machen müßt, um euch vorlügen zu können: ihr lebt. Was gestern Speise war, ist heute Kot; weh uns, daß wir darin wühlen müssen! Aber sagt mir doch, was hättet ihr getan, wenn ihr mich nun wirklich heute morgen tot im Bette gefunden?
DIE HAUPTLEUTE: Herr, was hätten wir tun sollen?
HOLOFERNES: Wenn ichs auch wüßte, so würd ichs nicht sagen. Wer sich aus der Welt wegdenken und seinen Ersatzmann nennen kann, der gehört nicht mehr hinein! Ich danks doch meinen Rippen, daß sie von Eisen sind. Das wär ein Tod gewesen wie eine Posse! Und gewiß hätte dieser Irrtum meiner Hand irgendeinen magern Gott, zum Beispiel den der Ebräer, fett gemacht. Wie würde Achior sich mit seiner Vorherverkündigung gebrüstet und Respekt vor sich selbst bekommen haben! – Eins möcht ich wissen: Was ist der Tod?
EINER DER HAUPTLEUTE: Ein Ding, um dessentwillen wir das Leben lieben!
HOLOFERNES: Das ist die beste Antwort! Jawohl, nur weil wir es stündlich verlieren können, halten wirs fest und pressens aus und saugens ein bis zum Zerplatzen. Gings ewig so fort wie gestern und heut, so würden wir in seinem Gegenteil seinen Wert und Zweck sehen; wir würden ruhen und schlafen und in unsern Träumen vor nichts zittern wie vor dem Erwachen. Jetzt suchen wir uns durchs Essen gegen das Gegessenwerden zu schüt-

zen und kämpfen mit unsern Zähnen gegen die Zähne der Welt. Darum ists auch so einzig schön, durchs Leben selbst zu sterben! den Strom so anschwellen zu lassen, daß die Ader, die ihn aufnehmen soll, zerspringt! die höchste Wollust und die Schauder der Vernichtung ineinander zu mischen! Oft kommts mir vor, als hätt ich einmal zu mir selbst gesagt: Nun will ich leben! Da ward ich losgelassen wie aus zärtlichster Umschlingung, es ward hell um mich, mich fröstelte, ein Ruck, und ich war da! So möcht ich auch einmal zu mir selbst sagen: Nun will ich sterben! Und wenn ich nicht, sowie ich das Wort ausspreche, aufgelöst in alle Winde verfliege und eingesogen werde von all den durstigen Lippen der Schöpfung, so will ich mich schämen und mir eingestehen, daß ich Wurzeln aus Fesseln gemacht habe. Möglich ists; es wird sich noch einer töten durch den bloßen Gedanken!

Einer der Hauptleute: Holofernes!

Holofernes: Du meinst, man muß sich nicht berauschen! Das ist wahr, denn wer den Rausch nicht kennt, weiß auch nichts davon, wie schal die Nüchternheit ist! Und doch ist der Rausch der Reichtum unserer Armut, und ich mags so gern, wenns wie ein Meer aus mir hervorbricht und alles, was Damm und Grenze heißt, überflutet! Und wenns einmal in allem, was lebt, so drängte und strömte, sollte es dann nicht durchbrechen und zusammenkommen und wie ein großes Gewitter in Donner und Blitz über die nassen, kalten, fetzenhaften Wolken triumphieren können, die der Wind nach Lust und Laune herumjagt? O gewiß! *Zu den Hauptleuten:* Ihr wundert euch über mich, daß ich aus meinem Kopf eine Spindel mache und den Traum- und Hirnknäuel darin Faden nach Faden abzwirne wie ein Bündel Flachs. Freilich, der Gedanke ist der Dieb am Leben; der Keim, den man aus der Erde ans Licht hervorzerrt, wird nicht treiben! das weiß ich recht gut, doch heute, nach einem Aderlaß, mags gehen! Wir haben jetzt ja Zeit, denn die in Bethulien scheinen nicht zu wissen, daß der Soldat sein Schwert so lange schärft, als sie ihn hindern, es zu brauchen.

Ein Hauptmann *tritt herein:* Herr, ein ebräisch Weib, das wir auf dem Berg aufgegriffen haben, steht vor der Tür.

Holofernes: Was für eine Art Weib?

Der Hauptmann: Herr, jeder Augenblick, daß du sie nicht siehst, ist ein verlorener. Wär sie nicht so schön, ich hätte sie nicht zu dir geführt. Wir lagen am Brunnen und harrten, ob sich jemand heranwagte. Da sahen wir sie kommen; ihre Magd hinterdrein, wie ihr Schatten. Sie war verschleiert und ging anfangs so schnell, daß die Magd ihr kaum zu folgen vermochte; dann hielt sie plötzlich inne, als wollte sie umkehren, und wandte sich gegen die Stadt und warf sich zu Boden und schien zu beten. Nun kam sie auf uns zu und ging zum Brunnen. Einer der Wächter trat ihr entgegen, ich dachte schon, er wollte ihr ein Leides tun, denn die Soldaten sind grimmig ob dem langen Müßiggang, aber er bückte sich und schöpfte und reichte ihr das Gefäß. Sie nahm es, ohne zu danken, und führte es an ihre Lippen, doch bevor sie noch getrunken hatte, setzte sie es wieder ab und goß es langsam aus. Dies verdroß den Wächter, er zog sein Schwert und zückte es gegen sie; da schlug sie ihren Schleier zurück und sah ihn an. Es fehlte wenig, so hätt er sich ihr zu Füßen geworfen; sie aber sprach: „Führt mich zum Holofernes! Ich komme, weil ich mich vor ihm demütigen und ihm die Heimlichkeiten der Meinigen offenbaren will."

Holofernes: Führe sie herein! *Der Hauptmann ab.* Alle Weiber der Welt seh ich gern, ausgenommen eins, und das hab ich nie gesehen und werd es nie sehen.

Einer der Hauptleute: Welche ist das?

Holofernes: Meine Mutter! Ich hätt sie so wenig sehen mögen, als ich mein Grab sehen mag. Das freut mich am meisten, daß ich nicht weiß, woher ich kam! Jäger haben mich als einen derben Buben in der Löwenhöhle aufgelesen, eine Löwin hat mich gesäugt; darum ists kein Wunder, daß ich den Löwen selbst einst in diesen meinen Armen zusammendrückte. Was ist denn auch eine Mutter für ihren Sohn? Der Spiegel seiner Ohnmacht von gestern oder von morgen. Er kann sie nicht ansehen, ohne der Zeit zu gedenken, wo er ein erbärmlicher Wurm war, der die paar Tropfen Milch, die er schluckte, mit Schmätzen bezahlte. Und wenn er dies vergißt, so sieht er ein Gespenst in ihr, das ihm Alter und Tod vorgaukelt und ihm die eigene Gestalt, sein Fleisch und Blut, zuwidermacht.

Judith *tritt herein; sie wird von Mirza und dem Hauptmann, die beide an der Tür stehenbleiben, begleitet; sie ist anfangs verwirrt, faßt sich aber schnell, geht auf Holofernes zu und fällt ihm zu Füßen:* Du bist der, den ich suche, du bist Holofernes.

HOLOFERNES: Du denkst, der muß hier der Herr sein, auf dessen Kleid das meiste Gold schimmert.

JUDITH: Nur einer kann so aussehen!

HOLOFERNES: Fänd ich den zweiten, so würd ich ihm den Kopf vor die Füße legen, denn auf mein Gesicht glaub ich allein ein Recht zu haben.

EINER DER HAUPTLEUTE *zum andern:* Ein Volk, das solche Weiber hat, ist nicht zu verachten.

DER ZWEITE: Man sollt es allein der Weiber wegen bekriegen. Nun hat Holofernes einen Zeitvertreib. Vielleicht erstickt sie mit Küssen seinen ganzen Zorn.

HOLOFERNES *in ihre Betrachtung verloren:* Ists einem nicht, solange man sie anschaut, als ob man ein köstlich Bad nähme? Man wird das, was man sieht! Die reiche, große Welt ging in das bißchen ausgespannte Haut, worin wir stecken, nicht hinein; wir erhielten Augen, damit wir sie stückweise einschlucken könnten! Nur die Blinden sind elend! Ich schwörs, ich will nie wieder jemand blenden lassen. *Zu Judith:* Du liegst noch auf den Knieen? Steh auf! *Sie tuts; er setzt sich auf seinen Fürstenstuhl unter den Teppich.* Wie heißt du?

JUDITH: Ich heiße Judith.

HOLOFERNES: Fürchte dich nicht, Judith! Du gefällst mir, wie mir noch keine gefiel.

JUDITH: Dies ist das Ziel aller meiner Wünsche.

HOLOFERNES: Nun sag an, warum hast du die in der Stadt verlassen und bist zu mir gekommen?

JUDITH: Weil ich weiß, daß dir niemand entgehen kann! Weil unser eigner Gott dir die Meinigen in die Hand geben will.

HOLOFERNES *lachend:* Weil du ein Weib bist, weil du dich auf dich selbst verlässest, weil du weißt, daß Holofernes Augen hat, nicht wahr?

JUDITH: Höre mich gnädig an! Unser Gott ist erzürnt über uns, er hat längst durch seine Propheten verkündigen lassen, daß er das Volk strafen wolle um seiner Sünde willen.

HOLOFERNES: Was ist Sünde?

JUDITH *nach einer Pause:* Ein Kind hat mich das einmal gefragt. Dies Kind hab ich geküßt. Was ich dir antworten soll, weiß ich nicht.

HOLOFERNES: Sprich weiter!

JUDITH: Nun stehen sie zwischen Gottes Zorn und deinem Zorn und zittern sehr. Dazu leiden sie Hunger und müssen verschmachten vor Durst. Und ihre große Not verleitet sie zu neuem Frevel. Sie wollen das heilige Opfer essen, das auch nur anzurühren ihnen verboten ist. Es wird in ihrem Eingeweide zu Feuer werden!

HOLOFERNES: Warum ergeben sie sich nicht?

JUDITH: Sie haben nicht den Mut! Sie wissen, daß sie das Ärgste verdient haben; wie könnten sie glauben, daß Gott es von ihnen abwenden werde! *Für sich:* Ich will ihn versuchen. *Laut:* Sie gehen weiter in ihrer Angst, als du in deinem Grimm gehen kannst. Deine Rache würde mich zermalmen, wollt ich dir sagen, wie ihre Furcht den Helden und den Mann in dir zu beflecken wagt! Ich schaue zu dir empor, ich erspähe in deinem Angesicht die edlen Grenzen deines Zornes, ich finde den Punkt, über den er in seiner wildesten Flamme gar nicht hinauslodern kann. Da muß ich erröten, denn ich erinnre mich dabei, daß sie sich erfrechen, jeden Greuel von dir zu erwarten, den ein schuldiges Gewissen in feiger Selbstpeinigung nur irgend auszusinnen vermag, daß sie sich erkühnen, in dir einen Henker zu sehen, weil sie selbst des Todes würdig sind. *Sie fällt vor ihm nieder.* Auf meinen Knieen bitt ich dich wegen dieser Beleidigung meines verblendeten Volks um Vergebung.

HOLOFERNES: Was machst du? Ich will nicht, daß du vor mir knien sollst.

JUDITH *steht auf:* Sie meinen, daß du sie alle töten willst! Du lächelst, statt empört zu sein? O, ich vergaß, wer du bist! Du kennst die Gemüter der Menschen, dich kann nichts überraschen, dich reizt es nur noch zum Spott, wenn dein Bild in einem trüben Spiegel entstellt und verzerrt erscheint. Aber, dies muß ich doch zum Ruhm der Meinigen sagen: sie selbst hätten einen solchen Gedanken nimmermehr gefaßt. Sie wollten dir das Tor öffnen, da trat Achior, der Moabiterhauptmann, unter sie und erschreckte sie. „Was wollt ihr tun", rief er, „wißt ihr auch, daß Holofernes euch allen den Untergang geschworen hat?" Ich weiß, du hast ihm Leben und Freiheit geschenkt; du hast, weil du dich an einem Unwürdigen nicht rächen mochtest, ihn zu uns hinübergesandt, ihn großmütig in die Reihen deiner Feinde gestellt. Er dankt es dir dadurch, daß er dein Bild in Blut malt und dir jedes Herz abwendig macht. Nicht war, mein kleines Volk bildet sich zuviel ein, wenn es sich deines Zorns würdig dünkt? Wie könntest du hassen, die du gar nicht kanntest, die du nur zufällig auf deinem Wege antrafst und die dir nur darum nicht auswichen, weil die Angst sie erstarrte und ihnen Leben und Besinnung raubte? Und wenn wirklich etwas wie Mut sie beseelt hätte, könnte das dich reizen, von dir selbst abzufallen? Könnte Holofernes sich selbst, alles, was ihn groß und einzig macht, in anderen anfeinden und verfolgen? Das ist wider die Natur und geschieht nimmermehr! *Sie sieht ihn an. Er schweigt.* O, ich möchte du sein! Nur einen Tag, nur eine Stunde! Dann wollt ich dadurch, daß ich das Schwert einsteckte, einen Triumph feiern, wie ihn noch keiner durch das Schwert gefeiert hat. Tausende zittern jetzt vor dir in jener Stadt. „Ihr habt mir getrotzt", würd ich ihnen zurufen, „doch eben, weil ihr mich beleidigt habt, schenk ich euch das Leben; ich will mich rächen an euch, aber durch euch selbst; ich lasse euch frei ausgehen, damit ihr ganz meine Sklaven seid!"

HOLOFERNES: Weib, ahnst du auch, daß du mir dies alles unmöglich machst, indem du mich dazu aufforderst? Wäre der Gedanke in mir selbst aufgestiegen, vielleicht hätt ich ihn ausgeführt. Nun ist er dein und kann nimmer mein werden. Es tut mir leid, daß Achior recht behält!

JUDITH *bricht in ein wildes Gelächter aus:* Vergib; gestatte mir, daß ich mich selbst verhöhne! Es sind Kinder in der Stadt, so unschuldig, daß sie lächeln werden, wenn sie das Eisen blinken sehen, das sie spießen soll. Es sind Jungfrauen in der Stadt, die vor dem Lichtstrahl zittern, der durch ihren Schleier dringen will. Ich dachte an den Tod, der diese Kinder erwartet, ich dachte an die Schmach, die diese Jungfrauen bedroht; ich malte mir das Gräßliche aus, und ich glaubte, niemand könne so stark sein, daß er vor solchen Bildern nicht zusammenschauderte. Verzeih, daß ich dir meine eigne Schwäche unterlegte!

HOLOFERNES: Du wolltest mich schmücken, und das verdient meinen Dank, wenn die Art mir auch nicht ansteht. Judith, wir müssen nicht miteinander rechten. Ich bin bestimmt, Wunden zu schlagen, du, Wunden zu heilen. Wär ich in meinem Beruf lässig, so hättest du keinen Zeitvertreib. Auch mit meinen Kriegern mußt dus nicht so genau nehmen. Leute, die heute nicht wissen, ob sie morgen noch da sind, müssen schon dreist zugreifen und sich den Magen etwas überladen, wenn sie ihren Teil von der Welt haben wollen.

JUDITH: Herr, du übertriffst mich an Weisheit ebenso weit wie an Mut und Kraft. Ich hatte mich in mir selbst verirrt, und nur dir dank ichs, daß ich mich wieder zurechtfand. Ha, wie töricht war ich! Ich weiß, daß sie alle den Tod verdient haben, daß er ihnen längst verkündigt worden ist; ich weiß, daß der Herr, mein Gott, dir das Rächeramt übertragen hat, und dennoch werf ich mich, von erbärmlichem Mitleid überwältigt, zwischen dich und sie. Heil mir, daß deine Hand das Schwert festhielt, daß du es nicht fallen ließest, um die Tränen eines Weibes zu trocknen. Wie würden sie in ihrem Übermut bestärkt worden sein! Was bliebe ihnen noch zu fürchten, wenn Holofernes an ihnen vorüberzöge wie ein Gewitter, das nicht zum Ausbruch kommt! Wer weiß, ob sie nicht Feigheit in deiner Großmut sehen und Spottlieder auf deine Barmherzigkeit machen würden! Jetzt sitzen sie im Sack und in der Asche und tun Buße, aber für jede Stunde der Enthaltsamkeit würden sie sich vielleicht durch einen Tag wilder Lust und Raserei entschädigen! Und all ihre Sünden würden auf meine Rechnung kommen, und ich müßte vergehen vor Reue und Scham. Nein, Herr, gedenk deines Schwurs und vertilg sie! Dies läßt der Herr, mein Gott, dir gebieten durch meinen Mund; er will dein Freund sein, wie du ihr Feind bist!

HOLOFERNES: Weib, es kommt mir vor, als ob du mit mir spieltest. Doch nein, ich beleidige mich selbst, indem ich dies für möglich halte. *Nach einer Pause:* Du klagst die Deinigen hart an.

JUDITH: Meinst du, daß es mit leichtem Herzen geschieht? Es ist die Strafe meiner eignen Sünden, daß ich sie wegen der ihrigen verklagen muß. Glaube nicht, daß ich bloß darum von ihnen geflohen bin, weil ich dem allgemeinen Untergang, den ich vor Augen sah, entgehen wollte. Wer fühlte sich so rein, daß er, wenn der Herr ein großes Gericht hält, sich ihm zu entziehen wagte? Ich kam zu dir, weil mein Gott es mir gebot. Ich soll dich nach Jerusalem führen, ich soll dir mein Volk in die Hand geben wie eine Herde, die keinen Hirten hat. Dies hat er mir geheißen in einer Nacht, wo ich im verzweifelnden Gebet vor ihm auf den Knien lag, wo ich tausendfaches Verderben auf dich und die Deinigen von ihm herabflehte, wo jeder meiner Gedanken dich zu umschnüren und zu erwürgen suchte. Seine Stimme erscholl, und ich jauchzte hoch auf, aber er hatte mein Gebet verworfen, er sprach über mein Volk das Todesurteil, er lud auf meine Seele das Henkeramt. O, das war ein Wechsel! Ich erstarrte, aber ich gehorchte, ich verließ eilig die Stadt und schüttelte den Staub von meinen Füßen, ich trat vor dich hin und ermahnte dich, die zu vertilgen, für deren Rettung ich kurz zuvor noch Leib und Blut geopfert hätte. Siehe, sie werden mich schmähen und meinen Namen brandmarken für immer; das ist mehr als der Tod, dennoch beharr ich und wanke nicht!

HOLOFERNES: Sie werdens nicht tun. Kann dich einer schmähen, wenn ich keinen am Leben lasse? Wahrlich, wenn dein Gott ausrichten wird, was du gesagt hast, so soll er auch mein Gott sein, und dich will ich groß machen wie noch nie ein Weib! *Zum Kämmerer:* Führe sie in die Schatzkammer und speise sie von meinem Tisch.

JUDITH: Herr, ich darf noch nicht essen von deiner Speise, denn ich würde mich versündigen. Ich kam ja nicht zu dir, um von meinem Gott abzufallen, sondern um ihm recht zu dienen. Ich habe etwas mit mir genommen, davon will ich essen.

HOLOFERNES: Und wenn das auf ist?

JUDITH: Sei gewiß, bevor ich dies wenige verzehren kann, wird mein Gott durch mich ausführen, was er vor hat. Auf fünf Tage hab ich genug, und in fünf Tagen bringt ers zu Ende. Noch weiß ich die Stunde nicht, und mein Gott wird sie mir nicht eher sagen, als bis sie da ist. Darum gib Befehl, daß ich, ohne von den Deinigen gehindert zu werden, hinausgehen darf ins Gebirg bis vor die Stadt, damit ich anbete und der Offenbarung harre.

HOLOFERNES: Die Erlaubnis hast du. Ich ließ die Schritte eines Weibes noch nie bewachen. Also in fünf Tagen, Judith!

JUDITH *wirft sich ihm zu Füßen und geht zur Tür:* In fünf Tagen, Holofernes!

MIRZA *die ihr Entsetzen und ihren Abscheu längst durch Gebärden zu erkennen gab:* Verfluchte, so bist du gekommen, dein Volk zu verraten?

JUDITH: Sprich laut! Es ist gut, wenn alle hören, daß auch du an meine Worte glaubst!

MIRZA: Sag selbst, Judith, muß ich dir nicht fluchen?

JUDITH: Wohl mir! Wenn du nicht zweifelst, so kann Holofernes gewiß nicht zweifeln!

MIRZA: Du weinst?

JUDITH: Freudentränen darüber, daß ich dich täuschte. Ich schaudere vor der Kraft der Lüge in meinem Munde. *Ab.*

FÜNFTER AKT

Abend. Das erleuchtete Zelt des Holofernes. Hinten ein Vorhang, der das Schlafgemach verdeckt

Holofernes. Hauptleute. Kämmerer.

HOLOFERNES *zu einem der Hauptleute:* Du hast gekundschaftet? Wie steht es in der Stadt?

DER HAUPTMANN: Es ist, als ob sich alle darin selbst begraben hätten. Diejenigen, welche die Tore bewachen, sind wie aus dem Grabe emporgestiegen. Auf einen legte ich an, doch bevor ich noch abdrückte, fiel er schon von selbst tot zu Boden.

HOLOFERNES: Also Sieg ohne Krieg. Wär ich jünger, so mißfiele mirs. Da glaubt ich mein Leben zu stehlen, wenn ichs mir nicht täglich neu erkämpfte; was mir geschenkt wurde, meinte ich gar nicht zu besitzen.

DER HAUPTMANN: Priester sieht man stumm und ernsthaft durch die Gassen schleichen. Lange, weiße Gewänder, wie bei uns die Toten tragen. Hohle Augen, die den Himmel zu durchbohren suchen. Krampf in den Fingern, wenn sie die Hände falten.

HOLOFERNES: Daß man mir solche Priester nicht tötet! Die Verzweiflung in ihrem Gesicht ist mein Bundesgenosse.

DER HAUPTMANN: Wenn sie jetzt zum Himmel emporschauen, so gilt es nicht dem Gott, den sie dort suchen, es gilt einer Regenwolke. Aber die Sonne zehrt die dünnen Wolken auf, die einen Tropfen der Erquickung versprechen, und auf die zerspringenden Lippen fällt ihr heißer Strahl. Dann ballen sich Hände, dann rollen Augen, dann zerstoßen sich Köpfe an den Mauern, daß Blut und Gehirn fließt!

HOLOFERNES: Wir sahen das öfter. *Lachend:* Haben wir doch selbst eine Hungersnot erlebt, wo der eine scheu zurückwich, wenn der andre ihn küssen wollte, aus bloßer Furcht vor einem Biß in die Backe. Hallo, bereitet das Mahl, laßt uns lustig sein! *Es geschieht.* Ist nicht morgen der fünfte Tag?

DER HAUPTMANN: Ja.

HOLOFERNES: Da wird sichs entscheiden! Übergibt sich Bethulien, wie diese Ebräerin verkündigte, kommt sie von selbst herangekrochen, die halsstarrige Stadt, und legt sich mir zu Füßen ...

DER HAUPTMANN: Holofernes zweifelt?

HOLOFERNES: An allem, was er nicht befehlen kann. Aber geschiehts, wie das Weib verhieß, wird mir aufgemacht, ohne daß ich mit dem Schwerte anzuklopfen brauche, dann ...

DER HAUPTMANN: Dann?

HOLOFERNES: Dann bekommen wir einen neuen Herrn. Wahrlich, ich habe geschworen, daß der Gott Israels, wenn er mir einen Gefallen tut, auch mein Gott sein soll, und bei allen, die schon meine Götter sind, beim Bel zu Babel und beim großen Baal, ich werds halten! Hier, diesen Becher mit Wein bring ich ihm dar, dem

Je.... Je ... *Zum Kämmerer:* Wie sagtest du doch, daß er heiße?

KÄMMERER: Jehova.

HOLOFERNES: Laß dir das Opfer gefallen, Jehova. Ein Mann bringts dir und ein solcher, der es nicht nötig hätte.

DER HAUPTMANN: Und wenn Bethulien sich nicht ergibt?

HOLOFERNES: Schwur gegen Schwur! Dann laß ich den Jehova auspeitschen, und die Stadt – doch ich will meinem Zorn nicht schon jetzt die Grenze abmessen! Es heißt den Blitz schulmeistern. Was macht die Ebräerin?

DER HAUPTMANN: O, sie ist schön. Aber sie ist auch spröde!

HOLOFERNES: Hast du sie versucht?

Der Hauptmann schweigt verlegen.

HOLOFERNES *mit wildem Blick:* Du wagtest das und wußtest, daß sie mir wohlgefällt? Nimm das, Hund! *Er haut ihn nieder.* Schafft ihn weg und führt mir das Weib her. Es ist eine Schande, daß sie unberührt unter uns Assyriern einhergeht! *Der Körper wird fortgeschafft.* Weib ist Weib, und doch bildet man sich ein, es sei ein Unterschied. Freilich fühlt ein Mann nirgends so sehr, wieviel er wert ist, als an Weibesbrust. Ha, wenn sie seiner Umarmung entgegenzittern, im Kampf zwischen Wollust und Schamgefühl; wenn sie Miene machen, als ob sie fliehen wollten, und dann mit einmal, von ihrer Natur übermannt, an seinen Hals fliegen, wenn ihr letztes bißchen Selbständigkeit und Bewußtsein sich aufrafft und sie, da sie nicht mehr trotzen können, zum freiwilligen Entgegenkommen antreibt; wenn dann, durch verräterische Küsse in jedem Blutstropfen geweckt, ihre Begierde mit der Begierde des Mannes in die Wette läuft und sie ihn auffordern, wo sie Widerstand leisten sollten – ja, das ist Leben, da erfährt mans, warum die Götter sich die Mühe gaben, Menschen zu machen, da hat man ein Genügen, ein überfließendes Maß! Und vollends, wenn ihre kleine Seele noch den Moment zuvor von Haß und feigem Groll erfüllt war, wenn das Auge, das jetzt in Wonne bricht, sich finster schloß, als der Überwinder hereintrat, wenn die Hand, die jetzt schmeichelnd drückt, ihm gern Gift in den Wein gemischt hätte! Das ist ein Triumph, wie keiner mehr, und den hab ich schon oft gefeiert. Auch diese Judith – zwar ist ihr Blick freundlich und ihre Wangen lächeln wie Sonnenschein; aber in ihrem Herzen wohnt niemand als ihr Gott, und den will ich jetzt vertreiben! In meinen Jugendtagen hab ich wohl, wenn ich einem Feind begegnete, statt mein eignes Schwert zu ziehen, ihm das seinige aus der Hand gewunden und ihn damit niedergehauen. So will ich auch diese vernichten; sie soll vor mir vergehen durch ihr eignes Gefühl, durch die Treulosigkeit ihrer Sinne!

JUDITH *tritt mit Mirza ein:* Du hast befohlen, hoher Herr, und deine Magd gehorcht.

HOLOFERNES: Setze dich, Judith, und iß und trink, denn du hast Gnade vor mir gefunden!

JUDITH: Das will ich, Herr, ich will fröhlich sein, denn ich bin mein Lebelang nicht so geehrt worden!

HOLOFERNES: Warum zögerst du?

JUDITH *schaudernd, indem sie auf das frische Blut deutet:* Herr, ich bin ein Weib.

HOLOFERNES: Betrachte es recht, dies Blut. Es muß deiner Eitelkeit schmeicheln, denn es ist geflossen, weil es für dich entzündet war.

JUDITH: Wehe!

HOLOFERNES *zu dem Kämmerer:* Andere Teppiche her! *Zu den Hauptleuten:* Entfernt euch!

Die Teppiche werden gebracht. Die Hauptleute gehen ab.

JUDITH *für sich:* Mein Haar sträubt sich, aber doch dank ich dir, Gott, daß du mir den Entsetzlichen auch in dieser Gestalt zeigtest. Den Mörder kann ich leichter morden.

HOLOFERNES: Nun laß dich nieder! Du bist blaß geworden, dein Busen fliegt. Bin ich dir schrecklich?

JUDITH: Herr, du warst freundlich gegen mich!

HOLOFERNES: Sei aufrichtig, Weib!

JUDITH: Herr, du müßtest mich verachten, wenn ich –

HOLOFERNES: Nun?

JUDITH: Wenn ich dich lieben könnte.

HOLOFERNES: Weib, du wagst viel. Vergib! Du wagst nichts. Solch ein Wort hört ich noch nicht. Nimm die goldne Kette für dies Wort.

JUDITH *verlegen:* Herr, ich verstehe dich nicht!

HOLOFERNES: Wehe dir, wenn du mich verstündest! Der Leu blickt ein Kind, das ihn verwegen an der Mähne zupft, weil es ihn nicht kennt, mit Freundlichkeit an. Wollte das Kind, nachdem es groß und klug geworden, dasselbe versuchen, der Leu würde es zerreißen. Setz dich zu mir, wir wollen plaudern. Sag mir, was dachtest du, als du zuerst vernahmst, daß ich mit Heeresmacht dein Vaterland bedrohte?

JUDITH: Ich dachte nichts.

HOLOFERNES: Weib, man denkt an manches, wenn man von Holofernes hört.

JUDITH: Ich dachte an den Gott meiner Väter.

HOLOFERNES: Und fluchtest mir?

JUDITH: Nein, ich hoffte, mein Gott werde es tun.

HOLOFERNES: Gib mir den ersten Kuß. *Er küßt sie.*

JUDITH *für sich:* O, warum bin ich Weib!

HOLOFERNES: Und als du nun das Rollen meiner Wagen hörtest und das Stampfen meiner Kamele und das Klirren meiner Schwerter, was dachtest du da?

JUDITH: Ich dachte, du wärest nicht der einzige Mann in der Welt, und aus Israel würde einer hervorgehen, der dir gleich sei.

HOLOFERNES: Als du nun aber sahest, daß mein Name allein hinreichte, dein Volk in den Staub zu werfen, daß euer Gott das Wundertun vergaß und daß eure Männer sich Weiberkleider wünschten –

JUDITH: Da rief ich pfui aus und verhüllte mein Angesicht, sobald ich einen Mann erblickte, und wenn ich beten wollte, so empörten sich meine Gedanken gegen mich selbst und zerfleischten sich untereinander und ringelten sich wie Schlangen um das Bild meines Gottes herum. O, seit ich das empfand, schaudere ich vor meiner eigenen Brust; sie kommt mir vor wie eine Höhle, in die die Sonne hineinscheint, und die dennoch in heimlichen Winkeln das schlimmste Gewürm beherbergt.

HOLOFERNES *betrachtet sie von der Seite:* Wie sie glüht! Sie erinnert mich an eine Feuerkugel, die ich einst in dunkler Nacht am Himmel aufsteigen sah. Sei mir willkommen, Wollust, an den Flammen des Hasses ausgekocht! Küsse mich, Judith! *Sie tuts.* Ihre Lippen bohren sich ein wie Blutigel und sind doch kalt. Trink Wein, Judith! Im Wein ist alles, was uns fehlt!

JUDITH *trinkt, nachdem ihr Mirza eingeschenkt hat:* Ja, im Wein ist Mut, Mut!

HOLOFERNES: Also Mut bedarfst du, um mit mir an meiner Tafel zu sitzen, um meine Blicke auszuhalten und meinen Küssen entgegenzukommen? Armes Geschöpf!

JUDITH: O du – *Sich fassend:* Vergib! *Sie weint.*

HOLOFERNES: Judith, ich schaue in dein Herz hinein. Du hassest mich. Gib mir deine Hand und erzähle mir von deinem Haß!

JUDITH: Meine Hand? O Hohn, der die Axt an die Wurzeln meiner Menschheit legt!

HOLOFERNES: Wahrlich, wahrlich, dies Weib ist begehrungswert!

JUDITH: Spring auf, mein Herz! Halte nichts mehr zurück! *Sie richtet sich auf.* Ja, ich hasse dich, ich verfluche dich, und ich muß es dir sagen, du mußt wissen, wie ich dich hasse, wie ich dich verfluche, wenn ich nicht wahnsinnig werden soll! Nun töte mich!

HOLOFERNES: Dich töten? Morgen vielleicht; heute wollen wir erst miteinander zu Bett gehen.

JUDITH *für sich:* Wie ist mir auf einmal so leicht! Nun darf ichs tun!

KÄMMERER *tritt ein:* Herr, ein Ebräer harret draußen vor dem Zelt. Er bittet dringend, vor dich gelassen zu werden. Dinge von höchster Wichtigkeit – – –

HOLOFERNES *erhebt sich:* Vom Feind? Führ ihn herein! *Zu Judith:* Ob sie sich ergeben wollen? Dann nenne mir doch schnell die Namen deiner Vettern und Freunde! Die will ich verschonen!

EPHRAIM *stürzt ihm zu Füßen:* Herr, sicherst du mir mein Leben?

HOLOFERNES: Ich sichre es dir!

EPHRAIM: Wohlan! *Nähert sich ihm, zieht rasch sein Schwert und haut nach ihm. Holofernes weicht aus.*

KÄMMERER *tritt hastig herein:* Schurk, ich will dir zeigen, wie man Männer niederhaut! *Will Ephraim niederhauen.*

HOLOFERNES: Halt!

EPHRAIM *will sich selbst in sein Schwert stürzen:* Das sah Judith! Ewige Schande über mich!

HOLOFERNES *verhindert ihn:* Untersteh dichs nicht zum zweitenmal! Willst du mir das Halten meines Worts unmöglich machen? Ich sicherte dir dein Leben, ich muß dich also auch gegen dich selbst schützen! Ergreift ihn! Ist nicht mein Lieblingsaffe verreckt? Steckt ihn in dessen Käfig und lehrt ihn die Kunststücke seines schnurrigen Vorgängers! Der Mensch ist eine Merkwürdigkeit, er ist der einzige, der sich berühmen kann, nach dem Holofernes gehauen zu haben und mit heiler Haut davongekommen zu sein. Ich will ihn bei Hofe zeigen. *Kämmerer mit Ephraim ab. Zu Judith:* Gibts viele Schlangen in Bethulien?

JUDITH: Nein, aber manchen Rasenden.

HOLOFERNES: Den Holofernes töten; auslöschen den Blitz, der mit dem Weltbrande droht; eine Unsterblichkeit im Keim erdrücken, einen kühnen Anfang zum großmaulichten Prahler machen, indem man ihn um sein Ende verkürzt – o, das mag verlockend sein! Das heißt eingreifen in die Zügel des Geschicks! Dazu könnt ich mich selbst verführen lassen, wenn ich nicht wäre, der ich bin! Aber das Große auf kleine Weise tun wollen, dem Löwen erst ein Netz aus seinem eignen Edelmut spinnen und ihm dann mit dem Mord auf den Leib rücken, die Tat wagen und die Gefahr feig und klug vorher abkaufen: nicht wahr, Judith, das heißt Götter machen aus Dreck? Dazu wirst du doch pfui! sagen müssen, und wenns dein bester Freund gegen deinen ärgsten Feind versucht?

JUDITH: Du bist groß und andere sind klein. *Leise:* Gott meiner Väter, schütze mich vor mir selbst, daß ich nicht verehren muß, was ich verabscheue! Er ist ein Mann.

HOLOFERNES *zum Kämmerer:* Bereite mir das Lager! *Kämmerer ab.* Siehe, Weib, diese meine Arme sind bis an den Ellenbogen in Blut getaucht, jeder meiner Gedanken gebiert Greuel und Verwüstung, mein Wort ist Tod; die Welt kommt mir jämmerlich vor, mir deucht, ich bin geboren, sie zu zerstören, damit was Besseres kommen kann. Die Menschen verfluchen mich, aber ihr Fluch haftet nicht an meiner Seele, sie rührt ihre Schwingen und schüttelt ihn ab wie ein Nichts; ich muß also wohl im Recht sein. „O, Holofernes, du weißt nicht, wie das tut!" ächzte einmal einer, den ich auf glühendem Rost braten ließ. „Ich weiß das wirklich nicht", sagte ich und legte mich an seine Seite. Bewundere das nicht, es war eine Torheit!

JUDITH *für sich:* Hör auf, hör auf! Ich muß ihn morden, wenn ich nicht vor ihm knien soll.

HOLOFERNES: Kraft! Kraft! Das ists. Er komme, der sich mir entgegenstellt, der mich darniederwirft. Ich sehne mich nach ihm! Es ist öde, nichts ehren können als sich selbst. Er mag mich im Mörser zerstampfen und, wenns ihm so gefällt, mit dem Brei das Loch ausfüllen, das ich in die Welt riß. Ich bohre tiefer und immer tiefer mit meinem Schwert; wenn das Zetergeschrei den Retter nicht weckt, so ist keiner da. Der Orkan durchsaust die Lüfte, er will seinen Bruder kennenlernen. Aber die Eichen, die ihm zu trotzen scheinen, entwurzelt er, die Türme stürzt er um, und den Erdball hebt er aus den Angeln. Da wirds ihm klar, daß es seinesgleichen nicht gibt, und vor Ekel schläft er ein. Ob Nebukadnezar mein Bruder ist? Mein Herr ist er ganz gewiß. Vielleicht wirft er meinen Kopf noch einmal den Hunden vor. Wohl bekomm ihnen die Speise! Vielleicht füttre ich mit seinen Eingeweiden noch einmal die Tiger Assyriens. Dann – ja dann weiß ich, daß ich das Maß der Menschheit bin, und eine Ewigkeit hindurch stehe ich vor ihrem schwindelnden Auge als unerreichbare, schreckenumgürtete Gottheit! O, der letzte Moment, der letzte! wäre er doch schon da! „Kommt her, alle, denen ich wehe tat", ruf ich aus, „ihr, die ich verstümmelte, ihr, denen ich die Weiber aus den Armen und die Töchter von der Seite riß, kommt und ersinnt Qualen für mich! Zapft mir mein Blut ab und laßt michs trinken, schneidet mir Fleisch aus den Lenden und gebt mirs zu essen!" Und wenn sie das Ärgste mir getan zu haben glauben und ich ihnen doch noch etwas Ärgeres nenne und sie freundlich bitte, es mir nicht zu versagen, wenn sie mit grausendem Erstaunen umherstehen und ich sie, trotz all meiner Pein, in Tod und Wahnsinn hineinlächle, dann donnre ich ihnen zu: „Kniet nieder, denn ich bin euer Gott", und schließe Lippen und Augen und sterbe still und geheim.

JUDITH *zitternd:* Und wenn der Himmel seinen Blitz nach dir wirft, um dich zu zerschmettern?

HOLOFERNES: Dann reck ich die Hand aus, als ob ich selbst es ihm geböte, und der Todesstrahl umkleidet mich mit düstrer Majestät.

JUDITH: Ungeheuer! Grauenvoll! Meine Empfindungen und Gedanken fliegen durcheinander wie dürre Blätter. Mensch, entsetzlicher, du drängst dich zwischen mich und meinen Gott! Ich muß beten in diesem Augenblick und kanns nicht!

HOLOFERNES: Stürz hin und bete mich an!

JUDITH: Ha, nun seh ich wieder klar! Dich? Du trotzest auf deine Kraft. Ahnst du denn gar nicht, daß sie sich verwandelt hat? daß sie dein Feind geworden ist?

HOLOFERNES: Ich freue mich, etwas Neues zu hören.

JUDITH: Du glaubst, sie sei da, um gegen die Welt Sturm zu laufen; wie, wenn sie da wäre, um sich selbst zu beherrschen? Du aber hast sie zum Futter deiner Leidenschaft gemacht, du bist der Reiter, den seine Rosse verzehren.

HOLOFERNES: Ja, ja, die Kraft ist zum Selbstmord berufen, so spricht die Weisheit, die keine Kraft ist. Kämpfen mit mir selbst, aus meinem linken Bein den Knochen machen, über den das rechte stolpert, damit es nur ja den benachbarten Ameisenhaufen nicht zertrete. Jener Narr in der Wüste, der mit seinem Schatten focht und der, als die Nacht hereinbrach, ausrief: „Nun bin ich geschlagen, nun ist mein Feind so groß wie die Welt" – jener Narr war eigentlich sehr gescheut, nicht wahr? O, zeigt mir doch das Feuer, das sich selbst ausgießt! Findet ihrs nicht? So zeigt mir das, das sich durch sich selbst ernährt! Findet ihrs auch nicht? So sagt mir, steht dem Baum, den es verzehrt, der Richterspruch über das Feuer zu?

JUDITH: Ich weiß nicht, ob man dir was antworten kann. Wo der Sitz meiner Gedanken war, da ist jetzt Öde und Finsternis. Selbst mein Herz versteh ich nicht mehr.

HOLOFERNES: Du hast ein Recht, über mich zu lachen. Man muß einem Weibe so etwas nicht begreiflich machen wollen.

JUDITH: Lerne das Weib achten! Es steht vor dir, um dich zu ermorden! Und es sagt dir das!

HOLOFERNES: Und es sagt mir das, um sich die Tat unmöglich zu machen! O Feigheit, die sich für Größe hält! Doch du willst auch wohl nur, weil ich nicht mit dir zu Bette gehe! Um mich vor dir zu schützen, brauch ich dir bloß ein Kind zu machen!

JUDITH: Du kennst kein ebräisch Weib! Du kennst nur Kreaturen, die sich in ihrer tiefsten Erniedrigung am glücklichsten fühlen.

HOLOFERNES: Komm, Judith, ich will dich kennenlernen! Sträube dich immerhin noch ein wenig, ich will dir selbst sagen, wie lange. Noch einen Becher! *Er trinkt.* Nun stell das Sträuben ein, es ist genug! – *Zum Kämmerer:* Fort mit dir! Und wer mich in dieser Nacht stört, den kostets den Kopf! *Er führt Judith mit Gewalt ab.*

JUDITH *im Abgehen:* Ich muß – ich will – pfui über mich in Zeit und Ewigkeit, wenn ich nicht kann!

KÄMMERER *zu Mirza:* Du willst hierbleiben?

MIRZA: Ich muß meiner Gebieterin warten!

KÄMMERER: Warum bist du nicht ein Weib wie Judith? Dann könnt ich ebenso glücklich sein wie mein Herr!

MIRZA: Warum bist du nicht ein Mann wie Holofernes?

KÄMMERER: Ich bin, der ich bin, damit Holofernes seine Bequemlichkeit habe. Damit der große Held sich nicht selbst die Speisen aufzutragen und den Wein einzuschenken braucht. Damit er einen hat, der ihn zu Bett bringt, wenn er betrunken ist. Nun aber gib auch du mir Antwort! Wozu sind die häßlichen Weiber in der Welt?

MIRZA: Damit ein Narr sie verspotten kann.

KÄMMERER: Jawohl, und damit man ihnen bei Licht ins Gesicht speie, wenn man das Unglück hatte, sie im Dunkeln zu küssen. Holofernes hat einmal ein Weib, das zur ungelegenen Zeit vor ihn trat, niedergehauen, weil er es nicht schön genug fand. Der trifft immer das Rechte. Verkriech dich in eine Ecke, ebräische Spinne, und sei still. *Er geht ab.*

MIRZA *allein:* Still! Ja, still! Ich glaube, dort – *sie deutet auf das Schlafgemach* – wird jemand ermordet; ich weiß nicht, ob Holofernes oder Judith! Still! still! Ich stand einmal an einem Wasser und sah, wie ein Mensch darin ertrank. Die Angst trieb mich, ihm nachzuspringen; die Angst hielt mich wieder zurück. Da schrie ich, so laut ich konnte, und ich schrie nur, um sein Schreien nicht zu hören. So red ich jetzt! O Judith! Judith! Als du zum Holofernes kamst und ihm mit einer Verstellung, die ich nicht faßte, dein Volk in die Hände zu liefern versprachst, da hielt ich dich einen Augenblick für eine Verräterin. Ich tat dir unrecht, und ich fühlte es gleich. O, möchte ich dir auch jetzt unrecht tun! Möchten deine halben Worte, deine Blicke und Gebärden mich auch jetzt täuschen, wie damals! Ich habe keinen Mut, ich fürchte mich sehr; aber nicht die Furcht spricht jetzt aus mir, nicht die Angst vor dem Mißlingen. Ein Weib soll Männer gebären, nimmermehr soll sie Männer töten!

JUDITH *stürzt mit aufgelöstem Haar schwankend herein. Ein zweiter Vorhang wird zurückgeschlagen. Man sieht den Holofernes schlafen. Zu seinen Häupten hängt sein Schwert:* Es ist hier zu hell, zu hell! Lösch die Lichter, Mirza, sie sind unverschämt!

MIRZA *aufjauchzend:* Sie lebt und er lebt! – *Zu Judith:* Wie ist dir, Judith? Deine Wangen glühen, als wollte das Blut herausspringen! Dein Auge blickt scheu!

JUDITH: Sieh mich nicht an, Mädchen! Niemand soll mich ansehen! *Sie schwankt.*

MIRZA: Lehne dich an mich, du schwankst!

JUDITH: Wie, ich wäre so schwach? Fort von mir! Ich kann stehen, o, ich kann noch mehr als stehen, ich kann unendlich viel mehr!

MIRZA: Komm, laß uns fliehen von hier!

JUDITH: Was? Bist du in seinem Solde? Daß er mich mit sich fortzerrte, daß er mich zu sich riß auf sein schändliches Lager, daß er meine Seele erstickte, alles dies duldetest du? Und nun ich mich bezahlt machen will für die Vernichtung, die ich in seinen Armen empfand, nun ich mich rächen will für den rohen Griff in meine Menschheit hinein, nun ich mit seinem Herzblut die entehrenden Küsse, die noch auf meinen Lippen brennen, abwaschen will, nun errötest du nicht, mich fortzuziehen?

MIRZA: Unglückliche, was sinnst du?

JUDITH: Elendes Geschöpf, das weißt du nicht? Das sagt dir dein Herz nicht? Mord sinne ich! – *Da Mirza zurücktritt:* Gibts denn noch eine Wahl? – Sag mir das, Mirza! Ich wähle den Mord nicht, wenn ich – was red ich da! Sprich kein Wort mehr, Magd! Die Welt dreht sich um mich.

MIRZA: Komm!

JUDITH: Nimmermehr! Ich will dich deine Pflicht lehren! Sieh, Mirza, ich bin ein Weib! O, ich sollte das jetzt nicht fühlen! Höre mich, und tu, worum ich dich bitte. Wenn meine Kraft mich verlassen, wenn ich ohnmächtig hinsinken sollte, dann bespritz mich nicht mit Wasser. Das hilft nicht. Ruf mir ins Ohr: „Du bist eine Hure!" Dann spring ich auf, vielleicht pack ich dich und will dich würgen. Dann erschrick nicht, sondern ruf mir zu: „Holofernes hat dich zur Hure gemacht, und Holofernes lebt noch!" O, Mirza, dann werd ich ein Held sein, ein Held wie Holofernes!

MIRZA: Deine Gedanken wachsen über dich hinaus!

JUDITH: Du verstehst mich nicht! Aber du mußt, du sollst mich verstehen. Mirza, du bist ein Mädchen. Laß mich hineinleuchten in das Heiligtum deiner Mädchenseele! Ein Mädchen ist ein törichtes Wesen, das vor seinen eigenen Träumen zittert, weil ein Traum es tödlich verletzen kann, und das doch nur von der Hoffnung lebt, nicht ewig ein Mädchen zu bleiben. Für ein Mädchen gibt es keinen größeren Moment als den, wo es aufhört, eins zu sein, und jede Wallung des Bluts, die es vorher bekämpfte, jeder Seufzer, den es erstickte, erhöht den Wert des Opfers, das es in jenem Moment zu bringen hat. Es bringt sein Alles – ist es ein zu stolzes Verlangen, wenn es durch sein Alles Entzücken und Seligkeit einflößen will? Mirza, hörst du mich?

MIRZA: Wie sollt ich dich nicht hören!

JUDITH: Nun denk es dir in seiner ganzen nackten Entsetzlichkeit, nun mal es dir aus bis zu dem Punkt, wo die Scham sich mit aufgehobenen Händen zwischen dich und deine Vorstellungen wirft, und wo du eine Welt verfluchst, in der das Ungeheuerste möglich ist!

MIRZA: Was denn? Was soll ich mir ausmalen?

JUDITH: Was du dir ausmalen sollst? Dich selbst in deiner tiefsten Erniedrigung – den Augenblick, wo du an Leib und Seel ausgekeltert wirst, um an die Stelle des gemißbrauchten Weins zu treten und einen gemeinen Rausch mit einem noch gemeineren schließen zu helfen – wo die einschlafende Begier von deinen eigenen Lippen so viel Feuer borgt, als sie braucht, um an deinem Heiligsten den Mord zu vollziehen – wo deine Sinne selbst, wie betrunken gemachte Sklaven, die ihren Herrn nicht mehr kennen, gegen dich aufstehen –, wo du anfängst, dein ganzes voriges Leben, all dein Denken und Empfinden, für eine bloße hochmütige Träumerei zu halten, und deine Schande für dein wahres Sein!

MIRZA: Wohl mir, daß ich nicht schön bin!

JUDITH: Das übersah ich, als ich hierher kam. Aber, wie sichtbar trat es mir entgegen, als ich – *sie zeigt auf die Kammer* – dort einging, als mein erster Blick auf das bereitete Lager fiel. Auf die Knie warf ich mich nieder vor dem Gräßlichen und stöhnte: „Verschone mich!" Hätte er auf den Angstschrei meiner Seele gehört, nimmer, nimmer würd ich ihn – – doch seine Antwort war, daß er mir das Brusttuch abriß und meine Brüste pries. In die Lippen biß ich ihn, als er mich küßte. „Mäßige deine Glut! du gehst zu weit!" hohnlachte er und – o, mein Bewußtsein wollte mich verlassen, ich war nur noch ein Krampf, da blinkte mir was Glänzendes ins Auge. Es war sein Schwert. An dies Schwert klammerten sich meine schwindelnden Gedanken an, und hab ich in meiner Entwürdigung das Recht des Daseins eingebüßt: mit diesem Schwert will ichs mir wieder erkämpfen! Bete für mich! jetzt tu ichs!

Sie stürzt in die Kammer und langt das Schwert herunter.

MIRZA *auf den Knien:* Weck ihn auf, Gott!

JUDITH *sinkt in die Knie:* O Mirza, was betest du?

MIRZA *erhebt sich wieder:* Gott sei gelobt, sie kanns nicht!

JUDITH: Nicht wahr, Mirza, der Schlaf ist Gott selbst, der die müden Menschen umarmt; wer schläft, muß sicher sein! *Sie erhebt sich und betrachtet Holofernes.* Und er schläft ruhig, er ahnt nicht, daß der Mord sein eignes Schwert wider ihn zückt. Er schläft ruhig – ha, feiges Weib, was dich empören sollte, macht dich mitleidig? Dieser ruhige Schlaf nach einer solchen Stunde, ist er nicht der ärgste Frevel? Bin ich denn ein Wurm, daß man mich zertreten und als ob nichts geschehen wäre, ruhig einschlafen darf? Ich bin kein Wurm. *Sie zieht das Schwert aus der Scheide.* Er lächelt. Ich kenn es, dies Höllenlächeln; so lächelte er, als er mich zu sich niederzog, als er – – Töt ihn, Judith, er entehrt dich zum zweitenmal in seinem Traum, sein Schlaf ist nichts als ein hündisches Wiederkäuen deiner Schmach. Er regt sich. Willst du zögern, bis die wieder hungrige Begier ihn weckt, bis er dich abermals ergreift und – *sie haut des Holofernes Haupt herunter.* Siehst du, Mirza, da liegt sein Haupt! Ha, Holofernes, achtest du mich jetzt?

MIRZA *wird ohnmächtig:* Halte mich!

JUDITH *von Schauern geschüttelt:* Sie wird ohnmächtig – ist denn meine Tat ein Greuel, daß sie dieser hier das Blut in den Adern erstarren macht und sie wie tot daniederwirft? *Heftig:* Wach auf aus deiner Ohnmacht, Törin, deine Ohnmacht klagt mich an, und das duld ich nicht!

MIRZA *erwachend:* Wirf doch ein Tuch darüber!

JUDITH: Sei stark, Mirza, ich flehe dich, sei stark! Jeder deiner Schauer kostet mich einen Teil meiner selbst; dies dein Zurückschwindeln, dies grausame Abwenden deiner Blicke, dies Erblassen deines Gesichts könnte mir einreden, ich habe das Unmenschliche getan, und dann müßt ich ja mich selbst ... *Sie greift nach dem Schwert.*

Mirza wirft sich ihr an die Brust.

Juble, mein Herz, Mirza kann mich noch umarmen! Aber weh mir, sie flüchtet sich wohl nur an meine Brust, weil sie den Toten nicht ansehen kann, weil sie vor der zweiten Ohnmacht zittert. Oder kostet dich die Umarmung die zweite Ohnmacht? *Stößt sie von sich.*

MIRZA: Du tust mir weh! und dir noch mehr!

JUDITH *faßt ihre Hand, sanft:* Nicht wahr, Mirza, wenns ein Greuel wäre, wenn ich wirklich gefrevelt hätte, du würdest mich das ja nicht fühlen lassen? Du würdest ja, und wollt ich selbst über mich zu Gericht sitzen und mich verdammen, freundlich zu mir sagen: „Du tust dir unrecht, es war eine Heldentat!"

Mirza schweigt.

Ha! bild dir nur nicht ein, daß ich schon als Bettlerin vor dir stehe, daß ich mich schon verdammt habe und von dir die Begnadigung erwarte. Es ist eine Heldentat, denn jener war Holofernes, und ich – ich bin ein Ding wie du! Es ist mehr als eine Heldentat; ich möchte den Helden sehen, den seine größte Tat nur halb soviel gekostet hat wie mich die meinige.

MIRZA: Du sprachst von Rache. Eins muß ich dich fragen: Warum kamst du im Glanz deiner Schönheit in dies Heidenlager? Hättest du es nie betreten, du hättest nichts zu rächen gehabt.

JUDITH: Warum ich kam? Das Elend meines Volkes peitschte mich hierher, die dräuende Hungersnot, der Gedanke an jene Mutter, die sich ihren Puls aufriß, um ihr verschmachtendes Kind zu tränken. O, nun bin ich wieder mit mir ausgesöhnt. Dies alles hatt ich über mich selbst vergessen!

MIRZA: Du hattest es vergessen. Das also wars nicht, was dich trieb, als du deine Hand in Blut tauchtest!

JUDITH *langsam, vernichtet:* Nein – nein – du hast recht – das wars nicht – nichts trieb mich, als der Gedanke an mich selbst. O, hier ist ein Wirbel! Mein Volk ist erlöst, doch wenn ein Stein den Holofernes zerschmettert hätte – es wäre dem Stein mehr Dank schuldig als jetzt mir! Dank? Wer will den? Aber jetzt muß ich meine Tat allein tragen, und sie zermalmt mich!

MIRZA: Holofernes hat dich umarmt. Wenn du ihm einen Sohn gebierst: was willst du antworten, wenn er dich nach seinem Vater fragt?

JUDITH: O, Mirza, ich muß sterben, und ich wills. Ha! ich will durch das schlafende Lager eilen, ich will das Haupt des Holofernes emporheben, ich will meinen Mord ausschreien, daß Tausende aufstehen und mich in Stücke zerreißen! *Will fort.*

MIRZA *ruhig:* Dann zerreißen sie auch mich.

JUDITH *bleibt stehen:* Was soll ich tun! Mein Hirn löst sich in Rauch auf, mein Herz ist wie eine Todeswunde. Und doch kann ich nichts denken als mich selbst. Wär das doch anders! Ich fühl mich wie ein Auge, das nach innen gerichtet ist. Und wie ich mich so scharf betrachte, werd ich kleiner, immer kleiner, noch kleiner, ich muß aufhören, sonst verschwind ich ganz ins Nichts.

MIRZA *aufhorchend:* Gott, man kommt!

JUDITH *verwirrt:* Ruhig! Ruhig! Es kann niemand kommen! Ich hab die Welt ins Herz gestochen – *lachend:* und ich traf sie gut! Sie soll wohl stehenbleiben! Was Gott nur dazu sagt, wenn er morgen früh herunterschaut und sieht, daß die Sonne nicht mehr gehen kann und daß die Sterne lahm geworden sind. Ob er mich strafen wird? O nein, ich bin ja die einzige, die noch lebt; wo käme wieder Leben her? Wie könnt er mich töten?

MIRZA: Judith!

JUDITH: Au, mein Name tut mir weh!
MIRZA: Judith!
JUDITH *unwillig:* Laß mich schlafen! Träume sind Träume! Ists nicht lächerlich? Ich könnte jetzt weinen! Hätt ich nur einen, der mir sagte, warum.
MIRZA: Es ist aus mit ihr! Judith, du bist ein Kind!
JUDITH: Jawohl, Gott Lob! Denk dir nur, das wußt ich nicht mehr, ich hatte mich ordentlich in die Vernunft hineingespielt, wie in einen Kerker, und es war hinter mir zugefallen, schrecklich, fest wie eine eherne Tür. *Lachend:* Nicht wahr, ich bin morgen noch nicht alt, und übermorgen auch noch nicht? Komm, wir wollen wieder spielen, aber was Besseres. Eben war ich ein böses Weib, das einen umgebracht hatte! Hu! Sag mir, was ich nun sein soll!
MIRZA *abgewandt:* Gott! Sie wird wahnsinnig.
JUDITH: Sag mir, was ich sein soll! Schnell! Schnell! sonst werd ich wieder, was ich war.
MIRZA *deutet auf Holofernes:* Sieh!
JUDITH: Meinst du, daß ichs nicht mehr weiß? O doch! doch! Ich bettle ja bloß um den Wahnsinn, aber es dämmert nur hin und wieder ein wenig in mir, finster wirds nicht. In meinem Kopf sind tausend Maulwurfslöcher, doch sind sie alle für meinen großen dicken Verstand zu klein, er sucht umsonst, hineinzukriechen.
MIRZA *in höchster Angst:* Der Morgen ist nicht mehr fern; sie martern mich und dich zu Tode, wenn sie uns hier finden; sie reißen uns Glied nach Glied ab.
JUDITH: Glaubst du wirklich, daß man sterben kann? Ich weiß wohl, daß alle das glauben und daß mans glauben soll. Sonst glaubt ichs auch, jetzt scheint mir der Tod ein Unding, eine Unmöglichkeit. Sterben! Ha! Was jetzt in mir nagt, wird ewig nagen, das ist nicht wie Zahnweh oder ein Fieber, es ist schon eins mit mir selbst, und es reicht aus für immer. O, man lernt was im Schmerz. *Sie deutet auf Holofernes.* Auch der ist nicht tot! Wer weiß, ob nicht er es ist, der mir dies alles sagt, ob er sich nicht dadurch an mir rächt, daß er meinen schaudernden Geist mit dem Geheimnis seiner Unsterblichkeit bekannt macht!
MIRZA: Judith, hab Erbarmen und komm!

JUDITH: Ja, ja, ich bitte dich, Mirza, sag du mir immer, was ich tun soll, ich hab eine Angst, noch selbst etwas zu tun.

MIRZA: So folge mir.

JUDITH: Ach, du mußt aber das Wichtigste nicht vergessen. Steck den Kopf dort in den Sack, den laß ich hier nicht zurück. Du willst nicht? Dann geh ich keinen Schritt! *Mirza tuts mit Schaudern.* Sieh, der Kopf ist mein Eigentum, den muß ich mitbringen, damit man mirs in Bethulien glaubt, daß ich – – weh, weh, man wird mich rühmen und preisen, wenn ichs nun verkünde, und noch einmal wehe, mir ist, als hätt ich auch daran vorher gedacht!

MIRZA *will gehen:* Jetzt?

JUDITH: Mir wirds hell. Hör, Mirza, ich will sagen, du hasts getan!

MIRZA: Ich?

JUDITH: Ja, Mirza! Ich will sagen, mir sei in der Stunde der Entscheidung der Mut abtrünnig geworden, aber über dich sei der Geist des Herrn gekommen und du habest dein Volk von seinem größten Widersacher erlöst. Dann wird man mich verachten wie ein Werkzeug, das der Herr verworfen hat, und dir wird Preis und Lobgesang in Israel.

MIRZA: Nimmermehr!

JUDITH: O, du hast recht! Es war Feigheit. Ihr Jubelruf, ihr Zimbelklang und Paukenschlag wird mich zerschmettern, und dann hab ich meinen Lohn. Komm!

Beide ab.

Die Stadt Bethulien wie im dritten Akt

Öffentlicher Platz mit Aussicht auf das Tor. Wachen am Tor. Viel Volk, liegend und stehend, in mannigfaltigen Gruppen. Es wird Morgen.
Zwei Priester von einer Gruppe Weiber, Mütter usw. umringt.

EIN WEIB: Habt ihr uns betrogen, als ihr sagtet, daß unser Gott allmächtig sei? Ist er wie ein Mensch, daß er nicht halten kann, was er verspricht?

PRIESTER: Er ist allmächtig. Aber ihr selbst habt ihm die

Hände gebunden. Er darf euch nur helfen, wie ihrs verdient.

Weiber: Wehe, wehe, was wird mit uns geschehn?

Priester: Sehet hinter euch, dann wisset ihr, was vor euch steht!

Eine Mutter: Kann eine Mutter sich so versündigen, daß ihr unschuldiges Kind verdursten muß? *Hält ihr Kind empor.*

Priester: Die Rache hat keine Grenzen, denn die Sünde hat keine.

Mutter: Ich sage dir, Priester, eine Mutter kann sich nicht so versündigen! In ihrem Schoß mag der Herr, wenn er zürnt, ihr Kind noch ersticken; ists geboren, so solls leben. Darum gebären wir, daß wir unser Selbst doppelt haben, daß wirs im Kinde, wo es uns rein und heilig anlacht, lieben können, wenn wirs in uns hassen und verachten müssen.

Priester: Du schmeichelst dir! Gott läßt dich gebären, damit er dich in deinem Fleisch und Blut züchtigen, dich noch übers Grab hinaus verfolgen kann!

Der Zweite Priester *zum ersten:* Gibts nicht schon genug Verzweifelte in der Stadt?

Erster Priester: Willst du müßig sein, da du säen solltest? Treib deine Wurzel, da der Boden locker ist!

Mutter: Mein Kind soll nicht für mich leiden. Nimms hin! ich will mich in meine Kammer verschließen und mich auf all meine Sünden besinnen und mir für jede eine zweifache Marter antun; ich will mich peinigen, bis ich sterbe oder bis Gott selbst vom Himmel herunterruft: „Hör auf!"

Zweiter Priester: Behalt dein Kind und pflegs! Das will der Herr, dein Gott!

Die Mutter *drückt es an die Brust:* Ja, ich will es so lange ansehen, bis es bleich wird, bis sein Wimmern in sich selbst erstickt und sein Atem stockt; ich will keinen Blick von ihm verwenden, sogar dann nicht, wenn die Qual sein Kindesauge vor der Zeit klug macht und mich wie ein Abgrund von Elend daraus anschauert. Ich wills tun, um zu büßen, wie keine. Aber wenn es nun noch klüger wird und nach oben blickt und die Hände ballt?

Erster Priester: Dann sollst du sie falten! Und sollst mit

denn ein Unglück, daß der Knabe stirbt?" Dann beugte sie sich zu ihm nieder und murmelte wie unwillig: „Noch ist Leben in ihm!" Mir wards gräßlich klar; sie sah in ihrem Kinde nur noch ein Stück Fleisch.

ERSTER: Ich könnte hingehen und dein Weib niederstechen, ob sie gleich meine Schwester ist!

ZWEITER: Du kämst zu früh oder zu spät. Wenn sie sich nicht tötete, bevor sie aß, so tat sies gewiß, als sie gegessen hatte.

EIN DRITTER BÜRGER *tritt hinzu:* Vielleicht kommt uns noch Rettung. Heut ist der Tag, an welchem Judith wiederkehren wollte!

ZWEITER: Jetzt noch Rettung? Jetzt noch? Gott! Gott! Ich widerrufe alle meine Gebete! Daß du sie erhören könntest, nun es zu spät ist, das ist ein Gedanke, den ich noch nicht dachte, den ich nicht ertrage. Ich will dich rühmen und preisen, wenn du deine Unendlichkeit auch am wachsenden Elend dartun, wenn du meinen starrenden Geist über sein Maß hinaustreiben, wenn du einen Greuel vor mein Auge stellen kannst, der mich die Greuel, die ich schon erblickte, vergessen und verlachen macht. Aber ich werde dich verfluchen, wenn du nun noch zwischen mich und mein Grab trittst, wenn ich Weib und Kind begraben und sie mit Erde statt mit dem Lehm und Moder meines eigenen Leibes bedecken muß! *Gehen vorüber.*

MIRZA *vor dem Tor:* Macht auf, macht auf!

WACHEN: Wer da?

MIRZA: Judith ists. Judith mit dem Kopf des Holofernes.

WACHEN *rufen in die Stadt hinein, während sie öffnen:* Hallo! Hallo! Judith ist wieder da!

Volk versammelt sich. Älteste und Priester kommen, Judith und Mirza treten ins Tor.

MIRZA *wirft den Kopf hin:* Kennt ihr den?

VOLK: Wir kennen ihn nicht!

ACHIOR *tritt herzu und fällt auf die Kniee:* Groß bist du, Gott Israels, und es ist kein Gott außer dir! *Er steht auf.* Das ist des Holofernes Haupt! *Er faßt die Hand der Judith.* Und dies ist die Hand, in die er gegeben ward? Weib, mir schwindelt, wenn ich dich ansehe!

DIE ÄLTESTEN: Judith hat ihr Volk befreit! ihr Name werde gepriesen!

Schaudern erkennen, daß auch ein Kind sich gegen Gott empören kann.

DIE MUTTER: Moses' Stab schlug an den Felsen, und ein kühler Quell sprang hervor. Das war ein Fels! *Schlägt sich an die Brust.* Verfluchte Brust, was bist du? Von innen drängt die glühendste Liebe; von außen pressen dich heiße, unschuldige Lippen, doch gibst du keinen Tropfen! Tus! tus! Saug mir jede Ader aus und gib dem Wurm noch einmal zu trinken!

ZWEITER PRIESTER *zum ersten:* Rührts dich nicht?

ERSTER PRIESTER: Ja. Aber ich sehe in der Rührung immer nur eine Versuchung zur Untreue an mir selbst und unterdrücke sie. Bei dir löst sich der Mann in Wasser auf, du kannst ihn im Schnupftuch auffangen oder ein Veilchen damit erquicken.

ZWEITER PRIESTER: Tränen, von denen man selbst nichts weiß, sind erlaubt.

EIN ANDERES WEIB *auf die Mutter deutend:* Hast du keinen Trost für die?

ERSTER PRIESTER *kalt:* Nein!

DAS WEIB: Dann sitzt dein Gott nirgends als auf deinen Lippen!

ERSTER PRIESTER: Dies Wort allein verdient, daß Bethulien dem Holofernes in die Hände fällt. Dir auf die Seele wälz ich den Untergang der Stadt. Du fragst, warum die leidet! Weil du ihre Schwester bist! *Gehen vorüber.*

ZWEI BÜRGER *die den Auftritt ansahen, treten hervor.*

ERSTER: Durch mein eigenes Leid hindurch fühl ich dieses Weibes Leid. O, es ist entsetzlich!

ZWEITER: Es ist das Entsetzlichste noch nicht. Das tritt erst dann ein, wenn es dieser Mutter einfällt, daß sie ihr Kind essen kann! *Er schlägt sich vor die Stirn.* Ich fürchte, meinem Weibe ist das schon eingefallen.

ERSTER: Du rasest!

ZWEITER: Um sie nicht totschlagen zu müssen, bin ich aus dem Hause geflohen. Lüg nicht! Ich rannte fort, weil michs schauderte vor der unmenschlichen Speise, nach der sie lüstern schien, und weil ich mich doch fürchtete, daß ich mitessen könnte. Unser Söhnlein lag im Verscheiden; sie, in ungeheurem Jammer, war zu Boden gestürzt. Auf einmal erhob sie sich und sagte leise, leise: „Ists

VOLK *sammelt sich um Judith:* Judith Heil!
JUDITH: Ja, ich habe den ersten und letzten Mann der Erde getötet, damit du – *zu dem einen* – in Frieden deine Schafe weiden, du – *zu einem zweiten* – deinen Kohl pflanzen und du – *zu einem dritten* – dein Handwerk treiben und Kinder, die dir gleichen, zeugen kannst!
STIMMEN IM VOLK: Auf! Hinaus ins Lager! Jetzt sind sie ohne Herrn!
ACHIOR: Wartet noch! Noch wissen sie nicht, was in der Nacht geschah! Wartet, bis sie uns selbst das Zeichen zum Angriff geben! Wenn ihr Geschrei erschallt, dann wollen wir unter sie fahren.
JUDITH: Ihr seid mir Dank schuldig, Dank, den ihr mir nicht durch die Erstlinge eurer Herden und eurer Gärten abtragen könnt! Mich triebs, die Tat zu tun; an euch ists, sie zu rechtfertigen! Werdet heilig und rein, dann kann ich sie verantworten!
Man hört ein wildes, verworrenes Geschrei.
ACHIOR: Horcht, nun ists Zeit!
EIN PRIESTER *deutet auf den Kopf:* Steckt den auf einen Spieß und tragt ihn voran!
JUDITH *tritt vor den Kopf:* Dies Haupt soll sogleich begraben werden!
WACHEN *rufen von der Mauer herunter:* Die Wächter am Brunnen fliehen in wilder Unordnung. Einer der Hauptleute tritt ihnen in den Weg – sie zücken das Schwert gegen ihn. Einer der Unsrigen kommt ihnen entgegengerannt. Es ist Ephraim. Sie sehen ihn gar nicht.
EPHRAIM *vorm Tor:* Öffnet, öffnet!
Das Tor wird geöffnet. Ephraim stürzt herein. Das Tor bleibt offen. Man sieht vorüberfliehende Assyrer.
    Spießen, auf dem Rost braten hätten sie mich können. All dem bin ich entgangen. Nun Holofernes kopflos ist, sind sies alle. Kommt, kommt! Ein Narr, der sich noch fürchtet!
ACHIOR: Auf! auf!
Sie stürmen aus dem Tor; man hört Stimmen rufen: Im Namen Judiths!
JUDITH *wendet sich mit Ekel:* Das ist Schlächtermut!
Priester und Älteste schließen um sie einen Kreis.
EINER DER ÄLTESTEN: Du hast die Namen der Helden aus-

gelöscht und den deinigen an ihre Stelle gesetzt!

DER ERSTE PRIESTER: Du hast dich um Volk und Kirche hoch verdient gemacht. Nicht mehr auf die dunkle Vergangenheit, auf dich darf ich von jetzt an deuten, wenn ich zeigen will, wie groß der Herr unser Gott ist!

PRIESTER UND ÄLTESTE: Fordre deinen Lohn!

JUDITH: Spottet ihr mein? *Zu den Ältesten:* Wenns nicht heilige Pflicht war, wenn ichs lassen durfte, ists dann nicht Hochmut und Frevel? *Zu den Priestern:* Wenn das Opfer verröchelnd am Altar niederstürzt, quält ihrs mit der Frage, welchen Preis es auf sein Blut und Leben setzt? *Nach einer Pause, wie von einem plötzlichen Gedanken erfaßt:* Und doch, ich fordre meinen Lohn! Gelobt mir zuvor, daß ihr ihn nicht weigern wollt!

ÄLTESTE UND PRIESTER: Wir gelobens! Im Namen von ganz Israel!

JUDITH: So sollt ihr mich töten, wenn ichs begehre!

ALLE *entsetzt:* Dich töten?

JUDITH: Ja, und ich hab euer Wort!

ALLE *schaudernd:* Du hast unser Wort!

MIRZA *ergreift Judith beim Arm und führt sie vorwärts, aus dem Kreis heraus:* Judith! Judith!

JUDITH: Ich will dem Holofernes keinen Sohn gebären! Bete zu Gott, daß mein Schoß unfruchtbar sei! Vielleicht ist er mir gnädig!

Maria Magdalena

Ein bürgerliches Trauerspiel in drei Akten

Vorwort zu „Maria Magdalena",
betreffend das Verhältnis der dramatischen
Kunst zur Zeit und verwandte Punkte

Das kleine Vorwort, womit ich meine „Genoveva" begleitete, hat so viel Mißverständnis und Widerspruch hervorgerufen, daß ich mich über den darin berührten Hauptpunkt noch einmal aussprechen muß. Ich muß aber ein ästhetisches Fundament und ganz besonders einigen guten Willen, auf das Wesentliche meines Gedankenganges einzugehen, voraussetzen, denn wenn die Unschuld des Worts nicht respektiert und von der dialektischen Natur der Sprache, deren ganze Kraft auf dem Gegensatz beruht, abgesehen wird, so kann man mit jedem eigentümlichen Ausdruck jeden beliebigen Wechselbalg erzeugen, man braucht nur einfach in die Bejahung der eben hervorgehobenen Seite eine stillschweigende Verneinung aller übrigen zu legen.

Das Drama, als die Spitze aller Kunst, soll den jedesmaligen *Welt-* und *Menschenzustand* in seinem *Verhältnis zur Idee,* d. h. hier zu dem alles bedingenden sittlichen Zentrum, das wir im Weltorganismus schon seiner Selbsterhaltung wegen annehmen müssen, veranschaulichen. Das Drama, d. h. das höchste, das Epoche machende, denn es gibt auch noch ein *zweites* und *drittes,* ein *partiell-nationales* und ein *subjektiv-individuelles,* die sich zu jenem verhalten, wie einzelne Szenen und Charaktere zum ganzen Stück, die dasselbe aber so lange, bis ein alles umfassender Geist erscheint, vertreten, und wenn dieser ganz ausbleibt, als disjecti membra poetae in seine Stelle rücken – das Drama ist nur dann *möglich,* wenn in diesem Zustand eine entscheidende *Veränderung* vor sich geht, es ist daher durchaus ein Produkt der Zeit, aber freilich nur in dem Sinne, worin eine solche Zeit selbst ein Produkt aller vorhergegangenen Zeiten ist, das verbindende Mittelglied zwischen einer Kette von Jahrhunderten, die sich schließen, und einer neuen, die beginnen will.

Bis jetzt hat die Geschichte erst zwei Krisen aufzuzeigen, in welchen das höchste Drama hervortreten konnte, es ist demgemäß auch erst zweimal hervorgetreten: einmal bei den *Alten,* als die antike Weltanschauung aus ihrer ur-

sprünglichen Naivetät in das sie zunächst auflockernde und dann zerstörende Moment der Reflexion überging, und einmal bei den *Neuern*, als in der christlichen eine ähnliche Selbstentzweiung eintrat. Das griechische Drama entfaltete sich, als der Paganismus sich überlebt hatte, und verschlang ihn, es legte den durch alle die bunten Göttergestalten des Olymps sich hindurchziehenden Nerv der Idee bloß oder, wenn man will, es gestaltete das Fatum. Daher das maßlose Herabdrücken des Individuums den sittlichen Mächten gegenüber, mit denen es sich in einen doch nicht zufälligen, sondern notwendigen Kampf verstrickt sieht, wie es im Ödip den schwindelerregenden Höhepunkt erreicht. Das Shakespearesche Drama entwickelte sich am Protestantismus und emanzipierte das Individuum. Daher die furchtbare Dialektik seiner Charaktere, die, soweit sie Männer der Tat sind, alles Lebendige um sich her durch ungemessenste Ausdehnung verdrängen, und soweit sie im Gedanken leben, wie Hamlet, in ebenso ungemessener Vertiefung in sich selbst durch die kühnsten entsetzlichsten Fragen Gott aus der Welt, wie aus einer Pfuscherei, herausjagen möchten.
Nach Shakespeare hat zuerst *Goethe* im *Faust* und in den mit Recht dramatisch genannten *Wahlverwandtschaften* wieder zu einem großen Drama den Grundstein gelegt, und zwar hat er getan, oder vielmehr zu tun angefangen, was allein noch übrigblieb, er hat die Dialektik unmittelbar in die Idee selbst hineingeworfen, er hat den Widerspruch, den Shakespeare nur noch im Ich aufzeigt, in dem Zentrum, um das das Ich sich herumbewegt, d. h. in der diesem erfaßbaren Seite desselben, aufzuzeigen und so den Punkt, auf den die gerade wie die krumme Linie zurückzuführen schien, in zwei Hälften zu teilen gesucht. Es muß niemand wundern, daß ich Calderon, dem manche einen gleichen Rang anweisen, übergehe, denn das Calderonsche Drama ist allerdings bewunderungswürdig in seiner konsequenten Ausbildung und hat der Literatur der Welt in dem Stücke „Das Leben ein Traum!" ein unvergängliches Symbol einverleibt, aber es enthält nur Vergangenheit, keine Zukunft, es setzt in seiner starren Abhängigkeit vom Dogma voraus, was es beweisen soll, und nimmt daher, wenn auch nicht der Form, so doch dem Gehalt nach, nur eine untergeordnete Stellung ein. Allein Goethe hat nur den Weg gewiesen, man kann kaum

sagen, daß er den ersten Schritt getan hat, denn im Faust kehrte er, als er zu hoch hinauf und in die kalte Region hineingeriet, wo das Blut zu gefrieren anfängt, wieder um, und in den Wahlverwandtschaften setzte er, wie Calderon, voraus, was er zu beweisen oder zu veranschaulichen hatte. Wie Goethe, der durchaus Künstler, großer Künstler war, in den Wahlverwandtschaften einen solchen Verstoß gegen die innere Form begehen konnte, daß er, einem zerstreuten Zergliederer nicht unähnlich, der, statt eines wirklichen Körpers ein Automat auf das anatomische Theater brächte, eine von Haus aus nichtige, ja unsittliche Ehe, wie die zwischen Eduard und Charlotte, zum Mittelpunkt seiner Darstellung machte und dies Verhältnis behandelte und benutzte, als ob es ein ganz entgegengesetztes, ein vollkommen berechtigtes wäre, wüßte ich mir nicht zu erklären; daß er aber auf die Hauptfrage des Romans nicht tiefer einging und daß er ebenso im Faust, als er zwischen einer ungeheuren Perspektive und einem mit Katechismusfiguren bemalten Bretterverschlag wählen sollte, den Bretterverschlag vorzog und die *Geburtswehen* der um eine neue Form ringenden Menschheit, die wir mit Recht im ersten Teil erblicken, im zweiten zu bloßen *Krankheitsmomenten* eines später durch einen willkürlichen, nur notdürftig-psychologisch vermittelten Akt kurierten Individuums herabsetzte, das ging aus seiner ganz eigen komplizierten Individualität hervor, die ich hier nicht zu analysieren brauche, da ich nur anzudeuten habe, wie weit er gekommen ist. Es bedarf hoffentlich nicht der Bemerkung, daß die vorstehenden, sehr motivierten Einwendungen gegen den Faust und die Wahlverwandtschaften diesen beiden welthistorischen Produktionen durchaus nichts von ihrem unermeßlichen Wert abdingen, sondern nur das Verhältnis, worin ihr eigener Dichter zu den in ihnen verkörperten Ideen stand, bezeichnen, und den Punkt, wo sie formlos geblieben sind, nachweisen sollen.

Goethe hat demnach, um seinen eigenen Ausdruck zu gebrauchen, die große Erbschaft der Zeit wohl *angetreten*, aber nicht *verzehrt*, er hat wohl erkannt, daß das menschliche Bewußtsein sich erweitern, daß es wieder einen Ring zersprengen will, aber er konnte sich nicht in gläubigem Vertrauen an die Geschichte hingeben, und da er die aus den Übergangszuständen, in die er in seiner Jugend selbst gewaltsam hineingezogen wurde, entspringenden Dissonanzen nicht aufzulösen wußte, so wandte er sich mit Entschiedenheit, ja mit Widerwillen und Ekel von ihnen ab. Aber diese Zustände waren damit nicht beseitigt, sie dauern fort bis auf den gegenwärtigen Tag, ja sie haben sich gesteigert, und alle Schwankungen und Spaltungen in unserem öffentlichen wie in unserem Privatleben sind auf sie zurückzuführen, auch sind sie keineswegs so unnatürlich oder auch nur so gefährlich, wie man sie gern machen möchte, *denn der Mensch dieses Jahrhunderts will nicht, wie man ihm schuld gibt, neue und unerhörte Institutionen, er will nur ein besseres Fundament für die schon vorhandenen, er will, daß sie sich auf nichts als auf Sittlichkeit und Notwendigkeit, die identisch sind, stützen und also den äußeren Haken, an dem sie bis jetzt zum Teil befestigt waren, gegen den inneren Schwerpunkt, aus dem sie sich vollständig ableiten lassen, vertauschen sollen.* Dies ist, nach meiner Überzeugung, der welthistorische Prozeß, der in unseren Tagen vor sich geht; die Philosophie, von Kant und eigentlich von Spinoza an, hat ihn, zersetzend und auflösend, vorbereitet, und die dramatische Kunst, vorausgesetzt, daß sie überhaupt noch irgend etwas soll, denn der bisherige Kreis ist durchlaufen, und Duplikate sind vom Überfluß und passen nicht in den Haushalt der Literatur, soll ihn beendigen helfen, sie soll, wie es in einer ähnlichen Krisis Äschylus, Sophokles, Euripides und Aristophanes, die nicht von ungefähr und etwa bloß, weil das Schicksal es mit dem Theater der Athener besonders wohlmeinte, so kurz hintereinander hervortraten, getan haben, in großen gewaltigen Bildern zeigen, wie die bisher nicht durchaus in einem lebendigen Organismus gesättigt aufgegangenen, sondern zum Teil nur in einem Scheinkörper erstarrt gewesenen und durch die letzte große Geschichtsbewegung entfesselten Elemente, durcheinanderflutend und sich gegenseitig bekämpfend, die neue Form der Menschheit, in welcher alles wieder an seine Stelle treten, in welcher das Weib dem Manne wieder gegenüberstehen wird, wie dieser der Gesellschaft und wie die Gesellschaft der Idee, erzeugen. Damit ist nun freilich der Übelstand verknüpft, daß die dramatische Kunst sich auf Bedenkliches und Bedenklichstes einlassen muß, da das Brechen der Weltzustände ja nur in der Gebrochenheit der individuellen erscheinen kann und da ein Erdbeben sich nicht anders darstellen läßt als durch das Zusammenstürzen der Kirchen und Häuser und die ungebändigt hereindringenden Fluten des Meers. Ich nenne es natürlich nur mit Rücksicht auf die harmlosen Seelen, die ein *Trauerspiel* und ein *Kartenspiel* unbewußt auf *einen und denselben Zweck* reduzieren, einen Übelstand, denn diesen wird unheimlich zumute, wenn Spadille nicht mehr Spadille sein soll, sie wollen wohl neue Kombinationen im Spiel, aber keine neue Regel, sie verwünschen den Hexenmeister, der ihnen diese aufdringt oder doch zeigt, daß sie möglich ist, und sehen sich nach dem Gevatter Handwerker um, der die Blätter wohl anders mischt, auch wohl hin und wieder, denn Abwechselung muß sein, einen neuen Trumpf einsetzt, aber im übrigen die altehrwürdige Erfindung des Ururgroßvaters wie das Naturgesetz selbst respektiert. Hier wäre es am Ort, aus dem halben Scherz in einen bittern ganzen Ernst überzugehen, denn es ist nicht zu sagen, bis zu welchem Grade eine zum Teil unzurechnungsfähige und unmündige, zum Teil aber auch perfide Kritik sich den erbärmlichen Theaterverhältnissen unserer Tage und dem beschränkten Gesichtskreis des großen Haufens akkommodierend, die einfachen Grundbegriffe der dramatischen Kunst, von denen man glauben sollte, daß sie, nachdem sich ihre Kraft und Wahrheit vier Jahrtausende hindurch bewährte, unantastbar seien wie das Einmaleins, verwirrt und auf den Kopf gestellt hat. Der Maler braucht sich, und er mag dem Himmel dafür danken, noch nicht darüber zu entschuldigen, daß er die Leinwand, aus der auch Siebbeutel gemacht werden könnten, bemalt, auch verlacht man ihn noch nicht, wenn man sieht, daß er auf die Komposition seines Gemäldes Mühe und Fleiß verwendet, daß er die Farben, die ja doch auch schon an sich dem Auge schmeicheln, auf Gestalten und die Gestalten wieder auf einen inneren, für den bloßen Gaffer nicht vorhandenen Mittelpunkt bezieht, statt das Farbenbrett selbst mit dem eingerührten Blau, Gelb und Rot für das Gemälde zu geben oder doch den bunten Gestalten- und Figurentanz; aber jene Kunst, die, wie alles Höchste, nur dann überhaupt etwas ist, wenn sie das, was sie sein soll, ganz ist, muß sich jetzt, wie über eine Narrheit, darüber hudeln lassen, daß sie ihre einzige, ihre erste und letzte Aufgabe im Auge behält, statt es sich bequem zu machen und für den *Karfunkel* den *Kiesel* zu bieten, für ein tiefsinniges und unergründliches *Lebenssymbol* ein gemeines *Lebensrätsel*, das mit der gelösten Spannung ins Nichts zerplatzt und außerstande, auch nur die dürftigste Seele für einen Moment zu sättigen, nichts erweckt als den Hungerruf: Was Neues! was Neues! Ich sage es euch, ihr, die ihr euch dramatische Dichter nennt, wenn ihr euch damit begnügt, Anekdoten – historische oder andere, es gilt gleich – in Szene zu setzen oder, wenns hoch kommt, einen Charakter in seinem psychologischen Räderwerk auseinanderzulegen, so steht ihr, ihr mögt nun die Tränenfistel pressen oder die Lachmuskeln erschüttern, wie ihr wollt, um nichts höher als unser bekannter Vetter von Thespis her, der in seiner Bude die Marionetten tanzen läßt. Nur wo ein Problem vorliegt, hat eure Kunst etwas zu schaffen, wo euch aber ein solches aufgeht, wo euch das *Leben* in seiner *Gebrochenheit* entgegentritt und zugleich in eurem Geist, denn *beides* muß *zusammenfallen, das Moment der Idee,* in dem es die *verlorne* Einheit wiederfindet, da ergreift es, und kümmert euch nicht darum, daß der ästhetische Pöbel in der *Krankheit selbst die Gesundheit* aufgezeigt haben will, da ihr doch nur den *Übergang* zur Gesundheit aufzeigen und das Fieber allerdings nicht heilen könnt, ohne euch mit dem Fieber einzulassen, denn dieser Pöbel, der euch über die Paroxysmen, die ihr darstellt, zur Rechenschaft zieht, als ob es eure eigenen wären, müßte, wenn er Konsequenz besäße, auch dem Richter, der dem Missetäter das Verbrechen abfragt, um seine Stellung zum Gesetz zu ermitteln, ja dem Geistlichen, der Beichte hört, den Vorwurf machen, daß er sich mit schmutzigen Dingen befasse, und ihr seid für nichts, für gar nichts verantwortlich, als für die *Behandlung*, die als eine freie, eure subjektive Unabhängigkeit vom Gegenstand und euer persönliches *Unvermischtsein* mit demselben hervortreten lassen muß, und für das *letzte Resultat*, ja auch das Resultat braucht nicht im Lanzenspitzensinn die Spitze eures Werks zu sein, es darf sich ebensogut als Ausgangspunkt eines Charakters hinstellen wie als Ausgangspunkt des ganzen Dramas, obgleich freilich, wenn letzteres der Fall ist, das Drama der Form nach einen höheren Grad von Vollendung für sich in Anspruch zu nehmen hat. Man kann, wenn man sich genötigt sieht, über Dinge, die niemandem ohne innere Erfahrung ganz verständlich werden, zu sprechen, sich nicht genug gegen Mißdeutung verwahren; ich füge also noch ausdrücklich hinzu, daß man hier nicht an ein allegorisches Herausputzen der Idee, überhaupt nicht an die philosophische, sondern an die unmittelbar ins Leben selbst verlegte Dialektik denken muß und daß, wenn in einem Prozeß, worin, wie in jedem schöpferischen, alle Elemente sich mit gleicher Notwendigkeit bedingen und voraussetzen, überall von einem Vor und Nach die Rede sein kann, der Dichter (wer sich für einen hält, möge sich darnach prüfen!) sich jedenfalls eher der Gestalten bewußt werden wird als der Idee, oder vielmehr des Verhältnisses der Gestalten zur Idee. Doch, wie gesagt, die ganze Anschauungsweise ist eine unzulässige, die aber noch sehr verbreitet zu sein scheint, da, was aus ihr allein hervorgehen kann, selbst einsichtige Männer nicht aufhören, mit dem Dichter über die Wahl seiner Stoffe, wie sie es nennen, zu hadern und dadurch zeigen, daß sie sich das Schaffen, dessen erstes Stadium, das empfangende, doch tief unter dem Bewußtsein liegt und zuweilen in die dunkelste Ferne der Kindheit zurückfällt, immer als ein, wenn auch veredeltes, Machen vorstellen, und daß sie in das geistige Gebären eine Willkür verlegen, die sie dem leiblichen, dessen Gebundensein an die Natur freilich heller in die Augen springt, gewiß nicht zusprechen würden. Den Gevatter Handwerker, dessen ich oben gedachte, mag man schelten, wenn er etwas bringt, was dem gnädigen Herrn mit vielen Köpfen nicht behagt, denn der wackere Mann kann das eine so gut liefern als das andere, er hat sich, als er seine Anekdote auswählte, bloß im Effekt verrechnet, und für Rechenfehler ist jedermann verantwortlich; dem Dichter dagegen muß man verzeihen, wenn er es nicht trifft, er hat keine Wahl, er hat nicht einmal die Wahl, ob er ein Werk überhaupt hervorbringen will oder nicht, denn das einmal lebendig Gewordene läßt sich nicht zurückverdauen, es läßt sich nicht wieder in Blut verwandeln, sondern muß in freier Selbständigkeit hervortreten, und eine unterdrückte oder unmögliche geistige Entbindung kann ebensogut wie eine leibliche die Vernichtung, sei es nun durch den Tod oder durch den Wahnsinn, nach sich ziehen. Man denke an Goethes Jugendgenossen Lenz, an Hölderlin, an Grabbe.

Ich sagte: die dramatische Kunst soll den welthistorischen Prozeß, der in unseren Tagen vor sich geht und der die vorhandenen Institutionen des menschlichen Geschlechts, die politischen, religiösen und sittlichen, nicht umstürzen, sondern tiefer begründen, sie also vor dem Umsturz sichern will, beendigen helfen. In *diesem* Sinne soll sie, wie alle Poesie, die sich nicht auf Superfötation und Arabeskenwesen beschränkt, *zeitgemäß* sein, in *diesem* Sinn und in *keinem andern*, ist es *jede echte*, in *diesem* Sinn habe auch ich im Vorwort zur „Genoveva" meine Dramen als *künstlerische Opfer der Zeit* bezeichnet, denn ich bin mir bewußt, daß die individuellen Lebensprozesse, die ich darstellte und noch darstellen werde, mit den jetzt obschwebenden allgemeinen Prinzipienfragen in engster Verbindung stehen, und obgleich es mich nicht unangenehm berühren konnte, daß die Kritik bisher fast ausschließlich meine Gestalten ins Auge faßte und die Ideen, die sie repräsentieren, unberücksichtigt ließ, indem ich hierin wohl nicht mit Unrecht den besten Beweis für die wirkliche Lebendigkeit dieser Gestalten erblickte, so muß ich nun doch wünschen, daß dies ein Ende nehmen und daß man auch dem zweiten Faktor meiner Dichtungen einige Würdigung widerfahren lassen möge, da sich natürlich ein ganz anderes Urteil über Anlage und Ausführung ergibt, wenn man sie bloß in bezug auf die behandelte Anekdote betrachtet, als wenn man sie nach dem zu bewältigenden Ideenkern, der manches notwendig machen kann, was für jene überflüssig ist, bemißt. Der erste Rezensent, den meine „Genoveva" fand, glaubte in jener Bezeichnung meiner Dramen eine der Majestät der Poesie nicht würdige Konzession an die Zeitungspoetik unserer Tage zu erblicken und fragte mich, wo denn in meinen Stücken jene Epigrammatie und Bezüglichkeit, die man jetzt zeitgemäß nenne, anzutreffen sei. Ich habe ihm hierauf nichts zu antworten, als daß ich die Begriffe der Zeit und des Zeitungsblatts nicht so identisch finde, wie er zu tun scheint, falls sein sonderbarer Einwurf anders ernst gemeint und nicht bloß darauf gerichtet war, mir die hier gegebene nähere Entwickelung meiner vielleicht zu lakonisch hingestellten Gedanken abzudringen. Ich weiß übrigens recht gut, daß sich heutzutage eine ganz andere Zeitpoesie in Deutschland geltend macht, eine Zeitpoesie, die sich an den Augenblick hingibt und die, obgleich sie eigentlich das Fieber mit der Hitzblatter, die Gärung im Blut mit dem Hautsymptom, wodurch sie sich ankündigt, verwechselt, doch, insofern sie dem Augenblick wirklich dient, nicht zu schelten wäre, wenn nur sie selbst sich des Scheltens enthalten wollte. Aber nicht zufrieden, in ihrer zweifelhaften epigrammatisch-rhetorischen Existenz toleriert, ja gehegt und gepflegt zu werden, will sie allein existieren und gibt sich polternd und eifernd das Ansehen, als ob sie Dinge verschmähte, von denen sie wenigstens erst beweisen sollte, daß sie ihr erreichbar sind. Man kann in keinem Band Gedichte, denn gerade in der Lyrik hat sie das Quartier aufgeschlagen, mehr blättern, ohne auf heftige Kontroversen gegen die Sänger des Weins, der Liebe, des Frühlings usw., die toten, wie die lebendigen, zu stoßen, aber die Herren halten ihre eigenen Frühlings- und Liebeslieder zurück oder produzieren, wenn sie damit auftreten, solche Nichtigkeiten, daß man unwillkürlich an den Wilden denken muß, der ein Klavier mit der Axt zertrümmerte, weil er sich lächerlich gemacht hatte, als er es zu spielen versuchte. Liebe Leute, wenn einer die Feuerglocke zieht, so brechen wir alle aus dem Konzert auf und eilen auf den Markt, um zu erfahren, wo es brennt, aber der Mann muß sich darum nicht einbilden, er habe über Mozart und Beethoven triumphiert. Auch daraus, daß die Epigramme, die ihr bekannten Personen mit Kreide auf den Rücken schreibt, schneller verstanden werden und rascher in Umlauf kommen, als Juvenalsche Satiren, müßt ihr nicht schließen, daß ihr den Juvenal übertroffen habt; sie sind dafür auch vergessen, sobald die Personen den Rücken wenden oder auch nur den Rock wechseln, während Juvenal hier nicht angeführt werden könnte, wenn er nicht noch nach Jahrtausenden gelesen würde. Als Goethe der schönsten Liederpoesie, die uns nach der seinigen geschenkt worden ist, der Uhlandschen, in einer übellaunigen Minute vorwarf, es werde daraus nichts „Menschengeschick Aufregendes und Bezwingendes" hervorgehen, so hatte er freilich recht, denn Lilienduft ist kein Schießpulver, und auch der Erlkönig und der Fischer, obgleich sie Millionen Trommelschlägerstückchen aufwiegen, würden im Krieg so wenig den Trompeter- als einen anderen Dienst versehen können. Die *Poesie* hat *For-*

men, in denen der *Geist* seine *Schlachten* schlägt, die *epischen* und *dramatischen*, sie hat *Formen*, worin das Herz seine *Schätze* niederlegt, die *lyrischen*, und das *Genie* zeigt sich eben dadurch, daß es *jede* auf die *rechte Weise* ausfüllt, indes das *Halbtalent*, das für die größeren nicht *Gehalt* genug hat, die *engeren* gern zu *zersprengen* sucht, um trotz seiner *Armut* reich zu erscheinen. Ein solcher, von einem total verkehrt gewählten Gesichtspunkt aus gefällter Ausspruch, den Goethe selbst in den Gesprächen mit Eckermann schon modifizierte, hätte der Kritik zu nichts Veranlassung geben sollen, als zu einer gründlichen Auseinandersetzung, worin sich Uhland und der piepsende Ratten- und Mäusekönig, der sich ihm angehängt hat, die „schwäbische Schule", voneinander unterscheiden, da ja nicht Uhland, sondern ein von Goethe unbesehens für ein Mitglied dieser Schule gehaltener schwäbischer Dichter den Ausspruch hervorrief. Es ist hier zu dieser Auseinandersetzung, die sich übrigens um so eher der Mühe verlohnte, als sich, wenn man bis zum Prinzip hinabstiege, wahrscheinlich ergäbe, daß eine gemeine Gemüts- und eine gemeine Reflexionslyrik gleich nullenhaft sind und daß ein Einfall über den „Baum" der „Menschheit", an dem die „Blüte" der „Freiheit" unter dem „Sonnenkuß" des „Völkerlenzes" aufbricht, wirklich nicht mehr besagen will, als ein Hausvatergefühl unterm blühenden Apfelbaum, nicht der Ort, aber ich kann nicht umhin, auf den Unterschied selbst dringend aufmerksam zu machen, um mich nicht in den Verdacht zu bringen, als ob ich die melodielose Nüchternheit, die zu dichten glaubt, wenn sie ihre Werkeltagsempfindungen oder eine hinter dem Zaun aufgelesene Alteweibersage in platte Verse zwängt, einer Rhetorik vorziehe, die zwar, schon der spröden Einseitigkeit wegen, niemals zur Poesie, aber doch vielleicht zur Gedanken- und, wenn dies gelingt, auch zur Charakterbildung führt. Man soll die *Flöte* nicht nach dem Brennholz, das sich allenfalls für den prophezeiten Weltbrand aus ihr gewinnen ließe, abschätzen, aber das gemeine Brennholz soll sich noch weniger auf seine eingebildete Verwandtschaft mit der Flöte dicke tun. Es versteht sich von selbst, daß ich nicht alle Schwaben und noch weniger bloß die Schwaben zur schwäbischen Schule rechne, denn auch Kerner usw. ist ein Schwabe.

Vielleicht sagt der eine oder der andere: Dies sind ja alte, bekannte, längst festgestellte Dinge. Allerdings. Ja, ich würde erschrecken, wenn es sich anders verhielte, denn wir sollen im Ästhetischen, wie im Sittlichen, nach meiner Überzeugung nicht das *elfte* Gebot *erfinden*, sondern die *zehn vorhandenen erfüllen*. Bei alledem bleibt demjenigen, der die alten Gesetztafeln einmal wieder mit dem Schwamm abwäscht und den frechen Kreidekommentar, mit dem allerlei unlautre Hände den Grundtext übermalt haben, vertilgt, immer noch sein bescheidenes Verdienst. Es hat sich ein gar zu verdächtiges Glossarium angesammelt. Die Poesie soll nicht bleiben, was sie war und ist: Spiegel des Jahrhunderts und der Bewegung der Menschheit im allgemeinen, sie soll Spiegel des Tags, ja der Stunde werden. Am allerschlimmsten aber kommt das Drama weg, und nicht, weil man zu viel oder das Verkehrte von ihm verlangt, sondern weil man *gar nichts* von ihm verlangt. Es soll bloß amüsieren, es soll uns eine spannende Anekdote, allenfalls, der Pikantheit wegen, von psychologisch-merkwürdigen Charakteren getragen, vorführen, aber es soll beileibe nicht mehr tun; was im *Shakespeare* (man wagt, sich auf ihn zu berufen) nicht amüsiert, das ist vom Übel, ja es ist, näher besehen, auch nur durch den Enthusiasmus seiner Ausleger in ihn hineinphantasiert, er selbst hat nicht daran gedacht, er war ein guter Junge, der sich freute, wenn er durch seine wilden Schnurren mehr Volk, wie gewöhnlich zusammentrommelte, denn dann erhielt er vom Theaterdirektor einen Schilling über die Wochengage und wurde wohl gar freundlich ins Ohr gekniffen. Ein berühmter Schauspieler, jetzt verstorben, hat, wie ihm von seinen Freunden nachgesagt wird, dem neuen Evangelium die praktische Nutzanwendung hinzugefügt, er hat alles Ernstes behauptet, daß der „Poet" dem „Künstler" nur ein Szenarium zu liefern habe, welches dann durch diesen extemporierend auszufüllen sei. Die Konsequenz ist hier, wie allenthalben, zu loben, denn man sieht doch, wohin das Amüsementprinzip führt, aber das Sachverhältnis ist dies. *Eine Dichtung, die sich für eine dramatische gibt, muß darstellbar sein,* jedoch nur deshalb, weil, was der *Künstler nicht darzustellen vermag,* von dem *Dichter* selbst *nicht dargestellt wurde,* sondern Embryo und *Gedankenschemen* blieb. Darstellbar ist nun nur das *Handeln*, nicht das

Denken und *Empfinden*; Gedanken und Empfindungen gehören also nicht *an* sich, sondern immer nur soweit, als sie sich unmittelbar zur Handlung umbilden, ins Drama hinein; dagegen sind aber auch Handlungen keine Handlungen, wenigstens keine dramatische, wenn sie sich ohne die sie vorbereitenden Gedanken und die sie begleitenden Empfindungen, in nackter Abgerissenheit, wie Naturvorfälle, hinstellen, sonst wäre ein stillschweigend gezogener Degen der Höhepunkt aller Aktion. Auch ist nicht zu übersehen, daß die Kluft zwischen Handeln und Leiden *keineswegs so groß ist,* als die *Sprache* sie macht, denn alles Handeln löst sich dem Schicksal, d. h. dem Weltwillen gegenüber, in ein Leiden auf, und gerade dies wird in der Tragödie veranschaulicht, alles Leiden aber ist im Individuum ein nach innen gekehrtes Handeln, und wie unser Interesse mit ebenso großer Befriedigung auf dem Menschen ruht, wenn er sich auf sich selbst, auf das Ewige und Unvergängliche im zerschmetterten Individuum besinnt und sich dadurch wiederherstellt, was im Leiden geschieht, als wenn er dem Ewigen und Unvergänglichen in individueller Gebundenheit Trotz bietet und dafür von diesem, das über alle Manifestation hinausgeht, wie z. B. unser Gedanke über die Hand, die er in Tätigkeit setzt, und das selbst dann, wenn ihm der Wille nicht entgegentritt, noch im Ich auf eine hemmende Schranke stoßen kann, die strenge Zurechtweisung empfängt, so ist das *eine* auch ebensogut *darstellbar* wie das *andere* und erfordert höchstens den *größeren* Künstler. Ich wiederhole es: eine Dichtung, die sich für eine dramatische gibt, muß darstellbar sein, weil, was der Künstler nicht darzustellen vermag, von dem Dichter selbst nicht dargestellt wurde, sondern Embryo und Gedankenschemen blieb. Dieser innere Grund ist zugleich der einzige, die mimische Darstellbarkeit ist das allein untrügliche Kriterium der poetischen Darstellung, darum darf der Dichter sie nie aus den Augen verlieren. Aber diese *Darstellbarkeit* ist nicht nach der *Konvenienz* und den in steter Wandlung begriffenen *Mode-Vorurteilen* zu bemessen, und wenn sie ihr Maß von dem realen Theater entlehnen will, so hat sie nach dem *Theater aller Zeiten,* nicht aber nach dieser oder jener speziellen Bühne, worin ja, wer kann es wissen, wie jetzt die jungen Mädchen, vielleicht noch einmal die Kinder das Präsidium führen und dann, ihren unschuldigen Bedürfnissen gemäß, darauf bestehen werden, daß die Ideen der Stücke nicht über das Niveau von: Quäle nie ein Tier zum Scherz usw. oder: Schwarzbeerchen bist du noch so schön usw. hinausgehen sollen, zu fragen. Es ergibt sich bei einigem Nachdenken von selbst, daß der Dichter nicht, wie es ein seichter Geschmack und auch ein unvollständiger und frühreifer Schönheitsbegriff, der, um sich bequemer und schneller abschließen zu können, die volle Wahrheit nicht in sich aufzunehmen wagt, von ihm verlangen, *zugleich* ein *Bild* der *Welt* geben und doch von den *Elementen*, woraus die *Welt besteht*, die *widerspenstigen ausscheiden* kann, sondern daß er alle gerechten Ansprüche befriedigt, wenn er jedem dieser Elemente die *rechte Stelle* anweist, und die *untergeordneten*, die sich nun einmal wie querlaufende Nerven und Adern mit im Organismus vorfinden, nur *hervortreten* läßt, damit die *höheren sie verzehren*. Davon, daß der *Wert* und die *Bedeutung* eines *Dramas* von dem durch hundert und tausend Zufälligkeiten bedingten Umstand, ob es zur Aufführung kommt oder nicht, also von seinem *äußern Schicksal* abhange, kann ich mich nicht überzeugen, denn wenn das Theater, das als vermittelndes Organ zwischen der Poesie und dem Publikum sehr hoch zu schätzen ist, eine solche Wunderkraft besäße, so müßte es zunächst doch das lebendig erhalten, was sich ihm mit Leib und Seele ergibt; wo bleiben sie aber, die hundert und tausend „bühnengerechten" Stücke, die „mit verdientem Beifall" unter „zahlreichen Wiederholungen" über die Bretter gehen? Und um von der Fabrikware abzusehen, werden Shakespeare und Calderon, die ja doch nicht bloß große dramatische Dichter, sondern auch wahre Theaterschriftsteller gewesen sein sollen, gespielt, hat das Theater sie nicht längst fallen lassen und dadurch bewiesen, daß es so wenig das Vortreffliche als das Nichtige festhält, geht daraus aber nicht mit Evidenz hervor, daß nicht, wie diejenigen, die nur halb wissen, worauf es ankommt, meinen, das faktische Dargestelltwerden, das früher oder später aufhört, ohne darum der Wirkung des Dichters eine Grenze zu setzen, sondern die von mir aus der Form als unbedingt notwendig abgeleitete und ihrem wahren Wesen nach bestimmte *Darstellbarkeit* über Wert und Bedeutung eines Dramas entscheidet? Hiermit ist nun nicht bloß die naive Seydelmannsche Behauptung beseitigt, von der ich zunächst ausging, und die eigentlich darauf hinausläuft, daß ein poetisches Nichts, das sich in jeder Fasson, die der Künstler ihm aufzudrücken beliebt, noch besser ausnimmt, als in der von Haus aus mitgebrachten, der *Willkür* des genialen Schauspielers freieren Spielraum verstattet, als das zähe poetische Etwas, an das er sich hingeben muß; sondern es ist damit auch all das übrige Gerede, dessen ich gedachte, auf sein Körnlein Wahrheit reduziert, es ist gezeigt, daß der echte dramatische Darstellungsprozeß *ganz von selbst* und ohne nach der Bühne zu blinzeln, alles Geistige verleiblichen, daß er die dualistischen Ideenfaktoren, aus deren Aneinanderprallen der das ganze Kunstwerk entzündende schöpferische Funke hervorspringt, zu *Charakteren verdichten,* daß er das *innere* Ereignis nach allen seinen Entwicklungsstadien in einer *äußeren* Geschichte, einer Anekdote, auseinanderfallen und diese Anekdote, dem Steigerungsgesetz der Form gemäß, zur *Spitze* auslaufen lassen, also spannend und Interesse erweckend gestalten, und so auch denjenigen Teil der Leser- und Zuschauerschaft, der die wahre Handlung gar nicht ahnt, amüsieren und zufriedenstellen wird.

Kann aber, ich darf diese Frage nicht umgehen, die so weit fortgeschrittene Philosophie die große Aufgabe der Zeit nicht allein lösen, und ist der Standpunkt der Kunst nicht als ein überwundener oder ein doch zu überwindender zu betrachten? Wenn die Kunst nichts weiter wäre, als was die meisten in ihr erblicken, ein träumerisches, hin und wieder durch einen sogenannten ironischen Einfall über sich selbst unterbrochenes *Fortspinnen* der Erscheinungswelt, eine gleichsam von dem äußeren Theater aufs innere versetzte Gestaltenkomödie, worin die verhüllte Idee nach wie vor mit sich selbst Versteckens spielt, so müßte man darauf unbedingt mit Ja antworten, und ihr auflegen, die viertausendjährige Sünde einer angemaßten Existenz mit einem freiwilligen Tode zu büßen, ja selbst die ewige Ruhe nicht als einen, durch ihre erst jetzt überflüssig gewordene Tätigkeit verdienten Lohn, sondern nur als ein ihr aus Rücksicht auf den von ihr der Menschheit *in* ihren Kinderjahren durch ihre nicht ganz sinnlosen Bilder und Hieroglyphen verschafften nützlichen Zeitvertreib bewilligtes Gnadengeschenk hinzunehmen. Aber die Kunst ist nicht bloß unendlich viel *mehr*, sie ist etwas ganz *anderes*, sie ist die *realisierte Philosophie*, wie die Welt die *realisierte Idee*, und eine Philosophie, die nicht mit ihr schließen, die nicht selbst in ihr zur Erscheinung werden, und dadurch den höchsten Beweis ihrer Realität geben will, braucht auch nicht mit der Welt anzufangen, es ist gleichgültig, ob sie das erste oder das letzte Stadium des Lebensprozesses, von dem sie sich ausgeschlossen wähnen muß, wenn sie ohne Darstellung auskommen zu können glaubt, negiert, denn auf die *Welt* kann sie sich, als auf eine solche Darstellung, nicht zurückbeziehen, ohne sich zugleich mit auf die *Kunst* zu beziehen, da die Welt eben erst in der Kunst zur Totalität zusammengeht. Eine schöpferische und ursprüngliche Philosophie hat dies auch noch nie getan, sie hat immer gewußt, daß sie sich eine Probe, die die von ihr nackt reproduzierte Idee selbst sich nicht ersparen konnte, nicht unterschlagen darf, und deshalb in der Kunst niemals einen bloßen Stand-, sondern ihren eigenen Ziel- und Gipfelpunkt erblickt; dagegen ist es charakteristisch für jede formale und aus naheliegenden Gründen auch für die Jüngerschaft jeder anderen, daß sie selbst da, wo sie lebendige Gestalt geworden ist, oder doch werden sollte, nicht aufhören kann, zu zersetzen und gleich einem Menschen, der, um sich zu überzeugen, ob er auch alles das, was, wie er aus der Anthropologie weiß, zum Menschen gehört, wirklich besitze, sich Kopf-, Brust- und Bauchhöhle öffnen wollte, die Spitze aller Erscheinung, in der Geist und Natur sich umarmen, durch einen zugleich barbarischen und selbstmörderischen Akt zerstört. Eine solche Philosophie erkennt sich selbst in der höheren Chiffre der Kunst nicht wieder, es kommt ihr schon verdächtig vor, daß sie dieselbe aus der von ihr mit so viel Mühe und Anstrengung zerrissenen Chiffre der Natur zusammengesetzt findet, und sie weiß nicht, woran sie sich halten soll; da stößt sie aber zu ihrem Glück im Kunstwerk auf einzelne Partien, die (solltens unter einem Gemälde auch nur die Unterschriften des Registrators sein!) in der ihr allein geläufigen Ausdrucksweise des Gedankens und der Reflexion abgefaßt sind, weil entweder der Geist des Ganzen dort wirklich nicht zur Form durchdrang, oder weil nur eine der Form nicht bedürftige Kopula hinzustellen war; die hält sie nun für die Hauptsache, für das Resultat der Darstellung, um das sich das übrige Schnörkelwesen von Figuren und Gestalten ungefähr so herumschlinge, wie auf einem kaufmännischen Wechsel die Arabesken, Merkur und seine Sippschaft, um die reelle Zahl, mit Eifer und Ehrlichkeit reiht sie diese Perlen, Sentenzen und Gnomen genannt, am Faden auf und schätzt sie ab; da das Resultat nun aber natürlich ebenso kläglich ausfällt, als wenn man die Philosophie nach ihrem Reichtum an Leben und Gestalt messen wollte, so spricht sie mit voller Überzeugung ihr endliches Urteil dahin aus, daß die Kunst eine kindische Spielerei sei, wobei ja wohl auch, man habe Exempel, zuweilen ein von einem reichen Mann auf der Straße verlorenes Goldstück gefunden und wieder in Kurs gesetzt werde. Wer diese Schilderung für übertrieben hält, der erinnere sich an Kants famosen Ausspruch in der Anthropologie, wo der Alte vom Berge alles Ernstes erklärt, das poetische Vermögen, von Homer an, beweise nichts als eine Unfähigkeit zum reinen Denken, ohne jedoch die sich mit Notwendigkeit ergebende Konsequenz hinzuzufügen, daß auch die Welt in ihrer stammelnden Mannigfaltigkeit nichts beweise, als *die Unfähigkeit Gottes, einen Monolog zu halten.*

Wenn nun aber das Drama keine geringere als die weltgeschichtliche Aufgabe selbst lösen helfen, wenn es zwischen der Idee und dem Welt- und Menschenzustand vermitteln soll, folgt nicht daraus, daß es sich ganz an die Geschichte hingeben, daß es historisch sein muß? Ich habe mich über diesen wichtigen Punkt an einem andern Ort, in der Schrift „Ein Wort über das Drama", Hamburg bei Hoffmann und Campe, 1843, auf die ich hier wohl verweisen darf, dahin ausgesprochen, daß das Drama schon an und für sich und ohne spezielle Tendenz (die eigentlich, um recht geschichtlich zu werden, aus der Geschichte heraustritt und die Nabelschnur, die jede Kraft mit der lebendigen Gegenwart verknüpft, durchschneidet, um sie an die tote Vergangenheit mit einem Zwirnsfaden festzubinden) historisch und daß die Kunst die höchste Geschichtschreibung sei. Diesen Ausspruch wird keiner, der rückwärts und vorwärts zu schauen versteht, anfechten, denn er wird sich erinnern, daß uns nur von denjenigen Völkern der Alten Welt, die es zur Kunst gebracht, die ihr Dasein und Wirken in einer unzerbrechlichen Form niedergelegt haben, ein Bild geblieben ist, und hierin liegt zunächst der nie zu verachtende faktische Beweis; er wird aber auch erkennen, daß der sich schon jetzt verstrengernde historische Ausscheidungsprozeß, der das Bedeutende vom Unbedeutenden, das uns völlig Abgestorbene, wenn auch in sich noch so Gewichtige, von dem noch in den Geschichtsorganismus Hinübergreifenden sondert, sich immer steigern, daß er die Nomenklatur dereinst einmal bis auf die Alexander und Napoleone lichten, daß er noch später nur noch die Völkerphysiognomieen und dann wohl gar nur noch die durch die Phasen der Religion und Philosophie bedingten allgemeinsten Entwickelungsepochen der Menschheit festhalten, ja sogar, der Humor kommt hier von selbst, darum verzeihe man ihn, die deutschen Lyrici, die mit niemand anstoßen, der ihnen nicht vorher die Unsterblichkeit einräumt, lieblos fallen lassen wird; da nun aber die großen Taten der Kunst noch viel seltener sind als die übrigen, aus dem einfachen Grunde, weil sie eben erst aus diesen *resultieren*, und da sie sich deshalb langsamer häufen, so leuchtet ein, daß die *Kunst* in dem ungeheuren Meer, worin Welle Welle verschlingt, noch lange *Baken* stecken und der Nachwelt den *allgemeinen* und allerdings an sich unverlierbaren, weil unmittelbar im Leben aufgehenden *Gehalt der Geschichte* in der *Schale* der *speziellen Perioden*, deren Spitze sie in ihren verschiedenen Gliederungen bildet, überliefern, ihr also, wenn auch nicht das weitläuftige und gleichgültige Register der Gärtner, die den Baum pflanzten und düngten, so doch die Frucht mit Fleisch und Kern, auf die es allein ankommt, und außerdem noch den Duft der Atmosphäre, in der sie reifte, darbieten kann. Endlich freilich wird auch hier der Punkt der Unübersehbarkeit erreicht werden, Shakespeare wird die Griechen, und was nach Shakespeare hervortritt, wird ihn verzehren, und ein neuer Kreislauf wird beginnen, oder Kunst und Geschichte werden versanden, die Welt wird für das Gewesene das Verständnis verlieren, ohne etwas Neues zu erzeugen, wenn sich nicht mit größerer Wahrscheinlichkeit annehmen ließe, daß dem Planeten mit dem Geschlecht, das er trägt, die schöpferische Kraft zugleich ausgehen wird. Die Konsequenzen dieses Gesichtspunktes ergeben sich von selbst, die Geschichte, insofern sie nicht bloß das allmähliche Fortrücken der Menschheit in der Lösung ihrer

Aufgabe darstellen, sondern auch den Anteil, den die hervorragendern Individuen daran hatten, mit Haushälteringenauigkeit spezifizieren will, ist wirklich nicht viel mehr als ein großer Kirchhof mit seinem Immortalitätsapparat, den Leichensteinen und Kreuzen und ihren Inschriften, die dem Tod, statt ihm zu trotzen, höchstens neue Arbeit machen, und wer weiß, wie unentwirrbar sich im Menschen die unbewußten und bewußten Motive seiner Handlungen zum Knoten verschlingen, der wird die Wahrheit dieser Inschriften selbst dann noch in Zweifel ziehen müssen, wenn der Tote sie sich selbst gesetzt und den guten Willen zur Aufrichtigkeit dargelegt hat. Ist nun aber solchemnach das materielle Fundament der Geschichte ein von vornherein nach allen Seiten durchlöchertes und durchlöcherbares, so kann die Aufgabe des Dramas doch unmöglich darin bestehen, mit ebendiesem Fundament, diesem verdächtigen Konglomerat von Begebenheitenskizzen und Gedankenschemen, einen zweifelhaften Galvanisierungsversuch anzustellen, und der nüchterne Lessingsche Ausspruch in der Dramaturgie, wonach der dramatische Dichter die Geschichte je nach Befund der Umstände benutzen oder unbenutzt lassen darf, ohne in dem letzten Fall einen Tadel oder in dem ersten ein spezielles Lob zu verdienen, wird, wenn man ihn nur über die Negation hinaus darin erweitert, daß das Drama dessenungeachtet den höchsten Gehalt der Geschichte in sich aufnehmen kann und soll, in voller Kraft verbleiben, am wenigsten aber durch Shakespeares Beispiel, in dessen historischen Dramen die auf das Aparte zuweilen etwas versessene romantische Schule plötzlich mehr finden wollte als in seinen übrigen, des größeren Gesichtskreises wegen unzweifelhaft höher stehenden Stücken, umgestoßen werden, denn Shakespeare scheuerte nicht etwa die „alten Schaumünzen" mit dem Kopf Wilhelms des Eroberers oder König Ethelreds wieder blank, sondern mit jenem großartigen Blick in das wahrhaft Lebendige, der diesen einzigen Mann nicht sowohl auszeichnet als ihn macht, stellte er dar, was noch im Bewußtsein seines Volkes lebte, weil es noch daran zu tragen und zu zehren hatte, den Krieg der roten Rose mit der weißen, die Höllenausgeburten des Kampfes und die in der deshalb so „fromm und maßvoll" gehaltenen Person Richmonds aufdämmernden

Segnungen des endlichen Friedens. Wenn dies von aller Geschichte gilt, wie es denn der Fall ist, so gilt es noch ganz besonders von der deutschen; es betrübt mich daher aufrichtig, daß bei uns, ungeachtet so viel schlimmer Erfahrungen, das Dramatisieren unserer ausgangs- und darum sogar im *untergeordneten* Sinn gehaltlosen Kaiserhistorien immer wieder in die Mode kommt. Ist es denn so schwer, zu erkennen, daß die deutsche Nation bis jetzt überall keine Lebens-, sondern nur eine Krankheitsgeschichte aufzuzeigen hat, oder glaubt man allen Ernstes, durch das *In-Spiritus-Setzen der Hohenstaufenbandwürmer*, die ihr die Eingeweide zerfressen haben, die Krankheit heilen zu können? Wenn ich die Talente, die ihre Kraft an einem auf diesem Wege nicht zu erreichenden, obgleich an sich hochwichtigen und realisierbaren Zweck vergeuden, nicht achtete, so würde ich die Frage nicht aufwerfen. Es gibt hierfür eine andere, freilich sekundäre Form, die nicht so sehr, wie die dramatische, auf Konzentration und Progression angewiesen ist, und die durch die ihr verstattete Detailmalerei ein Interesse, das sie im Volk nicht vorfindet, ohne daß das Volk darum zu schelten wäre, erwecken kann, die von Walter Scott geschaffene Form des historischen Romans, die in Deutschland keiner so vollständig ausgefüllt, ja erweitert hat, als Willibald Alexis in seinem letzten Roman „Der falsche Waldemar". Auf diesen Roman, der, an Brandenburg anknüpfend, alle deutschen Verhältnisse der dargestellten wichtigen Epoche zur Anschauung bringt und Geschichte gibt, ohne sie auf der einen Seite in Geschichten aufzulösen oder auf der anderen einem sogenannten historischen Pragmatismus die Fülle des Lebens und der Gestalten zu opfern, nehme ich hier zur Verdeutlichung meiner Gedanken gern Bezug.
Soviel im allgemeinen! Nun noch ein Wort in Beziehung auf das Drama, das ich dem Publikum jetzt vorlege! Der Bänkelsängerstab, vor dem Immermann so gerechte Scheu trug, widert auch mich an, ich werde daher nicht über mein Stück und dessen Ökonomie (obgleich ich einige Ursache und vielleicht auch einiges Recht dazu hätte, denn man hat mir die „Judith" und die „Genoveva" fast auf den Kopf gestellt, man hat mir in der ersteren namentlich das Moment, worin ihr ganzes Verdienst liegt, die Verwirrung der Motive in der Heldin, ohne die sie eine Katze, wenn man will,

eine heroische, geworden oder geblieben wäre, und die Ableitung der Tat aus ebendieser Verwirrung, die nur dadurch eine tragische, d. h. eine *in sich*, des welthistorischen Zwecks wegen *notwendige*, zugleich aber das mit der Vollbringung beauftragte Individuum wegen seiner partiellen Verletzung des sittlichen Gesetzes *vernichtende*, werden konnte, zum Vorwurf gemacht, mir also geradezu die Tugend als Sünde angerechnet), ich werde nur über die Gattung, zu der es gehört, reden. Es ist ein bürgerliches Trauerspiel. Das bürgerliche Trauerspiel ist in Deutschland in Mißkredit geraten und hauptsächlich durch zwei Übelstände. Vornehmlich dadurch, daß man es nicht aus seinen *inneren*, ihm allein eigenen Elementen, aus der schroffen Geschlossenheit, womit die aller Dialektik unfähigen Individuen sich in dem beschränktesten Kreis gegenüberstehen, und aus der hieraus entspringenden schrecklichen *Gebundenheit* des *Lebens* in der *Einseitigkeit* aufgebaut, sondern es aus allerlei *Äußerlichkeiten*, z. B. aus dem Mangel an Geld bei Überfluß an Hunger, vor allem aber aus dem Zusammenstoßen des dritten Standes mit dem zweiten und ersten in Liebesaffären, zusammengeflickt hat. Daraus geht nun unleugbar viel Trauriges, aber nichts Tragisches hervor, denn das Tragische muß als ein von vornherein mit Notwendigkeit Bedingtes, als ein, wie der Tod, mit dem Leben selbst Gesetztes und gar nicht zu Umgehendes, auftreten; sobald man sich mit einem: *Hätte* er (dreißig Taler gehabt, dem die gerührte Sentimentalität wohl gar noch ein: Wäre er doch zu mir gekommen, ich wohne ja Nr. 32, hinzufügt), oder einem: *Wäre sie* (ein Fräulein gewesen usw.) helfen kann, wird der Eindruck, der erschüttern soll, trivial, und die Wirkung, wenn sie nicht ganz verpufft, besteht darin, daß die Zuschauer am nächsten Tage mit größerer Bereitwilligkeit wie sonst ihre Armensteuer bezahlen oder ihre Töchter nachsichtiger behandeln, dafür haben sich aber die resp. Armenvorsteher und Töchter zu bedanken, nicht die dramatische Kunst. Dann auch dadurch, daß unsere Poeten, wenn sie sich einmal zum Volk herniederließen, weil ihnen einfiel, daß man doch vielleicht bloß ein Mensch sein dürfe, um ein Schicksal und unter Umständen ein ungeheures Schicksal haben zu können, die gemeinen Menschen, mit denen sie sich in solchen verlorenen Stunden befaßten, immer erst durch schöne Reden, die sie ihnen aus ihrem eigenen Schatz vorstreckten, adeln oder auch durch stöckige Borniertheit noch unter ihren wirklichen Standpunkt in der Welt hinabdrücken zu müssen glaubten, so daß ihre Personen uns zum Teil als verwunschene Prinzen und Prinzessinnen vorkamen, die der Zauberer aus Malice nicht einmal in Drachen und Löwen und andere respektable Notabilitäten der Tierwelt, sondern in schnöde Bäckermädchen und Schneidergesellen verwandelt hatte, zum Teil aber auch als belebte Klötze, an denen es uns schon wundernehmen mußte, daß sie ja und nein sagen konnten. Dies war nun womöglich noch schlimmer, es fügte dem Trivialen das Absurde und Lächerliche hinzu und obendrein auf eine sehr in die Augen fallende Weise, denn jeder weiß, daß Bürger und Bauern ihre Tropen, deren sie sich ebensogut bedienen, wie die Helden des Salons und der Promenaden, nicht am Sternenhimmel pflücken und nicht aus dem Meer fischen, sondern daß der Handwerker sie sich in seiner Werkstatt, der Pflüger sie hinter seinem Pflug zusammenliest, und mancher macht wohl auch die Erfahrung, daß diese simplen Leute sich, wenn auch nicht aufs Konversieren, so doch recht gut aufs lebendige Reden, auf das Mischen und Veranschaulichen ihrer Gedanken, verstehen. Diese beiden Übelstände machen das Vorurteil gegen das bürgerliche Trauerspiel begreiflich, aber sie können es nicht rechtfertigen, denn sie fallen augenscheinlich nicht der Gattung, sondern nur den Pfuschern, die in ihr gestümpert haben, zur Last. Es ist an und für sich gleichgültig, ob der *Zeiger* der Uhr von *Gold* oder von *Messing* ist, und es kommt nicht darauf an, ob eine in sich bedeutende, d. h. symbolische Handlung sich in einer niederen oder einer gesellschaftlich höheren Sphäre ereignet. Aber freilich, wenn in der heroischen Tragödie die *Schwere* des *Stoffs*, das Gewicht der sich unmittelbar daran knüpfenden Reflexionen eher bis auf einen gewissen Grad für die Mängel der tragischen Form entschädigt, so hängt im bürgerlichen Trauerspiel alles davon ab, ob der Ring der tragischen Form geschlossen, d. h. ob der Punkt erreicht wurde, wo uns einesteils nicht mehr die kümmerliche Teilnahme an dem Einzelgeschick einer von dem Dichter willkürlich aufgegriffenen Person zugemutet, sondern dieses in ein *allgemein menschliches*, wenn auch nur in extremen Fällen so schneidend hervortretendes aufgelöst wird, und wo uns andernteils neben dem, von der sogenannten *Versöhnung* unserer Aesthetici, welche sie in einem in der *wahren* Tragödie – die es mit dem durchaus *Unauflöslichen* und nur durch ein unfruchtbares Hinwegdenken des von vornherein zuzugebenden Faktums zu Beseitigenden zu tun hat – *unmöglichen*, in der auf *konventionelle* Verwirrungen gebauten aber *leicht herbeizuführenden* schließlichen *Embrassement* der anfangs auf *Tod und Leben entzweiten* Gegensätze zu erblicken pflegen, aufs strengste zu unterscheidenden *Resultat* des Kampfes zugleich auch die *Notwendigkeit*, es gerade auf *diesem* und keinem andern Wege zu erreichen, entgegentritt. In dem letzten Punkt, der Erläuterung wegen werde es bemerkt, ist die Ottilie der Wahlverwandtschaften ein vielleicht für alle Zeiten unerreichbares Meisterstück, und gerade hierin, hierin aber auch allein, lag Goethes künstlerisches Recht, ein so ungeheures Schicksal aus einer an den Ödipus erinnernden Willenlosigkeit abzuleiten, da die himmlische Schönheit einer so ganz innerlichen Natur sich nicht in einem ruhigen, sondern nur im allergewaltsamsten Zustande aufdecken konnte. Hiernach, zu allernächst z. B. nach dem Verhältnis der Anekdote zu den im Hintergrund derselben sich mit ihren positiven und negativen Seiten bewegenden sittlichen Mächten der Familie, der Ehre und der Moral, wäre denn auch bei meinem Stück allein zu fragen, nicht aber nach der sogenannten „blühenden Diktion", diesem jammervollen bunten Kattun, worin die Marionetten sich spreizen, oder nach der Zahl der hübschen Bilder, der Prachtsentenzen und Beschreibungen und anderen Unterschönheiten, an denen arm zu sein die erste Folge des Reichtums ist. Die Erbfehler des bürgerlichen Trauerspiels, deren ich oben gedachte, habe ich vermieden, das weiß ich, unstreitig habe ich andere dafür begangen. Welche? Das möchte ich am liebsten von den einsichtsvollen Beurteilern meiner „Genoveva" im „Vaterland" und in den „Blättern für literarische Unterhaltung", denen ich hier für ihre gründlichen und geistreichen Rezensionen öffentlich meinen Dank ausspreche, erfahren.

Paris, den 4. März 1844.

Sr. Majestät, dem König
Christian dem Achten von Dänemark
in tiefster Ehrfurcht gewidmet

Dem Dichter ist es an- und eingeboren,
   Daß er sich lange in sich selbst versenkt,
Und, in das innre Labyrinth verloren,
   Des äußeren der Welt erst spät gedenkt;
Und dennoch hat ihn die Natur erkoren,
   Zu zeigen, wie sich dies mit dem verschränkt,
Und es im klaren Bilde darzustellen,
Wie beide sich ergänzen und erhellen.

Denn nicht, wie wohl ein irdscher Künstler, spielend,
   Wenn er zurück von seiner Tafel trat,
Dem Lieblingskind, das, lüstern darnach schielend,
   Schon längst ihn still um seinen Griffel bat,
Ihn freundlich darreicht, auf nichts andres zielend,
   Als daß es, träumend von gewaltger Tat,
Sein Meisterstück in toten, groben Zügen
Nachbilde, wie es kann, sich zu vergnügen;

Nur, weil sie selbst, ins einzelste zerfließend,
   Sich endlich auch doch konzentrieren muß,
Und, in dem Teil als Ganzes sich genießend,
   Den Anfang wiederfinden in dem Schluß,
Der, sich mit der Idee zusammenschließend,
   Ihr erst verschafft den höchsten Selbstgenuß,
Den alle untern Stufen ihr verneinen:
Rein, ganz und unverworren zu erscheinen;

Nur darum hat sie, statt ihn zu zerbrechen,
   Dem Menschen ihren Zauberstab vertraut,
Als sie, bereit, ihr: Es ist gut! zu sprechen,
   Zum letztenmal das Weltall überschaut,
Und dieser stellt nun, das Gesetz zu rächen
   Am plumpen Stoff, dem ewig davor graut,
In den geschloßnen ersten Kreis den zweiten,
Wo sie nur noch harmonisch sich bestreiten.

Und, anfangs schauernd vor der hohen Gabe,
  Wird sich der fromme Künstler bald bewußt,
Daß er zum Dank sich selbst zu opfern habe,
  Und steigt nun tief hinab in seine Brust;
Er fragt nicht, ob ihn auch die Nacht begrabe,
  Er geht, soweit er kann, in banger Lust,
Und führt sein Narr im Wappen die Versöhnung,
Er hofft nur kaum auf sie, wie auf die Krönung!

Doch, wenn er lange so den roten Faden
  Aus sich hervorspinnt, der ihn führen kann,
So wird er plötzlich durch den Geist geladen:
  Nun lege ihn in der Geschichte an!
Dies ist ein wahrer Ruf von Gottes Gnaden,
  Und wer nicht folgt, der zeigt, daß er zerrann!
Ich habe vorlängst diesen Ruf vernommen,
Da hab ich nicht gesäumt, ich bin gekommen.

Und wie mein Blick sich lenkte in das Weite,
  War mir auch flugs die Sehnsucht eingeflößt,
Die äußre Welt zu schaun in ihrer Breite,
  Allein der Mittel sah ich mich entblößt.
Doch gleich stand mir ein Genius zur Seite,
  Und von der Scholle ward mein Fuß gelöst,
Und was dies hieß, das kann ich jetzt erst wägen,
Wo sich zur Frucht verdichten will der Segen.

Du warst es, Herr und Fürst! Laß dirs gefallen,
  Daß ich zum Danke jetzt dies kleine Bild,
Vielleicht das einfach-schlichteste von allen,
  Worin sich mir das Weltgeschick enthüllt,
Dir bringe, und wenn sichs für Königshallen
  Auch schlecht nur eignet, sei ihm dennoch mild!
Es ist des neuen Frühlings erstes Zeichen,
Und als das *erste* durfte ichs dir reichen!

PERSONEN

MEISTER ANTON, *ein Tischler*
SEINE FRAU
KLARA, *seine Tochter*
KARL, *sein Sohn*
LEONHARD
EIN SEKRETÄR
WOLFRAM, *ein Kaufmann*
ADAM, *ein Gerichtsdiener*
EIN ZWEITER GERICHTSDIENER
EIN KNABE
EINE MAGD

Ort: eine mittlere Stadt

ERSTER AKT

Zimmer im Hause des Tischlermeisters

Erste Szene

Klara. Die Mutter.

KLARA: Dein Hochzeitskleid? Ei, wie es dir steht! Es ist, als obs zu heut gemacht wäre!
MUTTER: Ja, Kind, die Mode läuft so lange vorwärts, bis sie nicht weiter kann und umkehren muß. Dies Kleid war schon zehnmal aus der Mode und kam immer wieder hinein.
KLARA: Diesmal doch nicht ganz, liebe Mutter! Die Ärmel sind zu weit. Es muß dich nicht verdrießen!
MUTTER *lächelnd:* Dann müßt ich du sein!
KLARA: So hast du also ausgesehen! Aber einen Kranz trugst du doch auch, nicht wahr?
MUTTER: Wills hoffen! Wozu hätt ich sonst den Myrtenbaum jahrelang im Scherben gepflegt!
KLARA: Ich hab dich so oft gebeten, und du hast es nie angezogen, du sagtest immer: Mein Brautkleid ists nicht mehr, es ist nun mein Leichenkleid, und damit soll man nicht spielen. Ich mocht es zuletzt gar nicht mehr sehen, weil es mich, wenn es so weiß dahing, immer an deinen Tod und an den Tag erinnerte, wo die alten Weiber es dir über den Kopf ziehen würden. – Warum denn heut?
MUTTER: Wenn man so schwer krank liegt, wie ich, und nicht weiß, ob man wieder gesund wird, da geht einem gar manches im Kopf herum. Der Tod ist schrecklicher, als man glaubt, o, er ist bitter! Er verdüstert die Welt, er bläst all die Lichter, eins nach dem andern, aus, die so bunt und lustig um uns her schimmern, die freundlichen Augen des Mannes und der Kinder hören zu leuchten auf, und es wird finster allenthalben, aber im Herzen zündet er ein Licht an, da wirds hell, und man sieht viel, sehr viel, was man nicht sehen mag. Ich bin mir eben nichts Böses bewußt, ich bin auf Gottes Wegen gegangen, ich habe im Hause geschafft, was ich konnte, ich

habe dich und deinen Bruder in der Furcht des Herrn aufgezogen und den sauren Schweiß eures Vaters zusammengehalten, ich habe aber immer auch einen Pfennig für die Armen zu erübrigen gewußt, und wenn ich zuweilen einen abwies, weil ich gerade verdrießlich war oder weil zu viele kamen, so war es kein Unglück für ihn, denn ich rief ihn gewiß wieder um und gab ihm doppelt. Ach, was ist das alles! Man zittert doch vor der letzten Stunde, wenn sie hereindroht, man krümmt sich wie ein Wurm, man fleht zu Gott ums Leben, wie ein Diener den Herrn anfleht, die schlecht gemachte Arbeit noch einmal verrichten zu dürfen, um am Lohntag nicht zu kurz zu kommen.

KLARA: Hör davon auf, liebe Mutter, dich greifts an!
MUTTER: Nein, Kind, mir tuts wohl! Steh ich denn nicht gesund und kräftig wieder da? Hat der Herr mich nicht bloß gerufen, damit ich erkennen möchte, daß mein Feierkleid noch nicht fleckenlos und rein ist, und hat er mich nicht an der Pforte des Grabes wieder umkehren lassen und mir Frist gegeben, mich zu schmücken für die himmlische Hochzeit? So gnadenvoll war er gegen jene sieben Jungfrauen im Evangelium, das du mir gestern abend vorlesen mußtest, nicht! Darum habe ich heute, da ich zum heiligen Abendmahl gehe, dies Gewand angelegt. Ich trug es den Tag, wo ich die frömmsten und besten Vorsätze meines Lebens faßte. Es soll mich an die mahnen, die ich noch nicht gehalten habe!
KLARA: Du sprichst noch immer wie in deiner Krankheit!

Zweite Szene

KARL *tritt auf:* Guten Morgen, Mutter! Nun, Klara, möchtest du mich leiden, wenn ich nicht dein Bruder wäre?
KLARA: Eine goldene Kette? Woher hast du die?
KARL: Wofür schwitz ich? Warum arbeit ich abends zwei Stunden länger als die anderen? Du bist impertinent!
MUTTER: Zank am Sonntagmorgen? Schäme dich, Karl!
KARL: Mutter, hast du nicht einen Gulden für mich?
MUTTER: Ich habe kein Geld, als was zur Haushaltung gehört.

KARL: Gib nur immer davon her! Ich will nicht murren, wenn du die Eierkuchen vierzehn Tage lang etwas magerer bäckst. So hast dus schon oft gemacht! Ich weiß das wohl! Als für Klaras weißes Kleid gespart wurde, da kam monatelang nichts Leckeres auf den Tisch. Ich drückte die Augen zu, aber ich wußte recht gut, daß ein neuer Kopfputz oder ein anderes Fahnenstück auf dem Wege war. Laß mich denn auch einmal davon profitieren!
MUTTER: Du bist unverschämt!
KARL: Ich hab nur keine Zeit, sonst – *Er will gehen.*
MUTTER: Wohin gehst du?
KARL: Ich wills dir nicht sagen, dann kannst du, wenn der alte Brummbär nach mir fragt, ohne rot zu werden, antworten, daß dus nicht weißt. Übrigens brauch ich deinen Gulden gar nicht, es ist das beste, daß nicht alles Wasser aus einem Brunnen geschöpft werden soll. *Für sich:* Hier im Hause glauben sie von mir ja doch immer das Schlimmste; wie sollt es mich nicht freuen, sie in der Angst zu erhalten? Warum sollt ichs sagen, daß ich, da ich den Gulden nicht bekomme, nun schon in die Kirche gehen muß, wenn mir nicht ein Bekannter aus der Verlegenheit hilft? *Ab.*

Dritte Szene

KLARA: Was soll das heißen?
MUTTER: Ach, er macht mir Herzeleid! Ja, ja, der Vater hat recht, das sind die Folgen! So allerliebst wie er als kleiner Lockenkopf um das Stück Zucker bat, so trotzig fordert er jetzt den Gulden! Ob er den Gulden wirklich nicht fordern würde, wenn ich ihm das Stück Zucker abgeschlagen hätte? Das peinigt mich oft! Und ich glaube, er liebt mich nicht einmal. Hast du ihn ein einziges Mal weinen sehen während meiner Krankheit?
KLARA: Ich sah ihn ja nur selten, fast nicht anders als bei Tisch. Mehr Appetit hatte er als ich!
MUTTER *schnell:* Das war natürlich, er mußte die schwere Arbeit verrichten!
KLARA: Freilich! Und wie die Männer sind! Die schämen sich ihrer Tränen mehr als ihrer Sünden! Eine geballte

Faust, warum die nicht zeigen, aber ein weinendes Auge?
Auch der Vater! Schluchzte er nicht den Nachmittag, wo
dir zur Ader gelassen wurde und kein Blut kommen
wollte, an seiner Hobelbank, daß mirs durch die Seele
ging! Aber als ich nun zu ihm trat und ihm über die Bakken strich, was sagte er? Versuch doch, ob du mir den
verfluchten Span nicht aus dem Auge herausbringen
kannst, man hat soviel zu tun und kommt nicht vom
Fleck!

MUTTER *lächelnd:* Ja, ja! Ich sehe den Leonhard ja gar nicht
mehr. Wie kommt das?

KLARA: Mag er wegbleiben!

MUTTER: Ich will nicht hoffen, daß du ihn anderswo siehst
als hier im Hause!

KLARA: Bleib ich etwa zu lange weg, wenn ich abends zum
Brunnen gehe, daß du Grund zum Verdacht hast?

MUTTER: Nein, das nicht! Aber nur darum hab ich ihm Erlaubnis gegeben, daß er zu uns kommen darf, damit er dir
nicht bei Nebel und Nacht aufpassen soll. Das hat meine
Mutter auch nicht gelitten!

KLARA: Ich seh ihn nicht!

MUTTER: Schmollt ihr miteinander? Ich mag ihn sonst wohl
leiden, er ist so gesetzt! Wenn er nur erst etwas wäre! Zu
meiner Zeit hätt er nicht lange warten dürfen, da rissen
die Herren sich um einen geschickten Schreiber wie die
Lahmen um die Krücke, denn sie waren selten. Auch wir
geringeren Leute konnten ihn brauchen. Heute setzte er
dem Sohn einen Neujahrswunsch für den Vater auf und
erhielt allein für den vergoldeten Anfangsbuchstaben so
viel, daß man einem Kinde eine Docke dafür hätte kaufen können. Morgen gab ihm der Vater einen Wink und
ließ sich den Wunsch vorlesen, heimlich, bei verschlossenen Türen, um nicht überrascht zu werden und die Unwissenheit aufgedeckt zu sehen. Das gab doppelte Bezahlung. Da waren die Schreiber obenauf und machten das
Bier teuer. Jetzt ists anders, jetzt müssen wir Alten, die
wir uns nicht aufs Lesen und Schreiben verstehen, uns
von neunjährigen Buben ausspotten lassen! Die Welt
wird immer klüger, vielleicht kommt noch einmal die
Zeit, wo einer sich schämen muß, wenn er nicht auf dem
Seil tanzen kann!

KLARA: Es läutet!
MUTTER: Nun, Kind, ich will für dich beten! Und was deinen Leonhard betrifft, so liebe ihn, wie er Gott liebt, nicht mehr, nicht weniger. So sprach meine alte Mutter zu mir, als sie aus der Welt ging und mir den Segen gab, ich habe ihn lange genug behalten, hier hast du ihn wieder!
KLARA *reicht ihr einen Strauß:* Da!
MUTTER: Der kommt gewiß vom Karl!
KLARA *nickt; dann beiseite:* Ich wollt, es wäre so! Was ihr eine rechte Freude machen soll, das muß von ihm kommen!
MUTTER: O, er ist gut und hat mich lieb! *Ab.*
KLARA *sieht ihr durchs Fenster nach:* Da geht sie! Dreimal träumt ich, sie läge im Sarg, und nun – o die boshaften Träume, sie kleiden sich in unsere Furcht, um unsre Hoffnungen zu erschrecken! Ich will mich niemals wieder an einen Traum kehren, ich will mich über einen guten nicht wieder freuen, damit ich mich über den bösen, der ihm folgt, nicht wieder zu ängstigen brauche! Wie sie fest und sicher ausschreitet! Schon ist sie dem Kirchhof nah – wer wohl der erste ist, der ihr begegnet? Es soll nichts bedeuten, nein, ich meine nur – *Erschrocken zusammenfahrend:* Der Totengräber! Er hat eben ein Grab gemacht und steigt daraus hervor, sie grüßt ihn und blickt lächelnd in die düstre Grube hinab, nun wirft sie den Blumenstrauß hinunter und tritt in die Kirche. *Man hört einen Choral.* Sie singen: Nun danket alle Gott! *Sie faltet die Hände.* Ja! Ja! Wenn meine Mutter gestorben wäre, nie wär ich wieder ruhig geworden, denn – – *Mit einem Blick gen Himmel:* Aber du bist gnädig, du bist barmherzig! Ich wollt, ich hätt einen Glauben wie die Katholischen, daß ich dir etwas schenken dürfte! Meine ganze Sparbüchse wollt ich leeren und dir ein schönes vergoldetes Herz kaufen und es mit Rosen umwinden. Unser Pfarrer sagt, vor dir seien die Opfer nichts, denn alles sei dein, und man müßte dir das, was du schon hast, nicht erst geben wollen! Aber alles, was im Hause ist, gehört meinem Vater doch auch, und dennoch sieht ers gar gern, wenn ich ihm für sein eigenes Geld ein Tuch kaufe und es sauber sticke und ihm zum Geburtstag auf den Teller lege. Ja, er tut mir die Ehre an und trägts nur an den höchsten Feier-

tagen, zu Weihnacht oder Pfingsten! Einmal sah ich ein ganz kleines katholisches Mädchen, das seine Kirschen zum Altar trug. Wie gefiel mir das! Es waren die ersten im Jahr, die das Kind bekam, ich sah, wie es brannte, sie zu essen! Dennoch bekämpfte es seine unschuldige Begierde, es warf sie, um nur der Versuchung ein Ende zu machen, rasch hin, der Meßpfaff, der eben den Kelch erhob, schaute finster drein, und das Kind eilte erschreckt von dannen, aber die Maria über dem Altar lächelte so mild, als wünschte sie aus ihrem Rahmen herauszutreten, um dem Kind nachzueilen und es zu küssen. Ich tats für sie! Da kommt Leonhard! Ach!

Vierte Szene

LEONHARD *vor der Tür:* Angezogen?
KLARA: Warum so zart, so rücksichtsvoll? Ich bin noch immer keine Prinzessin.
LEONHARD *tritt ein:* Ich glaubte, du wärst nicht allein! Im Vorübergehen kam es mit vor, als ob Nachbars Bärbchen am Fenster stände!
KLARA: Also darum!
LEONHARD: Du bist immer verdrießlich! Man kann vierzehn Tage weggeblieben sein, Regen und Sonnenschein können sich am Himmel zehnmal abgelöst haben, in deinem Gesicht steht, wenn man endlich wiederkommt, immer noch die alte Wolke!
KLARA: Es gab andere Zeiten!
LEONHARD: Wahrhaftig! Hättest du immer ausgesehen wie jetzt, wir wären niemals gut Freund geworden!
KLARA: Was lag daran!
LEONHARD: So frei fühlst du dich von mir? Mir kanns recht sein! Dann – *mit Beziehung* – hat dein Zahnweh von neulich nichts zu bedeuten gehabt!
KLARA: O Leonhard, es war nicht recht von dir!
LEONHARD: Nicht recht, daß ich mein höchstes Gut, denn das bist du, auch durch das letzte Band an mich festzuknüpfen suchte? Und in dem Augenblick, wo ich in Gefahr stand, es zu verlieren? Meinst du, ich sah die stillen Blicke nicht, die du mit dem Sekretär wechseltest? Das

war ein schöner Freudentag für mich! Ich führe dich zum Tanz, und –

KLARA: Du hörst nicht auf, mich zu kränken! Ich sah den Sekretär an, warum sollt ichs leugnen? Aber nur wegen des Schnurrbarts, den er sich auf der Akademie hat wachsen lassen, und der ihm – *Sie hält inne.*

LEONHARD: So gut steht, nicht wahr? Das wolltest du doch sagen? O ihr Weiber! Euch gefällt das Soldatenzeichen noch in der ärgsten Karikatur! Mir kam das kleine, lächerlichrunde Gesicht des Gecken, ich bin erbittert auf ihn, ich verhehle es nicht, er hat mir lange genug bei dir im Wege gestanden, mit dem Walde von Haaren, der es in der Mitte durchschneidet, wie ein weißes Kaninchen vor, das sich hinter den Busch verkriecht.

KLARA: Ich habe ihn noch nicht gelobt, du brauchst ihn nicht herabzusetzen.

LEONHARD: Du scheinst noch immer warmen Anteil an ihm zu nehmen!

KLARA: Wir haben als Kinder zusammen gespielt, und nachher – du weißt recht gut!

LEONHARD: O ja, ich weiß! Aber eben darum!

KLARA: Da war es wohl natürlich, daß ich, nun ich ihn seit so langer Zeit zum erstenmal wieder erblickte, ihn ansah und mich verwunderte, wie groß und – *Sie unterbricht sich.*

LEONHARD: Warum wurdest du denn rot, als er dich wieder ansah?

KLARA: Ich glaubte, er sähe nach dem Wärzchen auf meiner linken Backe, ob das auch größer geworden sei! Du weißt, daß ich mir dies allemal einbilde, wenn mich jemand so starr betrachtet, und daß ich dann immer rot werde. Ist mirs doch, als ob die Warze wächst, solange einer darnach guckt!

LEONHARD: Seis wie es sei, mich überliefs, und ich dachte: noch diesen Abend stell ich sie auf die Probe! Will sie mein Weib werden, so weiß sie, daß sie nichts wagt. Sagt sie nein, so –

KLARA: O, du sprachst ein böses, böses Wort, als ich dich zurückstieß und von der Bank aufsprang. Der Mond, der bisher zu meinem Beistand so fromm in die Laube hineingeschienen hatte, ertrank kläglich in den nassen Wolken, ich wollte forteilen, doch ich fühlte mich zurückgehalten, ich glaubte erst, du wärst es, aber es war der Rosenbusch, der mein Kleid mit seinen Dornen, wie mit Zähnen, festhielt, du lästertest mein Herz, und ich traute ihm selbst nicht mehr, du standst vor mir wie einer, der eine Schuld einfordert, ich – ach Gott!

LEONHARD: Ich kanns noch nicht bereuen. Ich weiß, daß ich dich mir nur so erhalten konnte. Die alte Jugendliebe tat die Augen wieder auf, ich konnte sie nicht schnell genug zudrücken.

KLARA: Als ich zu Hause kam, fand ich meine Mutter krank, todkrank. Plötzlich dahingeworfen, wie von unsichtbarer Hand. Der Vater hatte nach mir schicken wollen, sie hatte es nicht zugegeben, um mich in meiner Freude nicht zu stören. Wie ward mir zumut, als ichs hörte! Ich hielt mich fern, ich wagte nicht, sie zu berühren, ich zitterte. Sie nahms für kindliche Besorgnis und winkte mich zu sich heran; als ich mich langsam nahte, zog sie mich zu sich nieder und küßte meinen entweihten Mund. Ich verging, ich hätte ihr ein Geständnis tun, ich hätte ihr zuschreien mögen, was ich dachte und fühlte: meinetwegen liegst du so da! Ich tats, aber Tränen und Schluchzen erstickten die Worte, sie griff nach der Hand meines Vaters und sprach mit einem seligen Blick auf mich: „Welch ein Gemüt!"

LEONHARD: Sie ist wieder gesund. Ich kam, ihr meinen Glückwunsch abzustatten, und – was meinst du?

KLARA: Und?

LEONHARD: Bei deinem Vater um dich anzuhalten!

KLARA: Ach!

LEONHARD: Ist dirs nicht recht?

KLARA: Nicht recht? Mein Tod wärs, wenn ich nicht bald dein Weib würde, aber du kennst meinen Vater nicht! Er weiß nicht, warum wir Eile haben, er kanns nicht wissen, und wir könnens ihm nicht sagen, und er hat hundertmal erklärt, daß er seine Tochter nur dem gibt, der, wie er es nennt, nicht bloß Liebe im Herzen, sondern auch Brot im Schrank für sie hat. Er wird sprechen: Wart noch ein Jahr, mein Sohn, oder zwei, und was willst du antworten?

LEONHARD: Närrin, der Punkt ist ja gerade beseitigt! Ich habe die Stelle, ich bin Kassierer!

KLARA: Du bist Kassierer? Und der andere Kandidat, der Neffe vom Pastor?

LEONHARD: War betrunken, als er zum Examen kam, verbeugte sich gegen den Ofen, statt gegen den Bürgermeister, und stieß, als er sich niedersetzte, drei Tassen vom Tisch. Du weißt, wie hitzig der Alte ist. Herr! fuhr er auf, doch noch bekämpfte er sich und biß sich auf die Lippen, aber seine Augen blitzten durch die Brille, wie ein Paar Schlangen, die springen wollen, und jede seiner Mienen spannte sich. Nun gings ans Rechnen und, haha! mein Mitbewerber rechnete nach einem selbsterfundenen Einmaleins, das ganz neue Resultate lieferte; der verrechnet sich! sprach der Bürgermeister und reichte mir mit einem Blick, in dem schon die Bestallung lag, die Hand, die ich, obgleich sie nach Tabak roch, demütig an die Lippen führte – hier ist sie selbst, unterschrieben und besiegelt!

KLARA: Das kommt –

LEONHARD: Unerwartet, nicht wahr? Nun, es kommt auch nicht so ganz von ungefähr. Warum ließ ich mich vierzehn Tage lang bei euch nicht sehen?

KLARA: Was weiß ich? Ich denke, weil wir uns den letzten Sonntag erzürnten!

LEONHARD: Den kleinen Zwist führte ich selbst listig herbei, damit ich wegbleiben könnte, ohne daß es zu sehr auffiele.

KLARA: Ich versteh dich nicht!

LEONHARD: Glaubs. Die Zeit benutzt ich dazu, der kleinen buckligen Nichte des Bürgermeisters, die soviel bei dem Alten gilt, die seine rechte Hand ist, wie der Gerichtsdiener die linke, den Hof zu machen. Versteh mich recht! Ich sagte ihr selbst nichts Angenehmes, ausgenommen ein Kompliment über ihre Haare, die bekanntlich rot sind, ich sagte ihr nur einiges, das ihr wohl gefiel, über dich!

KLARA: Über mich?

LEONHARD: Warum sollt ichs verschweigen? Geschah es doch in der besten Absicht! Als ob es mir nie im Ernst um dich zu tun gewesen wäre, als ob – Genug! Das dauerte so lange, bis ich dies in Händen hatte, und wie's gemeint war, wird die leichtgläubige, manntolle Törin erfahren, sobald sie uns in der Kirche aufbieten hört!

KLARA: Leonhard!

LEONHARD: Kind! Kind! Sei du ohne Falsch wie die Taube, ich will klug wie die Schlange sein, dann genügen wir, da Mann und Weib doch nur eins sind, dem Evangelienspruch vollkommen. *Lacht.* Es kam auch nicht ganz von selbst, daß der junge Herrmann in dem wichtigsten Augenblick seines Lebens betrunken war. Du hast gewiß nicht gehört, daß der Mensch sich aufs Trinken verlegt!

KLARA: Kein Wort.

LEONHARD: Um so leichter glückte mein Plan. Mit drei Gläsern wars getan. Ein paar Kameraden von mir mußten ihm auf den Leib rücken. „Darf man gratulieren?" – ‚Noch nicht!' – „O, das ist ja abgemacht! Dein Onkel –" Und nun: trink, mein Brüderlein, trink! Als ich heute morgen zu dir ging, stand er am Fluß und guckte, übers Brückengeländer sich lehnend, schwermütig hinein. Ich grüßte ihn spöttisch und fragte, ob ihm etwas ins Wasser gefallen sei. „Jawohl", sagte er, ohne aufzusehen, „und es ist vielleicht gut, wenn ich selbst nachspringe."

KLARA: Unwürdiger! Mir aus den Augen!

LEONHARD: Ja? *Macht, als wollte er gehen.*

KLARA: O mein Gott, an diesen Menschen bin ich gekettet!

LEONHARD: Sei kein Kind! Und nun noch ein Wort im Vertrauen. Hat dein Vater die tausend Taler noch immer in der Apotheke stehen?

KLARA: Ich weiß nichts davon.

LEONHARD: Nichts über einen so wichtigen Punkt?

KLARA: Da kommt mein Vater.

LEONHARD: Versteh mich! Der Apotheker soll nah am Konkurs sein, darum frag ich!

KLARA: Ich muß in die Küche! *Ab.*

LEONHARD *allein:* Nun müßte hier nichts zu holen sein! Ich kann es mir zwar nicht denken, denn der Meister Anton ist der Art, daß er, wenn man ihm aus Versehen auch nur einen Buchstaben zuviel auf den Grabstein setzte, gewiß als Geist so lange umginge, bis er wieder ausgekratzt wäre, denn er würde es für unredlich halten, sich mehr vom Alphabet anzueignen, als ihm zukäme!

Fünfte Szene

DER VATER, MEISTER ANTON *tritt ein:* Guten Morgen, Herr Kassierer! *Er nimmt seinen Hut ab und setzt seine wollene Mütze auf.* Ists einem alten Manne erlaubt, sein Haupt zu bedecken?

LEONHARD: Er weiß also –

MEISTER ANTON: Schon gestern abend. Ich hörte, als ich in der Dämmerung zum toten Müller ging, um dem Mann das Maß zur letzten Behausung zu nehmen, ein paar von Seinen guten Freunden auf Ihn schimpfen. Da dachte ich gleich: der Leonhard hat gewiß den Hals nicht gebrochen. Im Sterbehause hörte ich das Nähere vom Küster, der eben vor mir gekommen war, um die Witwe zu trösten und nebenbei sich selbst zu betrinken.

LEONHARD: Und Klara mußte es erst von mir erfahren?

MEISTER ANTON: Wenn es Ihn nicht trieb, der Dirne die Freude zu machen, wie sollt es mich treiben? Ich stecke in meinem Hause keine Kerzen an, als die mir selbst gehören. Dann weiß ich, daß niemand kommen kann, der sie wieder ausbläst, wenn wir eben unsre beste Lust daran haben!

LEONHARD: Er konnte doch von mir nicht denken –

MEISTER ANTON: Denken? Über Ihn? Über irgendeinen? Ich hoble mir die Bretter wohl zurecht mit meinem Eisen, aber nie die Menschen mit meinen Gedanken. Über die Torheit bin ich längst hinaus. Wenn ich einen Baum grünen sehe, so denk ich wohl: nun wird er bald blühen! Und wenn er blüht: nun wird er Früchte bringen! Darin sehe ich mich auch nicht getäuscht, darum geb ich die alte Gewohnheit nicht auf. Aber über Menschen denke ich nichts, gar nichts, nichts Schlimmes, nichts Gutes, dann brauch ich nicht abwechselnd, wenn sie bald meine Furcht, bald meine Hoffnung täuschen, rot oder blaß zu werden. Ich mache bloß Erfahrungen über sie und nehme mir ein Beispiel an meinen beiden Augen, die auch nicht denken, sondern nur sehen. Über Ihn glaubte ich schon eine ganze Erfahrung gemacht zu haben, nun finde ich Ihn hier und muß bekennen, daß es doch nur eine halbe gewesen ist!

LEONHARD: Meister Anton, Er macht es ganz verkehrt. Der

Baum hängt von Wind und Wetter ab, der Mensch hat in sich Gesetz und Regel!

MEISTER ANTON: Meint Er? Ja, wir Alten sind dem Tod vielen Dank schuldig, daß er uns noch so lange unter euch Jungen herumlaufen läßt, und uns Gelegenheit gibt, uns zu bilden. Früher glaubte die dumme Welt, der Vater sei dazu da, um den Sohn zu erziehen. Umgekehrt, der Sohn soll dem Vater die letzte Politur geben, damit der arme einfältige Mann sich im Grabe nicht vor den Würmern zu schämen braucht. Gottlob, ich habe in meinem Karl einen braven Lehrer, der rücksichtslos und ohne das alte Kind durch Nachsicht zu verzärteln gegen meine Vorurteile zu Felde zieht. So hat er mir noch heute morgen zwei neue Lehren gegeben und auf die geschickteste Weise, ohne auch nur den Mund aufzutun, ohne sich bei mir sehen zu lassen, ja, eben dadurch. Erstlich hat er mir gezeigt, daß man sein Wort nicht zu halten braucht, zweitens, daß es überflüssig ist, in die Kirche zu gehen und Gottes Gebote in sich aufzufrischen. Gestern abend versprach er mir, es zu tun, und ich verließ mich darauf, daß er kommen würde, denn ich dachte: er wird dem gütigen Schöpfer doch für die Wiederherstellung seiner Mutter danken wollen. Aber er war nicht da, ich hatte es in meinem Stuhl, der freilich für zwei Personen ein wenig eng ist, ganz bequem. Ob es ihm wohl ganz recht wäre, wenn ich mir die neue Lehre gleich zu eigen machte und ihm auch mein Wort nicht hielte? Ich habe ihm zu seinem Geburtstag einen neuen Anzug versprochen und hätte also Gelegenheit, seine Freude über meine Gelehrigkeit zu prüfen. Aber das Vorurteil, das Vorurteil! Ich werde es nicht tun!

LEONHARD: Vielleicht war er unwohl –

MEISTER ANTON: Möglich, ich brauche meine Frau nur zu fragen, dann hör ich ganz gewiß, daß er krank ist. Denn über alles in der Welt sagt sie mir die Wahrheit, nur nicht über den Jungen. Und wenn auch nicht krank – auch das hat die junge Welt vor uns Alten voraus, daß sie allenthalben ihre Erbauung findet, daß sie beim Vogelfangen, beim Spazierengehen, ja im Wirtshaus ihre Andacht halten kann. „Vater unser, der du bist im Himmel!" – „Guten Tag, Peter, sieht man dich beim Abendtanz?" – „Geheiliget werde dein Name!" – „Ja, lach nur, Kathrine, es findet sich!" – „Dein Wille geschehe!" – „Hol mich der Teufel, ich bin noch nicht rasiert!" – Und so zu Ende, und den Segen gibt man sich selbst, denn man ist ja ein Mensch, so gut wie der Prediger, und die Kraft, die vom schwarzen Rock ausgeht, steckt gewiß auch im blauen. Ich habe auch nichts dagegen, und wollt ihr sogar zwischen die sieben Bitten sieben Gläser einschalten, was tuts, ich kanns keinem beweisen, daß Bier und Religion sich nicht miteinander vertragen, und vielleicht kommts noch einmal als eine neue Art, das Abendmahl zu nehmen, in die Liturgie. Ich alter Sünder freilich, ich bin nicht stark genug, um die Mode mitzumachen. Ich kann die Andacht nicht, wie einen Maikäfer, auf der Straße einfangen, bei mir kann das Gezwitscher der Spatzen und Schwalben die Stelle der Orgel nicht vertreten, wenn ich mein Herz erhoben fühlen soll, so muß ich erst die schweren eisernen Kirchtüren hinter mir zuschlagen hören und mir einbilden, es seien die Tore der Welt gewesen, die düstern hohen Mauern mit den schmalen Fenstern, die das helle freche Weltlicht nur verdunkelt durchlassen, als ob sie es sichteten, müßten sich um mich zusammendrängen, und in der Ferne muß ich das Beinhaus mit dem eingemauerten Totenkopf sehen können. Nun – besser ist besser!

LEONHARD: Er nimmts auch zu genau.

MEISTER ANTON: Gewiß! Ganz gewiß! Und heute, als ehrlicher Mann muß ichs gestehen, triffts nicht einmal zu, in der Kirche verlor ich die Andacht, denn der offene Platz neben mir verdroß mich, und draußen, unter dem Birnbaum in meinem Garten, fand ich sie wieder. Er wundert sich? Sieh Er, ich ging betrübt und niedergeschlagen zu Hause, wie einer, dem die Ernte verhagelt ist, denn Kinder sind wie Äcker, man sät sein gutes Korn hinein, und dann geht Unkraut auf. Unter dem Birnbaum, den die Raupen abgefressen haben, stand ich still. Ja – dacht ich – der Junge ist wie dieser da, leer und kahl! Da kam es mir auf einmal vor, als ob ich sehr durstig wäre und durchaus ins Wirtshaus müßte. Ich betrog mich selbst, mir war nicht um ein Glas Bier zu tun, nur darum, den Burschen aufzusuchen und auszuschmälen; im Wirtshaus, das wußte ich, hätte ich ihn ganz gewiß gefunden. Eben wollt ich gehen, da ließ der alte, vernünftige Baum eine saftige Birne zu meinen Füßen niederfallen, als wollt er sagen: Die ist für den Durst, und weil du mich durch den Vergleich mit deinem Schlingel verschimpfiert hast! Ich besann mich, biß hinein und ging ins Haus.

LEONHARD: Weiß Er, daß der Apotheker nah am Konkurs ist?

MEISTER ANTON: Was kümmerts mich?

LEONHARD: So gar nichts?

MEISTER ANTON: Doch! Ich bin ein Christ. Der Mann hat viele Kinder!

LEONHARD: Und noch mehr Gläubiger. Auch die Kinder sind eine Art von Gläubigern.

MEISTER ANTON: Wohl dem, der keins von beiden ist!

LEONHARD: Ich glaubte, Er selbst –

MEISTER ANTON: Das ist längst abgemacht.

LEONHARD: Er ist ein vorsichtiger Mann. Er hat sein Geld gewiß gleich eingefordert, als er sah, daß es mit dem Kräuterhändler rückwärts ging!

MEISTER ANTON: Ja, ich brauche nicht mehr zu zittern, daß ich es verliere, denn ich habe es längst verloren.

LEONHARD: Spaß!

MEISTER ANTON: Ernst!

KLARA *sieht in die Tür:* Rief Er, Vater?

MEISTER ANTON: Klingen dir schon die Ohren? Von dir war die Rede noch nicht!

KLARA: Das Wochenblatt! *Ab*.

LEONHARD: Er ist ein Philosoph!

MEISTER ANTON: Was heißt das?

LEONHARD: Er weiß sich zu fassen!

MEISTER ANTON: Ich trage einen Mühlstein wohl zuweilen als Halskrause, statt damit ins Wasser zu gehen – das gibt einen steifen Rücken!

LEONHARD: Wers kann, machts nach!

MEISTER ANTON: Wer einen so wackern Mitträger findet, als ich in Ihm zu finden scheine, der muß unter der Last sogar tanzen können. Er ist ja ordentlich blaß geworden! Das nenn ich Teilnahme!

LEONHARD: Er wird mich nicht verkennen!

Meister Anton: Gewiß nicht! *Er trommelt auf einer Kommode.* Daß das Holz nicht durchsichtig ist, wie?
Leonhard: Ich versteh Ihn nicht!
Meister Anton: Wie einfältig war unser Großvater Adam, daß er die Eva nahm, ob sie gleich nackt und bloß war und nicht einmal das Feigenblatt mitbrachte. Wir beide, Er und ich, hätten sie als Landstreicherin aus dem Paradies hinausgepeitscht! Was meint Er?
Leonhard: Er ist ärgerlich auf Seinen Sohn. Ich kam, Ihn um Seine Tochter –
Meister Anton: Halt Er ein! Vielleicht sag ich nicht nein!
Leonhard: Das hoff ich! Und ich will Ihm meine Meinung sagen! Sogar die heiligen Erzväter verschmähten nicht den Mahlschatz ihrer Weiber, Jakob liebte die Rahel und warb sieben Jahre um sie, aber er freute sich auch über die fetten Widder und Schafe, die er in ihres Vaters Dienst gewann. Ich denke, es gereicht ihm nicht zur Schande, und ihn übertreffen, heißt ihn rot machen. Ich hätte es gern gesehen, wenn Seine Tochter mir ein paar hundert Taler zugebracht hätte, und das war natürlich, denn um so besser würde sie selbst es bei mir gehabt haben, wenn ein Mädchen das Bett im Koffer mitbringt, so braucht sie nicht erst Wolle zu kratzen und Garn zu spinnen. Es ist nicht der Fall – was tuts? Wir machen aus der Fastenspeise unser Sonntagsessen und aus dem Sonntagsbraten unsern Weihnachtsschmaus! So gehts auch!
Meister Anton *reicht ihm die Hand:* Er spricht brav, und unser Herrgott nickt zu seinen Worten, nun – ich wills vergessen, daß meine Tochter vierzehn Tage lang des Abends vergeblich beim Teetrinken eine Tasse für ihn auf den Tisch gestellt hat. Und nun Er mein Schwiegersohn wird, will ich Ihm auch sagen, wo die tausend Taler geblieben sind!
Leonhard *beiseite:* Also doch weg! Nun, so brauch ich mir von dem alten Werwolf auch nichts gefallen zu lassen, wenn er mein Schwiegervater ist!
Meister Anton: Mir gings in jungen Jahren schlecht. Ich bin so wenig wie Er als ein borstiger Igel zur Welt gekommen, aber ich bin nach und nach einer geworden. Erst waren all die Stacheln bei mir nach innen gerichtet,

da kniffen und drückten sie alle zu ihrem Spaß auf meiner nachgiebigen glatten Haut herum und freuten sich, wenn ich zusammenfuhr, weil die Spitzen mir in Herz und Eingeweide drangen. Aber das Ding gefiel mir nicht, ich kehrte meine Haut um, nun fuhren ihnen die Borsten in die Finger, und ich hatte Frieden.

LEONHARD *für sich:* Vor dem Teufel selbst, glaub ich!

MEISTER ANTON: Mein Vater arbeitete sich, weil er sich Tag und Nacht keine Ruhe gönnte, schon in seinem dreißigsten Jahre zu Tode, meine arme Mutter ernährte mich mit Spinnen so gut es ging, ich wuchs auf, ohne etwas zu lernen, ich hätte mir, als ich größer wurde und doch noch immer nichts verdienen konnte, wenigstens gern das Essen abgewöhnt, aber wenn ich mich auch des Mittags zuweilen krank stellte und den Teller zurückschob, was wollte es bedeuten? Am Abend zwang mich der Magen, mich wieder für gesund zu erklären. Meine größte Pein war, daß ich so ungeschickt blieb, ich konnte darüber mit mir selbst hadern, als obs meine eigene Schuld wäre, als ob ich mich im Mutterleibe nur mit Freßzähnen versehen und alle nützlichen Eigenschaften und Fertigkeiten wie absichtlich darin zurückgelassen hätte, ich konnte rot werden, wenn mich die Sonne beschien. Gleich nach meiner Konfirmation trat der Mann, den sie gestern begraben haben, der Meister Gebhard, zu uns in die Stube. Er runzelte die Stirn und verzog das Gesicht, wie er immer tat, wenn er etwas Gutes beabsichtigte, dann sagte er zu meiner Mutter: „Hat Sie Ihren Jungen in die Welt gesetzt, daß er Ihr Nase und Ohren vom Kopf fressen soll?" Ich schämte mich und legte das Brot, von dem ich mir gerade ein Stück abschneiden wollte, schnell wieder in den Schrank, meine Mutter ärgerte sich über das wohlgemeinte Wort, sie hielt ihr Rad an und versetzte hitzig, ihr Sohn sei brav und gut. Nun, das wollen wir sehen, sagte der Meister, wenn er Lust hat, kann er gleich, wie er da steht, mit mir in die Werkstatt gehen, Lehrgeld verlang ich nicht, die Kost bekommt er, für die Kleider will ich auch sorgen, und wenn er früh aufstehen und spät zu Bette gehen will, so solls ihm an Gelegenheit, hin und wieder ein gutes Trinkgeld für seine alte Mutter zu verdienen, nicht fehlen. Meine Mutter fing zu weinen an, ich zu tanzen, als wir endlich zu Worte kamen, hielt der Meister sich die Ohren zu, schritt hinaus und winkte mir. Den Hut braucht ich nicht aufzusetzen, denn ich hatte keinen, ohne der Mutter auch nur Adjes zu sagen, folgt ich ihm, und als ich am nächsten Sonntag zum erstenmal auf ein Stündchen zu ihr zurück durfte, gab er mir einen halben Schinken für sie mit. Gottes Segen in des braven Mannes Gruft! Noch hör ich sein halbzorniges: Tonerl, unter die Jacke damit, daß meine Frau es nicht sieht!

LEONHARD: Kann Er auch weinen?

MEISTER ANTON *trocknet sich die Augen:* Ja, daran darf ich nicht denken, so gut der Tränenbrunnen auch in mir verstopft ist, das gibt jedesmal wieder einen Riß. Nun, auch gut; wenn ich einmal wassersüchtig werde, so brauche ich mir wenigstens diese Tropfen nicht mit abzapfen zu lassen. *Mit einer plötzlichen Wendung:* Was meint Er? Wenn Er den Mann, dem Er alles verdankte, einmal an einem Sonntagnachmittag auf eine Pfeife Tabak besuchen wollte, und Er träfe ihn verwirrt und verstört, ein Messer in der Hand, dasselbe Messer, womit er Ihm tausendmal sein Vesperbrot abgeschnitten, blutig am Halse und das Tuch ängstlich bis ans Kinn hinaufziehend –

LEONHARD: So ging der alte Gebhard bis an sein Ende!

MEISTER ANTON: Der Narbe wegen. Und Er käme noch eben zur rechten Zeit, Er könnte retten und helfen, aber nicht bloß dadurch, daß Er ihm das Messer aus der Hand risse und die Wunde verbände, sondern Er müßte auch lumpige tausend Taler, die Er erspart hätte, hergeben, und das müßte sogar, um den kranken Mann nur zur Annahme zu bewegen, ganz in der Stille geschehen, was würde Er tun?

LEONHARD: Ledig und los, wie ich bin, ohne Weib und Kind, würde ich das Geld opfern.

MEISTER ANTON: Und wenn Er zehn Weiber hätte, wie die Türken, und soviel Kinder, als dem Vater Abraham versprochen waren, und Er könnte sich auch nur einen Augenblick bedenken, so wär Er – nun, Er wird mein Schwiegersohn! Jetzt weiß Er, wo das Geld geblieben ist, heute konnt ich es Ihm sagen, denn mein alter Meister ist begraben, vor einem Monat hätt ichs noch auf dem Sterbebett bei mir behalten. Die Verschreibung hab ich dem

Toten, bevor sie den Sarg zunagelten, unter den Kopf geschoben, wenn ich schreiben könnte, hätt ich vorher ein: Ehrlich bezahlt! darunter gesetzt, unwissend, wie ich bin, blieb mir nichts übrig, als der Länge nach einen Riß ins Papier zu machen. Nun wird er ruhig schlafen, und ich hoffe, ich auch, wenn ich mich einst neben ihn hinstrecke.

Sechste Szene

DIE MUTTER *tritt schnell ein:* Kennst mich noch?
MEISTER ANTON *auf das Hochzeitskleid deutend:* Den Rahmen, jawohl, der hat sich gehalten, das Bild nicht recht. Es scheint sich viel Spinnweb darauf gesetzt zu haben, nun, die Zeit war lang genug dazu!
MUTTER: Hab ich nicht einen aufrichtigen Mann? Doch, ich brauch ihn nicht apart zu loben, Aufrichtigkeit ist die Tugend der Ehemänner.
MEISTER ANTON: Tuts dir leid, daß du mit zwanzig Jahren besser vergoldet warst als mit fünfzig?
MUTTER: Gewiß nicht! Wärs anders, so müßt ich mich ja für dich und mich schämen!
MEISTER ANTON: So gibst du mir einen Kuß! Ich bin rasiert und besser, wie gewöhnlich!
MUTTER: Ich sage ja, bloß um zu prüfen, ob du dich noch auf die Kunst verstehst. Das fiel dir lange nicht mehr ein!
MEISTER ANTON: Gute Hausmutter! Ich will nicht verlangen, daß du mir die Augen zudrücken sollst, es ist ein schweres Stück, ich wills für dich übernehmen, ich will dir den letzten Liebesdienst erweisen, aber Zeit mußt du mir lassen, hörst du, daß ich mich stähle und vorbereite und nicht als Stümper bestehe. Noch wärs viel zu früh!
MUTTER: Gott sei Dank, wir bleiben noch eine Weile beisammen.
MEISTER ANTON: Ich hoffs auch, du hast ja ordentlich wieder rote Backen!
MUTTER: Ein possierlicher Mensch, unser neuer Totengräber. Er machte ein Grab, als ich heute morgen über den Kirchhof ging, ich fragte ihn, für wen es sei. „Für wen

Gott will", sagte er, „vielleicht für mich selbst, es kann mir gehen, wie meinem Großvater, der auch mal eins auf den Vorrat gemacht hatte, und in der Nacht, als er aus dem Wirtshaus zu Hause kam, hineinfiel und sich den Hals brach."

LEONHARD *der bisher im Wochenblatt gelesen hat:* Der Kerl ist nicht von hier, er kann uns vorlügen, was ihm gefällt!

MUTTER: Ich fragte ihn: „Warum wartet Er denn nicht, bis man die Gräber bei Ihm bestellt?" – „Ich bin heute auf eine Hochzeit gebeten", sprach er, „und da bin ich Prophet genug, um zu wissen, daß ichs morgen noch im Kopf spüren werde. Nun hat mir aber gewiß jemand den Tort angetan und ist gestorben. Da müßt ich morgen beizeiten heraus und könnte nicht ausschlafen."

MEISTER ANTON: „Hans Wurst", hätt ich gesagt, „wenn das Grab nun nicht paßt?"

MUTTER: Ich sagte es auch, aber der schüttelt die spitzen Antworten aus dem Ärmel, wie der Teufel die Flöhe. „Ich habe das Maß nach dem Weber Veit genommen", sagte er, „der ragt, wie König Saul, um einen Kopf über uns alle hinaus, nun mag kommen, wer will, er wird sein Haus nicht zu klein finden, und wenns zu groß ist, so schadets keinem als mir, denn als ehrlicher Mann laß ich mir keinen Fuß über die Sarglänge bezahlen." Ich warf meine Blumen hinein und sprach: „Nun ists besetzt!"

MEISTER ANTON: Ich denke, der Kerl hat bloß gespaßt, und das ist schon sündlich genug. Gräber im voraus machen, hieße vorwitzig die Falle des Todes aufstellen; den Halunken, der es täte, sollte man vom Dienst jagen. *Zu dem lesenden Leonhard:* Was Neues? Sucht ein Menschenfreund eine arme Witwe, die ein paar hundert Taler brauchen kann? Oder umgekehrt die arme Witwe den Menschenfreund, der sie geben will?

LEONHARD: Die Polizei macht einen Juwelendiebstahl bekannt. Wunderbar genug. Man sieht daraus, daß trotz der schlechten Zeiten noch immer Leute unter uns leben, die Juwelen besitzen.

MEISTER ANTON: Ein Juwelendiebstahl? Bei wem?

LEONHARD: Beim Kaufmann Wolfram!

MEISTER ANTON: Bei – Unmöglich! Da hat mein Karl vor ein paar Tagen einen Sekretär poliert!

LEONHARD: Aus dem Sekretär verschwunden, richtig!
MUTTER *zu Meister Anton:* Vergebe dir Gott dies Wort!
MEISTER ANTON: Du hast recht, es war ein nichtswürdiger Gedanke!
MUTTER: Gegen deinen Sohn, das muß ich dir sagen, bist du nur ein halber Vater.
MEISTER ANTON: Frau, wir wollen heute nicht darüber sprechen!
MUTTER: Er ist anders als du, muß er darum gleich schlecht sein?
MEISTER ANTON: Wo bleibt er denn jetzt? Die Mittagsglocke hat längst geschlagen, ich wette, daß das Essen draußen verkocht und verbrät, weil Klara heimliche Ordre hat, den Tisch nicht zu decken, bevor er da ist.
MUTTER: Wo sollt er bleiben? Höchstens wird er Kegel schieben, und da muß er ja die entfernteste Bahn aufsuchen, damit du ihn nicht entdeckst. Dann ist der Rückweg natürlich lang. Ich weiß auch nicht, was du gegen das unschuldige Spiel hast.
MEISTER ANTON: Gegen das Spiel? Gar nichts! Vornehme Herren müssen einen Zeitvertreib haben. Ohne den Kartenkönig hätte der wahre König gewiß oft Langeweile, und wenn die Kegel nicht erfunden wären, wer weiß, ob Fürsten und Barone nicht mit unsern Köpfen bosseln würden! Aber ein Handwerksmann kann nicht ärger freveln, als wenn er seinen sauer verdienten Lohn aufs Spiel setzt. Der Mensch muß, was er mit schwerer Mühe im Schweiß seines Angesichts erwirbt, ehren, es hoch und wert halten, wenn er nicht an sich selber irre werden, wenn er nicht sein ganzes Tun und Treiben verächtlich finden soll. Wie können sich alle meine Nerven spannen für den Taler, den ich wegwerfen will. *Man hört draußen die Türklingel.*
MUTTER: Da ist er.

Siebente Szene

Gerichtsdiener Adam und noch ein Gerichtsdiener treten ein.

ADAM *zu Meister Anton:* Nun geh Er nur hin und bezahl Er Seine Wette! Leute im roten Rock mit blauen

Aufschlägen – *dies betont er stark* – sollten Ihm nie ins Haus kommen? Hier sind wir unsrer zwei! *Zum zweiten Gerichtsdiener:* Warum behält Er seinen Hut nicht auf wie ich? Wer wird Umstände machen, wenn er bei seinesgleichen ist?

MEISTER ANTON: Bei deinesgleichen, Schuft?

ADAM: Er hat recht, wir sind nicht bei unsresgleichen, Schelme und Diebe sind nicht unsresgleichen! *Er zeigt auf die Kommode.* Aufgeschlossen! Und dann drei Schritte davon! Daß Er nichts herauspraktiziert!

MEISTER ANTON: Was? Was?

KLARA *tritt mit Tischzeug herein:* Soll ich – *Sie verstummt.*

ADAM *zeigt ein Papier:* Kann er geschriebene Schrift lesen?

MEISTER ANTON: Soll ich können, was nicht einmal mein Schulmeister konnte?

ADAM: So hör Er! Sein Sohn hat Juwelen gestohlen. Den Dieb haben wir schon. Nun wollen wir Haussuchung halten!

MUTTER: Jesus! *Fällt um und stirbt.*

KLARA: Mutter! Mutter! Was sie für Augen macht!

LEONHARD: Ich will einen Arzt holen!

MEISTER ANTON: Nicht nötig! Das ist das letzte Gesicht. Sahs hundertmal. Gute Nacht, Therese! Du starbst, als dus hörtest! Das soll man dir aufs Grab setzen!

LEONHARD: Es ist doch vielleicht – – *Abgehend:* Schrecklich! Aber gut für mich! *Ab.*

MEISTER ANTON *zieht ein Schlüsselbund hervor und wirft es von sich:* Da! Schließt auf! Kasten nach Kasten! Ein Beil her! Der Schlüssel zum Koffer ist verloren! Hei, Schelmen und Diebe! *Er kehrt sich die Taschen um.* Hier find ich nichts!

ZWEITER GERICHTSDIENER: Meister Anton, faß Er sich! Jeder weiß, daß Er der ehrlichste Mann in der Stadt ist.

MEISTER ANTON: So? So? *Lacht.* Ja, ich hab die Ehrlichkeit in der Familie allein verbraucht! Der arme Junge! Es blieb nichts für ihn übrig! Die da – *er zeigt auf die Tote* – war auch viel zu sittsam! Wer weiß, ob die Tochter nicht – *Plötzlich zu Klara:* Was meinst du, mein unschuldiges Kind?

KLARA: Vater!

ZWEITER GERICHTSDIENER *zu Adam:* Fühlt Er kein Mitleid?

ADAM: Kein Mitleid? Wühl ich dem alten Kerl in den Taschen? Zwing ich ihn, die Strümpfe auszuziehen und die Stiefel umzukehren? Damit wollt ich anfangen, denn ich hasse ihn, wie ich nur hassen kann, seit er im Wirtshaus sein Glas – Er kennt die Geschichte, und Er müßte sich auch beleidigt fühlen, wenn Er Ehre im Leibe hätte. *Zu Klara:* Wo ist die Kammer des Bruders?

KLARA *zeigt sie:* Hinten!

Beide Gerichtsdiener ab.

Vater, er ist unschuldig! Er muß ja unschuldig sein! Er ist ja dein Sohn, er ist ja mein Bruder!

MEISTER ANTON: Unschuldig, und ein Muttermörder? *Lacht.*

EINE MAGD *tritt ein mit einem Brief, zu Klara:* Von Herrn Kassierer Leonhard. *Ab.*

MEISTER ANTON: Du brauchst ihn nicht zu lesen! Er sagt sich von dir los! *Schlägt in die Hände.* Bravo, Lump!

KLARA *hat gelesen:* Ja! Ja! O mein Gott!

MEISTER ANTON: Laß ihn!

KLARA: Vater, Vater, ich kann nicht!

MEISTER ANTON: Kannst nicht? Kannst nicht? Was ist das? Bist du –

Beide Gerichtsdiener kommen zurück.

ADAM *hämisch:* Suchet, so werdet ihr finden!

ZWEITER GERICHTSDIENER *zu Adam:* Was fällt Ihm ein? Trafs denn heute zu?

ADAM: Halt Ers Maul! *Beide ab.*

MEISTER ANTON: Er ist unschuldig und du – du –

KLARA: Vater, Er ist schrecklich!

MEISTER ANTON *faßt sie bei der Hand, sehr sanft:* Liebe Tochter, der Karl ist doch nur ein Stümper, er hat die Mutter umgebracht, was wills heißen? Der Vater blieb am Leben! Komm ihm zu Hülfe, du kannst nicht verlangen, daß er alles allein tun soll, gib du mir den Rest, der alte Stamm sieht noch so knorrig aus, nicht wahr, aber er wackelt schon, es wird dir nicht zu viel Mühe kosten, ihn zu fällen! Du brauchst nicht nach der Axt zu greifen, du hast ein hübsches Gesicht, ich hab dich noch nie gelobt, aber heute will ichs dir sagen, damit du Mut und Vertrauen bekommst, Augen, Nase und Mund finden gewiß Beifall, werde – du verstehst mich wohl, oder sag mir, es kommt mir so vor, daß dus schon bist!

KLARA *fast wahnsinnig, stürzt der Toten mit aufgehobenen Armen zu Füßen und ruft wie ein Kind:* Mutter! Mutter!

MEISTER ANTON: Faß die Hand der Toten und schwöre mir, daß du bist, was du sein sollst!

KLARA: Ich – schwöre – dir – daß – ich – dir – nie – Schande – machen – will!

MEISTER ANTON: Gut! *Er setzt seinen Hut auf.* Es ist schönes Wetter! Wir wollen Spießruten laufen, straßauf, straßab! *Ab.*

ZWEITER AKT

Zimmer im Hause des Tischlermeisters

Erste Szene

Meister Anton steht vom Tisch auf.
Klara will abräumen.

MEISTER ANTON: Willst du wieder nicht essen?

KLARA: Vater, ich bin satt.

MEISTER ANTON: Von nichts?

KLARA: Ich aß schon in der Küche.

MEISTER ANTON: Wer keinen Appetit hat, der hat kein gut Gewissen! Nun, alles wird sich finden! Oder war Gift in der Suppe, wie ich gestern träumte? Einiger wilder Schierling aus Versehen beim Pflücken ins Kräuterbündel hineingeraten? Dann tatst du klug!

KLARA: Allmächtiger Gott!

MEISTER ANTON: Vergib mir, ich – Geh zum Teufel mit deiner blassen Leidensmiene, die du der Mutter des Heilands gestohlen hast! Rot soll man aussehen, wenn man jung ist! Nur einer darf Staat machen mit einem solchen Gesicht, und der tuts nicht! Hei! Jedem eine Ohrfeige, der noch Au sagt, wenn er sich in den Finger geschnitten hat! Dazu hat keiner das Recht mehr, denn hier steht ein Mann, der – Eigenlob stinkt, aber was tat ich, als der Nachbar über deiner Mutter den Sargdeckel zunageln wollte?

KLARA: Er riß ihm den Hammer weg und tats selbst und sprach: Dies ist mein Meisterstück! Der Kantor, der eben mit den Chorknaben vor der Tür das Sterbelied absang, meinte, Er sei verrückt geworden!

MEISTER ANTON: Verrückt! *Lacht.* Verrückt! Ja, ja, das ist ein kluger Kopf, der sich selbst köpft, wenns Zeit ist. Der meinige muß dazu zu fest stehen, sonst – Man hockte in der Welt und glaubte in einer guten Herberge hinterm Ofen zu sitzen, da wird plötzlich Licht auf den Tisch gestellt, und siehe da, man ist in einem Räuberloch; nun gehts piff, paff von allen Seiten, aber es schadet nicht, man hat zum Glück ein steinernes Herz!

KLARA: Ja, Vater, so ists!

MEISTER ANTON: Was weißt du davon? Meinst du, du hast ein Recht, mit mir zu fluchen, weil dein Schreiber davongelaufen ist? Dich wird ein anderer sonntags nachmittags spazierenführen, ein anderer wird dir sagen, daß deine Backen rot sind und deine Augen blau, ein anderer wird dich zum Weibe nehmen, wenn dus verdienst. Aber wenn du nun dreißig Jahre lang in Züchten und Ehren die Last des Lebens getragen, wenn du nie gemurrt, sondern Leid und Tod und jedes Mißgeschick in Geduld hingenommen hast, und dann kommt dein Sohn, der dir für dein Alter ein weiches Kopfkissen stopfen sollte, und überhäuft dich so mit Schande, daß du die Erde anrufen möchtest: Verschlucke mich, wenn dich nicht ekelt, denn ich bin kotiger als du! – dann magst du all die Flüche, die ich in meiner Brust zurückhalte, aussprechen, dann magst du dein Haar raufen und deine Brüste zerschlagen, das sollst du vor mir voraushaben, denn du bist kein Mann!

KLARA: O Karl!

MEISTER ANTON: Wundern soll michs doch, was ich tun werde, wenn ich ihn wieder vor mir sehe, wenn er abends vor Lichtanzünden mit geschorenem Kopf, denn im Zuchthaus sind die Frisuren nicht erlaubt, in die Stube tritt und einen Guten Abend herausstottert und die Klinke der Tür in der Hand behält. Tun werd ich etwas, das ist gewiß, aber was? *Mit Zähneknirschen:* Und ob sie ihn zehn Jahre behalten, er wird mich finden, ich werde so lange leben, das weiß ich, merk dirs, Tod, ich bin von jetzt an ein Stein vor deiner Hippe, sie wird eher zerspringen, als mich aus der Stelle rücken!

KLARA *faßt seine Hand:* Vater, Er sollte sich eine halbe Stunde niederlegen!

MEISTER ANTON: Um zu träumen, daß du in die Wochen gekommen seist? Um dann aufzufahren und dich zu packen und mich hinterdrein zu besinnen und zu sprechen: Liebe Tochter, ich wußte nicht, was ich tat! Ich danke. Mein Schlaf hat den Gaukler verabschiedet und einen Propheten in Dienst genommen, der zeigt mir mit seinem Blutfinger häßliche Dinge, und ich weiß nicht, wies kommt, alles scheint mir jetzt möglich. Hu, mich schauderts vor der Zukunft, wie vor einem Glas Wasser, das man durchs Mikroskop – ists richtig, Herr Kantor? Er hat mirs oft genug vorbuchstabiert! – betrachtet hat. Ich tats einmal in Nürnberg auf der Messe und mochte den ganzen Tag nicht mehr trinken! Den lieben Karl sah ich in der letzten Nacht mit einer Pistole in der Hand, als ich den Schützen näher ins Auge faßte, drückte er ab, ich hörte einen Schrei, aber vor Pulverdampf konnt ich nichts sehen, auch als der Dampf sich verzog, erblickte ich keinen zerschmetterten Schädel, aber mein Herr Sohn war inzwischen ein reicher Mann geworden, er stand und zählte Goldstücke von einer Hand in die andere, und er hatte ein Gesicht – hol mich der Teufel, man kanns nicht ruhiger haben, wenn man den ganzen Tag arbeitete und nun die Werkstatt hinter sich abschließt. Nun davor könnte man aufpassen! Man könnte Gericht halten und sich nachher selbst vor den höchsten Richter stellen.

KLARA: Werd Er doch wieder ruhig!

MEISTER ANTON: Werd Er doch wieder gesund! Warum ist Er krank! Ja, Arzt, reich mir nur den Trunk der Genesung! Dein Bruder ist der schlechteste Sohn, werde du die beste Tochter! Wie ein nichtswürdiger Bankrottierer steh ich vor dem Angesicht der Welt, einen braven Mann, der in die Stelle dieses Invaliden treten könne, war ich ihr schuldig, mit einem Schelm hab ich sie betrogen. Werde du ein Weib, wie deine Mutter war, dann wird man sprechen: An den Eltern hats nicht gelegen, daß der Bube abseits ging, denn die Tochter wandelt den rechten Weg und ist allen anderen vorauf. *Mit schrecklicher Kälte:* Und ich will das Meinige dazu tun, ich will dir die Sache leichter machen als den übrigen. In dem Augenblick, wo ich bemerke, daß man auch auf dich mit Fingern zeigt, werd ich – *mit einer Bewegung an den Hals* – mich rasieren und dann, das schwör ich dir zu, rasier ich den ganzen Kerl weg, du kannst sagen, es sei aus Schreck geschehen, weil auf der Straße ein Pferd durchging oder weil die Katze auf dem Boden einen Stuhl umwarf oder weil mir eine Maus an den Beinen hinauflief. Wer mich kennt, wird freilich den Kopf dazu schütteln, denn ich bin nicht sonderlich schreckhaft, aber was tuts? Ich kanns in einer Welt nicht aushalten, wo die Leute mitleidig sein müßten, wenn sie nicht vor mir ausspucken sollen.

KLARA: Barmherziger Gott, was soll ich tun!

MEISTER ANTON: Nichts, nichts, liebes Kind, ich bin zu hart gegen dich, ich fühls wohl, nichts, bleib nur, was du bist, dann ists gut! O, ich hab so groß Unrecht erlitten, daß ich Unrecht tun muß, um nicht zu erliegen, wenns mich so recht anfaßt. Sieh, ich gehe vorhin über die Straße, da kommt der Pockenfritz daher, der Gaudieb, den ich vor Jahren ins Loch stecken ließ, weil er zum drittenmal lange Finger bei mir gemacht hatte. Früher wagte der Halunke nicht, mich anzusehen, jetzt trat er frech auf mich zu und reichte mir die Hand. Ich wollte ihm einen hinter die Ohren geben, aber ich besann mich und spuckte nicht einmal aus, wir sind ja Vettern seit acht Tagen, und es ist billig, daß Verwandte sich grüßen. Der Pfarrer, der mitleidige Mann, der mich gestern besuchte, meinte zwar, ein Mensch habe niemanden zu vertreten als sich selbst und es sei ein unchristlicher Hochmut von mir, daß ich auch noch für meinen Sohn aufkommen wolle; sonst müßte Adam es sich so gut zu Gemüte ziehen wie ich. Herr, ich glaubs gern, daß es den Frieden des Erzvaters im Paradiese nicht mehr stört, wenn einer seiner Ururenkel zu morden oder zu rauben anfängt, aber raufte er sich nicht die Haare über Kain? Nein, nein, es ist zu viel! Ich könnte mich zuweilen nach meinem Schatten umsehen, ob er nicht schwärzer geworden ist! Denn alles,

alles kann ich ertragen und habs bewiesen, nur nicht die Schande! Legt mir auf den Nacken, was ihr wollt, nur schneidet nicht den Nerv durch, der mich zusammenhält!

KLARA: Vater, noch hat Karl ja nichts gestanden, und sie haben auch nichts bei ihm gefunden.

MEISTER ANTON: Was soll mir das? Ich bin in der Stadt herumgegangen und habe mich in den Schenken nach seinen Schulden erkundigt, da kam mehr zusammen, als er im nächsten Vierteljahr bei mir verdient hätte, und wenn er noch dreimal so fleißig wäre, als er ist. Nun weiß ich, warum er immer zwei Stunden später Feierabend machte als ich und warum er trotzdem auch noch vor mir aufstand, aber er sah ein, daß dies alles noch nichts half, oder es war ihm zu mühevoll und dauerte ihm zu lange, da griff er zu, als die Gelegenheit sich bot.

KLARA: Er glaubt von Karl immer das Schlimmste. Er hat es stets getan! Weiß Er wohl noch, wie –

MEISTER ANTON: Du sprichst, wie deine Mutter sprechen würde, ich will dir antworten, wie ich ihr zu antworten pflegte, ich will stillschweigen!

KLARA: Und wenn Karl doch freigesprochen wird? Wenn die Juwelen sich wiederfinden?

MEISTER ANTON: Dann würd ich einen Advokaten annehmen und mein letztes Hemd daransetzen, um zu erfahren, ob der Bürgermeister den Sohn eines ehrlichen Mannes mit Recht ins Gefängnis warf oder nicht. Wär es, so würd ich mich beugen, denn was jedem widerfahren kann, das muß auch ich mir gefallen lassen und mußte ich es zu meinem Unglück auch tausendmal teurer bezahlen als andere, es war ein Schicksal, und wenn Gott mich schlägt, so falte ich die Hände und spreche: „Herr, du weißt warum!" Wär es aber nicht, hätte der Mann mit der goldenen Kette um den Hals sich übereilt, weil er an nichts dachte als daran, daß der Kaufmann, der die Juwelen vermißt, sein Schwager ist, so würde sichs finden, ob das Gesetzbuch ein Loch hat und ob der König, der wohl weiß, daß er seinen Untertanen ihre Treu und ihren Gehorsam mit Gerechtigkeit bezahlen muß, und der dem Geringsten unter ihnen gewiß am wenigsten etwas schuldig bleiben will, dies Loch ungestopft ließe. Aber das sind unnütze Reden! Der Junge wird so wenig rein aus diesem Prozeß hervorgehen wie deine Mutter lebendig aus ihrer Gruft. Von dem kommt mir nun und nimmer ein Trost, darum vergiß du nicht, was du mir schuldig bist, halte du deinen Schwur, damit ich den meinigen nicht zu halten brauche! *Er geht, kehrt aber wieder um.* Ich komme heut abend erst spät nach Hause, ich gehe zu dem alten Holzhändler ins Gebirge. Das ist der einzige Mann, der mir noch wie sonst in die Augen sieht, weil er noch nicht von meiner Schande weiß. Er ist taub, keiner kann ihm was erzählen, ohne sich heiser zu schreien, und auch dann hört er alles verkehrt, darum erfährt er nichts. *Ab.*

Zweite Szene

KLARA *allein:* O Gott, o Gott! Erbarme dich! Erbarme dich über den alten Mann! Nimm mich zu dir! Ihm ist nicht anders zu helfen! Sieh, der Sonnenschein liegt so goldig auf der Straße, daß die Kinder mit Händen nach ihm greifen, die Vögel fliegen hin und her, Blumen und Kräuter werden nicht müde, in die Höhe zu wachsen. Alles lebt, alles will leben, tausend Kranke zittern in dieser Stunde vor dir, o Tod, wer dich in der beklommenen Nacht noch rief, weil er seine Schmerzen nicht mehr ertragen konnte, der findet sein Lager jetzt wieder sanft und weich, ich rufe dich! Verschone den, dessen Seele sich am tiefsten vor dir wegkrümmt, laß ihm so lange Frist, bis die schöne Welt wieder grau und öde wird, nimm mich für ihn! Ich will nicht schaudern, wenn du mir deine kalte Hand reichst, ich will sie mutig fassen und dir freudiger folgen, als dir noch je ein Menschenkind gefolgt ist.

Dritte Szene

DER KAUFMANN WOLFRAM *tritt ein:* Guten Tag, Jungfer Klara, ist Ihr Vater nicht zu Hause?
KLARA: Er ist eben fortgegangen.
WOLFRAM: Ich komme – – meine Juwelen haben sich wiedergefunden.

KLARA: O Vater, wärst du da! Er hat seine Brille vergessen, dort liegt sie! Daß ers bemerkte und umkehrte! Wie denn? – Wo? – Bei wem?

WOLFRAM: Meine Frau – Sag Sie mir aufrichtig, Jungfer, hat Sie nicht auch schon etwas Wunderliches über meine Frau gehört?

KLARA: Ja!

WOLFRAM: Daß sie – *Er deutet auf die Stirn.* Nicht wahr?

KLARA: Daß sie nicht recht bei sich ist, freilich!

WOLFRAM *ausbrechend:* Mein Gott! Mein Gott! Alles umsonst! Keinen Dienstboten, den ich einmal in mein Haus nahm, hab ich wieder von mir gelassen, jedem habe ich doppelten Lohn gegeben und zu allen Nachlässigkeiten die Augen zugedrückt, um mir ihr Stillschweigen zu erkaufen, dennoch – die falschen, undankbaren Kreaturen! O meine armen Kinder! Bloß euretwegen suchte ichs zu verbergen!

KLARA: Schelt Er Seine Leute nicht! Die sind gewiß unschuldig! Seit das Nachbarhaus abbrannte und Seine Frau aus dem geöffneten Fenster dazu lachte und in die Hände klatschte, ja sogar mit vollen Backen ins Feuer hinüberblies, als wollte sie es noch mehr anfachen, seitdem hatte man nur die Wahl, ob man sie für einen Teufel oder für eine Verrückte halten wollte. Und das haben Hunderte gesehen.

WOLFRAM: Es ist wahr. Nun, da die ganze Stadt mein Unglück kennt, so wäre es töricht, wenn ich Ihr das Versprechen abfordern wollte, es zu verschweigen. Höre Sie denn! Den Diebstahl, wegen dessen Ihr Bruder im Gefängnis sitzt, hat der Wahnsinn begangen!

KLARA: Seine eigne Frau –

WOLFRAM: Daß sie, die früher die edelste, mitleidigste Seele von der Welt war, boshaft und schadenfroh geworden ist, daß sie jauchzt und jubelt, wenn vor ihren Augen ein Unglück geschieht, wenn die Magd ein Glas zerbricht oder sich in den Finger schneidet, wußte ich längst; daß sie aber auch Sachen im Hause auf die Seite bringt, Geld versteckt, Papiere zerreißt, das habe ich leider zu spät erfahren, erst heute mittag. Ich hatte mich aufs Bett gelegt und wollte eben einschlafen, da bemerkte ich, daß sie sich mir leise näherte und mich scharf betrachtete, ob ich

schon schliefe. Ich schloß die Augen fester, da nahm sie aus meiner über den Stuhl gehängten Weste den Schlüssel, öffnete den Sekretär, griff nach einer Geldrolle, schloß wieder zu und trug den Schlüssel zurück. Ich entsetzte mich, doch ich hielt an mich, um sie nicht zu stören, sie verließ das Zimmer, ich schlich ihr auf den Zehen nach. Sie stieg zum obersten Boden hinauf und warf die Geldrolle in eine alte Kiste hinein, die noch vom Großvater her leer dasteht, dann sah sie sich scheu nach allen Seiten um und eilte, ohne mich zu bemerken, wieder fort. Ich zündete einen Wachsstock an und durchsuchte die Kiste, da fand ich die Spielgruppe meiner jüngsten Tochter, ein Paar Pantoffeln der Magd, ein Handlungsbuch, Briefe und leider oder gottlob, wie soll ich sagen, ganz unten auch die Juwelen!
KLARA: O meine arme Mutter! Es ist doch zu schändlich!
WOLFRAM: Gott weiß, ich würde den Schmuck darum geben, könnt ich ungeschehen machen, was geschehen ist! Aber nicht ich bin schuld! Daß mein Verdacht, bei aller Achtung vor Ihrem Vater, auf Ihren Bruder fiel, war natürlich, er hatte den Sekretär poliert, und mit ihm waren die Juwelen verschwunden, ich bemerkte es fast augenblicklich, denn ich mußte aus dem Fach, worin sie lagen, Papiere herausnehmen. Doch es fiel mir nicht ein, gleich strenge Maßregeln gegen ihn zu ergreifen, ich teilte die Sache nur vorläufig dem Gerichtsdiener Adam mit und ersuchte ihn, ganz in der Stille Nachforschungen anzustellen, aber dieser wollte von keiner Schonung wissen, er erklärte mir, er müsse und werde den Fall auf der Stelle anzeigen, denn Ihr Bruder sei ein Säufer und Schuldenmacher, und er gilt bei dem Bürgermeister leider so viel, daß er durchsetzen kann, was er will. Der Mann scheint bis aufs äußerste gegen Ihren Vater aufgebracht zu sein, ich weiß nicht warum, es war nicht möglich, ihn zu beschwichtigen, er hielt sich die Ohren zu und rief, als er fortrannte: Wenn Er mir den Schmuck geschenkt hätte, ich wäre nicht so vergnügt wie jetzt!
KLARA: Der Gerichtsdiener hat im Wirtshaus einmal sein Glas neben das meines Vaters auf den Tisch gestellt und ihm dabei zugenickt, als ob er ihn zum Anstoßen auffordern wolle. Da hat mein Vater das seinige weggenommen

und gesagt: Leute im roten Rock mit blauen Aufschlägen mußten ehemals aus Gläsern mit hölzernen Füßen trinken, auch mußten sie draußen vor dem Fenster, oder wenns regnete, vor der Tür stehenbleiben und bescheiden den Hut abziehen, wenn der Wirt ihnen den Trunk reichte; wenn sie aber ein Gelüsten trugen, mit jemandem anzustoßen, so warteten sie, bis der Gevatter Fallmeister vorüberkam. Gott! Gott! Was ist alles möglich auf der Welt! Das hat meine Mutter mit einem jähen Tode bezahlen müssen!

WOLFRAM: Man soll keinen reizen und die Schlimmen am wenigsten! Wo ist Ihr Vater?

KLARA: Im Gebirg beim Holzhändler.

WOLFRAM: Ich reite hinaus und such ihn auf. Beim Bürgermeister war ich schon, leider traf ich ihn nicht daheim, sonst würde Ihr Bruder schon hier sein, aber der Sekretär hat sogleich einen Boten abgefertigt, Sie wird ihn noch vor Abend sehen. *Ab.*

Vierte Szene

KLARA *allein:* Nun sollt ich mich freuen! Gott, Gott! Und ich kann nichts denken, als: nun bist dus allein! Und doch ist mir zumut, als müsse mir gleich etwas einfallen, das alles wieder gutmacht!

Fünfte Szene

DER SEKRETÄR *tritt ein:* Guten Tag!

KLARA *hält sich an einem Stuhl, als sollte sie umfallen:* Der! O, wenn der nicht zurückgekommen wäre –

SEKRETÄR: Der Vater ist nicht zu Hause?

KLARA: Nein!

SEKRETÄR: Ich bringe eine fröhliche Botschaft. Ihr Bruder – Nein, Klara, ich kann in diesem Ton nicht mit dir reden, mir deucht, Tische, Stühle, Schränke, all die alten Bekannten – Guten Tag, du! *Er nickt einem Schrank zu.* Wie gehts? Du hast dich nicht verändert! – um die wir als Kinder so oft herumgehüpft sind, werden die Köpfe zusammenstecken und den Narren ausspotten, wenn ich nicht schnell einen anderen anschlage. Ich muß du zu dir sagen wie ehemals, wenns dir nicht gefällt, so denke: der große Junge träumt, ich will ihn aufwecken und vor ihn hintreten und mich – *mit Gebärden* – hoch aufrichten, damit er sieht, daß er kein kleines Kind mehr vor sich hat – das war dein Maß im elften Jahr – *er deutet auf einen Schrammstrich in der Tür* –, sondern ein gehörig erwachsenes Mädchen, das den Zucker auch dann erreichen kann, wenn er auf den Schrank gestellt wird. Du weißt doch noch? Das war der Platz, die feste Burg, wo er auch unverschlossen vor uns sicher war. Wir vertrieben uns, wenn er dort stand, die Zeit gewöhnlich mit Fliegenklatschen, weil wir den Fliegen, die lustig ab- und zuflogen, das unmöglich gönnen konnten, was wir selbst nicht zu erlangen wußten.

KLARA: Ich dächte, man vergäße solche Dinge, wenn man hundert und tausend Bücher durchstudieren müßte.

SEKRETÄR: Man vergißts auch! Freilich, was vergißt man nicht über Justinian und Gajus! Die Knaben, die sich so hartnäckig gegen das ABC wehren, wissen wohl warum; sie haben eine Ahnung davon, daß, wenn sie sich nur mit der Fibel nicht einlassen, sie mit der Bibel nie Händel bekommen können! Aber schändlich genug, man verführt die unschuldigen Seelen, man zeigt ihnen hinten den roten Hahn mit dem Korb voll Eier, da sagen sie von selbst: Ah! und nun ist kein Haltens mehr, nun gehts reißend schnell bergunter bis zum Z und so weiter und weiter, bis sie auf einmal mitten im Corpus juris sind und mit Grausen innewerden, in welche Wildnis die verfluchten vierundzwanzig Buchstaben, die sich anfangs im lustigen Tanz nur zu wohlschmeckenden und wohlriechenden Worten, wie Kirsche und Rose zusammenstellten, sie hineingelockt haben!

KLARA: Und wie wirds dann gemacht? *Abwesend ohne allen Anteil.*

SEKRETÄR: Darin sind die Temperamente verschieden. Einige arbeiten sich durch. Die kommen gewöhnlich in drei bis vier Jahren wieder ans Tageslicht, sind dann aber etwas mager und blaß, das muß man ihnen nicht übelnehmen. Zu diesen gehöre ich. Andere legen sich in der

Mitte des Waldes nieder, sie wollen bloß ausruhen, aber sie stehen selten wieder auf. Ich habe selbst einen Bekannten, der nun schon drei Jahre im Schatten der Lex Julia sein Bier trinkt, er hat sich den Platz des Namens wegen ausgesucht, der ruft ihm angenehme Erinnerungen zurück. Noch andere werden desparat und kehren um. Die sind die Dümmsten, denn man läßt sie nur unter der Bedingung aus dem einen Dickicht heraus, daß sie sich spornstreichs wieder in ein anderes hineinbegeben. Und da gibts einige, die noch schrecklicher sind, die gar kein Ende haben! *Für sich:* Was man alles schwätzt, wenn man etwas auf dem Herzen hat und es nicht herauszubringen weiß!

KLARA: Alles ist heute lustig und munter, das macht der schöne Tag!

SEKRETÄR: Ja, bei solchem Wetter fallen die Eulen aus dem Nest, die Fledermäuse bringen sich um, weil sie fühlen, daß der Teufel sie gemacht hat, der Maulwurf bohrt sich so tief in die Erde ein, daß er den Weg zurück nicht mehr findet und jämmerlich ersticken muß, wenn er sich nicht bis zur anderen Seite durchfrißt und in Amerika wieder zum Vorschein kommt. Heute tut jede Kornähre einen doppelten Schuß, und jede Mohnblume wird noch einmal so rot wie sonst, wenn auch nur aus Scham, daß sies noch nicht ist. Soll der Mensch zurückbleiben? Soll er den lieben Gott um den einzigen Zins betrügen, den seine Welt ihm abwirft, um ein fröhlich Gesicht und um ein helles Auge, das all die Herrlichkeit abspiegelt und verklärt zurückgibt? Wahrhaftig, wenn ich des Morgens diesen oder jenen Hocker aus seiner Tür hervorschleichen sehe, die Stirn in Falten heraufgezogen und den Himmel anglotzend wie einen Bogen Löschpapier, dann denk ich oft: es gibt gleich Regen, Gott muß, er kann nicht umhin, den Wolkenvorhang niederzulassen, um sich nur über die Fratze nicht zu ärgern. Man sollte die Kerls als Hintertreiber von Lustpartien, als Verderber des Erntewetters vor Gericht belangen können. Wodurch willst du denn für das Leben danken als dadurch, daß du lebst! Jauchze, Vogel, sonst verdienst du die Kehle nicht!

KLARA: Ach, das ist so wahr, so wahr – ich könnte gleich zu weinen anfangen!

SEKRETÄR: Es ist nicht gegen dich gesagt; daß du seit acht Tagen schwerer atmest wie sonst, begreif ich wohl, ich kenne deinen Alten. Aber gottlob, ich kann deine Brust wieder freimachen, und ebendarum bin ich hier. Du wirst deinen Bruder noch heut abend wiedersehen, und nicht auf ihn, sondern auf die Leute, die ihn ins Gefängnis geworfen haben, wird man mit Fingern zeigen. Verdient das einen Kuß, einen schwesterlichen, wenns denn kein anderer sein darf? Oder wollen wir Blindekuh darum spielen? Wenn ich dich nicht in zehn Minuten hasche, so geh ich leer aus und bekomm noch einen Backenstreich obendrein.

KLARA *für sich:* Mir ist, als wär ich auf einmal tausend Jahr alt geworden, und nun stünde die Zeit über mir still, ich kann nicht zurück und auch nicht vorwärts. O, dieser festgenagelte Sonnenschein und all die Heiterkeit um mich her!

SEKRETÄR: Du antwortest mir nicht. Freilich, das vergaß ich, du bist Braut! O Mädchen, warum hast du mir das getan! Und doch – habe ich ein Recht, mich zu beklagen? Sie ist, wie alles Liebe und Gute, alles Liebe und Gute hätte mich an sie erinnern sollen, dennoch war sie jahrelang für mich wie nicht mehr in der Welt. Dafür hat sie – Wärs nur wenigstens ein Kerl, vor dem man die Augen niederschlagen müßte! Aber dieser Leonhard –

KLARA *plötzlich, wie sie den Namen hört:* Ich muß zu ihm – Das ists ja, ich bin nicht mehr die Schwester eines Diebes – o Gott, was will ich denn noch? Leonhard wird und muß – Er braucht ja bloß kein Teufel zu sein, und alles ist wie vorher! *Schaudernd:* Wie vorher! *Zum Sekretär:* Nimms nicht übel, Friedrich! – Warum werden mir die Beine auf einmal so schwer?

SEKRETÄR: Du willst –

KLARA: Zu Leonhard, wohin denn sonst? Nur den einen Weg hab ich auf dieser Welt noch zu machen!

SEKRETÄR: So liebst du ihn? Dann –

KLARA *wild:* Lieben? Er oder der Tod! Wunderts wen, daß ich ihn wähle? Ich täts nicht, dächt ich an mich allein!

SEKRETÄR: Er oder der Tod? Mädchen, so spricht die Verzweiflung, oder –

KLARA: Mach mich nicht rasend! Nenne das Wort nicht

mehr! Dich! dich lieb ich! Da! Da! Ich rufs dir zu, als ob ich schon jenseits des Grabes wandelte, wo niemand mehr rot wird, wo sie alle nackt und frierend aneinander vorbeischleichen, weil Gottes furchtbare heilige Nähe in jedem den Gedanken an die anderen bis auf die Wurzel weggezehrt hat!

SEKRETÄR: Mich? Noch immer mich? Klara, ich habs geahnt, als ich dich draußen im Garten sah!

KLARA: Hast du? O, der andere auch! *Dumpf, als ob sie allein wäre:* Und er trat vor mich hin! Er oder ich! O, mein Herz, mein verfluchtes Herz! Um ihm, um mir selbst zu beweisen, daß es nicht so sei, oder ums zu ersticken, wenns so wäre, tat ich, was mich jetzt – *in Tränen ausbrechend* – Gott im Himmel, ich würde mich erbarmen, wenn ich du wäre und du ich!

SEKRETÄR: Klara, werde mein Weib! Ich kam zu dir, um dir noch einmal auf die alte Weise ins Auge zu sehen. Hättest du den Blick nicht verstanden, ich würde mich, ohne zu reden, wieder entfernt haben. Jetzt biet ich dir alles an, was ich bin und was ich habe. Es ist wenig, aber es kann mehr werden. Längst wäre ich hier gewesen, doch deine Mutter war krank, dann starb sie.

Klara lacht wahnsinnig.

Fasse Mut, Mädchen. Der Mensch hat dein Wort. Das ängstigt dich. Und freilich ists verflucht. Wie konntest du –

KLARA: O frag noch, was alles zusammenkommt, um ein armes Mädchen verrückt zu machen. Spott und Hohn von allen Seiten, als du auf die Akademie gezogen warst und nichts mehr von dir hören ließest. Die denkt noch an den! – Die glaubt, daß Kindereien ernsthaft gemeint waren! – Erhält sie Briefe? – Und dann die Mutter! Halte dich zu deinesgleichen! Hochmut tut nimmer gut! Der Leonhard ist doch recht brav, alle wundern sich, daß du ihn über die Achsel ansiehst. Dazu mein eignes Herz. Hat er dich vergessen, zeig ihm, daß auch du – o Gott!

SEKRETÄR: Ich bin schuld. Ich fühls. Nun, was schwer ist, ist darum nicht unmöglich. Ich schaff dir dein Wort zurück. Vielleicht –

KLARA: O, mein Wort – da! *Sie wirft ihm Leonhards Brief hin.*

SEKRETÄR *liest:* Ich als Kassierer – dein Bruder – Dieb – sehr leid – aber ich kann nicht umhin, aus Rücksicht auf mein Amt – – *Zu Klara:* Das schrieb er dir denselben Tag, wo deine Mutter starb? Er bezeigt dir ja zugleich sein Beileid über ihren jähen Tod!

KLARA: Ich glaube ja!

SEKRETÄR: Daß dich! Lieber Gott, die Katzen, Schlangen und sonstigen Scheusale, die dir bei der Schöpfung so zwischen den Fingern durchgeschlüpft sind, haben Beelzebubs Wohlgefallen erregt, er hat sie dir nachgemacht, aber er hat sie besser herausgeputzt, wie du, er hat sie in Menschenhaut gesteckt, und nun stehen sie mit deinem Menschen in Reih und Glied, und man erkennt sie erst, wenn sie kratzen und stechen! *Zu Klara:* Aber es ist ja gut, es ist ja vortrefflich! *Er will sie umarmen.* Komm! Für ewig! Mit diesem Kuß –

KLARA *sinkt an ihn:* Nein, nicht für ewig, nur daß ich nicht umfalle, aber keinen Kuß!

SEKRETÄR: Mädchen, du liebst ihn nicht, du hast dein Wort zurück –

KLARA *dumpf, sich wieder aufrichtend:* Und ich muß doch zu ihm, ich muß mich auf Knieen vor ihm niederwerfen und stammeln: Sieh die weißen Haare meines Vaters an, nimm mich!

SEKRETÄR: Unglückliche, versteh ich dich?

KLARA: Ja!

SEKRETÄR: Darüber kann kein Mann weg! Vor dem Kerl, dem man ins Gesicht spucken möchte, die Augen niederschlagen müssen? *Er preßt Klara wild an sich.* Ärmste! Ärmste!

KLARA: Geh nun, geh!

SEKRETÄR *für sich brütend:* Oder man müßte den Hund, ders weiß, aus der Welt wegschießen! Daß er Mut hätte! Daß er sich stellte! Daß man ihn zwingen könnte! Ums Treffen wär mir nicht bange!

KLARA: Ich bitte dich!

SEKRETÄR *indem er geht:* Wenns dunkel wird! *Er kehrt wieder um und faßt Klaras Hand.* Mädchen, du stehst vor mir – – *Er wendet sich ab.* Tausende ihres Geschlechts hättens klug und listig verschwiegen und es erst dem Mann in einer Stunde süßer Vergessenheit in Ohr und Seele geschmeichelt! Ich fühle, was ich dir schuldig bin. *Ab.*

Sechste Szene

KLARA *allein:* Zu! Zu, mein Herz! Quetsch dich in dich ein, daß auch kein Blutstropfe mehr heraus kann, der in den Adern das gefrierende Leben wieder entzünden will. Da hatte sich wieder was wie eine Hoffnung in dir aufgetan! Jetzt erst merk ichs! Ich dachte – *Lächelnd:* Nein, darüber kann kein Mann weg! Und wenn – Könntest du selbst darüber hinweg? Hättest du den Mut, eine Hand zu fassen, die – Nein, nein, diesen schlechten Mut hättest du nicht! Du müßtest dich selbst einriegeln in deine Hölle, wenn man dir von außen die Türe öffnen wollte – Du bist für ewig – O, daß das aussetzt, daß das nicht immer so fortbohrt, daß zuweilen ein Aufhören ist! Nur darum dauerts lange! Der Gequälte glaubt auszuruhen, weil der Quäler einhalten muß, um Odem zu schöpfen; es ist ein Aufatmen wie des Ertrinkenden auf den Wellen, wenn der Strudel, der ihn hinunterzieht, ihn noch einmal wieder ausspeit, um ihn gleich wieder aufs neue zu fassen, er hat nichts davon als den zwiefachen Todeskampf!
Nun, Klara? Ja, Vater, ich gehe, ich gehe! Deine Tochter wird dich nicht zum Selbstmord treiben! Ich bin bald das Weib des Menschen, oder – Gott, nein! Ich bettle ja nicht um ein Glück, ich bettle um mein Elend, um mein tiefstes Elend – mein Elend wirst du mir geben! Fort – wo ist der Brief? *Sie nimmt ihn.* Drei Brunnen triffst du auf dem Weg zu ihm – Daß du mir an keinem stehenbleibst! Noch hast du nicht das Recht dazu! *Ab.*

DRITTER AKT

Erste Szene

Zimmer bei Leonhard

LEONHARD *an einem Tisch mit Akten, schreibend:* Das wäre nun der sechste Bogen nach Tisch! Wie fühlt sich der Mensch, wenn er seine Pflicht tut! Jetzt könnte mir in die

Tür treten, wer wollte, und wenns der König wäre – ich würde aufstehen, aber ich würde nicht in Verlegenheit geraten! Einen nehm ich aus, das ist der alte Tischler! Aber im Grunde kann auch der mir wenig machen! Die arme Klara! Sie dauert mich, ich kann nicht ohne Unruhe an sie denken! Daß der eine verfluchte Abend nicht wäre! Es war in mir wirklich mehr die Eifersucht als die Liebe, die mich zum Rasen brachte, und sie ergab sich gewiß nur darein, um meine Vorwürfe zu widerlegen, denn sie war kalt gegen mich wie der Tod. Ihr stehen böse Tage bevor, nun, auch ich werde noch viel Verdruß haben! Trage jeder das Seinige! Vor allen Dingen die Sache mit dem kleinen Buckel nur recht fest gemacht, damit die mir nicht entgeht, wenn das Gewitter ausbricht! Dann hab ich den Bürgermeister auf meiner Seite und brauche vor nichts bange zu sein!

Zweite Szene

KLARA *tritt ein:* Guten Abend, Leonhard!
LEONHARD: Klara? *Für sich:* Das hätt ich nun nicht mehr erwartet! *Laut:* Hast du meinen Brief nicht erhalten? Doch – du kommst vielleicht für deinen Vater und willst die Steuer bezahlen! Wieviel ist es nur? *In einem Journal blätternd.* Ich sollte es eigentlich aus dem Kopf wissen!
KLARA: Ich komme, um dir deinen Brief zurückzugeben! Hier ist er! Lies ihn noch einmal!
LEONHARD *liest mit großem Ernst:* Es ist ein ganz vernünftiger Brief! Wie kann ein Mann, dem die öffentlichen Gelder anvertraut sind, in eine Familie heiraten, zu der – *er verschluckt ein Wort –*, zu der dein Bruder gehört?
KLARA: Leonhard!
LEONHARD: Aber vielleicht hat die ganze Stadt unrecht? Dein Bruder sitzt nicht im Gefängnis? Er hat nie im Gefängnis gesessen? Du bist nicht die Schwester eines – deines Bruders?
KLARA: Leonhard, ich bin die Tochter meines Vaters, und nicht als Schwester eines unschuldig Verklagten, der schon wieder freigesprochen ist, denn das ist mein Bruder, nicht als Mädchen, das vor unverdienter Schande zit-

tert, denn – *halblaut:* ich zittre noch mehr vor dir, nur als Tochter des alten Mannes, der mir das Leben gegeben hat, stehe ich hier!

LEONHARD: Und du willst?

KLARA: Du kannst fragen? O, daß ich wieder gehen dürfte! Mein Vater schneidet sich die Kehle ab, wenn ich – heirate mich!

LEONHARD: Dein Vater –

KLARA: Er hats geschworen! Heirate mich!

LEONHARD: Hand und Hals sind nahe Vettern. Sie tun einander nichts zuleide! Mach dir keine Gedanken!

KLARA: Er hats geschworen – heirate mich, nachher bring mich um, ich will dir für das eine noch dankbarer sein als für das andere!

LEONHARD: Liebst du mich? Kommst du, weil dich dein Herz treibt? Bin ich der Mensch, ohne den du nicht leben und sterben kannst?

KLARA: Antworte dir selbst!

LEONHARD: Kannst du schwören, daß du mich liebst? Daß du mich so liebst, wie ein Mädchen den Mann lieben muß, der sich auf ewig mit ihr verbinden soll?

KLARA: Nein, das kann ich nicht schwören! Aber dies kann ich schwören: ob ich dich liebe, ob ich dich nicht liebe, nie sollst dus erfahren! Ich will dir dienen, ich will für dich arbeiten, und zu essen sollst du mir nichts geben, ich will mich selbst ernähren, ich will bei Nachtzeit nähen und spinnen für andere Leute, ich will hungern, wenn ich nichts zu tun habe, ich will lieber in meinen eignen Arm hineinbeißen, als zu meinem Vater gehen, damit er nichts merkt. Wenn du mich schlägst, weil dein Hund nicht bei der Hand ist oder weil du ihn abgeschafft hast, so will ich eher meine Zunge verschlucken als ein Geschrei ausstoßen, das den Nachbarn verraten könnte, was vorfällt. Ich kann nicht versprechen, daß meine Haut die Striemen deiner Geißel nicht zeigen soll, denn das hängt nicht von mir ab, aber ich will lügen, ich will sagen, daß ich mit dem Kopf gegen den Schrank gefahren, oder daß ich auf dem Estrich, weil er zu glatt war, ausgeglitten bin, ich wills tun, bevor noch einer fragen kann, woher die blauen Flecke rühren. Heirate mich – ich lebe nicht lange. Und wenns dir doch zu lange dauert und du die

Kosten der Scheidung nicht aufwenden magst, um von mir loszukommen, so kauf Gift aus der Apotheke und stells hin, als obs für deine Ratten wäre, ich wills, ohne daß du auch nur zu winken brauchst, nehmen und im Sterben zu den Nachbarn sagen, ich hätts für zerstoßenen Zucker gehalten!

LEONHARD: Ein Mensch, von dem du dies alles erwartest, überrascht dich doch nicht, wenn er nein sagt?

KLARA: So schaue Gott mich nicht zu schrecklich an, wenn ich komme, ehe er mich gerufen hat! Wärs um mich allein – ich wollts ja tragen, ich wollts geduldig hinnehmen als verdiente Strafe für, ich weiß nicht was, wenn die Welt mich in meinem Elend mit Füßen träte, statt mir beizustehen, ich wollte mein Kind, und wenns auch die Züge dieses Menschen trüge, lieben, ach, und ich wollte vor der armen Unschuld so viel weinen, daß es, wenns älter und klüger würde, seine Mutter gewiß nicht verachten noch ihr fluchen sollte. Aber ich bins nicht allein, und leichter find ich am Jüngsten Tag noch eine Antwort auf des Richters Frage: Warum hast du dich selbst umgebracht? als auf die: Warum hast du deinen Vater so weit getrieben?

LEONHARD: Du sprichst, als ob du die erste und letzte wärst! Tausende haben das vor dir durchgemacht, und sie ergaben sich darein, Tausende werden nach dir in den Fall kommen und sich in ihr Schicksal finden: sind die alle Nickel, daß du dich für dich allein in die Ecke stellen willst? Die hatten auch Väter, die ein Schock neue Flüche erfanden, als sies zuerst hörten und von Mord und Totschlag sprachen; nachher schämten sie sich und taten Buße für ihre Schwüre und Gotteslästerungen, sie setzten sich hin und wiegten das Kind oder wedelten ihm die Fliegen ab!

KLARA: O, ich glaubs gern, daß du nicht begreifst, wie irgendeiner in der Welt seinen Schwur halten sollte!

Dritte Szene

EIN KNABE *tritt ein:* Da sind Blumen! Ich soll nicht sagen, wovon.

LEONHARD: Ei, die lieben Blumen! *Schlägt sich vor die Stirn.* Teufel! Teufel! Das ist dumm! Ich hätte welche schicken sollen! Wie hilft man sich da heraus? Auf solche Dinge versteh ich mich schlecht, und die Kleine nimmts genau, sie hat an nichts anderes zu denken! *Er nimmt die Blumen.* Alle behalt ich sie aber nicht! *Zu Klara:* Nicht wahr, die da bedeuten Reue und Scham? Hast du mir das nicht einmal gesagt?
Klara nickt.
LEONHARD *zum Knaben:* Merk dirs, Junge, die sind für mich, ich stecke sie an, siehst du, hier, wo das Herz ist! Diese, die dunkelroten, die wie ein düsteres Feuer brennen, trägst du zurück. Verstehst du? Wenn meine Äpfel reif sind, kannst du dich melden!
KNABE: Das ist noch lange hin! *Ab.*

Vierte Szene

LEONHARD: Ja, siehst du, Klara, du sprachst von Worthalten. Eben weil ich ein Mann von Wort bin, muß ich dir antworten, wie ich dir geantwortet habe. Dir schrieb ich vor acht Tagen ab, du kannst es nicht leugnen, der Brief liegt da. *Er reicht ihr den Brief, sie nimmt ihn mechanisch.* Ich hatte Grund, dein Bruder – du sagst, er ist freigesprochen, es freut mich! In diesen acht Tagen knüpfte ich ein neues Verhältnis an; ich hatte das Recht dazu, denn du hast nicht zur rechten Zeit gegen meinen Brief protestiert, ich war frei in meinem Gefühl wie vor dem Gesetz. Jetzt kommst du, aber ich habe schon ein Wort gegeben und eins empfangen, ja – *für sich:* ich wollt, es wär so – die andere ist schon mit dir in gleichem Fall, du dauerst mich – *er streicht ihr die Locken zurück, sie läßt es geschehen, als ob sie es gar nicht bemerkte* – aber du wirst einsehen – mit dem Bürgermeister ist nicht zu spaßen!
KLARA *wie geistesabwesend:* Nicht zu spaßen!
LEONHARD: Siehst du, du wirst vernünftig! Und was deinen Vater betrifft, so kannst du ihm keck ins Gesicht sagen, daß er allein schuld ist! Starre mich nicht so an, schüttle nicht den Kopf, es ist so, Mädchen, es ist so! Sags ihm nur, er wirds schon verstehen und in sich gehen, ich

bürge dir dafür! *Für sich:* Wer die Aussteuer seiner Tochter wegschenkt, der muß sich nicht wundern, daß sie sitzenbleibt. Wenn ich daran denke, so steift sich mir ordentlich der Rücken, und ich könnte wünschen, der alte Kerl wäre hier, um eine Lektion in Empfang zu nehmen. Warum muß ich grausam sein? Nur weil er ein Tor war! Was auch daraus entsteht, er hats zu verantworten, das ist klar! *Zu Klara:* Oder willst du, daß ich selbst mit ihm rede? Dir zuliebe will ich ein blaues Auge wagen und zu ihm gehen! Er kann grob gegen mich werden, er kann mir den Stiefelknecht an den Kopf werfen, aber er wird die Wahrheit trotz des Bauchgrimmens, das sie ihm verursacht, hinunterknirschen und dich in Ruhe lassen müssen. Verlaß dich darauf! Ist er zu Hause?

KLARA *richtet sich hoch auf:* Ich danke dir! *Will gehen.*

LEONHARD: Soll ich dich hinüberbegleiten? Ich habe den Mut!

KLARA: Ich danke dir, wie ich einer Schlange danken würde, die mich umknotet hätte und mich von selbst wieder ließe und fortspränge, weil eine andere Beute sie lockte. Ich weiß, daß ich gebissen bin, ich weiß, daß sie mich nur läßt, weil es ihr nicht der Mühe wert scheint, mir das bißchen Mark aus den Gebeinen zu saugen, aber ich danke dir doch, denn nun hab ich einen ruhigen Tod. Ja, Mensch, es ist kein Hohn, ich danke dir, mir ist, als hätt ich durch deine Brust bis in den Abgrund der Hölle hinuntergesehen, und was auch in der furchtbaren Ewigkeit mein Los sei, mit dir hab ich nichts mehr zu schaffen, und das ist ein Trost! Und wie der Unglückliche, den ein Wurm gestochen hat, nicht gescholten wird, wenn er sich in Schauder und Ekel die Adern öffnet, damit das vergiftete Leben schnell ausströmen kann, so wird die ewige Gnade sich vielleicht auch mein erbarmen, wenn sie dich ansieht und mich, was du aus mir gemacht hast, denn warum könnt ichs tun, wenn ichs nimmer, nimmer tun dürfte? Nur eins noch: mein Vater weiß von nichts, er ahnt nichts, und damit er nie etwas erfährt, geh ich noch heute aus der Welt! Könnt ich denken, daß du – *Sie tut wild einen Schritt auf ihn zu.* Doch, das ist Torheit, dir kanns ja nur willkommen sein, wenn sie alle stehen und die Köpfe schütteln und sich umsonst fragen: warum das geschehen ist!

LEONHARD: Es kommen Fälle vor! Was soll man tun? Klara!
KLARA: Fort von hier! Der Mensch kann sprechen! *Sie will gehen.*
LEONHARD: Meinst du, daß ichs dir glaube?
KLARA: Nein!
LEONHARD: Du kannst gottlob nicht Selbstmörderin werden, ohne zugleich Kindesmörderin zu werden!
KLARA: Beides lieber als Vatermörderin! O, ich weiß, daß man Sünde mit Sünde nicht büßt! Aber was ich jetzt tu, das kommt über mich allein! Geb ich meinem Vater das Messer in die Hand, so triffts ihn wie mich! Mich triffts immer! Dies gibt mir Mut und Kraft in all meiner Angst! Dir wirds wohl gehen auf Erden! *Ab.*

Fünfte Szene

LEONHARD *allein:* Ich muß! Ich muß sie heiraten! Und warum muß ich? Sie will einen verrückten Streich begehen, um ihren Vater von einem verrückten Streich abzuhalten; wo liegt die Notwendigkeit, daß ich den ihrigen durch einen noch verrückteren verhindern muß? Ich kann sie nicht zugeben, wenigstens nicht eher, als bis ich denjenigen vor mir sehe, der mir wieder durch den allerverrücktesten zuvorkommen will, und wenn der ebenso denkt wie ich, so gibts kein Ende. Das klingt ganz gescheut, und doch – Ich muß ihr nach! Da kommt jemand! Gott sei Dank, nichts ist schmählicher, als sich mit seinen eigenen Gedanken abzanken müssen! Eine Rebellion im Kopf, wo man Wurm nach Wurm gebiert und einer den andern frißt oder in den Schwanz beißt, ist die schlimmste von allen!

Sechste Szene

SEKRETÄR *tritt ein:* Guten Abend!
LEONHARD: Herr Sekretär? Was verschafft mir die Ehre –
SEKRETÄR: Du wirst es gleich sehen!
LEONHARD: Du? Wir sind freilich Schulkameraden gewesen!

SEKRETÄR: Und werden vielleicht auch Todeskameraden sein! *Zieht Pistolen hervor.* Verstehst du damit umzugehen?
LEONHARD: Ich begreife Sie nicht!
SEKRETÄR *spannt eine:* Siehst du? So wirds gemacht. Dann zielst du auf mich, wie ich jetzt auf dich, und drückst ab! So!
LEONHARD: Was reden Sie?
SEKRETÄR: Einer von uns beiden muß sterben! Sterben! Und das sogleich!
LEONHARD: Sterben?
SEKRETÄR: Du weißt warum!
LEONHARD: Bei Gott nicht!
SEKRETÄR: Tut nichts, es wird dir in der Todesstunde schon einfallen!
LEONHARD: Auch keine Ahnung –
SEKRETÄR: Besinne dich! Ich könnte dich sonst für einen tollen Hund halten, der mein Liebstes gebissen hat, ohne selbst etwas davon zu wissen, und dich niederschießen wie einen solchen, da ich dich doch noch eine halbe Stunde lang für meinesgleichen gelten lassen muß!
LEONHARD: Sprechen Sie doch nicht so laut! Wenn Sie einer hörte –
SEKRETÄR: Könnte mich einer hören, du hättest ihn längst gerufen! Nun?
LEONHARD: Wenns des Mädchens wegen ist, ich kann sie ja heiraten! Dazu war ich schon halb und halb entschlossen, als sie selbst hier war!
SEKRETÄR: Sie war hier, und sie ist wieder gegangen, ohne dich in Reue und Zerknirschung zu ihren Füßen gesehen zu haben? Komm! Komm!
LEONHARD: Ich bitte Sie – Sie sehen einen Menschen vor sich, der zu allem bereit ist, was Sie vorschreiben! Noch heut abend verlobe ich mich mit ihr!
SEKRETÄR: Das tu ich oder keiner. Und wenn die Welt daran hinge, nicht den Saum ihres Kleides sollst du wieder berühren! Komm! In den Wald mit mir! Aber wohl gemerkt, ich faß dich unter den Arm, und wenn du unterwegs nur einen Laut von dir gibst, so – *er erhebt die Pistole* – du wirst mirs glauben! Ohnehin nehmen wir, damit du

nicht in Versuchung kommst, den Weg hinten zum Hause hinaus durch die Gärten!
LEONHARD: Eine ist für mich – geben Sie mir die!
SEKRETÄR: Damit du sie wegwerfen und mich zwingen kannst, dich zu morden oder dich laufen zu lassen, nicht wahr? Geduld, bis wir am Platz sind, dann teil ich ehrlich mit dir!
LEONHARD *geht und stößt aus Versehen sein Trinkglas vom Tisch:* Soll ich nicht wieder trinken?
SEKRETÄR: Courage, mein Junge, vielleicht gehts gut, Gott und Teufel scheinen sich ja beständig um die Welt zu schlagen, wer weiß denn, wer gerade Herr ist! *Faßt ihn unter den Arm, beide ab.*

Siebente Szene

Zimmer im Hause des Tischlers. Abend

KARL *tritt ein:* Kein Mensch daheim! Wüßt ich das Rattenloch unter der Türschwelle nicht, wo sie den Schlüssel zu verbergen pflegen, wenn sie alle davongehen, ich hätte nicht hinein können. Nun, das hätte nichts gemacht! Ich könnte jetzt zwanzigmal um die Stadt laufen und mir einbilden, es gäbe kein größeres Vergnügen auf der Welt, als die Beine zu gebrauchen. Wir wollen Licht anzünden! *Er tuts.* Das Feuerzeug ist noch auf dem alten Platz, ich wette, denn wir haben hier im Hause zweimal zehn Gebote. Der Hut gehört auf den dritten Nagel, nicht auf den vierten! Um halb zehn Uhr muß man müde sein! Vor Martini darf man nicht frieren, nach Martini nicht schwitzen! Das steht in einer Reihe mit: Du sollst Gott fürchten und lieben! Ich bin durstig! *Ruft:* Mutter! Pfui! Als ob ichs vergessen hätte, daß sie da liegt, wo auch des Bierwirts Knecht sein Nußknackermaul nicht mehr mit einem Ja, Herr! aufzureißen braucht, wenn er gerufen wird! Ich habe nicht geweint, als ich die Totenglocke in meinem finstern Turmloch hörte, aber – Rotrock, du hast mich auf der Kegelbahn nicht den letzten Wurf tun lassen, obgleich ich die Boßel schon in der Hand hielt, ich lasse dir nicht zum letzten Atemzug Zeit, wenn ich dich allein treffe, und das kann heut abend noch geschehen, ich weiß, wo du um zehn zu finden bist. Nachher zu Schiff! Wo die Klara bleibt? Ich bin ebenso hungrig als durstig! Heut ist Donnerstag, sie haben Kalbfleischsuppe gegessen. Wärs Winter, so hätts Kohl gegeben, vor Fastnacht weißen, nach Fastnacht grünen! Das steht so fest, als daß der Donnerstag wiederkehren muß, wenn der Mittwoch dagewesen ist, daß er nicht zum Freitag sagen kann: Geh du für mich, ich habe wunde Füße!

Achte Szene

Klara tritt ein.
KARL: Endlich! Du solltest auch nur nicht soviel küssen! Wo sich vier rote Lippen zusammenbacken, da ist dem Teufel eine Brücke gebaut! Was hast du da?
KLARA: Wo? Was?
KARL: Wo? Was? In der Hand!
KLARA: Nichts!
KARL: Nichts? Sind das Geheimnisse? *Er entreißt ihr Leonhards Brief.* Her damit! Wenn der Vater nicht da ist, so ist der Bruder Vormund!
KLARA: Den Fetzen hab ich festgehalten, und doch geht der Abendwind so stark, daß er die Ziegel von den Dächern wirft! Als ich an der Kirche vorbeiging, fiel einer dicht vor mir nieder, so daß ich mir den Fuß daran zerstieß. O Gott, dacht ich, noch einen! und stand still! Das wäre so schön gewesen, man hätte mich begraben und gesagt: sie hat ein Unglück gehabt! Ich hoffte umsonst auf den zweiten!
KARL *der den Brief gelesen hat:* Donner und – Kerl, den Arm, der das schrieb, schlag ich dir lahm! Hol mir eine Flasche Wein! Oder ist deine Sparbüchse leer?
KLARA: Es ist noch eine im Hause. Ich hatte sie heimlich für den Geburtstag der Mutter gekauft und beiseitegestellt. Morgen wäre der Tag – *Sie wendet sich.*
KARL: Gib sie her!
Klara bringt den Wein.
KARL *trinkt hastig:* Nun könnten wir denn wieder anfangen. Hobeln, sägen, hämmern, dazwischen essen, trinken und schlafen, damit wir immerfort hobeln, sägen und häm-

mern können, sonntags ein Kniefall obendrein: Ich danke dir, daß ich hobeln, sägen und hämmern darf! *Trinkt.* Es lebe jeder brave Hund, der an der Kette nicht um sich beißt! *Er trinkt wieder.* Und noch einmal: er lebe!

KLARA: Karl, trink nicht so viel! Der Vater sagt, im Wein sitzt der Teufel!

KARL: Und der Priester sagt, im Wein sitzt der liebe Gott! *Er trinkt.* Wir wollen sehen, wer recht hat! Der Gerichtsdiener ist hier im Hause gewesen – wie betrug er sich?

KLARA: Wie in der Diebsherberge. Die Mutter fiel um und war tot, sobald er nur den Mund aufgetan hatte!

KARL: Gut! Wenn du morgen früh hörst, daß der Kerl erschlagen gefunden worden ist, so fluche nicht auf den Mörder!

KLARA: Karl, du wirst doch nicht –

KARL: Bin ich sein einziger Feind? Hat man ihn nicht schon oft angefallen? Es dürfte schwerhalten, aus so vielen, denen das Stück zuzutrauen wäre, den rechten herauszufinden, wenn dieser nur nicht Stock oder Hut auf dem Platz zurückläßt. *Er trinkt.* Wer es auch sei: auf gutes Gelingen!

KLARA: Bruder, du redest –

KARL: Gefällts dir nicht? Laß gut sein! Du wirst mich nicht lange mehr sehen!

KLARA *zusammenschaudernd:* Nein!

KARL: Nein? Weißt dus schon, daß ich zur See will? Kriechen mir die Gedanken auf der Stirn herum, daß du sie lesen kannst? Oder hat der Alte nach seiner Art gewütet und gedroht, mir das Haus zu verschließen? Pah! Das wär nicht viel anders, als wenn der Gefängnisknecht mir zugeschworen hätte: du sollst nicht länger im Gefängnis sitzen, ich stoße dich hinaus ins Freie!

KLARA: Du verstehst mich nicht!

KARL *singt:*

    Dort bläst ein Schiff die Segel,
    Frisch saust hinein der Wind!

Ja, wahrhaftig, jetzt hält mich nichts mehr an der Hobelbank fest! Die Mutter ist tot, es gibt keine mehr, die nach jedem Sturm aufhören würde, Fische zu essen, und von Jugend auf wars mein Wunsch. Hinaus! Hier gedeih ich nicht oder erst dann, wenn ichs gewiß weiß, daß das

Glück dem Mutigen, der sein Leben aufs Spiel setzt, der ihm den Kupferdreier, den er aus dem großen Schatz empfangen hat, wieder hinwirft, um zu sehen, ob es ihn einsteckt oder ihn vergoldet zurückgibt, nicht mehr günstig ist.

KLARA: Und du willst den Vater allein lassen? Er ist sechzig Jahr!

KARL: Allein? Bleibst du ihm nicht?

KLARA: Ich?

KARL: Du! Sein Schoßkind! Was wächst dir für Unkraut im Kopf, daß du fragst! Seine Freude laß ich ihm, und von seinem ewigen Verdruß wird er befreit, wenn ich gehe, warum sollt ichs denn nicht tun? Wir passen ein für allemal nicht zusammen, er kanns nicht eng genug um sich haben, er möchte seine Faust zumachen und hineinkriechen, ich möchte meine Haut abstreifen, wie den Kleinkinderrock, wenns nur ginge!

Singt:
>Der Anker wird gelichtet,
>Das Steuer flugs gerichtet,
>>Nun fliegts hinaus geschwind!

Sag selbst, hat er auch nur einen Augenblick an meiner Schuld gezweifelt? Und hat er in seinem überklugen: Das hab ich erwartet! Das hab ich immer gedacht! Das konnte nicht anders enden! nicht den gewöhnlichen Trost gefunden? Wärst dus gewesen, er hätte sich umgebracht! Ich möcht ihn sehen, wenn du ein Weiberschicksal hättest! Es würde ihm sein, als ob er selbst in die Wochen kommen sollte! Und mit dem Teufel dazu!

KLARA: O, wie das an mein Herz greift! Ja, ich muß fort, fort!

KARL: Was soll das heißen?

KLARA: Ich muß in die Küche – was wohl sonst? *Faßt sich an die Stirn.* Ja! Das noch! Darum allein ging ich ja noch wieder zu Hause! *Ab.*

KARL: Die kommt mir ganz sonderbar vor!

Singt:
>Ein kühner Wasservogel
>>Kreist grüßend um den Mast!

KLARA *tritt wieder ein:* Das Letzte ist getan, des Vaters Abendtrank steht am Feuer. Als ich die Küchentür hinter mir anzog und ich dachte: du trittst nun nie wieder hinein! ging mir ein Schauer durch die Seele. So werd ich auch aus dieser Stube gehen, so aus dem Hause, so aus der Welt!

KARL *singt, er geht immer auf und ab, Klara hält sich im Hintergrund:*
>   Manch Fischlein, blank und munter,
>   Umgaukelt keck den Gast!

KLARA: Warum tu ichs denn nicht? Werd ichs nimmer tun? Werd ichs von Tag zu Tag aufschieben, wie jetzt von Minute zu Minute, bis – Gewiß! Darum fort! – Fort! Und doch bleib ich stehen! Ists mir nicht, als obs in meinem Schoß bittend Hände aufhöbe, als ob Augen – *Sie setzt sich auf einen Stuhl.* Was soll das? Bist du zu schwach dazu? So frag dich, ob du stark genug bist, deinen Vater mit abgeschnittener Kehle – *Sie steht auf.* Nein! Nein! – Vater unser, der du bist im Himmel – Geheiliget werde dein Reich – Gott, Gott, mein armer Kopf – ich kann nicht einmal beten – Bruder! Bruder! – Hilf mir –

KARL: Was hast du?

KLARA: Das Vaterunser! *Sie besinnt sich.* Mir war, als ob ich schon im Wasser läge und untersänke und hätte noch nicht gebetet! Ich – *Plötzlich:* Vergib uns unsere Schuld, wie wir vergeben unsern Schuldigern! Da ists! Ja! Ja! ich vergeb ihm gewiß, ich denke ja nicht mehr an ihn! Gute Nacht, Karl!

KARL: Willst du schon so früh schlafen gehen? Gute Nacht!

KLARA *wie ein Kind, das sich das Vaterunser überhört:* Vergib uns –

KARL: Ein Glas Wasser könntest du mir noch bringen, aber es muß recht frisch sein!

KLARA *schnell:* Ich will es dir vom Brunnen holen!

KARL: Nun, wenn du willst, es ist ja nicht weit!

KLARA: Dank! Dank! Das war das letzte, was mich noch drückte! Die Tat selbst mußte mich verraten! Nun werden sie doch sagen: Sie hat ein Unglück gehabt! Sie ist hineingestürzt!

KARL: Nimm dich aber in acht, das Brett ist wohl noch immer nicht wieder vorgenagelt!

KLARA: Es ist ja Mondschein! – O Gott, ich komme nur,

weil sonst mein Vater käme! Vergib mir, wie ich – Sei mir gnädig – gnädig – *Ab.*

Neunte Szene

KARL *singt:*
>Wär gern hineingesprungen,
>   Da draußen ist mein Reich!

Ja! aber vorher – *Er sieht nach der Uhr.* Wieviel ists? Neun!

>Ich bin ja jung von Jahren,
>Da ists mir nur ums Fahren,
>   Wohin? Das gilt mir gleich!

Zehnte Szene

MEISTER ANTON *tritt ein:* Dir hätt ich etwas abzubitten, aber wenn ichs dir verzeihe, daß du heimlich Schulden gemacht hast und sie noch obendrein für dich bezahle, so werd ichs mir ersparen dürfen!

KARL: Das eine ist gut, das andere ist nicht nötig, wenn ich meine Sonntagskleider verkaufe, kann ich die Leute, die ein paar Taler von mir zu fordern haben, selbst befriedigen, und das werd ich gleich morgen tun, als Matrose – *für sich:* da ists heraus! *laut:* brauch ich sie nicht mehr!

MEISTER ANTON: Was sind das wieder für Reden?

KARL: Er hört sie nicht zum erstenmal, aber Er mag mir heute darauf antworten, was Er will, mein Entschluß steht fest!

MEISTER ANTON: Mündig bist du, es ist wahr!

KARL: Eben weil ichs bin, trotz ich nicht darauf. Aber ich denke, Fisch und Vogel sollten nicht darüber streiten, obs in der Luft oder im Wasser am besten ist. Nur eins. Er sieht mich entweder nie wieder, oder Er wird mich auf die Schulter klopfen und sagen: „Du hast recht getan!"

MEISTER ANTON: Wir wollens abwarten. Ich brauche den Gesellen, den ich für dich eingestellt habe, nicht wieder abzulohnen, was ists denn weiter?

KARL: Ich dank Ihm!
MEISTER ANTON: Sag mir, hat der Gerichtsdiener, statt dich auf dem kürzesten Weg zum Bürgermeister zu führen, dich wirklich durch die ganze Stadt –
KARL: Straßauf, straßab, über den Markt, wie den Fastnachtsochsen, aber zweifle Er nicht, auch den werd ich bezahlen, eh ich gehe.
MEISTER ANTON: Das tadle ich nicht, aber ich verbiet es dir!
KARL: Ho!
MEISTER ANTON: Ich werde dich nicht aus den Augen lassen, und ich selbst, ich würde dem Kerl beispringen, wenn du dich an ihm vergreifen wolltest!
KARL: Ich meinte, Er hätte die Mutter auch liebgehabt!
MEISTER ANTON: Ich werds beweisen.

Elfte Szene

DER SEKRETÄR *tritt bleich und wankend herein, er drückt ein Tuch gegen die Brust:* Wo ist Klara? *Er fällt auf einen Stuhl zurück.* Jesus! Guten Abend! Gott sei Dank, daß ich noch herkam! Wo ist sie?
KARL: Sie ging zum – Wo bleibt sie? Ihre Reden – mir wird angst! *Ab.*
SEKRETÄR: Sie ist gerächt – der Bube liegt – Aber auch ich bin – Warum das, Gott? – Nun kann ich sie ja nicht –
MEISTER ANTON: Was hat Er? Was ist mit Ihm?
SEKRETÄR: Es ist gleich aus! Geb Er mir die Hand darauf, daß Er Seine Tochter nicht verstoßen will – Hört Er, nicht verstoßen, wenn sie –
MEISTER ANTON: Das ist eine wunderliche Rede. Warum sollt ich sie denn – Ha, mir gehen die Augen auf! Hätt ich ihr nicht Unrecht getan?
SEKRETÄR: Geb Er mir die Hand!
MEISTER ANTON: Nein! *Steckt beide Hände in die Tasche.* Aber ich werde ihr Platz machen, und sie weiß das, ich habs ihr gesagt!
SEKRETÄR *entsetzt:* Er hat ihr – Unglückliche, jetzt versteh ich dich ganz!
KARL *stürzt hastig herein:* Vater, Vater, es liegt jemand im Brunnen! Wenns nur nicht –

Meister Anton: Die große Leiter her! Haken! Stricke! Was säumst du? Schnell! Und obs der Gerichtsdiener wäre!
Karl: Alles ist schon da. Die Nachbarn kamen vor mir. Wenns nur nicht Klara ist!
Meister Anton: Klara? *Er hält sich an einem Tisch.*
Karl: Sie ging, um Wasser zu schöpfen, und man fand ihr Tuch.
Sekretär: Bube, nun weiß ich, warum deine Kugel traf. Sie ists.
Meister Anton: Sieh doch zu! *Setzt sich nieder.* Ich kann nicht! *Karl ab.* Und doch! *Steht wieder auf.* Wenn ich Ihn – *zum Sekretär:* recht verstanden habe, so ist alles gut.
Karl *kommt zurück:* Klara! Tot! Der Kopf gräßlich am Brunnenrand zerschmettert, als sie – Vater, sie ist nicht hineingestürzt, sie ist hineingesprungen, eine Magd hats gesehen!
Meister Anton: Die soll sichs überlegen, eh sie spricht! Es ist nicht hell genug, daß sie das mit Bestimmtheit hat unterscheiden können!
Sekretär: Zweifelt Er? Er möchte wohl, aber Er kann nicht! Denk Er nur an das, was Er ihr gesagt hat! Er hat sie auf den Weg des Todes hinausgewiesen, ich, ich bin schuld, daß sie nicht wieder umgekehrt ist. Er dachte, als er ihren Jammer ahnte, an die Zungen, die hinter ihm herzischeln würden, aber nicht an die Nichtswürdigkeit der Schlangen, denen sie angehören, da sprach Er ein Wort aus, das sie zur Verzweiflung trieb; ich, statt sie, als ihr Herz in namenloser Angst vor mir aufsprang, in meine Arme zu schließen, dachte an den Buben, der dazu ein Gesicht ziehen könnte, und – nun, ich bezahls mit dem Leben, daß ich mich von einem, der schlechter war als ich, so abhängig machte, und auch Er, so eisern Er dasteht, auch Er wird noch einmal sprechen: Tochter, ich wollte doch, du hättest mir das Kopfschütteln und Achselzucken der Pharisäer um mich her nicht erspart, es beugt mich doch tiefer, daß du nicht an meinem Sterbebett sitzen und mir den Angstschweiß abtrocknen kannst!
Meister Anton: Sie hat mir nichts erspart – man hats gesehen!
Sekretär: Sie hat getan, was sie konnte – Er wars nicht wert, daß ihre Tat gelang!

MEISTER ANTON: Oder sie nicht!
Tumult draußen.
KARL: Sie kommen mit ihr – *Will ab.*
MEISTER ANTON *fest, wie bis zu Ende, ruft ihm nach:* In die Hinterstube, wo die Mutter stand!
SEKRETÄR: Ihr entgegen! *Will aufstehen, fällt aber zurück.* O, Karl!
Karl hilft ihm auf und führt ihn ab.
MEISTER ANTON: Ich verstehe die Welt nicht mehr! *Er bleibt sinnend stehen.*

Gyges und sein Ring

Eine Tragödie in fünf Akten

Einen Regenbogen, der minder grell als die Sonne
  Strahlt in gedämpftem Licht, spannte ich über das Bild;
Aber er sollte nur funkeln und nimmer als Brücke dem Schicksal
  Dienen, denn dieses entsteigt einzig der menschlichen Brust.

PERSONEN

KANDAULES, *König von Lydien*
RHODOPE, *seine Gemahlin*
GYGES, *ein Grieche*
LESBIA ⎫ *Sklavinnen*
HERO ⎭
THOAS ⎫ *Sklaven*
KARNA ⎭
VOLK

Die Handlung ist vorgeschichtlich und mythisch; sie ereignet sich innerhalb eines Zeitraums von zweimal vierundzwanzig Stunden

ERSTER AKT

Halle

Kandaules und Gyges treten auf. Kandaules schnallt sich das Schwert um, Thoas folgt mit dem Diadem.

KANDAULES: Heut sollst du sehn, was Lydien vermag! –
Ich weiß, ihr Griechen, wenn auch unterwürfig,
Weil ihr nicht anders könnt, tragt knirschend nur
Das alte Joch und spottet eurer Herrn.
Auch wird nicht leicht was auf der Welt erfunden,
Das ihr nicht gleich verbessert: wärs auch nur
Der Kranz, den ihr hinzufügt, einerlei,
Ihr drückt ihn drauf und habt das Ding gemacht!
Thoas reicht ihm das Diadem.
Das neue Diadem! Was soll mir dies?
Hast du dich auch vielleicht im Schwert vergriffen?
Ja, beim Herakles, dessen Fest wir feiern!
Ei, Thoas, wirst du kindisch vor der Zeit?
THOAS: Ich dachte –
KANDAULES: Was?
THOAS: Seit fünf Jahrhunderten
Erschien kein König anders bei den Spielen,
Die dein gewaltger Ahn gestiftet hat,
Und als du es das letztemal versuchtest,
Die alten Heiligtümer zu verdrängen,
Da stand das Volk entsetzt und staunend da
Und murrte wie noch nie!
KANDAULES: Nun, meinst du denn,
Ich hätts mir merken und mich bessern sollen,
Nicht wahr?
THOAS: O Herr, nicht ohne einen Schauder
Berühre ich dies Diadem, und nie
Hab ich dies Schwert am Griff noch angefaßt,
Das alle Herakliden einmal schwangen.
Doch deinen neuen Schmuck betracht ich ganz
Wie jedes andre Ding, das glänzt und schimmert,
Und das man hat, wenn mans bezahlen kann.
Nicht an Hephästos brauche ich dabei

    Zu denken, der dem göttlichen Achill
    Die Waffen schmiedete, und in dem Feuer,
    Worin er Zeus die Donnerkeile stählt,
    Auch nicht an Thetis, die durch ihre Töchter
    Ihm Perlen und Korallen fischen ließ,
    Damit es an der Zierde nicht gebreche:
    Ich kenn den Mann ja, der das Schwert geliefert,
    Und jenen, der das Diadem gefügt!
KANDAULES: Nun, Gyges?
THOAS: Herr, die Treue spricht aus mir,
    Bin ich zu kühn, so bin ichs deinetwegen!
    Und glaube mir: die vielen Tausende,
    Die hier zusammenströmen, wenn sie auch
    In feinrer Wolle gehn und leckrer essen,
    Sind ganz so töricht oder fromm wie ich.
    Dein Haupt und dieser Reif, das sind für sie,
    Trau deinem Knecht, zwei Hälften eines Ganzen,
    Und ebenso dein Arm und dieses Schwert.
KANDAULES: Das denken alle?
THOAS: Ja, bei meinem Kopf!
KANDAULES: So darfs nicht länger bleiben! Nimm denn hin
    Und tu, was ich gebot.
Thoas mit dem alten Schmuck ab.
GYGES: Du tatst ihm weh!
KANDAULES: Ich weiß, doch sprich: Wie hätt ichs ändern
                                   können?
    Wahr ist, was er gesagt! Hier gilt der König
    Nur seiner Krone wegen und die Krone
    Des Rostes wegen. Weh dem, der sie scheuert,
    Je blanker, um so leichter an Gewicht.
    Allein, was hilfts, wenn man sich nun einmal
    So weit vergaß, weil mans nicht mehr ertrug,
    Bloß durch den angestammten Schmuck zu glänzen,
    Zu gelten, wie geprägte Münzen gelten,
    Die keiner wägt, und mit den Statuen,
    Die in geweihten Tempelnischen stehn,
    Die schnöde Unverletzlichkeit zu teilen:
    Man kann doch nicht zurück?
Thoas kommt mit dem neuen Schmuck.
                          So ist es recht!

Er setzt das Diadem auf.
Das sitzt! Und alles, was mein Königreich
Im Schacht der Berge und im Grund des Meeres
An Perlen und Kleinodien nur liefert,
Nicht mehr noch weniger, ist hier vereint:
Der Edelstein, den man bei uns nicht findet,
Und wär er noch so schön, ist streng verbannt,
Doch freilich ließ ich auch für den noch Platz,
Den man in hundert Jahren erst entdeckt. –
Begreifst du nun? *Zu Gyges:* Das andre eignet sich
Für einen Riesenkopf, wie eure Bildner
Ihn meinem Ahnherrn wohl zu geben pflegen,
Wenn er im Löwenfell mit plumper Keule
Von eines Brunnens moosgem Rand herab
Die Kinder euch erschrecken helfen soll.
Er gürtet sich das Schwert um.
Dies Schwert ist etwas leichter wie das alte,
Doch dafür kann mans schwingen, wenn man muß,
Und nicht bloß draußen unterm freien Himmel,
Wo die Giganten sich mit Felsen werfen,
– *er ziehts und schwingts* –
Nein, auch in menschlich engem Raum wie hier!
Drum, Thoas, spar dir ja die dritte Rede,
Die zweite hört ich heut!

THOAS: Vergib mir, Herr!
Doch weißt du: Nicht die jungen Glieder sinds,
In denen sich ein Wittrungswechsel meldet,
Die alten Knochen spüren ihn zuerst! *Ab.*

GYGES: Er geht betrübt.

KANDAULES: Gewiß, er siehts nicht gern,
Daß jetzt der nächste Donnerkeil mich trifft,
Und das steht fest für ihn, es wäre denn,
Daß mich die Erde früher schon verschlänge,
Wenn nicht der Minotaurus gar erscheint! –
So sind sie, denke darum aber nicht
Gering von ihnen! Nun, noch heute wirst du
Sie spielen sehn!

GYGES: Und wünsche, mitzuspielen.

KANDAULES: Wie, Gyges?

GYGES: Herr, ich bitte dich darum!

KANDAULES: Nein, nein, du sollst an meiner Seite sitzen,

Damit ein jeder sieht, wie ich dich ehre,
Und wie ich will, daß man dich ehren soll.
GYGES: Wenn du mich ehrst, so schlägst du mirs nicht ab.
KANDAULES: Du weißt nicht, was du tust! Kennst du die
                                                                    Lyder?
Ihr Griechen seid ein kluges Volk, ihr laßt
Die andern alle spinnen und ihr webt.
Das gibt ein Netz, wovon kein einzger Faden
Euch selbst gehört und das doch euer ist!
Wie leicht wärs zugezogen und wie rasch
Die ganze Welt gefangen, wenn der Arm
Des Fischers nur ein wenig stärker wäre,
Der es regieren soll. Da aber fehlts!
Ihr könnt durch keine Kunst die Nervenstränge
Uns aus dem Leibe haspeln, darum stellen
Wir uns viel blinder, als wir wirklich sind,
Und gehn zu unsrem eignen Spaß hinein:
Ein kleiner Ruck macht uns ja wieder frei.
GYGES: Wir feiern diese Spiele auch.
KANDAULES: Ja, ja!
So unter euch! Da ringt der Dorier
Mit dem Jonier, und mischt am Ende
Gar der Böotier sich mit hinein,
So glaubt ihr, Ares selber schaue zu
Und merke sich mit Schaudern jeden Streich.
Gyges, und wenn du alle Preise dort
Errungen hättest, warnen müßt ich dich,
Hier auch nur um den letzten mitzukämpfen.
Denn wild und blutig ging es immer her,
Doch würbest du, der Grieche und mein Günstling,
Auch nur um einen Zweig der Silberpappel,
Wie man sie heut zu Tausenden verstreut:
Du kämst mit deinem Leben nicht davon.
GYGES: Nun habe ich dein Ja, du kannst mirs jetzt
Nicht länger vorenthalten!
KANDAULES: Nimmst dus so?
Dann muß ich schweigen!
GYGES: Herr, ich kam nicht bloß,
Zu bitten! *Er zieht einen Ring hervor.*
        Nimm! Es ist ein Königsring!
Du siehst ihn an, du findest nichts an ihm,

Du staunst, daß ich ihn dir zu bieten wage,
Du wirst ihn nehmen, wie vom Kind die Blume,
Nur um die arme Einfalt nicht zu kränken,
Die dir sie brach, nicht, weil sie dir gefällt.
Unscheinbar ist er, das ist wahr, und schlicht,
Und dennoch kannst du für dein Königreich
Ihn dir nicht kaufen, noch ihn mit Gewalt,
Trotz aller deiner Macht, dem Träger rauben,
Wenn er ihn dir nicht willig reichen will.
Trägst du ihn so, *mit Zeichen und Gebärden*
                Daß das Metall nach vorn
Zu sitzen kommt, so ist er bloß ein Schmuck,
Vielleicht auch keiner, aber drehst du ihn
So weit herum, daß dieser kleine Stein,
Der dunkelrote, um sich blitzen kann,
So bist du plötzlich unsichtbar und schreitest,
Wie Götter in der Wolke, durch die Welt.
Darum verschmäh ihn nicht, denn noch einmal:
Es ist ein Königsring, und diesen Tag
Ersah ich längst, ihn dir zu übergeben,
Du bist der einzge, der ihn tragen darf!
KANDAULES: Von unerhörten Dingen kam auch uns
Die Kunde zu, man sprach von einem Weibe,
Medea hieß sie, welche Künste trieb,
Die selbst den Mond herab zur Erde zogen,
Doch nie vernahm ich noch von diesem Ring.
Woher denn hast du ihn?
GYGES: Aus einem Grabe,
Aus einem Grabe in Thessalien!
KANDAULES: Du hast ein Grab erbrochen und entweiht?
GYGES: Nein, König, nein! Erbrochen fand ichs vor!
Ich kroch nur bloß hinein, um mich vor Räubern
Zu bergen, die in großer Überzahl
Mir auf der Fährte waren und mich hetzten,
Als ich in abenteuerlichem Triebe
Das öde Waldgebirge jüngst durchstrich.
Die Aschenkrüge waren umgestoßen,
Die Scherben lagen traurig durcheinander,
Und in dem falben Strahl der Abendsonne,
Der durch die Ritzen des Gemäuers drang,
Sah ich ein Wölkchen blassen Staubes schweben,

Das vor mir aufstieg als der letzte Rest
Der Toten und so seltsam mich bewegte,
Daß ich, um meinesgleichen, meine Väter
Vielleicht, nicht unwillkürlich einzuatmen,
Den Odem lange anhielt in der Brust.
KANDAULES: Nun? Und die Räuber?
GYGES: Hatten meine Spur
Verloren, wies mir schien, denn fern und ferner
Verhallten ihre Stimmen, und ich glaubte
Mich schon gesichert, wenn ich auch noch nicht
Mein dämmriges Asyl verließ. Als ich
Nun so auf meinen Knieen kauerte,
Erblickte ich auf einmal diesen Ring,
Der aus dem wüsten Trümmerhaufen mir
Mit seinem Stein, wie ein Lebendiges,
Fast an ein scharfes Schlangenauge mahnend,
Entgegenfunkelte. Ich hob ihn auf,
Ich blies die Asche von ihm ab, ich sprach:
„Wer trug dich einst am längst zerstäubten Finger?"
Und um zu sehen, obs ein Mann gewesen,
Steckt ich ihn an. Doch das war kaum geschehn,
So schrie man draußen: „Halt! dort muß er sein!
Siehst du das Grab? Heran, heran, Gefährten,
Wir haben ihn!" und rasch erschien der Trupp.
Ich aber, um nicht wehrlos wie ein Tier,
Das man in eine Höhle trieb, geschlachtet
Zu werden, sprang hervor und stürzte ihnen
Entgegen, hoch in meiner Hand das Schwert.
Die Sonne war dem Untergange nah
Und strahlte wie die Kerze, welche bald
Erlöschen soll, noch einmal doppelt hell.
Doch sie, als wär für sie allein die Nacht
Schon eingebrochen, stürmten, grimmig fluchend,
An mir vorbei und reihten sich ums Grab.
Das ward nun streng durchsucht, und als sie mich
Nicht fanden, höhnten sie: „Was tuts, er trug
Wohl auch nichts bei sich, als das trotzge Auge,
Das uns mit seinem kecken Blick so reizte,
Und dieses bläst ihm schon ein andrer aus!"
Nun abermals, doch langsam und verdrießlich,
Ja, spähend und mir selbst ins Antlitz stierend,

  An mir vorbei und wieder nicht gesehn!
KANDAULES: Da dachtest du —
GYGES: Nicht an den Ring! Noch
                nicht!
Ich glaubte, daß ein Gott mich durch ein Wunder
Gerettet, auf die Kniee warfs mich nieder,
Und zu dem Unsichtbaren sprach ich so:
„Ich weiß nicht, wer du bist, und wenn du mir
Dein Antlitz nicht enthüllst, so kann ich dir
Das Tier nicht opfern, das dir heilig ist.
Allein zum Zeichen, daß ich dankbar bin
Und nicht des Muts ermangle, bring ich dir
Den wildesten von diesen Räubern dar,
Dies schwör ich hier, wie schwer es immer sei."
Nun eilt ich ihnen nach und mischte mich
In ihren Haufen, und ein Grauen faßte
Mich vor mir selbst, wie sie mich nicht allein
Gar nicht bemerkten, sondern durch mich hin,
Als wär ich bloße Luft, zusammen sprachen,
Ja selbst das Brot sich reichten und den Wein.
Mein Blick umflorte sich, und schweifend fiel
Er auf den Stein des Ringes, der mir rot
Und grell von meiner Hand entgegensprühte
Und rastlos quellend, wallend, Perlen treibend
Und sie zerblasend, einem Auge glich,
Das ewig bricht in Blut, was ewig raucht.
Ich drehte ihn, aus Notwehr möcht ich sagen,
Aus Angst, denn alle diese Perlen blitzten,
Als wärens Sterne, und mir ward zumut,
Als schaut ich in den ewgen Born des Lichts
Unmittelbar hinein und würde blind
Vom Übermaß, wie von der Harmonie
Der Sphären, wie es heißt, ein jeder taub.
Da aber fühlt ich kräftig mich gepackt,
Und: „Was ist das? Ei, wer hielt ihn versteckt?
Der Spaß ist gut!" erklangs um mich herum.
Zehn Fäuste griffen nun mir nach der Kehle,
Zehn andre rissen am Gewande mir,
Und, blieb die plumpste für den Ring nicht übrig,
So war ein schmählich Ende mir gewiß.
Doch plötzlich hieß es: „Ei, der ist nicht arm,

    Das ist ein guter Fang, seht, blankes Gold,
    Sogar ein Edelstein, nur her damit!"
    Allein fast in demselben Odemzug
    Erscholls: „Ein Gott! Ein Gott ist unter uns!"
    Und alle lagen mir zu Füßen da.
KANDAULES: Sie hatten, wie sie an dem Ring dir zerrten,
    Ihn wieder umgedreht und schauderten,
    Als du verschwandest wie ein Wolkenbild.
GYGES: So muß es sein. Ich aber drehte ihn,
    Jetzt endlich eingeweiht in sein Geheimnis,
    Stolz und verwegen noch einmal und rief:
    Ein Gott, jawohl, und jeder büßt mir nun!
    Dann drang ich auf sie ein, und sie, entsetzt,
    Als hätte ich den Donner in den Händen
    Und tausend neue Tode mir zur Seite,
    Behielten kaum zur Flucht noch Mut und Kraft.
    Doch ich verfolgte sie, als müßte ich
    Für die Erinnyen den Dienst versehen,
    Und nicht ein einziger kam mir davon!
    Dann wollt ich mit dem Ring zurück zum Grabe,
    Allein obgleich ich mir mit blutgen Leichen
    Den Weg bezeichnet hatte: nicht am Abend
    Und nicht des Morgens ließ es sich mehr finden,
    Und wider meinen Willen blieb er mein.
KANDAULES: Das ist ein Schatz wie keiner!
GYGES: Sagt ichs nicht?
    Ein Königsring! Drum, König, nimm ihn hin!
KANDAULES: Erst nach dem Kampfe!
GYGES: Herr, ich trug ihn nie
    Seit jenem Tag und trag ihn niemals wieder!
    Bist du mit Holz so geizig? Keines Waldes
    Bedarf es ja zu meinem Scheiterhaufen,
    Ein Baum genügt, und traue diesem Arm,
    Er wird dir auch wohl noch den Baum ersparen!
KANDAULES: So gib! Ich prüf ihn!
GYGES: Und ich wappne mich!
Beide ab.

Gemach der Königin

Rhodope nebst ihren Dienerinnen, Lesbia und Hero darunter, tritt auf.

RHODOPE: Nun freut euch, liebe Mädchen, heute ist
Es euch vergönnt! So sehr ichs tadeln muß,
Wenn ihr an andern Tagen auch nur lauscht,
So hart ich meine muntre Hero gestern,
Als sie den Baum erstieg, gescholten hätte,
Wenn nicht zu ihrer Strafe gleich ein Zweig,
So leicht sie ist, mit ihr gebrochen wäre,
Weil er zu schwach für so viel Neugier war –
HERO: O Königin, wenn dus gesehen hast,
So weißt du auch, daß ich den dichtesten
Von allen Bäumen unsers Gartens wählte.
RHODOPE: Den dichtesten? Kann sein! Doch ganz gewiß
Den, der am nächsten an der Mauer stand.
HERO: Den allerdichtesten! Ich kletterte
In eine wahre, grüne Nacht hinein!
Es war fast schauerlich, den goldnen Tag
So hinter sich zu lassen und im Dunkeln
Doch fortzukriechen.
RHODOPE: Warum tatst dus denn?
HERO: Nicht, weil ich dem Olymp um ein paar Fuß
Mich nähern wollte! Nein, das überließ ich
Der Nachtigall, die mir zu Häupten schlug.
Ich wollte – – Aber lache nicht! Ich kann
Das Wiegen nicht vergessen, und ich wollte
Mich oben etwas wiegen!
RHODOPE: Weiter nichts?
HERO: Und nebenbei, doch wirklich nebenbei,
Ganz nebenbei, ein wenig spähn, ich wüßte
Es gar zu gern, ob diesen unsern Garten,
Wie uns der finstre Karna immer sagt,
Ein See umgibt.
LESBIA: Ein See!
HERO: Du weißt es besser!
LESBIA: Ei, hast dus hier noch jemals rauschen hören,
Und ist ein See so ruhig wie du selbst?
RHODOPE: Ich will nicht weiter fragen, denn ich weiß,
Daß dus nicht wieder tust. Nie fiel ein Mädchen

So sanft wie du, und nie erschrak es so!
LESBIA: Ja, alle Glieder waren hin!
HERO: Ich wäre
Gar nicht gefallen, denn ein stärkrer Zweig
War nah genug, der aber schaukelte
Ein Nest mit jungen Vögeln, und ich wollte
Ihn nicht betreten, um die zarte Brut,
Die schon die federlosen Flügel regte,
Nicht aufzuscheuchen!
LESBIA: Dieses also wars?
Sie flogen aber dennoch auf, du griffst
Zuletzt gewiß noch zu, um dich zu halten!
RHODOPE: Neckt euch, solang ihr wollt, dies ist der Tag,
An dem für euch das enge Haus sich öffnet,
Nun treibt es, wie ihr mögt, und seht euch satt.
HERO: Und du?
RHODOPE: Schaut nicht auf mich! Was euch erlaubt,
Ist mir nur nicht verboten, heute kann
Ich euch nicht Muster und nicht Vorbild sein.
HERO: So willst du abermals das Fest nicht sehn?
RHODOPE: Um dich nicht in der Fröhlichkeit zu stören! –
Bei uns ist das nicht Sitte, und mir wärs,
Als ob ich essen sollte ohne Hunger
Und trinken ohne Durst. Auch scheint es mir,
Daß unsre Weise besser ist als eure,
Denn niemals kommt ihr ohne Schauder heim
Von diesen Festen, die euch erst so locken,
Und das ist mir die Liebste, die den tiefsten
Empfindet und zum zweitenmal nicht geht.
Das soll für euch kein Tadel sein, o nein,
Es freut mich nur, daß meine Lesbia,
Die unter euch erwuchs, so fühlt wie ich!
LESBIA: Wirst du mir heut vergeben – –
RHODOPE: Was denn nur?
Was soll ich dir vergeben? Willst du mit?
O, hätt ich dieses Lob zurück! Sie schämt
Sich jetzt, die Tochter ihres Volks zu sein,
Und hats nicht Ursach. Bin ich selbst was andres?
Geh, geh und sag mir, wer der Sieger war!
HERO: Gewiß wird auch der junge Gyges kämpfen,
Der diese schöne Stimme hat.

RHODOPE: Du kennst
Schon seine Stimme?
HERO: Ja, doch weiter nichts!
Heut werden wir ihn sehn, und glaube mir,
Auch sie geht nur, weil er erscheint!
LESBIA: Ich kann
Noch immer bleiben und dich Lügen strafen!
HERO: Du tust es nicht!
KANDAULES *tritt rasch ein:* Rhodope, sei gegrüßt! —
Doch — Weißt du, wer ich bin? Ein Hermenwächter,
Ein Grenzpfahlkönig, der die Ellen freilich,
Doch nie die Schwerter mißt und schuld dran ist,
Daß die zwölf Taten des Herakles nicht
Durch vierundzwanzig andre, größere
Längst überboten sind. Wenn dus nicht glaubst,
So frage nur den grimmigen Alkäos,
Du kennst ihn nicht? Ich auch seit heute erst!
Und weißt du, wie ich Menschen glücklich mache?
Ich spreche: Jüngling komm, da ist ein Kern,
Den stecke in die Erde und begieße
Den Fleck mit Wasser, tu es Tag für Tag
Und sei gewiß, daß du mit weißen Haaren
Für deine Mühe Kirschen essen wirst,
Ob süße oder saure, siehst du dann!
Als Währsmann stelle ich den Agron dir,
Den würdgen Freund des würdigen Alkäos,
Ihm völlig gleich, nur nicht so weiß im Bart.
RHODOPE: Du bist vergnügt!
KANDAULES: Wie sollte ichs nicht sein?
Wenn auch Alkäos mir in offnem Aufstand
Entgegentreten will, sobald ichs wage,
Vor ihm so zu erscheinen wie vor dir,
Ich meine mit dem neuen Diadem:
Agron wird mich beschützen, und ich soll
Zum Dank mich nur verpflichten, du wirst staunen,
Wie mild ers mit mir vorhat, nie den Putz
Mehr zu verändern und ein Schwert zu tragen,
Das meine ganze Kraft durchs Ziehn erschöpft.
RHODOPE: Woher denn weißt du das?
KANDAULES: Durch keinen
                                 Späher,

Noch weniger durch einen falschen Freund:
Von ihnen selbst, durch ihren eignen Mund.
RHODOPE: Du spottest meiner Frage.
KANDAULES: Nein doch, nein!
Ich sprech im vollsten Ernst! Ich stand dabei,
Wie sie, die Nägel in die Tische grabend
Und mit gewetztem Zahn die eigne Lippe,
Als wär es fremdes, wildes Fleisch, benagend,
Sichs schwuren, und sie halten es gewiß.
Es gilt hier eine Art von Gottesurteil,
Der eine haut nach mir, der andre wehrt,
Und Dike kann entscheiden, wenn sie mag.
RHODOPE: So hättest du gelauscht? Das glaub ich nicht.
Wenn ich wo bin, wo man mich nicht erwartet,
So mach ich ein Geräusch, damit mans merkt
Und ja nicht spricht, was ich nicht hören soll,
Und du – nein, nein, das tut ein König nicht!
KANDAULES: Gewiß nicht! – Doch, du kannst es nicht
erraten!
Siehst du den Ring? Wie teuer hältst du ihn?
RHODOPE: Ich weiß ja nicht, von wem er kommt.
KANDAULES: Von
Gyges!
RHODOPE: Da wird er dir unschätzbar sein!
KANDAULES: Er ists!
Doch ahnst du nicht, warum. Vernimms und staune,
Unsichtbar macht er jeden, der ihn trägt.
RHODOPE: Unsichtbar?
KANDAULES: Eben hab ichs selbst erprobt.
Nicht wieder klettern, Hero! Nur die Vögel
Verstecken sich im Laube!
RHODOPE: Lesbia!
KANDAULES: Durch alle Türen schrei ich hin, mich halten
Nicht Schloß und Riegel fern!
RHODOPE: Wie fürchterlich.
KANDAULES: Für jeden Bösen, meinst du.
RHODOPE: Nein doch, nein!
Für jeden Guten noch viel mehr! *Zu Lesbia:* Kannst du
Noch ruhig atmen, wirst du nicht in Scham
Verglühn, nun du dies weißt? Herr, wirf ihn fort,
Hinunter in den tiefsten Fluß! Wem mehr

>   Als Menschenkraft beschieden ist, der wird
>   Als Halbgott gleich geboren! Gib ihn mir!
>   Man sagt bei uns, daß Dinge, die die Welt
>   Zertrümmern können, hie und da auf Erden
>   Verborgen sind. Sie stammen aus der Zeit,
>   Wo Gott und Mensch noch miteinander gingen
>   Und Liebespfänder tauschten. Dieser Ring
>   Gehört dazu! Wer weiß, an welche Hand
>   Ihn eine Göttin steckte, welchen Bund
>   Er einst besiegeln mußte! Graust dich nicht,
>   Dir ihre dunkle Gabe anzueignen
>   Und ihre Rache auf dein Haupt zu ziehn?
>   Mich schaudert, wenn ich ihn nur seh! So gib!

KANDAULES: Um einen Preis! Wenn du als Königin
>   Beim Feste heut erscheinen willst.

RHODOPE: Wie kann ich!
>   Du holtest dir von weit entlegner Grenze
>   Die stille Braut und wußtest, wie sie war.
>   Auch hats dich einst beglückt, daß vor dem deinen
>   Nur noch das Vaterauge auf mir ruhte,
>   Und daß nach dir mich keiner mehr erblickt.

KANDAULES: Vergib! Ich denke nur, der Edelstein,
>   Den man nicht zeigt –

RHODOPE: Lockt keinen Räuber an!

KANDAULES: Genug! Ich bin ja an dies Nein gewöhnt!
>   Bläst auch der frische Wind an allen Orten
>   Die Schleier weg: du hältst den deinen fest.

Musik.
>   Der Zug! Da darf der König ja nicht fehlen.

RHODOPE: Und die Empörer? Heute tuts mir weh,
>   Daß ich nicht mit dir gehen darf.

KANDAULES: Hab Dank!
>   Doch ängstige dich nicht. Es ist gesorgt.

RHODOPE: Gewiß?

KANDAULES: Gewiß! Zwar nicht, weil ich mich fürchte,
>   Nur weil ich strafen müßte und nicht mag.
>   Das Leben ist zu kurz, als daß der Mensch
>   Sich drin den Tod auch nur verdienen könnte,
>   Darum verhinge ich ihn heut nicht gern! *Ab.*

RHODOPE: Nun geht auch Ihr!

LESBIA: Ich bleibe, Königin!

RHODOPE: Ei nein! Dir sangs die Amme nimmer vor,
  Daß Mannes Angesicht der Tod für dich!
Lesbia, Hero und die übrigen ab.
  Das Träumen kennt hier keine! Auch der Besten
  Ist Opfer, was mir einzge Freude ist! *Ab.*

　　　Freier Platz

Viel Volk. Der König auf einem Thron. Lesbia, Hero usw. an der Seite auf einem Balkon. Die Spiele sind eben beendigt. Allgemeine Bewegung und Sonderung in Gruppen. Ringer, Faustkämpfer, Wagenlenker usw. werden nach und nach sichtbar, alle mit Zweigen von der Silberpappel bekränzt. Wein wird gereicht, Musik ertönt, das Fest beginnt.

VOLK: Heil, Gyges, Heil!
KANDAULES *in den Hintergrund schauend:*
  　　　　　　Im Diskuswerfen auch?
  Zum drittenmal? Das sollt ich übelnehmen!
  Da kommt ja gar nichts auf die Meinigen.
  Heruntersteigend und dem aus dem Hintergrunde kommenden Gyges, dem das Volk noch immer zujubelt und Platz macht, entgegenschreitend.
  Bescheiden bist du, das ist wahr! Du nimmst
  Nicht mehr als da ist.
GYGES: 　　　　　Herr, ich kämpfte heut
  Als Grieche, nicht als Gyges.
KANDAULES: 　　　　　　Um so schlimmer
  Für uns, wenn du die neue Regel bist!
  Da tuts ja not, die alten Drachenhäute
  Hervorzusuchen und sie auszustopfen,
  Die, vom Herakles her, noch irgendwo
  Im Winkel eines Tempels faulen sollen,
  Der Balg der Schlange mit den hundert Köpfen
  Und andres mehr, was euch erschrecken kann!
  Du hörst mich nicht!
GYGES: 　　　　Doch! doch!
KANDAULES: 　　　　　　Ei nein, ich sehs,
  Du bist zerstreut, du schielst zu jenen Mädchen
  Hinüber, sie bemerkens auch, schau hin,
  Die Kleine neckt die Große! Du wirst rot?

Pfui, schäme dich!
GYGES: Mich dürstet, Herr!
KANDAULES: Dich dürstet?
Das ist was andres! Wer so kämpft wie du,
Der hat das Recht auf einen guten Trunk,
Und, wenn auch ohne Recht, ich trinke mit!
Nun kommt der Teil des Festes, den ich liebe!
Winkt einem Diener.
Heran!
Ein Diener bringt einen Pokal mit Wein.
KANDAULES *gießt einige Tropfen auf die Erde:*
Die Wurzel erst! Und dann der Zweig!
Er trinkt und will Gyges den Pokal reichen. Dieser sieht wieder zu dem Balkon hinüber.
Komm! – Ha! – Schwarz oder braun, das ist die Frage,
Nicht wahr?
GYGES: O Herr!
KANDAULES: Hat dir der Wein geschmeckt?
GYGES: Ich trank noch nicht.
KANDAULES: Das weißt du? Nun, so laß
Dich mahnen, daß du durstig bist, und mach!
Ich stehe dir dafür, daß sie so lange
Verweilt, bis du heraus hast, was dich quält!
GYGES *trinkt:* Das kühlt!
KANDAULES: O weh! Hinunter geht dein Stern!
Die Mädchen entfernen sich, aber man sieht sie noch.
Nun, es war Zeit. Sieh dich nur um! Die drehen
Sich schon, als wärs um einen Thyrsosstab,
Der, plötzlich aus der Erde aufgeschossen,
Noch rascher wie ein Pfeil gen Himmel steigt
Und Millionen Trauben fallen läßt.
Der Wein ist für geflügelte Geschöpfe,
Nicht für die Welt, worin man hinkt und kriecht!
Die stellt er auf den Kopf. Der Alte da
Wär gleich bereit, den Tiger zu besteigen
Und sich die welken Schläfen zu bekränzen,
Wie Dionys, als er zum Ganges zog!
Doch das behagt mir eben! – War sie schön?
GYGES: Ich weiß nicht, ob das schön, was mir gefällt?
KANDAULES: Sprich ruhig: Ja! Ein Auge, wie die Kohle,
Die zwar nur glimmt, doch vor dem kleinsten Hauch

Schon Funken gibt, dabei ein Farbenspiel,
Daß man nicht weiß, obs schwarz ist oder braun,
Und dann, als liefe dieses ewge Schillern
Durch jeden Tropfen ihres Bluts hindurch,
Ein Wechseln zwischen Scham und stiller Glut,
Das ihr Erröten reizend macht wie keins.
GYGES: Du tust das ganz für mich, was halb der Wind,
Er lüftete den Schleier, du erhebst ihn!
KANDAULES: Ich tus nicht, weil du vor ihr knieen sollst!
Nein! Wenn ich vor ein andres Bild dich führte,
Du würdest dies, so lieblich es auch ist,
Wie einen Fleck dir aus dem Auge wischen,
Der dir den Spiegel trübte!
GYGES: Meinst du, Herr?
KANDAULES: Gewiß! Doch halt! Man soll den Schatz nicht
                                              preisen,
Den man nicht zeigen kann! Man wird verhöhnt.
Wer glaubt an Perlen in geschloßner Hand!
GYGES: Ich!
KANDAULES: Gyges, schon der Schatten, den Rhodope
Im Mondschein wirft – du lächelst! Trinken wir!
GYGES: Ich lächle nicht!
KANDAULES: So solltest du! Wer kann
Denn nicht so prahlen? Sprächst du so zu mir,
Wie ich zu dir, ich sagte: Zeig sie mir,
Sonst schweige still!
GYGES: Ich traue dir!
KANDAULES: Ei was!
Dem Auge soll man trauen, nicht dem Ohr.
Du traust mir? Ha! Vor diesem blöden Kinde
Erglühtest du und jetzt – – Genug, genug,
Ich will mich nicht mehr schwatzend vor dir brüsten,
Wie ichs so lange Zeit nun schon getan,
Du sollst sie sehn!
GYGES: Sie sehn!
KANDAULES: Noch diese Nacht!
Ich brauche einen Zeugen, daß ich nicht
Ein eitler Tor bin, der sich selbst belügt,
Wenn er sich rühmt, das schönste Weib zu küssen,
Und dazu wähl ich dich.
GYGES: O, nimmermehr!

>   Erwägst du — Für den Mann wärs eine Schmach,
>   Doch für ein Weib, und für ein Weib wie sie,
>   Das selbst bei Tag —

KANDAULES: Sie kanns ja nie erfahren!
>   Hast du den Ring vergessen? Und ich bin
>   Erst glücklich, wenn dein Mund mir sagt, ich seis.
>   Ei, frag dich selbst, ob du die Krone möchtest,
>   Wenn du sie nur im Dunkeln tragen solltest!
>   Nun, so ergeht es mir mit ihr! Sie ist
>   Der Frauen Königin, doch ich besitze
>   Sie, wie das Meer die Perlen, keiner ahnt,
>   Wie reich ich bin, und ist einst alles aus,
>   So kanns kein Freund mir auf den Grabstein setzen,
>   Und Bettler unter Bettlern lieg ich da.
>   Drum widerstrebe nicht und nimm den Ring!
>   *Er reicht ihn Gyges, dieser nimmt ihn nicht.*
>   Die Nacht bricht ein, ich zeig dir das Gemach,
>   Und wenn du siehst, daß ichs mit ihr betrete,
>   So folgst du uns!
>   *Er faßt Gyges bei der Hand und zieht ihn mit sich fort.*
>   Ich fordre es von dir!
>   Und bist dus deiner Lesbia nicht schuldig?
>   Vielleicht ist sie die Siegerin! *Beide ab.*

ZWEITER AKT

Halle

Früher Morgen. Thoas tritt auf.

THOAS: Ich will und muß noch einmal mit ihm reden,
>   Was hab ich hören müssen diese Nacht!
>   Ich ging gewiß nicht um zu horchen aus,
>   Doch komm ich so beladen heim als wär ich
>   Ein wandelnd Ohr des blutigsten Tyrannen
>   Und traute mich nur kaum zum Herrn zurück.

Empörung! Naher Überfall von Feinden,
Ja, eine neue Königswahl! Ists möglich!
Ich ahnte viel, doch so viel ahnt ich nicht!
Still, still! Sind das nicht Schritte? Ja! Wer steht
Denn mit den Greisen schon vor Morgen auf?
Der junge Gyges! Ei, wenn du das wüßtest,
Was ich jetzt weiß, du gingest nicht gebückt!
Er zieht sich zurück.

GYGES *tritt auf:* Schon wieder bin ich hier! Was will ich
                                                     hier?
  Es duldet mich im Freien nicht, ein Duft
Liegt in der Luft, so schwer und so betäubend,
Als hätten alle Blumen sich zugleich
Geöffnet, um die Menschen zu ersticken,
Als atmete die Erde selbst sich aus.

THOAS *tritt hervor:* Schon munter, Karna? Herr, vergib, ich
                                                  hielt dich
  Für einen andern! Du noch nicht zu Bett?
Der Ehrgeiz läßt dich wohl nicht schlafen, wie?

GYGES: Der Ehrgeiz!

THOAS: Nun, du hast so viele Kränze
  Davongetragen –

GYGES: Daß der Lorbeer sich
  Vor mir nicht mehr zu fürchten braucht! Ich wollte
Nur zeigen, daß man Knochen haben kann,
Und Mark in diesen Knochen, wenn man auch
Die Saiten einer Zither nicht zerreißt,
Sobald man sie berührt. Dies weiß nun jeder,
Der es bisher vielleicht bezweifelt hat,
Und so ists gut.

THOAS: Doch warum schläfst du nicht?

GYGES: Ei, warum trinkst du nicht?

THOAS: Du standest wohl
  Schon wieder auf?

GYGES: Wenn ich schon lag: gewiß!

THOAS: Das wüßt ich eben gern! Denn, wenn er hörte,
  Was ich gehört – Nun, nun, er wird wohl nicht!
                                                 Langsam ab.

GYGES: Sie schlummert noch! O, wer sie wecken dürfte!
  Das darf die Nachtigall, die eben jetzt
Noch halb im Traum ihr süßes Lied beginnt,

Das darf – – Er kommt! Was denkt er wohl von mir?
KANDAULES *tritt auf:* Sie wacht und stellt sich doch, als ob
                                              sie schliefe! –
Du, Gyges? Schon? – Wie, oder sag ich: Noch?
Doch nein, ich hab dein Wort!
GYGES: Hier ist der Ring!
KANDAULES: So früh? So schnell?
GYGES: Er ist dein Eigentum.
KANDAULES: Du traust dich nicht, ihn länger zu behalten?
GYGES: Warum nicht? Doch wozu? So nimm ihn hin!
KANDAULES: Dies sagt mir mehr noch, als dein Seufzer mir
  Schon in der Nacht gesagt.
GYGES: Vergib ihn, Herr!
KANDAULES: Wie sprichst du nur? Er war ja mein Triumph.
GYGES: Hast du ihn denn allein gehört?
KANDAULES: O nein!
  Sie fuhr empor, sie schrie – Ist alles das
  Dir ganz entgangen? Nun, da brauch ich dich
  Nicht erst zu fragen, ob ich Sieger bin!
GYGES: Es ist mir nicht entgangen!
KANDAULES: Leugne doch,
  Daß du verwirrt gewesen bist! Ich habe
  Noch einen besseren Beweis, du hast
  Sogar den Ring gedreht und weißt es nicht.
GYGES: Und weiß es nicht!
KANDAULES: Sie zitterte, als sie
  Den Laut vernahm, sie rief: Steh auf, steh auf,
  Im Winkel ist ein Mensch versteckt, er will
  Dich morden oder mich! Wo ist dein Schwert?
  Ich stellte mich erschreckt wie sie und tats,
  Da plötzlich standest du, vom hellsten Strahl
  Der Ampel grell beleuchtet, vor mir da.
  Ist das genug? Verstummst du nun vor mir?
GYGES: Ich wollte sichtbar sein!
KANDAULES: Das sagst du jetzt,
  Um meinen Sieg zu schmälern! Wäre ich
  Nicht zwischen dich und ihren Blick getreten,
  Bevor er dich noch traf, so hätte ich
  Dich töten müssen!
GYGES: Herr, dies wußt ich wohl,
  Und nur, weil ich dich dazu zwingen wollte,

Dreht ich den Ring in hastgem Ruck herum.
KANDAULES: Wie, Gyges?
GYGES: Ja! – Denn frevelhaft erschien
Das Wagnis mir!
KANDAULES: Ich hatt es dir erlaubt.
GYGES: Wohl! Doch mir war in jener schwülen Stunde,
Als hättst du nicht das Recht dazu gehabt,
Und strafen wollt ich dich wie mich, denn gern
Hättst du mich nicht getötet!
KANDAULES: Bösewicht!
GYGES: Und jetzt noch schauerts durch die Seele mir,
Als hätt ich eine Missetat begangen,
Für die der Lippe zwar ein Name fehlt,
Doch dem Gewissen die Empfindung nicht.
Ja, wenn ich dir den schnöden Totenring,
Den du mir wieder aufgesteckt, im Zorn
Nicht vor die Füße warf, anstatt mich seiner
Zur raschen Flucht noch einmal zu bedienen,
So unterließ ichs bloß aus Scheu vor ihr.
Ihr wollt ich das Entsetzen sparen, ihr
Die ewige Umschattung ihres Seins,
Dir nicht – verzeihs, mich fieberte – die Tat!
KANDAULES: Du bist ein Tor!
GYGES: Ein Tor! Es trieb mich fort,
Als müßte sich, wenn ich noch länger weilte,
Ein neuer reiner Sinn in ihr erschließen,
Wie vor Aktäons Spähn in Artemis,
Und ihr, wie der, verraten, was geschehn.
So werd ich nicht nach einem Morde fliehn.
KANDAULES: Doch wars kein Mord!
GYGES: Wer weiß! Die Götter wenden
Sich vom Befleckten ab! Wie, wenn sich jetzt
Die goldne Aphrodite, schwer beleidigt,
Von ihrer liebsten Tochter wenden müßte,
Weil sie ein Blick aus fremdem Aug entweiht!
Sie tuts nicht gern, sie säumt noch, weil sie hofft,
Daß eine rasche Sühne folgen wird,
O, Göttin, lächle fort! Ich bringe sie!
KANDAULES: Das sprach der Grieche.
GYGES: Herr, gewähre mir

Die letzte Bitte!
KANDAULES: Tausend, wenn du willst,
 Nur nicht die letzte! Diese kommt zu früh!
GYGES: Nimm mich als Opfer an! Ich schenke dir
 Mein junges Leben! Weis es nicht zurück!
 Es sind noch viele schöne Jahre mein,
 Und jedes wird dir zugelegt, wenn du
 Sie am Altar des Zeus empfangen willst!
 So folge mir, daß ich mit einer Hand
 Dich fasse und mich mit der anderen
 Durchstoße, wie der heilge Brauch es fordert:
 Frohlockend, ja mit Lächeln, solls geschehn.
KANDAULES: Fast reut mich, was ich tat! Hier Raserei
 Und drinnen Argwohn – Ei!
GYGES: Was zögerst du!
 Wie oft ward solch ein Jünglingsopfer willig
 Nicht einem Kriegesfürsten dargebracht,
 Wenn ihn des Todes Schatten auch nur streifte,
 Wie oft nicht einem bloßen Wüterich!
 Warum nicht einmal einem Seligen,
 Warum nicht dir, damit du lange noch
 Beglücken und dich glücklich fühlen kannst!
 Mir raubst du nichts! Was hab ich, und was kann ich
 Erlangen, sprich? Doch dir gewinnst du viel,
 Denn neidisch sind die Götter, und vielleicht
 Zerschneidet dir die eifersüchtige Parze
 Nur allzu schnell den goldnen Lebensfaden,
 Indes sie meinen tückisch weiterspinnt.
 Komm ihr zuvor und gib der Lust die Dauer,
 Die sie der Qual bestimmte! Tus sogleich!
KANDAULES: Nichts mehr davon! Du weißt, was du mir
 bist!
 Und würd ich auf der Stelle auch ein Greis
 Mit trocknen Lippen und mit welken Adern,
 Ich borgte mir nicht neue Glut von dir!
GYGES: Doch würdest du dabei auch jetzt nichts wagen,
 Denn könnte ich mein Blut mit deinem mischen:
 Wie heiß es sei, es bliebe, wie es ist!
KANDAULES: Du bist in dieser Stunde noch verwirrt,
 Und weißt nicht, was du sprichst und was du tust.
GYGES: Vergibs mir, Herr!

KANDAULES: Ich schelte dich ja nicht!
Das ist ein Rausch, wie der vom Duft der Reben,
Ein kühler Hauch des Morgens bläst ihn fort. *Indem er geht:*
Ich hoffs zum mindesten und werd es sehn! *Ab.*
GYGES: Warum gab ich den Ring zurück! Ich hätte
Verschwinden, nie mehr sichtbar werden sollen,
Dann könnt ich ewig um sie sein, dann würd ich
Sie sehen, wie sie nur die Götter sehn!
Denn irgend etwas sparen die sich auf:
Ein Reiz der Schönheit, den sie selbst nicht kennt,
Ein Blitzen in der tiefsten Einsamkeit,
Ein letzter, ganz geheimnisvoller Zauber,
Das ist für sie und wär jetzt auch für mich!
Zwar würd ich ihrer Rache nicht entgehn,
Wenn ich verstohlen aus dem Kelche nippte,
Der einzig für sie selber quillt und schäumt.
Es würde plötzlich in den Lüften klingen,
Und Helios, durch einen Flammenwink
Der zornigen Aphrodite angefeuert,
Den sichersten von all den sichren Pfeilen
Versenden, welche er im Köcher trägt.
Dann stürzt ich hin, allein das täte nichts,
Denn im Verröcheln würde ich den Ring
Noch einmal drehen und zu ihren Füßen,
Mein Auge zu dem ihrigen erhebend
Und ihre Seele, wie die meine wiche,
Aus ihren Blicken durstig in mich saugend,
Verhaucht ich meines Odems letzten Rest!
Thoas kommt mit der verschleierten Lesbia.
THOAS: Der König schenkt dem Gyges, seinem Günstling,
Die schöne Sklavin, die ihm wohlgefällt!
GYGES: Der König will mich höhnen, und das habe
Ich nicht um ihn verdient, auch duld ichs nicht!
THOAS: Die Gabe ist zwar reich und auserlesen,
Doch zweifle nicht, es ist des Königs Ernst.
GYGES: Schweig, Unverständigster der Unverständigen,
Der Ernst des Königs ist der ärgste Spott!
THOAS: Tu du den Mund auf, Mägdlein, sags ihm selber,
Wenn ers dem meinigen nicht glauben kann!
GYGES: Kein Wort!

THOAS: Verschmähst du das Geschenk des
Königs?
GYGES: Ja!
THOAS: Gyges! Doch, du weißt ja, was du tust!
GYGES: Der König schlug mich tot und drückt der Leiche
Jetzt ein Juwel fürs Leben in die Hand.
THOAS: Ich kann dich nicht verstehn und werde melden,
Was ich gehört! – So komm mit mir zurück!
LESBIA: Du siehst mich nicht zum zweitenmal! Vergib,
Daß ich gesprochen, klingt es doch gewiß
In deinen Ohren rauh!
GYGES: Nein, holdes Kind!
Stell dich nur hinter den Platanenbaum
Und sprich wie jetzt. Dann ruft einer heißer Jüngling:
Die erste Nachtigall, die nicht bloß singt!
LESBIA: Du bist kein Jüngling!
GYGES: Ich bin weniger!
Das siehst du ja! Zwar kam es mir schon vor,
Als sei ich nicht der letzte in den Waffen,
Als hätt ich dies und das getan, als zupfe
Mich keiner ungestraft mehr bei den Ohren,
Als rufe man mich gar, wenn just kein beßrer
Zu Haus sei, in der Stunde der Gefahr.
Doch das sind Knabenträume! Peitscht den Buben,
Er trank wohl Wein zur Nacht!
LESBIA: Erst bringe mir
Ein Reis vom Lorbeerbaum, dann peitsch ich dich
Und winde dir nachher den Kranz!
GYGES: So hast
Dus mit geträumt? So wärs vielleicht gar wahr?
Und doch den Hohn?
LESBIA: Den Hohn? Wo ist denn Hohn?
GYGES: Stehst du nicht da?
LESBIA: Das schmerzt!
GYGES: Nicht so! Nicht so!
Gewiß, nicht so!
LESBIA: Du tötetest schon manchen,
Hast du je einen wieder aufgeweckt?
GYGES: Du bist sehr schön! Ei freilich! Ein Gemisch
Von Lilien und Rosen, die im Beet
Bunt durcheinanderstehn und die der Wind

In gauklerischem Spiel so neckisch schaukelt,
Daß man sie nicht mehr unterscheiden kann!
Jetzt bist du rot, jetzt blaß! Und nicht einmal!
Du bists zugleich!
LESBIA: Was weißt du denn von mir?
Das träumtest du! Ich seh ganz anders aus!
Erschrick! *Sie will sich entschleiern.*
GYGES: Nein, nein! *Hält sie ab.*
LESBIA: Zur Königin zurück!
Sie gab mich nicht mit Freuden her, sie nimmt
Mich willig wieder auf!
GYGES: Dann sage ihr,
Der Gyges hätt dich gar nicht angesehn!
LESBIA: O Schmach!
GYGES: Nicht doch! Du weißt, wie oft ich gestern,
Und früher hab ich dich ja nie erblickt,
Nach dir gespäht!
LESBIA: Ich habe dann wohl immer
Was Albernes getan! Wie schäm ich mich,
Daß ich das jetzt erst merke! Doch die andern
Sind schuld daran mit ihrer Neckerei!
GYGES: Ich sah nur, was mich reizte!
LESBIA: O gewiß,
Denn was uns reizt, das lieben wir verhüllt!
Komm, Alter!
GYGES: Warum eilst du so?
Ich bin dein Herr! Doch zittre nicht vor mir,
Ich will von dir nur einen einzgen Dienst,
Dann magst du wieder ziehn!
LESBIA *zu Thoas:* So geh allein!
GYGES: Bleib, bleib! – Doch nein! – Dem König meinen Dank!
Ich nehme sein Geschenk, und wie ichs ehre,
Werd ich ihm zeigen!
THOAS: Wohl! *Ab.*
LESBIA: Und nun der Dienst?
GYGES: Du sollst so lange weilen, bis das Lächeln
Dir wiederkehrt!
LESBIA: Das wird nicht schnell geschehn!
GYGES: Und in der Zwischenzeit ein wenig plaudern!

Du bist ja um die Königin, ihr schmeckt
Der Pfirsich sicher gut, wenn du ihn brachst:
Sprich mir von ihr!
LESBIA: Von ihr!
GYGES: Ich meine nur! –
Von etwas andrem, wenn du willst! Vom Garten,
In dem sie wandelt, oder von den Blumen,
Die sie am liebsten pflückt! Auch von dir selbst!
Ich hör es gern! Worin seid ihr euch gleich?
Sags rasch, damit du rasch mir teuer wirst!
An Wuchs? Nicht ganz! Noch minder an Gestalt!
Doch dafür ist das Haar dir schwarz wie ihr,
Nur nicht so voll – ihr kriecht es ums Gesicht
Herum, wie um den Abendstern die Nacht! –
Was hast du sonst von ihr?
Lesbia macht eine unwillkürliche Bewegung.
Nein, bleibe stehn!
Im Gange ist sie einzig! Wenn du schreitest,
So sieht man, du willst dahin oder dorthin,
Dich reizt die Dattel oder auch der Quell,
Doch wenn sie sich bewegt, so blicken wir
Empor zum Himmel, ob nicht Helios
Den goldnen Sonnenwagen eilig senke,
Um sie hineinzuheben und mit ihr
Dahinzuziehn in alle Ewigkeit!
LESBIA: Ja, sie ist schön!
GYGES: Du schlägst die Augen nieder?
Ei, Mägdlein, die erhebe, denn mir deucht,
Die sprühen wie die ihrigen!
LESBIA *lacht krampfhaft:* Vielleicht
In dieser Stunde!
GYGES: Tat mein Wort dir weh?
LESBIA: Ich glaub, ich lachte, und nun darf ich gehn!
GYGES: Nicht ohne ein Geschenk! Ja, holdes Kind,
Du sollst an Gyges noch mit Liebe denken!
Er ist zwar rauh und schlägt oft eine Wunde,
Eh er es ahnt, besonders mit der Zunge,
Doch ließ er nie noch eine ungeheilt.
KANDAULES *tritt auf:* Nun?
GYGES: Herr, du kommst im rechten
Augenblick!

KANDAULES: Dann müßte ich zwei Glückliche hier finden!
GYGES: Noch nicht, doch gleich! *Zu Lesbia:* Gib deine
              Hand einmal!
 Wie zart ist sie! Wie hart die meinige,
 Wie schwielenreich von Schwert und Spieß! Das paßte
 Doch gar zu schlecht! Die muß ein Rosenblatt,
 Das sich zusammenrollt, schon schmerzlich spüren,
 An meiner stumpft der schärfste Dorn sich ab!
 Sie zuckt, als ob sie eingeschmiedet wäre,
 Kind, fürchte nichts! Ich fasse dich nicht an,
 Weil ich dich halten will! Der König weiß,
 Daß ich nicht bloß sein klares Wort verstehe,
 Daß ich auch seinen Wink mir deuten kann.
 Er sah mit Schmerz, daß die Natur für dich
 So viel getan und nichts das arge Glück,
 Er will, daß ich das Glück bei dir vertrete:
 Ich tu es – *läßt sie los* – und erkläre dich für frei!
LESBIA: Die Freiheit, sagt man, ist ein hohes Gut,
 Ich kenn sie nicht, ich ward als Kind geraubt,
 Allein für hohe Güter muß man danken,
 So danke ich für meine Freiheit dir!
GYGES: Bist du zufrieden? Herr?
KANDAULES: Ich bin erstaunt!
GYGES: Und da du denn nicht weißt, wo dir die Mutter
 Nachweint und wo das Haus des Vaters steht,
 So geh, bis du es findest, in das meine,
 Ich schenke dirs und hol nur noch mein Schwert!
Lesbia ab.
KANDAULES: Was machst du, Gyges?
GYGES: Herr, ich danke dir,
 Daß du dies Werk durch mich vollbringen wolltest:
 Es bleibt das deinige!
KANDAULES: Du willst, wies scheint,
 Den Enkel des Herakles einmal sehn,
 Nimm dich in acht, er schläft nicht gar zu fest!
GYGES: Konnt ich dich heute kränken?
KANDAULES: Nein! Vergib!
 Doch geh sogleich und nimm dir aus dem Schatz
 Das Doppelte von dem, was du verschenktest,
 Dein Tun verdroß mich, und es schmerzt mich noch!
GYGES: Verzeih mir, wenn ich nicht gehorchen kann!

Das alles ward auf einmal mir zur Last,
Und da sich jetzt zu Gold und Edelstein
Die schöne Sklavin noch hinzugesellte,
So nutzt ich ihren schlanken weißen Nacken
Und hing die Kostbarkeiten daran auf.
Ich kann nichts weiter brauchen als mein Schwert,
Doch wenn du dich mir gnädig zeigen willst,
So schenke mir die Köpfe deiner Feinde,
Ich sammle sie bis auf den letzten ein.
KANDAULES: Du bist ein andrer, Gyges, als du warst.
GYGES: Ich bin es, Herr.
KANDAULES: Du liebst!
GYGES: Ich hätt das Mägdlein
Zusammenhauen können: Liebe ich?
KANDAULES: Du liebst Rhodopen!
GYGES: Herr, ich kann dir bloß
Nicht länger dienen.
KANDAULES: Scheide, wenn du mußt!
Es tut mir weh, doch darf ichs dir nicht wehren!
Und da du nichts von mir empfangen willst,
So kann ich auch von dir nichts mehr behalten:
Hier ist dein Ring!
GYGES: Gib mir dein Schwert dafür!
KANDAULES: Ich danke dir, daß du so edel bist! *Will ab.*
GYGES: Noch etwas! *Er zieht von seiner Brust einen Stein*

hervor.
Nimm!
KANDAULES: Das ist?
GYGES: Du kennst ihn wohl!
KANDAULES: Rhodopens Diamant!
GYGES: Ich nahm ihn mit,
Weil er an ihrem Hals – Erlaß es mir,
Es ist gebüßt!
KANDAULES: Erinnyen, seid ihrs?
O, es ist wahr, ihr habt den leichtesten Schlaf!
GYGES: Du grollst mir?
KANDAULES: Nein! Nicht dir! Leb wohl, leb wohl!
Doch niemals dürfen wir uns wiedersehn! *Ab.*
GYGES: Niemals! Ich geh sogleich! Wohin denn nur?
Was wollt ich doch, eh ich mit diesem Lyder
Zusammentraf? Vergaß ichs schon? Ei nein!

Mich triebs hinunter an den alten Nil,
Wo gelbe Menschen mit geschlitzten Augen
Für tote Könge ewge Häuser baun.
Nun, meine Straße setz ich fort und löse
Dort unten einen ab, der müde ist! *Ab.*

DRITTER AKT

Rhodopens Gemach

Hero und andere Dienerinnen sind mit Ordnen beschäftigt.

RHODOPE *tritt herein:* Warum sind diese Spiegel nicht
                                            verhüllt?
HERO: Die Spiegel, Königin?
RHODOPE: Und diese Türen,
  Wer stieß sie so weit auf?
HERO: Du hast es gern,
  Hinauszuschauen in den hellen Morgen
  Und einzuatmen seinen frischen Hauch!
RHODOPE: Wer sagt dir das? Genug! Verschließe sie
  Und wende alle Spiegel um!
Hero schließt die Türen und wendet die Spiegel um.
                       Es ist!
  Ich suche mich umsonst zu überreden,
  Daß ich mich täuschte! Kehre wieder, Nacht,
  Und birg mich in den dichtesten der Schleier,
  Ich bin befleckt, wie niemals noch ein Weib!
HERO: Doch diese Rose wirst du nicht verschmähn,
  Die ich dir schon vor Sonnenaufgang pflückte!
RHODOPE: Hinweg mit ihr! Sie welkt bei mir zu schnell!
HERO *indem sie sich mit ihren Begleiterinnen entfernt:*
  Ich heiße Hero und nicht Lesbia!
RHODOPE: Ihr ewgen Götter, konnte das geschehn?
  Ich hab Euch schon mit reiner Kinderhand
  So manches fromme Opfer dargebracht!

Euch fiel die erste Locke meines Hauptes,
Eh ich noch ahnte, daß Ihr allen Segen
In Händen haltet, der dem Menschen frommt!
Nie hat die Jungfrau Euren Dienst versäumt,
Und selten stieg mit ihrer Opferflamme
Zugleich ein Wunsch zu Eurem Sitz empor:
Sie suchte jeden, der sich regen wollte,
Mit Scham und Angst bis unter das Bewußtsein
Hinabzudrücken, denn sie warb allein
Um Eure Gunst und nicht um Eure Gaben,
Sie wollte danken, aber nichts erflehn!
Auch hat das Weib sich durch kein Traumgesicht,
Wie es die Tyndaridentochter schreckte,
Erst mahnen lassen an die heilge Pflicht,
Sie kam von selbst und schmückte den Altar.
Und dennoch – Warum weiht Euch denn der Mensch
Den besten Teil von allen seinen Gütern,
Wenn Ihr nicht gnädig ihn beschirmen wollt,
Wo er sich selbst nicht mehr beschirmen kann!
Den Löwen hält das Schwert dem Manne fern,
Wenn er, von Hunger oder Wut getrieben,
Hervorstürzt um die heiße Mittagszeit:
Kein Tapfrer ruft zu Zeus um seinen Blitz!
Doch, daß ihn nicht die Schlange feig beschleiche,
Wenn er, vom Kampf ermattet, ruhig schlummert,
Ist Euer Werk, denn Euch gehört die Nacht!
Und ich – und ich! Ruht denn ein Fluch auf mir,
Ein Fluch von Anbeginn, der Eure Kraft
Im Styx gebunden hält, daß Ihr den Frevel,
Den keiner gegen meine letzte Sklavin
Nur zu versuchen wagte, an mir selbst
Gelingen ließt, als wärs die frömmste Tat?

HERO *tritt ein:* Der König!

RHODOPE: Schon? – So kommt der Tod mit ihm!
Nun, der verhüllt mich in die Nacht der Nächte,
Wovon die irdsche bloß ein Schatten ist,
Was beb ich denn? Die wünschte ich mir ja!

KANDAULES *tritt ein:* Vergibst du?

RHODOPE: Herr, ich weiß, du kannst nicht anders,

Da gilt die Stunde gleich. Was fragst du viel?
KANDAULES: Ich kann dich nicht verstehn.
RHODOPE: Sei offen, König!
Du findest mich bereit!
KANDAULES: Bereit! Wozu?
RHODOPE: Ich kenne deine Pflicht und danke dir,
Daß du sie rasch erfüllen willst. Sie würde
Ja nur die meine, wenn du zögertest.
Du hast geforscht, entdeckt und gleich gerichtet,
Ich sehs dir an, nun trifft die Reihe mich!
KANDAULES: Wohin verirrst du dich!
RHODOPE: Erscheinst du nicht
Als Rächer hier?
KANDAULES: Bei allen Göttern, nein!
RHODOPE: So lebt noch jeder, welcher gestern lebte?
KANDAULES: Warum nicht?
RHODOPE: Mancher frevelte vielleicht!
KANDAULES: Ich weiß von keinem!
RHODOPE: Und was führt dich her?
KANDAULES: Hätt ich nach dieser Nacht kein Recht, zu
kommen?
Warst du wie sonst? Hast du mir nicht sogar,
Als säßest du, die Lilie in der Hand,
Noch unter dem Platanenbaum, wie einst,
Den einzgen Kuß versagt, um den ich bat?
RHODOPE: Das wirst du mir noch danken!
KANDAULES: Aber fürchte
Dich nicht! Zwar triebs mich zu dir, wie am Morgen
Nach unsrer Hochzeit, doch du brauchst mir nur
Zu winken, und ich gehe, wie ich kam!
Ja, schneller werde ich von hinnen eilen,
Als hätt ich, um zu trinken, einer Quelle
Mich still genaht und sähe, daß ihr eben
Die schüchterne Najade scheu entsteigt.
RHODOPE: Bleib!
KANDAULES: Nein! Nicht eines Odemzuges Dauer,
Wenn es dich ängstigt! Und es ängstigt dich,
Ich fühl es wohl. Dies ist gewiß die Stunde,
In welcher du, wie dus so lieblich nennst,
Dich innerlich besiehst! Die will ich nicht
Entheiligen. Und hätt auch Aphrodite,

Holdselig lächelnd diesem frühen Gang,
Den goldnen Gürtel, den sie nie verschenkt
Und kaum verleiht, mir für dich zugeworfen:
Ich käm ein andermal und reicht ihn dir!

RHODOPE: Halt ein! Das klingt zu süß und macht mir bang,
Denn meine Amme sagte: Wenn der Mann
Sich allzu zärtlich seinem Weibe nähert,
So hat er im geheimen sie gekränkt!

KANDAULES: Das trifft mich auch! Ich habe dich gekränkt!
Ich weiß ja, wie du bist, ich weiß ja auch,
Daß du nicht anders kannst; dein Vater thront,
wo indische und griechische Art sich mischen,
Dein Schleier ist ein Teil von deinem Selbst.
Und dennoch zerr und zupf ich stets an ihm
Und hätt ihn gestern gern dir abgerissen!
Nun, das bereu ich, und ich schwöre dir –
Dies trieb mich her! – Es soll nicht mehr geschehn!

Rhodope lacht.

KANDAULES: Denn nie noch sehnte ich mich so wie heut,
Nicht bloß das Leid, das tief ins Mark sich gräbt
Und Narben hinterläßt, dir fernzuhalten,
Nein, auch den kleinsten Schatten, welcher dir
Die Seele trüben könnte, zu verscheuchen,
Und würf ich einen solchen Schatten selbst!
Dich hüten will ich, wie die treue Wimper
Dein Auge hütet: nicht dem Sandkorn bloß
Verschließt sie sich, auch einem Sonnenstrahl,
Wenn er zu heiß ist und zu plötzlich kommt.

RHODOPE: Zu spät! Zu spät!

KANDAULES: Was wär zu spät, mein Weib?

RHODOPE: Ich – – Nein, ich sags ihm nicht, ich kanns
                                      nicht sagen,
Er mags erraten, und wenn ers errät,
So knie ich stumm und lautlos vor ihm nieder
Und deute auf sein Schwert und meine Brust!

KANDAULES: Hat dich ein Traum erschreckt?

RHODOPE: Ein Traum? O nein,
Für mich war keiner übrig, einer Warnung
War ich nicht wert! Der Stein, der schmetternd fällt,
Hat seinen Schatten, daß der Mensch ihn merke,

Das rasche Schwert den Blitz, doch was mich traf –
Kandaules, sprich, ich sehe, du willst fragen,
So frage endlich!
KANDAULES: Ich? Nun ja doch, ja!
Am liebsten deine Hand!
RHODOPE: Rühr sie nicht an,
Den Fleck nimmt dir kein Wasser wieder weg.
KANDAULES: O Gyges! – Nun, wenn du die Hand mir
weigerst,
Auch deine Wange sagt mir schon genug,
Du glühst im Fieber! Doch der beste Arzt
Steht vor der Tür. Warum ist sie verschlossen,
Indes ein Morgen, welchen alle Horen
Beschenkten, draußen, wie ein Bettler, klopft.
Rasch auf mit ihr, und gleich bist du geheilt!
Er will öffnen.
RHODOPE: Halt! Öffne lieber eine Totengruft!
Nicht finstrer wird der reine Sonnengott
Sich von zerbrochnen Aschenkrügen wenden,
Als von dem Weibe, das du dein genannt!
KANDAULES: Unselige!
RHODOPE: Sprich! War im Schlafgemach – –
Antworte doch!
KANDAULES: Ein Mörder? Nein doch, nein!
Ei, frag dich selbst, hätt ich ihn nicht getötet?
RHODOPE: Wenn du ihn sahst!
KANDAULES: Und mußt ich ihn nicht
sehn?
Die Ampel war nur eben angezündet
Und brannte hell.
RHODOPE: So scheints! – Und doch vernahm
Ich mancherlei Geräusch, das nicht von dir
Und auch von mir nicht kam.
KANDAULES: Die Nacht ist reich
An Schällen und an seltsam fremden Klängen,
Und wer nicht schläft, hört viel.
RHODOPE: Es rasselte.
KANDAULES: Ein Mauerwurm!
RHODOPE: Es klang, als ob ein Schwert
An etwas streifte.
KANDAULES: Mags! Wo wär der Ton,

Den die Natur in wunderlicher Laune
Nicht irgendeinem possenhaften Tier
Als Stimme einverleibte? Reiß einmal
Dein Kleid entzwei und merke dir den Laut,
Ich schaff dir ein Insekt, das ganz so schnarrt.
RHODOPE: Auch seufzen hörte ich.
KANDAULES: Und seufzen Mörder?
RHODOPE: Nein, nein! Das ists!
KANDAULES: Der kühle Nachtwind wars,
Er wollte dir um Mund und Wangen spielen
Und seufzte, als er nur auf Mauern stieß.
Ei, gibts doch Bäume, die, wie jener Stein
Das Licht des Tages trinkt, um es im Dunkeln
Zurückzugeben, Klang und Schall verschlucken,
Die singen, plappern, ächzen dann bei Nacht!
RHODOPE: So nimmst du es? Noch mehr! Mir fehlt ein
Schmuck.
KANDAULES: Ein Edelstein vielleicht? Ein Diamant?
Der da?
RHODOPE: Du hast ihn? Du?
KANDAULES: Wer sonst? Du siehst!
RHODOPE: Dank, ewgen Dank, ihr Götter, und vergebt
Den Zweifel eines Herzens, das sich schuldlos
Zertreten wähnte! O, ihr seid uns nah,
Wie Licht und Luft!
KANDAULES: Erinnyen, hinab! –
Da!
RHODOPE: In den Tempelschatz mit ihm! Ich bin
Den Gnädigen ein reiches Opfer schuldig,
Vor allem ihr, der Allverknüpferin!
Aus goldnen Körben sollen ihre Tauben
Von heute an die weichsten Körner picken,
Aus Marmorbecken löschen ihren Durst!
Und du, Kandaules, du – – –
KANDAULES: Der Jüngling küßt,
Wenn er des Mädchens denkt, die eigne Hand,
Die sie ihm drückte, als sie von ihm schied,
Der Mann braucht etwas mehr.
RHODOPE: O Tag des Glücks!
Ist dir dein Weib so teuer? Nun, da bitt ich
Dir stilles Unrecht ab. Ich sorgte immer,

Es sei mehr Stolz auf den Besitz als Liebe,
In der Empfindung, die dich an mich fesselt,
Und deine Neigung brauche schon den Neid
Der andern, um nicht völlig zu erlöschen!
Nun fürcht ich das nicht mehr.

KANDAULES: Und niemals sollst
Dus wieder fürchten! Weiß ich doch, was dir
Das Herz vergiftet hat. Du glaubst dich
Verkürzt durch Gyges! Und es ist gewiß,
Daß ich gar manchen Tag mit ihm verbrachte,
Und fast ein Jäger ward, weil er es ist.
Zwar griff das nicht in deine Rechte ein,
Denn was den Mann mit einem Mann verbindet,
Ist für das Weib nicht da, er brauchts bei ihr
So wenig wie den Schlachtmut, wenn er küßt.
Doch, muß ich deine Furcht auch töricht nennen:
Ich spar kein Mittel, um dich rasch zu heilen,
So höre denn: mein Günstling Gyges geht!

RHODOPE: Wie?

KANDAULES: Heute noch!

RHODOPE: Unmöglich!

KANDAULES: Wär dir das
Jetzt nicht mehr recht? Du schienst es sonst zu
wünschen!

RHODOPE: O, daß ich dies in meinem Freudenrausch
Vergessen konnte!

KANDAULES: Was denn?

RHODOPE: Deine Hand! –
Der wars, der stand auf einmal mir vor Augen,
Als wär sein feurger Umriß in der Luft
Zurückgeblieben! O, wie fürchterlich
Bestätigts sichs. – Gib her! – Er hat den Ring!

KANDAULES: Der ist mein Eigentum!

RHODOPE: Sprich, hast du ihn
Nicht wieder abgelegt, seit du ihn trägst?
Auch nicht verloren oder sonst vermißt?

KANDAULES: Unglückliche, was quälst du dich mit
Schatten!

RHODOPE: Er weicht mir aus! – Du schickst den Gyges
fort?
Auf einmal fort, wie einen Missetäter?

Warum?
KANDAULES: Das sagt ich nicht. Er geht von selbst.
RHODOPE: Er geht von selbst? Was treibt ihn denn von
                                       hinnen?
KANDAULES: Ich weiß es nicht und hab ihn nicht gefragt.
RHODOPE: Du weißt es nicht? So will ich dir es sagen:
  Er hat an dir gefrevelt wie noch keiner,
  Und du mußt strafen, wie du nie gestraft!
KANDAULES: Rhodope, welch ein Wort! Er ist gewiß
  Der Edelste der Edlen.
RHODOPE: Ist er das,
  Wie kannst du ihn so ruhig ziehen lassen?
KANDAULES: Weil auch der Beste wider seinen Willen
  Statt Segens stillen Fluch verbreiten kann.
RHODOPE: Ist das sein Fall? Und hat ers selbst gefühlt?
KANDAULES: Und wenn auch nicht – Sein Sinn ist stolz, er
                                                     strebt
  Nach großen Dingen, und er darf es wagen.
RHODOPE: Meinst du?
KANDAULES: Kein Königsthron steht ihm zu
                                                       hoch.
  Und wenn er geht und mir den Grund verbirgt:
  Gib acht, mit einer Krone kehrt er wieder
  Und spricht dann lächelnd: Diese trieb mich fort!
RHODOPE: Ja?
KANDAULES: Teures Weib, dich hat die Nacht verstört,
  Der Schreck –
RHODOPE: Kann sein!
KANDAULES: Du hörtest allerlei –
RHODOPE: Was nicht zu hören war! Fast glaub ichs selbst,
  Denn – nun besinn ich mich – ich sah auch falsch!
  Du hast den Ring nicht wieder abgelegt,
  Du hast ihn nicht verloren, noch vermißt,
  Und mir kams dennoch vor – ich spähte scharf,
  Und Morgen wars, und alles andre sah ich –
  Als fehlte er an deiner Hand. So zeugt
  Denn Sinn hier gegen Sinn, das blinde Auge
  Verbürgt das taube Ohr. Vergib mir nur,
  Daß ich dich quäle, und vergönne mir
  Ein wenig Einsamkeit, um mich zu fassen.
Kandaules will reden.

Jawohl! Jawohl! Vergib nur, Herr, und geh!
Kandaules ab.
Kein andrer ists als Gyges – das ist klar!
Er hat den Ring gehabt – das ist noch klarer!
Kandaules ahnts, er muß – das ist am klarsten!
Und statt das Ungeheure ungeheuer
An ihm zu ahnden, läßt er ihn entfliehn.
So wird ein Rätsel durch ein andres Rätsel
Gelöst, das mich von Sinnen bringen kann,
Wenn es mir dunkel bleibt! Ein Gatte sieht
Sein Weib entehrt – entehrt? Sprich gleich: getötet –
Getötet? –Mehr, verdammt, sich selbst zu töten,
Wenn nicht des Frevlers Blut zur Sühne fließt!
Der Gatte ist ein König, trägt das Schwert
Der Dike, braucht von der Erinnys nicht
Den Dolch zu borgen, hat die heilge Pflicht,
Den Greul zu strafen, wenn die Liebe ihn
Nicht antreibt, ihn zu rächen, muß den Göttern
Das Opfer bringen, wenn ers mir versagt!
Und dieser Gatte, dieser König zückt
Nicht Schwert noch Dolch, er läßt den Frevler fliehn!
Doch soll das nicht gelingen! Mir auch fehlts
Nicht an erprobten Dienern. Nicht als Sklavin,
Als Königstochter trat ich in dies Haus,
Und mein Geleite war ein königliches.
Die alten Vielgetreuen ruf ich auf,
Daß sie dem Fliehenden den Weg vertreten,
Dann sprech ich zu Kandaules: Hier bin ich,
Dort ist der Günstling, wähle, dieser Dolch
Ist für mich selbst, wenn nicht dein Schwert für ihn!

LESBIA *tritt herein:*
Vergibst du, Königin?
RHODOPE: Was denn, mein Kind?
Daß du zu mir zurückkehrst? O, vergib
Nur du, daß ich dich von mir lassen konnte,
Mir war – ich wußte selbst nicht, was ich tat.
Doch mein ich, daß der König zu mir sagte,
Du gingest gern, und ach, ich hatte ihm
In jener Nacht so viel schon weigern müssen,
Daß mir der Mut zum neuen Nein gebrach.

Lesbia: So bin ich nicht mehr frei? So darf ich mich
Zu deinen Dienerinnen wieder zählen?
Rhodope: O nein! Als Schwester komm an meine Brust.
Lesbia: Was ist geschehn? Du bist bewegt wie nie.
Rhodope: Entsetzliches, das keinen Namen hat!
Denn eh ichs nennen kann, hat sichs verändert
Und ist noch grauenvoller als es war.
Ja, Nachtgeburt, die mir entgegengrinst,
Mir deucht, dein erstes Antlitz könnt ich küssen,
Nun dämmernd mir das zweite sich enthüllt.
Lesbia: Kann ich was für dich tun? – Die Frage ist
Wohl töricht, nicht?
Rhodope: Du kannst nicht töten, Mädchen,
Und wer nicht töten kann, der kann für mich
Auch nichts mehr tun.
Lesbia: Gebieterin!
Rhodope: So ists!
Du starrst mich an, du kannst es gar nicht fassen,
Daß solch ein Wort aus meinem Munde kommt.
Ja, Lesbia, ich bins! Rhodope ists,
Die euch so oft gewarnt und abgehalten,
Dem Tode in sein traurig Amt zu greifen,
Und wenn es auch nur eine Spinne galt!
Ich hab es nicht vergessen, doch das war,
Als ich im frischen Morgentau mich wusch
Und in dem Strahl der Sonne trocknete:
Jetzt rufe ich nach Blut, jetzt ist von mir
Nur so viel übrig, als die Götter brauchen,
Um das zu rächen, was ich einmal war!
Lesbia: Weiß dein Gemahl denn nichts? Am Rächer kanns
Der Königin von Lydien nicht fehlen.
Rhodope: So scheints! Und doch – Nun, wissen will ichs
bald!
Geh, Lesbia, und ruf mir Karna her!
Lesbia: Du meinst, ich soll ihm etwas von dir sagen.
Rhodope: Das ist vorbei! –
Lesbia: Doch deinen Schleier willst du!
Rhodope: Nein! Nein!
Lesbia: Mich graust. Es ist das erstemal! *Ab.*
Rhodope: Er kann den Freund nicht opfern, darum wird
Sein Weib verschont. Denn sonst ertrüg ers nicht!

Lesbia tritt mit Karna ein.

RHODOPE: Karna, du weißt, was du geschworen hast,
Als dir dein Herr, mein königlicher Vater,
Am goldnen Tor die Tochter übergab.
Saß ich auch hoch auf meinem Elefanten,
War ich auch tief verhüllt in meinem Schleier,
Doch hab ich wohl beachtet, was geschah,
Und nicht ein Wort vergessen, das du sprachst.

KARNA: Auch ich nicht, und ich hoffs dir darzutun!

RHODOPE: So such den Griechen Gyges auf und künd
                                                  ihm,
Daß ich ihn sehen will.

KARNA: Du?

RHODOPE: Eile dich,
Damit er nicht entkommt, verfolge ihn,
Wenn er entfloh, und bringe ihn zurück,
Noch eh es Nacht wird, muß er vor mir stehn.

KARNA: Ich liefre ihn, lebendig oder tot. *Ab.*

LESBIA: Was hör ich? Gyges wär es?

RHODOPE: Gyges ists!

LESBIA: Er hätte dich gekränkt?

RHODOPE: Er hat gefrevelt
Am Heiligsten, er hat den schwersten Fluch
Auf mich herabgezogen, jenen Fluch,
Den alle Götter wider Willen schleudern,
Weil er nur Menschen ohne Sünde trifft,
Er ist es, der mich töten lehrt!

LESBIA: Er nicht!
Ich schwöre dirs!

RHODOPE: Wie kannst du?

LESBIA: Königin,
Auch ich erlebte etwas, und ich weiß,
Daß er die Seele eher lassen würde,
Als dich verletzen.

RHODOPE: So.

LESBIA: Ich habe dir
Ein Wort von ihm zu sagen! O, wie bitter
Hat mich dies Wort geschmerzt, als ichs vernahm,
Jetzt freuts mich fast. Ich soll dir von ihm melden,
Er hätt mich gar nicht angesehn! – Er liebt dich!
Nun frag dich, ob es möglich ist!

RHODOPE: Er liebt mich!
  So ists gewiß!
LESBIA: Wie?
RHODOPE: Törin, sage mir,
  Kann man das lieben, was man niemals sah?
  Und wenn mich Gyges sah: Wann sah er mich?
Lesbia legt sich die Hand vor die Augen.
  Nun sprich als Mädchen, ob er sterben muß!

VIERTER AKT

   Gemach der Königin

RHODOPE: O, einen Augenblick Vergessenheit!
  Wozu das Rätsel ewig wiederholen?
  Es wird ja bald gelöst. – Ich sollt es machen
  Wie meine Mädchen, die zum Zeitvertreib
  Auf alle Töne horchen und sich streiten,
  Von welchem Vogel jeder kommt und ob
  Der rot ist oder grün. – Welch ein Geräusch!
  Ist Karna da mit ihm? Still, alles still.
  Es war wohl nichts. – Wie hab ich mich verändert!
  Wann fragt ich sonst den Schall nach dem Woher,
  Mich schreckte nichts, mich schreckte nicht einmal
  Des Feuers Glut, und wenn sie noch so rot
  Am Himmel aufstieg und sich noch so drohend
  Verbreitete: ich wußte, daß ein Kreis
  Von treuen Wächtern, unsichtbar um mich
  Herumgereiht, des Königs Lieblingstochter
  Mit Blut und Leben schirmte. Jetzt – ein Schritt!
  Sie sinds! Ja, Karna ist so klug als tapfer;
  Das hört ich stets, und heute soll ichs sehn.
  Noch nicht! Vielleicht auch gar nicht! Nein, ihr Götter,
  So grausam werdet ihr nicht sein. Ich will
  Ja nicht, daß ihr die Hand mir reichen sollt,
  Um mich am Rand des Abgrunds festzuhalten,
  Ich will nur sehn, wer mich hinunterstößt.

Je mehr ich sinne, um so weniger
Begreif ich meinen Gatten. Hört ichs doch
In frühster Jugend schon, daß die Befleckte
Nicht leben darf, und wenn mich das als Kind
Durchschauert hat, jetzt habe ich den Grund
Für dies Gesetz in meiner Brust gefunden:
Sie kann nicht leben, und sie wills auch nicht!
Gilt das für ihn allein nicht? Oder will er
Den Frevler heimlich opfern, weil er hofft,
Mir seine Missetat noch zu verbergen?
Habt Dank, ihr Ewigen, auch das kann sein!
Und findet Karna den Entflohnen tot,
Den kalten Dolch in seiner heißen Brust,
So weiß ich, wessen Hand ihn niederstreckte,
Und frage niemals mehr, wo Gyges blieb!

LESBIA *tritt ein:* O, Königin, er kommt!
RHODOPE: Ich harre schon!
LESBIA: Und hinter ihm schiebt, wie ein Eisenriegel,
  Sich eine Schar Bewaffneter zusammen.
RHODOPE: Ich glaubs, daß Karna sein Geschäft versteht.
LESBIA: Muß es denn sein?
RHODOPE: Er oder ich! Vielleicht
  Wir alle beide!
LESBIA: O, du machst mich stumm!
RHODOPE: Sag Karna, daß er jetzt zum König sende,
  Ich laß ihn bitten auf ein einzig Wort.

Lesbia ab.

  Nun, Ihr dort unten, die Ihr keinen Frevel
  Verhindert, aber einen jeden rächt,
  Heraufr, herauf, und hütet diese Schwelle,
  Ein blutig Opfer ist Euch hier gewiß.

GYGES *der währenddem eingetreten ist:*
  Du hast mich rufen lassen, Königin!
RHODOPE: Du weißt warum! – Du weißt es, denn du
                                       zitterst,
  Kannst du es leugnen? Deine Farbe wechselt,
  Und hörbar klopft das Herz in deiner Brust.
GYGES: Hat nicht dein Gatte auch vor dir gezittert,
  Hat er die Farbe nicht, wie ich, gewechselt,
  Und hat sein Herz nicht ganz wie meins geklopft?
  Erinnre dich der Stunde, wo er dir

Zum erstenmal ins Antlitz schauen durfte,
Und frag dich, ob er mir nicht völlig glich.
RHODOPE: Dir?!
GYGES: Königin, gewiß. Ihm schwindelte,
Er stand geblendet da, und als ihm die
Besinnung wiederkehrte, riß er stumm
Die Krone sich vom Haupt wie einen Kranz,
Der plötzlich welk geworden ist im Haar,
Und warf sie mit Verachtung hinter sich.
RHODOPE: Er! Ha!
GYGES: Du lächeltest ihn freundlich an,
Als du es sahst, da kam ihm so viel Mut,
Sich dir um einen halben Schritt zu nähern.
Doch seine Kniee wankten unter ihm,
Sie wollten einen edlern Dienst verrichten,
Und eh dus ahntest, lag er so vor dir!
Er kniet währenddem nieder.
RHODOPE: Du wagst?
GYGES: Was denn? Es war ja so. Du strecktest
Ihm unwillkürlich, halb um ihm zu wehren,
Halb auch vielleicht, um ihn emporzuziehn,
Die Hand entgegen, die er scheu und schüchtern
Ergriff, und die sich doch zur Fingerspitze
Verkürzte, ehe er sie noch berührt.
Tatst du das nicht? O, sprich!
RHODOPE: Auf! Auf mit dir!
GYGES *sich wieder erhebend:* Ihn aber traf es wie ein
Wetterschlag.
Ihm war zumut, als hätt er sich bisher,
Wie ein erebscher Schatten, kalt und nüchtern,
Nur unter die Lebendigen verirrt
Und jetzt erst Blut bekommen wie sie selbst;
Als hätte er ihr Lachen und ihr Weinen,
Ihr Jubeln, Seufzen, ja ihr Atemholen,
Nur nachgeäfft und nie geahnt, warum
Die Menschenbrust sich ewig hebt und senkt.
Da brannt er vor Verlangen, auch zu leben,
Und sog dein süßes Bild mit Augen ein,
Die, sonst gleichgültig alle Dinge spiegelnd
Und wieder wechselnd, wie ein stilles Wasser,
Der Wimper jetzt ihr Zucken kaum verziehn.

So glomm er, deine Schönheit in sich trinkend,
Allmählich vor dir auf in düstrem Feuer,
Wie deine weiße Hand, wenn du sie abends
Vor eine Flamme hältst, du aber fuhrst
Vor deinem roten Widerschein zurück.

RHODOPE: Nicht weiter!
GYGES: O, nicht weiter! Weiß ich mehr?
Was er empfand, das kann ich nachempfinden
Und ganz so voll und glühend, wie er selbst.
Doch, wie er warb und wie er dich gewann,
Ist sein Geheimnis; einer nur kanns haben,
Und dieser einzige ist er, nicht ich.
Nun weißt du denn, warum ich zitterte:
Ein Wonneschauer wars, der mich ergriff,
Ein heilges Grausen, das mich schüttelte,
Als ich so plötzlich vor dir stand und sah,
Daß Aphrodite eine Schwester hat;
So sag mir jetzt, wozu beriefst du mich?

RHODOPE: Zum Tode! –
GYGES: Wie?
RHODOPE: Hast du ihn nicht verdient?
GYGES: Wenn du ihn mir verhängst, so muß es sein!
RHODOPE: In dieser Stunde noch!
GYGES: Ich bin bereit!
RHODOPE: Dich packt kein Schauder, wie er jeden
Menschen,
Wie er den Jüngling doppelt packen muß?
Glaubst du vielleicht, es sei nicht bittrer Ernst,
Weil dir ein Weib den blutgen Spruch verkündigt,
Und du das Weib nur noch als Mutter kennst?
O hoffe nicht, daß auch die Mildeste
Ihn ändern wird. Sie kann den Mord vergeben,
Sie kann sogar für ihren Mörder bitten,
Wenn er ihr so viel Odem übrigließ.
Doch eine Schande, die sie vor sich selbst
Vom Wirbel bis zum Zeh mit Abscheu füllte,
Solch eine Schande wäscht das Blut nur ab:
Je mehr sonst ganz nur Weib, nur scheues Weib,
Je mehr vom Manne wird sie da verletzt!

GYGES: Entsetzlich!
RHODOPE: Kommt der Schauder? Hör mich aus!

206

Wenn du nicht jetzt gerichtet vor mir ständest,
Von blanken Schwertern vor der Tür bewacht,
Und, willig oder nicht, das sichre Opfer
Der Unterirdschen, die ich schon beschwor:
Ich öffnete, wenn auch mit zager Hand,
Noch eh die Sonne sinkt, mir selbst die Adern
Und wüsche mich in meinem eignen Blut!
Denn alle Götter stehn schon abgewandt.
Wenn auch voll Mitleid da, die goldnen Fäden
Zerreißen, die mich an die Sterne knüpfen
Und aufrecht halten, mächtig zieht der Staub,
Und zögre ich, so hüpft die neue Schwester,
Die Kröte, mir vertraulich ins Gemach!

GYGES: O Königin, ich könnte manches sagen
Und vielen Sand mir aus den Locken schütteln,
Der mir nur angeflogen ist im Sturm!
Ich will es nicht. Nur eines glaube mir:
Erst jetzt erkenn ich, was ich tat, und doch
Wars kaum geschehn, so hats mich schon gedrängt,
Es abzubüßen. Wenn dein Gatte mir
Den Weg zum Orkus nicht vertreten hätte,
Ich wäre längst ein Schatten unter Schatten
Und du gesühnt, wenn auch noch nicht versöhnt.

RHODOPE: Mein Gatte wehrte dirs und wußte doch –

GYGES: Gleichviel! Die seltne Regung, die ihn faßte,
Hat mich um das Verdienst des freien Todes,
Dich aber um dein Opfer nicht gebracht.
Leb wohl! – Und d e i n e Schwerter bleiben rein!

RHODOPE: Halt! Nicht durch eigne Hand und nicht durch
                                                          Mord.
Durch deinen höchsten Richter sollst du fallen,
Gleich kommt der König und bestimmt dein Los.

GYGES: Der Sterbende, er sei auch, wer er sei,
Hat eine letzte Bitte frei. Du wirst
Mir nicht mein armes Totenrecht verkürzen,
Ich weiß, du kannst es nicht! So laß mich gehn!

Rhodope macht eine abwehrende Bewegung.

Ich tat, was ich vermochte. Komme nun,
Was kommen soll, ich trage keine Schuld.

Kandaules tritt ein.

RHODOPE *ihm entgegen:* Ich irrte nicht! Es war im
                                                 Schlafgemach

Ein Mensch versteckt!
GYGES:　　　　　　　Ja, König, was ich dich
　　Nur ahnen ließ, weil mir der Mut gebrach,
　　Es zu bekennen: Es ist aufgedeckt,
　　Und todeswürdig steh ich vor dir da!
KANDAULES: Gyges!
GYGES:　　　　　Mit diesen meinen beiden Augen
　　Verübt ich einen Frevel, den die Hände
　　Nicht überbieten, nicht erreichen würden,
　　Und zückt ich auch auf dich und sie den Dolch.
RHODOPE: So ists!
GYGES:　　　　Zwar wußt ichs nicht, das kann ich
　　　　　　　　　　　　　　　　　　　schwören,
　　Mir sind die Frauen fremd, doch wie der Knabe
　　Nach einem wunderbaren Vogel hascht
　　Und ihn erdrückt, weil er sein zartes Wesen
　　Nicht kennt, indes er ihn nur streicheln will,
　　So hab auch ich das Kleinod dieser Welt
　　Zerstört und ahnte nicht, daß ich es tat.
RHODOPE: Sein Wort ist edel. Wehe ihm und mir,
　　Daß es nicht frommt!
GYGES:　　　　　　Wenn den kastalschen Quell,
　　Aus dem die Lieblinge der Götter trinken,
　　Und der in einem Farbenspiel erglänzt,
　　Als wär er mit zerpflückten Regenbogen
　　Von Iris' eignen Händen überstreut,
　　Wenn diesen Quell, der dem Parnaß entspringt,
　　Ein Steinwurf trübt, so fängt er an zu tosen
　　Und steigt in wilden Wirbeln himmelan.
　　Dann singt auf Erden keine Nachtigall
　　Und keine Lerche mehr, und in der Höhe
　　Verstummt sogar der Musen heilger Chor,
　　Und eher kehrt die Harmonie nicht wieder,
　　Bis ein ergrimmter Strom den frechen Schleudrer
　　Hinunterknirscht in seinen dunklen Schoß:
　　So ists mit einer Frauenseele auch!
KANDAULES: Gyges, ich bin kein Schurke.
GYGES:　　　　　　　　　　Herr, du bist
　　Rhodopens Gatte, bist ihr Schutz und Schirm
　　Und mußt ihr Rächer sein.
KANDAULES:　　　　　Ich bin vor allem

Ein Mann, der für den Frevel, den er selbst
Beging, nicht einen andern sterben läßt.
GYGES: König, was rettest du?
KANDAULES: Mich selbst!
GYGES: Er rast,
Hör nicht auf ihn!
RHODOPE: Mein Herr und mein Gemahl,
Was sprachst du da? Ich kanns dir selbst nicht glauben,
Wenn dus nicht wiederholst!
KANDAULES: Sprich du für mich!
Du sollst mich nicht entschuldigen, du sollst
Nur sagen, wie es kam.
RHODOPE: So ists? Ihr Götter,
Lacht über mich! – Ich habe schon geklagt!
KANDAULES: Sprich, Gyges! *Ab.*
GYGES: Königin, o, wenn du wüßtest,
Wie er dich immer pries und wie ich stumpf
Auf alle seine Flammenworte hörte,
Weil jeder Vogel, der dem Busch entrauschte
Und meinem Pfeil entging, indem er sprach,
Mein Auge auf sich zog – wenn du dir sagtest,
Wie sehr dies unaufmerksam-kindsche Wesen,
Das er für einen Ausdruck stillen Mißtrauns
Und halben Zweifels nahm, obgleich es nur
Aus flüchtgem Sinn entsprang, ihn reizen mußte –
Wenn du uns beide nur ein einzig Mal
Auf einer unsrer Streiferein im Walde
Gesehen hättest, ihn in seiner Glut
Und mich in meiner Blödheit, unverständig
Nach bunten Steinen an der Erde spähend,
Indes er mir den Sonnenaufgang zeigte:
Ich bin gewiß, du blicktest wieder mild!
Er glich dem Priester, der dieselbe Flamme,
Die ihn durchlodert, zu des Gottes Ehre
Auch in der fremden Brust entzünden möchte;
Wenn dieser, leidenschaftlich-unvorsichtig,
Die heiligen Mysterien enthüllt,
Um dumpfe Sinne rascher zu erwecken
Und falsche Götzen sichrer zu entthronen:
Fehlt er so schwer, daß man ihm nicht verzeiht?
RHODOPE *macht mit der Hand eine abwehrende Bewegung:*

Er hat sein Gattenrecht dir abgetreten?
GYGES: Nenn es nicht so.
RHODOPE: Du brauchtest nicht beim Wein
  Nach seiner Hand zu greifen und dabei
  Den Ring ihm abzuziehn, wie ichs mir dachte,
  Er gab ihn dir von selbst zurück, du kamst
  Vielleicht sogar mit ihm zugleich?
GYGES: Wie kannst
  Dus glauben, Königin?
RHODOPE: Du bist ein Jüngling –
  Du denkst so edel –
GYGES: War ich denn sein Knecht?
  Und hat er je verlangt, daß ich es sei?
  Nein, Königin, entschuldige mich nicht,
  Es bleibt bei deinem Spruch! Und halt ihn nicht
  Für grausam, er ist mild. Ich ging den Weg,
  Den ich wohl nimmer hätte gehen sollen,
  Doch nahm ich gleich auch meinen Fluch dahin.
  Ich wurde reif zum Tode, denn ich sah,
  Daß alles, was das Leben bieten kann,
  Vergeben war, und wenn ich in der Nacht
  Ihn nicht schon fand und die entweihte Schwelle
  Mit meinem rasch vergoßnen Blut dir wusch,
  So ist die Schuld nicht mein: ich warb um ihn.
  O, hätt ich ihn ertrotzt, wie ichs versuchte,
  Dann zitterte in deiner Seele jetzt
  Nur noch ein Schauder vor dem Mörder nach,
  Der dir das Atmen um so süßer machte,
  Dein Gatte aber würde, als dein Retter,
  Noch feuriger wie je von dir geküßt.
RHODOPE: Und Dinge kämen, dies uns fürchterlich
  Enthüllen würden, daß die Götter nicht
  Des Menschenarms bedürfen, sich zu rächen,
  Wenn eine Schuld, die keine Sühne findet,
  Weil sie im Dunkeln blieb, die Welt befleckt.
  Doch, sie sind gnädig, dieser Frevel hat
  Umsonst in Finsternis sich eingewickelt,
  Er leuchtet doch hindurch. Das Wasser wird
  Sich nicht in Feuer wandeln, wenn der Mund
  Des Durstgen es berührt, das Feuer nicht
  Erlöschen, wenn der Hauch des Hungrigen

Es auf dem Herde anbläst, nein, o nein,
Die Elemente brauchens nicht zu künden,
Daß die Natur vor Zorn im Tiefsten fiebert,
Weil sie verletzt in einem Weibe ist:
Wir wissen, was geschah!
GYGES: Wir wissen auch,
Was noch geschehen muß! Vergib mir nur! *Er will gehen.*
RHODOPE: Halt! Das nicht mehr!
GYGES: Was kann ich andres tun?
RHODOPE: Du mußt ihn töten!
GYGES: Ha!
RHODOPE: Du mußt! Und ich –
Ich muß mich dir vermählen.
GYGES: Königin!
RHODOPE: So geh.
GYGES: Ihn töten!
RHODOPE: Wenn du zu mir sagst:
Jetzt bist du Witwe! so erwidre ich:
Jetzt bist du mein Gemahl!
GYGES: Du hast gesehn,
Wie er von hinnen ging. Er sprach für sich
Kein einzig Wort, er überließ es mir,
Und ich, ich sollte – – Nein!
RHODOPE: Du mußt es tun,
Wie ich es fordern muß. Wir dürfen beide
Nicht fragen, obs uns schwer wird oder leicht.
GYGES: Wenn er kein Gatte war: er ist ein Freund,
Wies keinen zweiten gibt! Kann ich ihn töten,
Weil er zu sehr mein Freund gewesen ist?
RHODOPE: Du wehrst dich, doch es ist umsonst.
GYGES: Was soll
Mich zwingen, wenn dein Reiz mich nicht bezwang?
Ich liebe dich, mir ist, als wäre ich
Mit einem Starrkrampf auf die Welt gekommen,
Und dieser löste sich vor deinem Blick!
Die Sinne, welche, wie verschlafne Wächter,
Bisher nicht sahn noch hörten, wecken sich
In selgem Staunen gegenseitig auf
Und klammern sich an dich, rund um dich her
Zerschmelzen alle Formen, sonst so scharf
Und trotzig, daß sie fast das Auge ritzten,

> Wie Wolkenbilder vor dem Sonnenstrahl;
> Und wie ein Schwindelnder, der in den Abgrund
> Zu stürzen fürchtet, könnt ich nach der Hand
> Dir greifen, ja, an deinen Hals mich hängen,
> Eh mich das bodenlose Nichts verschlingt!
> Doch nicht mit einem Tropfen seines Blutes
> Möcht ich mir diesen höchsten Platz erkaufen,
> Denn selbst im Rausch vergäße ich ihn nicht!

RHODOPE: Du kannst es mir versagen, das ist wahr! –
  Verlaß mich denn!
GYGES: Was sinnst du, Königin?
RHODOPE: Ein Werk, das still beschlossen und noch stiller
  Vollbracht wird. – Geh!
GYGES: Versteh ich dich?
RHODOPE: Vielleicht.
GYGES: Du könntest?
RHODOPE: Zweifle nicht! Ich kann und will.
GYGES: Nun, bei den Göttern, welche droben thronen,
  Und den Erinnyen, die drunten horchen,
  Das darf nicht sein, und nimmer wirds geschehn!
RHODOPE: So sagst du ja?
GYGES: Du weckst mich aus dem
                                  Schlummer,
  Nicht wahr, wenn er in Träumen mir erscheint!
  Und trotz der Todeswunde immer lächelt,
  Bis mir das Haar sich sträubt?
RHODOPE: Nicht mehr! Nicht mehr!
GYGES: Auch drückst du einen Kuß mir auf die Lippen,
  Damit ich in der Angst mich gleich besinne,
  Warum ich es getan – du wendest dich,
  Als obs dich schauderte bei dem Gedanken?
  Das schwör mir erst!
RHODOPE: Ich werde dein Gemahl.
GYGES: Was frag ich auch! Ich siegte ja noch nicht.
RHODOPE: Gilts hier denn einen Kampf?
GYGES: Ja, Königin,
  Du denkst doch nicht von mir, daß ich ihn morde?
  Ich fordre ihn auf Leben oder Tod.
RHODOPE: Und wenn du fällst?
GYGES: So fluche mir nicht nach,
  Ich kann nicht anders.

RHODOPE: Fall ich nicht mit dir?
GYGES: Doch wenn ich wiederkehre?
RHODOPE: Am Altar
  Wirst du mich finden, ebenso bereit,
  In deine Hand die meinige zu legen,
  Als nach dem Dolch zu greifen und das Band
  Zu lösen, das mich an den Sieger knüpft,
  Wenn er es ist!
GYGES: Noch eh die Sonne sinkt,
  Entscheidet sichs! So leb denn wohl.
RHODOPE: Leb wohl! –
  Und wenns dich freuen kann, vernimm noch eins:
  Du hättest mich der Heimat nicht entführt,
  Um so an mir zu tun!
GYGES: Meinst du, Rhodope?
  Das heißt: ich wäre eifersüchtiger
  Und neidischer gewesen, hätte mehr
  Gefürchtet, weil ich wenger bin als er,
  Und doch beglückt es mich, daß du dies meinst,
  Und ist genug für mich, mehr als genug! *Ab.*
RHODOPE: Nun Brautgewand und Totenhemd herbei!
LESBIA *stürzt herein und wirft sich Rhodopen zu Füßen:*
  Du Gnädige! – Vergib! – Ich danke dir!
RHODOPE *sie aufhebend:* Du wirst mir wohl nicht danken,
                                     armes Kind!
  Und doch! Zuletzt! Ja, Lesbia, zuletzt!

FÜNFTER AKT

    Freier Platz

Der König tritt auf. Ihm folgt Thoas.

KANDAULES: Du schleichst mir nach auf Schritt und Tritt.
                                       Was willst du?

Fehlt dir der Mut, mich anzureden, Alter,
Weil ich ein wenig barsch war gegen dich?
Sprich! Setze deine Rede fort! Ich will
Geduldig sein und hören, brauchtest du
Auch so viel Zeit, daß eine grüne Traube
Sich purpurn färbt, bis du zu Ende bist.
THOAS: Herr, hab ich jemals einen Mann verklagt?
KANDAULES: Nein, Thoas.
THOAS: Oder einen Mann verdächtigt?
KANDAULES: Gewiß nicht.
THOAS: Las ich heiße Worte auf,
Wie sie im Zorn wohl auf die Erde fallen,
Und warf sie dir ins Ohr und blies sie an?
KANDAULES: Nie!
THOAS: Nun, so werd ich doch mit siebzig Jahren
Nicht tun, was ich mit zwanzig nicht getan,
Denn über fünfzig dien ich deinem Hause.
KANDAULES: Ich weiß es, treuer Knecht.
THOAS: Die Erde zeugt
Ja immer fort, ob man die Könige
Ermordet oder krönt, sie läßt die Bäume
Nicht ausgehn und die Beeren nicht vertrocknen,
Auch hält sie ihre Quellen nicht zurück,
Wenn man ihr einmal Blut zu trinken gibt.
KANDAULES: Das glaub ich auch!
THOAS: Nicht wahr? Es bliebe alles
Wie jetzt, ich meine, was mich selbst betrifft,
Denn das ist unser Sklavenglück, daß uns
Ein roter Mond am Himmel wenig kümmert
Und daß wir ruhiger, wie gierge Hunde,
Die einen Bissen zu erschnappen hoffen,
Dem Opfer zusehn und nicht ängstlich fragen,
Obs Gutes oder Böses prophezeit.
KANDAULES: Was willst du sagen, Greis?
THOAS: Dein Vater hatte
Mich immer um sich, einerlei, ob er
Zum Schmausen ging, ob er zu Felde zog,
Ich durfte ihm nicht fehlen, heute reicht ich
Den Becher ihm und morgen Schild und Speer.
Auch ordnete ich ihm den Scheiterhaufen
Und sammelte mit meinen steifen Fingern

Die weiße Asche in den braunen Krug.
Er hatt es so bestellt. Warum denn wohl?
KANDAULES: Die Traube wird schon rot.
THOAS: Du bist ihm ähnlich,
Vielleicht – ich sah dich nie das Schwert noch ziehn,
Er zog es oft und gern, zuweilen auch
Ganz ohne Grund, ich geb es zu, jawohl,
Und doch wars gut – vielleicht gar völlig gleich.
Drum wünscht ich dir sein Los.
KANDAULES: Ist das nicht mein?
THOAS: Wer weiß! Das Ende rechn ich mit dazu.
Vergib mir, Herr! Ich bin kein hurtger Kopf,
Begreife schwer, hab niemals was erdacht,
Und wer mich dumm nennt, schimpft mich darum
nicht.
Doch wackre Männer kamen schon zu mir
Und fragten mich um Rat, und als ich stutzte,
Da sagten sie: Der schlichtste alte Mann,
Der siebzig Jahre zählt und seine Sinne
Behielt, versteht von manchen Dingen mehr
Als selbst der Klügste, der noch Jüngling ist.
Nun, meine Sinne, denk ich, hab ich noch:
So hör auf mich!
KANDAULES: Ich tu es ja.
THOAS: Und quäle
Mich nicht um Gründe, glaube nicht, daß ich
Gleich unrecht habe, wenn ich auch verstumme,
Weil ein Warum von soundso viel Drachmen
Mir fehlt, wenn du mein Wort zu wägen denkst.
Du kannst ja auch die Vögel, die nicht fliegen,
Wie dirs gefällt, wenn sie dein Seher fragt,
Durch einen einzgen Schuß von deinem Bogen
Zerstreun, und mancher hats im Zorn getan.
Doch kommt das Unglück darum weniger,
Das sie verkündeten? So sprich denn nicht:
„Was willst du? Er ist tapfer, brav und treu!"
Ich weiß es selbst und wills sogar beschwören,
Allein ich warne dich nur um so mehr:
Nimm dich in acht vor Gyges!
Kandaules lacht.
Dacht ichs doch!

Ich sags dir noch einmal: Nimm dich in acht!
Versteh mich aber recht. Ich sage auch:
Er wird dir nimmer nach der Krone greifen,
Er wird dich mit dem letzten Tropfen Bluts
Verteidigen, und dennoch ist er dir
Gefährlicher als alle, die sich gestern
Mit Blicken oder Worten gegen dich
Verschworen haben! Ei, die tun dir nichts,
Wenn er nur nicht mehr da ist! Darum schaffe
Ihn fort, sobald du kannst. Denn, wenn er bleibt
Und mit den Kränzen, die er sich errang,
Noch länger so herumgeht unter ihnen,
Kann viel geschehn.
KANDAULES: Du meinst?
THOAS: Ich seh es ja!
Das flüstert und vergleicht! Das zuckt die Achseln,
Das ballt die Faust und nickt sich heimlich zu!
Du hast sie gar zu schwer gekränkt. Und wird
Der Grieche, wenn er morgens beim Erwachen
Auf einmal über deine Krone stolpert,
Weil man sie ihm des Nachts zu Füßen legte,
Sie noch verschmähn? Da wär er ja ein Tor.
Es ist genug, daß er dich nicht beraubt,
Beerben darf er dich und wird er dich.
Ei, seine Zeichen stehn, du glaubst nicht, wie!
Sonst schimpften sie ihn einen Zitherspieler
Und meinten, wie denn ich es selber meine,
Daß nur die Vögel süße Kehlen hätten,
Die arg verkürzt um ihre Klauen sind:
Jetzt ist er ihnen, weil er singen kann,
Wenn noch nicht Phöbus selbst, so doch sein Sohn!
KANDAULES: Das wundert dich? Er hat sie ja besiegt!
Wie könnte denn ein Mensch ihr Sieger sein!
THOAS: Gleichviel! Doch er ist wirklich brav und treu,
Drum folge mir. Dann gehts vielleicht noch gut,
Wenn nicht die Götter eine Strafe senden,
Und übers Jahr versöhnst du die und uns!
Gyges tritt auf.
Er kommt. Sprach ich umsonst? Herr, lächle nicht!
Selbst an der Mauer schießt Salpeter an,
Warum denn nicht das Salz der Zeit an mir?

Er zieht sich in den Hintergrund zurück.
KANDAULES: Du hast mich mehr getroffen als du denkst! –
  Nun, Gyges?
GYGES: Herr, ich habe dich gesucht.
KANDAULES: Ich dich nicht weniger. So sag mir an:
  Was bringst du mir? – Du kehrst dich schweigend ab?
  Was es auch sei: ich bin auf viel gefaßt!
GYGES: O, hättest du mein Opfer angenommen!
KANDAULES: Ich werde nie bereun, daß ichs nicht tat.
  Doch wär es auch geschehn, was hätts gefrommt?
  Ihr Argwohn hatte unauslöschlich schon
  Des Nachts an deinem Seufzer sich entzündet,
  Doch hadre darum nicht mit dir, wer wäre
  Ein Mensch und hätte nicht geseufzt wie du!
GYGES: Es war kein guter Tag, an dem der König
  Von Lydien den Griechen Gyges traf.
KANDAULES: Ich fluch ihm nicht.
GYGES: Du hättest dich des Tigers
  Wohl selbst erwehrt, der auf dich lauerte,
  Und ich, mit meinem überflüßgen Pfeil,
  Beraubte, statt vom Tode dich zu retten,
  Dich nur des Meisterschusses.
KANDAULES: Das ist wahr,
  Ich hatt ihn wohl bemerkt und war bereit.
  Doch als ich sah, wie dir die Augen blitzten,
  Die Wangen glühten und die Brust sich hob,
  Da unterdrückte ich ein stilles Lächeln
  Und dankte dir.
GYGES: So edel war er stets!
  Auch da, wo ichs nicht ahnte! Kann ich denn?
KANDAULES: Ich sah es auf den ersten Blick ja auch,
  Daß du in einer größeren Gefahr
  Die Tat noch kühner wiederholen würdest;
  Wenn die nicht kam, so wars nicht deine Schuld!
GYGES: Herr, sprich nicht mehr. Es ist so, wie du sagst,
  Ich hätte an ein Haar von deinem Haupte
  Mein Blut gesetzt, und dennoch muß ich jetzt,
  So wills der Fluch, dein Leben fordern –
KANDAULES: Mein Leben!
GYGES: Ja, wenn sie nicht sterben soll!
  Die Sonne neigt sich schon zum Untergang,

Und sieht dein Auge noch den Abendstern,
So sieht das ihrige ihn nimmermehr.
KANDAULES: Sie will sich töten, wenn du mich nicht tötest?
GYGES: Sie will es! Ständ ich sonst wohl so vor dir?
KANDAULES: Kein andres Opfer kann ihr mehr genügen?
GYGES: Ich bot das höchste, doch es war umsonst.
KANDAULES: Da wird sie mir den Abschied auch versagen!
GYGES: Ich fürchte, sie entflieht vor dir ins Grab!
KANDAULES: Da nimm mein Leben hin! – Du fährst
                                            zurück?
GYGES: So willig gibst dus her?
KANDAULES: Wer frevelte,
  Muß Buße tun, und wer nicht lächelnd opfert,
  Der opfert nicht! – Kennst du mich denn so schlecht
  Und hältst mich so gering, daß du darob
  Erstaunen, ja erschrecken kannst? Ich werde
  Doch sie nicht zwingen, mit den Rosenfingern,
  Die noch zu zart fürs Blumenpflücken sind,
  Nach einem Dolch zu greifen und zu prüfen,
  Ob sie das Herz zu finden weiß?
GYGES: Du schlägst
  Sogar das schirmende Gewand zurück
  Und beutst mir selbst die Brust?
KANDAULES: Ich zeige dir
  Den nächsten Weg zum Ziel und ebne ihn,
  Damit du, wenn du wieder vor sie trittst,
  Doch irgend etwas an mir loben kannst.
  Hier rauscht der Quell des Lebens, den du suchst:
  Den Schlüssel hast du selbst. So sperre auf!
GYGES: Nicht um die Welt!
KANDAULES: Um sie, mein Freund, um sie!
Gyges macht eine abwehrende Bewegung.
  Doch, ich besinne mich, du wolltest heut
  Mit eigner Hand dein junges Blut vergießen!
  Den Mut erschwing ich auch wohl noch, drum geh
  Und bringe ihr mein letztes Lebewohl,
  Es ist so gut, als läge ich schon da.
GYGES: Nein! Nein! Ich kam, zu kämpfen!
KANDAULES: Ei, wie stolz!
  Du kannst im Kampf mit mir nicht unterliegen,
  Nicht wahr?

GYGES: Du kennst mich besser!
KANDAULES: Nun, auch das!
  Selbst, wenn ich siegen sollte, bleibt mir noch
  Das andre übrig! – Ist das nicht der Duft
  Der Aloe? Jawohl, schon führt der Wind
  Ihn uns vom Garten zu. Die öffnet sich
  Nur wenn die Nacht sich naht. Da wird es Zeit.
GYGES: O, dieser Ring!
KANDAULES: Du meinst, er wäre besser
  In seiner Gruft geblieben! Das ist wahr!
  Rhodopens Ahnung hat sie nicht betrogen,
  Und dich dein Schauder nicht umsonst gewarnt.
  Denn nicht zum Spiel und nicht zu eitlen Possen
  Ist er geschmiedet worden, und es hängt
  Vielleicht an ihm das ganze Weltgeschick.
  Mir ist, als dürft ich in die tiefste Ferne
  Der Zeit hinunterschaun, ich seh den Kampf
  Der jungen Götter mit den greisen alten:
  Zeus, oft zurückgeworfen, klimmt empor
  Zum goldnen Stuhl des Vaters, in der Hand
  Die grause Sichel, und von hinten schleicht
  Sich ein Titan heran mit schweren Ketten.
  Warum erblickt ihn Kronos nicht? Er wird
  Gefesselt, wird verstümmelt, wird gestürzt.
  Trägt er den Ring? – Gyges, er trug den Ring,
  Und Gäa selbst hat ihm den Ring gereicht!
GYGES: So sei der Mensch verflucht, der dir ihn brachte.
KANDAULES: Warum? Du tatest recht, und wäre ich
  Dir gleich, so hätte er mich nicht verlockt,
  Ich hätt ihn still der Nacht zurückgegeben,
  Und alles würde stehen wie zuvor.
  Drum dinge mir des Werkzeugs wegen nichts
  Vom Frevel ab, die ganze Schuld ist mein!
GYGES: Doch welche Schuld!
KANDAULES: Das Wägen ist an ihr! –
  Auch fühl ichs wohl, ich habe schwer gefehlt,
  Und was mich trifft, das trifft mich nur mit Recht.
  Das schlichte Wort des alt-ehrwürdgen Dieners
  Hat mich belehrt. Man soll nicht immer fragen:
  Was ist ein Ding? Zuweilen auch: Was gilts?
  Ich weiß gewiß, die Zeit wird einmal kommen,

Wo alles denkt wie ich; was steckt denn auch
In Schleiern, Kronen oder rostgen Schwertern,
Das ewig wäre? Doch die müde Welt
Ist über diesen Dingen eingeschlafen,
Die sie in ihrem letzten Kampf errang,
Und hält sie fest. Wer sie ihr nehmen will,
Der weckt sie auf. Drum prüf er sich vorher,
Ob er auch stark genug ist, sie zu binden,
Wenn sie, halb wachgerüttelt, um sich schlägt,
Und reich genug, ihr Höheres zu bieten,
Wenn sie den Tand unwillig fahren läßt.
Herakles war der Mann, ich bin es nicht;
Zu stolz, um ihn in Demut zu beerben,
Und viel zu schwach, um ihm es gleichzutun,
Hab ich den Grund gelockert, der mich trug,
Und dieser knirscht nun rächend mich hinab.

GYGES: Nein! Nein!
KANDAULES: So ists. Auch darfs nicht anders sein!
Die Welt braucht ihren Schlaf, wie du und ich
Den unsrigen, sie wächst, wie wir, und stärkt sich,
Wenn sie dem Tod verfallen scheint und Toren
Zum Spotte reizt. Ei, wenn der Mensch da liegt,
Die sonst so fleißgen Arme schlaff und laß,
Das Auge fest versiegelt und den Mund
Verschlossen, mit den zugekrampften Lippen
Vielleicht ein welkes Rosenblatt noch haltend,
Als wärs der größte Schatz: das ist wohl auch
Ein wunderliches Bild für den, der wacht
Und zusieht. Doch, wenn er nun kommen wollte,
Weil er, auf einem fremden Stern geboren,
Nichts von dem menschlichen Bedürfnis wüßte,
Und riefe: hier sind Früchte, hier ist Wein,
Steh auf und iß und trink! Was tätst du wohl?
Nicht wahr, wenn du nicht unbewußt ihn würgtest,
Weil du ihn packtest und zusammendrücktest,
So sprächst du: Dies ist mehr als Speis und Trank!
Und schliefest ruhig fort bis an den Morgen,
Der nicht den einen oder auch den andern,
Nein, der sie alle neu ins Dasein ruft!
Solch ein vorwitzger Störer war ich selbst,
Nun bin ich denn in des Briareus Händen,

Und er zerreibt das stechende Insekt.
Drum, Gyges, wie dich auch die Lebenswoge
Noch heben mag, sie tut es ganz gewiß
Und höher, als du denkst: vertraue ihr
Und schaudre selbst vor Kronen nicht zurück,
Nur rühre nimmer an den Schlaf der Welt!
Und nun –

GYGES: Die Sonne sinkt! Es muß so sein.
KANDAULES: Thoas! *Er nimmt sich die Krone ab.*
THOAS: Was sinnst du, Herr?
KANDAULES: Du wolltest mich
Ja fechten sehn, die Freude mach ich dir,
Doch dafür hebst du diese Krone auf
Und reichst sie dem, der übrigbleibt von uns!
Zu Gyges:
Wenn du das bist, so gönn ichs dir und gern
Wird man auf deinem Haupt sie sehn! – Ei was,
Du wolltest sie nicht nehmen? Schäme dich!
Da käm sie nur an einen schlechtern Mann!
GYGES: Herr, schwör mir, daß du redlich kämpfen willst.
KANDAULES: Ich muß ihr zeigen, daß ich so viel Schönheit
Nicht leicht verliere. Darum schwör ichs dir.
Und du?
GYGES: Sie lebt und stirbt mit mir! Ich muß!
Und wenn ich auch bei jedem Streiche denke:
Viel lieber einen Kuß! so werde ich
Darum doch keinen mäßigen.
KANDAULES: So gib
Mir noch einmal die Hand! – Nun sei für mich
Ein Tiger, ich für dich ein Leu und dies
Der wilde Wald, in dem wir oft gejagt. *Sie ziehen.*
GYGES: Noch eins! Aus Scham hielt ichs zurück. Sie will
Sich mir vermählen, wenn du unterliegst.
KANDAULES: Ha! Nun versteh ich sie!
GYGES: So wehre dich!
Gefecht, währenddessen sie sich links verlieren.
THOAS: Er fällt! – Der letzte Heraklide fiel! *Ab, ihnen nach.*

Der Tempel der Hestia

Man erblickt in der Mitte die Bildsäule der Göttin. Rhodope kommt rechts in feierlichem Zug, mit ihr Lesbia, Hero und Karna. Es ist Abend. Fackeln.

RHODOPE: Karna, der Scheiterhaufen wird errichtet?
KARNA: Er ist es schon!
Rhodope schreitet in den Tempel und kniet vor der Bildsäule der Göttin nieder.
HERO: Sie spricht vom Scheiterhaufen
  Anstatt vom Brautgemach?
LESBIA: Das wundert dich?
  Es muß hier erst doch einen Toten geben,
  Bevor es eine Braut hier geben kann.
HERO: Ich zittre, Lesbia. Sie fragte mich,
  Als ich sie schmückte, ob in unserm Garten
  Wohl giftige Beeren wüchsen –
LESBIA: Wie?
HERO: Und ob
  Ich ihr davon nicht einge bringen könnte:
  Für jede schenkte sie mir eine Perle,
  Und wenn es hundert wären, aber schnell
  Müßt es geschehn!
LESBIA: Und du?
HERO: Ich sagte nein!
  Da lächelte sie zwar und sprach: Das konnt ich
  Mir denken, morgen zeige ich sie dir.
  Doch kams mir seltsam vor.
LESBIA: Das ist es auch!
HERO: Nun schickte sie mich fort, ich aber lauschte
  Und sah, daß sie mit einem spitzen Dolch,
  Wie zum Versuch, ich kanns nicht anders nennen,
  Den Arm sich ritzte.
LESBIA: Hero!
HERO: Ja, es kam
  Auch rotes Blut.
LESBIA: Entsetzlich!
HERO: Freilich ehrt
  Sie neben unsern Göttern auch noch fremde,
  Die wir nicht kennen, und so ists vielleicht
  Ein dunkler Brauch!

LESBIA: Nein, nein! Wo tönt die Flöte
Und wo das Rohr? Wer singt den Hymenäus?
Wo sind die Tänzerchöre? Ich war blind!
Sie zog hinaus, um nicht mehr heimzukehren!
O, Königin, ich bitt dir ab! – Wird denn
Ein Mahl gerüstet?
HERO: Nein! Daß ich nicht weiß!
LESBIA: So sei der Trotz verflucht, der mich bewog,
Mich eben heut so fern von ihr zu halten,
Nun – Göttin, sie ist dein zu dieser Stunde,
So wende du ihr Herz! Ich kanns nicht mehr.
HERO: Ja, reine, keusche, heilige, das tu!
Und ist es nicht auch seltsam, daß sie sich,
Anstatt der ewig heitern Aphrodite,
Die strenge Hestia, vor deren Blicken
Der grünste Kranz verdorrt, zur Zeugin wählt?
LESBIA: Ach, alles deutet aufs Entsetzlichste.
Gyges tritt auf.
HERO: Gyges!
LESBIA: O, nimm ihn hin! Nur tu es nicht!
GYGES: Mir ist, als hätt ich selbst das Blut verloren,
Das ihm entströmte! – Ich bin totenkalt.
HERO: Wie bleich er aussieht!
GYGES: Das ist der Altar –
An einem andern hab ich sie gesucht –
Da stehen ihre Mädchen – da ist sie –
Was nun?
THOAS *tritt auf:*
Ich bringe dir die Krone dar!
GYGES: Den Lydiern gehört sie und nicht mir.
THOAS: Den Lydiern hab ich sie erst gebracht,
Und als ihr Bote steh ich jetzt vor dir!
VOLK *von draußen:* Heil, Gyges, Heil!
Rhodope erhebt sich und wendet sich.
VOLK *hereindringend:* Dem König Gyges Heil!
THOAS: Doch sei nicht stolz auf diesen Ruf, die Nachbarn
Sind in das Land gefallen, nun sollst du
Sie führen!
GYGES: Wie?
THOAS: Es kam, wie ich gedacht,
Er war zu mild, es fürchtete ihn keiner,

Jetzt sind sie da!
GYGES *setzt die Krone auf:* Ich zahle seine Schuld.
RHODOPE *die sich dem Gyges langsam genähert hat:*
  Erst deine eigne, Gyges!
GYGES: Königin,
  Sei du der Preis, der mir entgegenwinkt,
  Wenn ich die Feinde rings zerschmettert habe –
RHODOPE: Nein, nein! Von mir erlangst du keine Frist! –
  Wir können nicht vor meinen Vater treten,
  So tritt mit mir vor Hestias Altar
  Und reiche mir vor ihrem Angesichte
  Die Hand zum ewgen Bunde, wie ich dir!
GYGES: Wenn du gesehen hättest, wie er schied,
  So würdest du den Schauder heilighalten,
  Der mir verbeut, auch nur dein Kleid zu streifen,
  Bevor ich das für ihn getan! Wem bot
  Die reiche Welt so viel wie ihm, und doch
  Ging er hinaus, wie andere hinein!
RHODOPE: Wenn er so edel in das düstre Reich
  Hinunterstieg, wo keiner sich aufs neue
  Mit Schuld befleckt, so werde ich ihm gern,
  Und wärs auch auf der Schwelle schon, begegnen,
  Ja, ihm mit eigner Hand vom Lethe schöpfen
  Und selbst verzichten auf den selgen Trunk.
  Dich aber mahn ich: ende jetzt!
GYGES: Es sei! –
  Doch dies gelob ich dir, du teurer Schatten,
  Ich zieh hinaus, so wies geschehen ist!
RHODOPE: Auch ich gelobte etwas!
GYGES: Königin,
  Wer einen solchen Kelch voll Seligkeit
  Beiseite stellt wie ich, und wärs auch nur
  Für eine Stunde, der verdient sich ihn.
RHODOPE: Still, still, du bist an einem heilgen Ort.
Sie schreiten zum Altar.
  O Hestia, du Hüterin der Flamme,
  Die das verzehrt, was sie nicht läutern kann:
  Ich dank es diesem Jüngling, daß ich wieder
  Vor deinem Angesicht erscheinen darf,
  Und, wie das Volk zum König, so erhebe
  Ich ihn, sei du mir Zeugin, zum Gemahl.

Sie reicht Gyges die Hand.
Als Morgengabe sieh die Krone an,
Die schon gebietend dir vom Haupte funkelt,
Mir aber gib den Totenring zum Pfand.
GYGES: Den trägt der König noch an seinem Finger.
RHODOPE: Dann hat er schon den Platz, der ihm gebührt.
Sie läßt Gyges' Hand los.
Nun tritt zurück und halte dein Gelübde,
Wie ich das meinige! Ich bin entsühnt,
Denn keiner sah mich mehr, als dem es ziemte,
Jetzt aber scheide ich mich – *sie durchsticht sich* – so von dir!

Die Nibelungen

Ein deutsches Trauerspiel in drei Abteilungen

Vorrede

An die geneigten Leser

Der Zweck dieses Trauerspiels war, den dramatischen Schatz des Nibelungen-Liedes für die reale Bühne flüssig zu machen, nicht aber den poetisch-mythischen Gehalt des weit gesteckten altnordischen Sagen-Kreises, dem es selbst angehört, zu ergründen, oder gar, wie es schon zum Voraus auf eine jugendliche, vor bald zwei Dezennien publizierte und überdies noch arg gemißdeutete Vorrede hin in einer Literaturgeschichte prophezeit wurde, irgend ein modernes Lebensproblem zu illustrieren. Die Grenze war leicht zu treffen und kaum zu verfehlen, denn der gewaltige Schöpfer unseres Nationalepos, in der Konzeption Dramatiker vom Wirbel bis zum Zeh, hat sie selbst haarscharf gezogen und sich wohl gehütet, in die Nebelregion hinüberzuschweifen, wo seine Gestalten in Allegorien umgeschlagen und Zaubermittel an die Stelle allgemein gültiger Motive getreten wären. Ihm mit schuldiger Ehrfurcht für seine Intentionen auf Schritt und Tritt zu folgen, so weit es die Verschiedenheit der epischen und dramatischen Form irgend gestattete, schien dem Verfasser Pflicht und Ruhm zugleich, und nur bei den klaffenden Verzahnungen, auf die der Geschichtschreiber unserer Nationalliteratur bereits mit feinem Sinn und scharfer Betonung hinwies, ist er notgedrungen auf die älteren Quellen und die historischen Ergänzungen zurückgegangen.

Es ist nämlich gar nicht genug zu bewundern, mit welcher künstlerischen Weisheit der große Dichter den mystischen Hintergrund seines Gedichts von der Menschenwelt, die doch bei oberflächlicher Betrachtung ganz darin verstrickt scheint, abzuschneiden gewußt und wie er dem menschlichen Handeln trotz des bunten Gewimmels von verlockenden Riesen und Zwergen, Nornen und Valkyrien seine volle Freiheit zu wahren verstanden hat. Er bedarf, um nur die beiden Hauptpunkte hervorzuheben, auf der einen Seite zur Schürzung des Knotens keiner doppelten Vermählung seines Helden und keines geheimnisvollen

Trunks, durch den sie herbeigeführt wird, ihm genügt als Spiralfeder Brunhilds unerwiderte Liebe, die ebenso rasch unterdrückt als entbrannt und nur dem tiefsten Herzenskenner durch den voreiligen Gruß verraten, erst der glücklichen Nebenbuhlerin gegenüber wieder als Neid in schwarzen Flammen auflodert und ihren Gegenstand auf alle Gefahr hin nun lieber dem Tode weiht als ihn dieser überläßt. Er überschreitet aber auch, obgleich ihm dies oft und nicht ohne anscheinenden Grund vorgeworfen wurde, auf der andern Seite bei der Lösung des Knotens ebensowenig die Linie, wo das Menschliche aufhört und das tragische Interesse erlischt, ja, er wagt sich noch lange nicht so weit wie Äschylos in seiner Klytemnästra, die, von neuen Begierden aufgeregt, weit mehr oder doch wenigstens ebenso sehr durch ihren heimtückischen Mord den Besitz des errungenen zweiten Gatten verteidigt als die Manen der hingeschlachteten Tochter sühnt. Denn wie Kriemhilds Tat uns auch anschauern mag: er führt sie langsam, Stufe nach Stufe, empor, keine einzige überspringend und auf einer jeden ihr Herz mit dem unendlichen, immer steigenden Jammer entblößend, bis sie auf dem schwindligen Gipfel anlangt, wo sie so vielen mit bittrem Schmerz gebrachten und nicht mehr zurückzunehmenden Opfern das letzte, ungeheuerste noch hinzufügen oder zum Hohn ihrer dämonischen Feinde auf den ganzen Preis ihres Lebens Verzicht leisten muß. Und er söhnt uns dadurch vollkommen mit ihr aus, daß ihr eigenes inneres Leid selbst während des entsetzlichen Racheakts noch viel größer ist als das äußere, was sie den anderen zufügt.

Alle Momente des Trauerspiels sind also durch das Epos selbst gegeben, wenn auch oft, wie das bei der wechselvollen Geschichte des alten Gedichts nicht anders sein konnte, in verworrener und zerstreuter Gestalt oder in sprödester Kürze. Die Aufgabe bestand nun darin, sie zur dramatischen Kette zu gliedern und poetisch zu beleben, wo es nötig war. Auf diese hat der Verfasser volle sieben Jahre Arbeit verwandt, und die in Weimar stattgefundene Darstellung bewies, daß er seinen Zweck nicht verfehlt hat, denn *Franz Dingelstedts* geniale Leistung erreichte mit Kräften, die zum größeren Teil doch nur für bescheidene gelten können, einen Erfolg, der das Schicksal des Stücks auf allen

Bühnen sicherstellt, wo man ihm mit gutem Willen entgegenkommt, da das moderne Virtuosentum mit seinen verblüffenden Taschenspielereien nicht den geringsten Anteil daran hatte. Weitere Aufführungen in Berlin und Schwerin stehen bevor. Der geneigte Leser aber wird gebeten, auch in dem Trauerspiel hinter der „Nibelungen-Not" nichts zu suchen als eben „der Nibelungen Not" selbst und diese Bitte freundlichst mit den Umständen zu entschuldigen.

Meiner Frau
Christine Henriette,
geb. Engehausen

Ich war an einem schönen Maientag,
Ein halber Knabe noch, in einem Garten
Und fand auf einem Tisch ein altes Buch.
Ich schlug es auf, und wie der Höllenzwang,
Der, einmal angefangen, wär es auch
Von einem Kindermund, nach Teufelsrecht,
Trotz Furcht und Graun, geendigt werden muß,
So hielt dies Buch mich fest. Ich nahm es weg
Und schlich mich in die heimlichste der Lauben
Und las das Lied von Siegfried und Kriemhild.
Mir war, als säß ich selbst am Zauberborn,
Von dem es spricht: Die grauen Nixen gossen
Mir alle irdschen Schauer durch das Herz,
Indes die jungen Vögel über mir
Sich lebenstrunken in den Zweigen wiegten
Und sangen von der Herrlichkeit der Welt.
Erst spät am Abend trug ich starr und stumm
Das Buch zurück, und viele Jahre flohn
An mir vorüber, eh ichs wieder sah.
Doch unvergeßlich blieben die Gestalten
Mir eingeprägt, und unauslöschlich war
Der stille Wunsch, sie einmal nachzubilden,
Und wärs auch nur in Wasser oder Sand.
Auch griff ich oft mit halb beherztem Finger,
Wenn etwas andres mir gelungen schien,
Nach meinem Stift, doch nimmer fing ich an.
Da trat ich einmal in den Musentempel,
Wo sich die bleichen Dichterschatten röten,
Wie des Odysseus Schar, von fremdem Blut.
Ein Flüstern ging durchs Haus, und heilges Schweigen
Entstand sogleich, wie sich der Vorhang hob,
Denn du erschienst als Rächerin Kriemhild.
Es war kein Sohn Apolls, der dir die Worte
Geliehen hatte, dennoch trafen sie,
Als wärens Pfeile aus dem goldnen Köcher,

Der hell erklang, als Typhon blutend fiel.
Ein lauter Jubel scholl durch alle Räume,
Als du, die fürchterlichste Qual im Herzen
Und grause Schwüre auf den blassen Lippen,
Dich schmücktest für die zweite Hochzeitsnacht;
Das letzte Eis zerschmolz in jeder Seele
Und schoß als glühnde Träne durch die Augen,
Ich aber schwieg und danke dir erst heut.
Denn diesen Abend ward mein Jugendtraum
Lebendig, alle Nibelungen traten
An mich heran, als wär ihr Grab gesprengt,
Und Hagen Tronje sprach das erste Wort.
Drum nimm es hin, das Bild, das du beseelt,
Denn dir gehörts, und wenn es dauern kann,
So seis allein zu deinem Ruhm und lege
Ein Zeugnis ab von dir und deiner Kunst!

Erste Abteilung

DER GEHÖRNTE SIEGFRIED

Vorspiel in einem Akt

PERSONEN

KÖNIG GUNTHER
HAGEN TRONJE
DANKWART, *dessen Bruder*
VOLKER, *der Spielmann*
GISELHER } *Brüder des Königs*
GERENOT
RUMOLT, *der Küchenmeister*
SIEGFRIED
UTE, *die Witwe König Dankwarts*
KRIEMHILD, *ihre Tochter*
RECKEN
VOLK

Burgund, Worms am Rhein
König Gunthers Burg. Große Halle. Früher Morgen

Gunther, Giselher, Gerenot, Dankwart, der Spielmann Volker und andere Recken sind versammelt.

Erste Szene

Hagen von Tronje tritt ein.

HAGEN: Nun, keine Jagd?
GUNTHER: Es ist ja heilger Tag!
HAGEN: Daß den Kaplan der Satan selber hole,
  Von dem er schwatzt.
GUNTHER: Ei, Hagen, mäßge dich.
HAGEN: Was gibts denn heut? Geboren ist er längst!
  Das war – laßt sehn! – Ja, ja, zur Zeit der Flocken!
  Sein Fest verdarb uns eine Bärenhatz.
GISELHER: Wen meint der Ohm?
HAGEN: Gekreuzigt ist er auch,
  Gestorben und begraben. – Oder nicht?
GERENOT: Er spricht vom Heiland.
HAGEN: Ists denn noch nicht aus? –
  Wer hält mit mir? Ich eß kein Fleisch zur Nacht,
  Das nicht bis Mittag in der Haut noch steckt,
  Auch trink ich keinen Wein, als aus dem Horn,
  Das ich dem Auerstier erst nehmen muß!
GUNTHER: So wirst du Fische kauen müssen, Freund,
  Am Ostermorgen gehn wir nicht zur Jagd.
HAGEN: Was tun wir denn? Wo ist der heilge Mann?
  Was ist erlaubt? Ich hör die Vögel pfeifen,
  Da darf der Mensch sich doch wohl fiedeln lassen?
Zu Volker:
  So fiedle, bis die letzte Saite reißt!
VOLKER: Ich fiedle nicht, solang die Sonne scheint,
  Die lustge Arbeit spar ich für die Nacht.
HAGEN: Ja, du bezögst auch dann noch dir die Geige
  Gern mit des Feindes Darm und strichest sie
  Mit einem seiner Knochen.
VOLKER: Würdest du
  Vielleicht auf die Bedingung Musikant?

HAGEN: Ich kenne dich, mein Volker. Ists nicht so?
 Du redest nur, wenn du nicht fiedeln darfst,
 Und fiedelst nur, wenn du nicht schlagen kannst.
VOLKER: Mag sein, Kumpan.
GUNTHER: Erzähl uns was, der Tag
 Wird sonst zu lang. Du weißt so mancherlei
 Von starken Recken und von stolzen Fraun.
HAGEN: Nur von Lebendgen, wenn es dir beliebt,
 Daß man sich sagen darf: Die krieg ich noch,
 Den vor mein Schwert und die in meinen Arm!
VOLKER: Ich will dir von Lebendigen erzählen,
 Und der Gedanke soll dir doch vergehn.
 Ich kenn den Recken, den du nimmer forderst,
 Und auch das Weib, um das du nimmer wirbst.
HAGEN: Wie! Auch das Weib? Den Recken laß ich gelten,
 Doch auch das Weib? Du meinst den Schlangentöter,
 Den Balmungschwinger, den gehörnten Siegfried,
 Der, als er einmal Schweiß vergossen hatte,
 Durchs Bad sich deckte vor dem zweiten Mal –
 Allein das Weib?
VOLKER: Ich sag dir nichts von ihr!
 Du könntest ausziehn, um sie heimzuführen,
 Und kämst gewiß nicht mit der Braut nach Haus.
 Der Schlangentöter selbst wird sich besinnen,
 Ob er als Freier bei Brunhilden klopft.
HAGEN: Nun, was Herr Siegfried wagt, das wag ich auch.
 Nur gegen ihn erheb ich nicht die Klinge:
 Das wär ja auch, wie gegen Erz und Stein.
 Glaubts oder zweifelt, wie es euch gefällt:
 Ich hätt mich nicht im Schlangenblut gebadet,
 Darf denn noch fechten, wer nicht fallen kann?
GISELHER *zu Volker:*
 Schon hört ich tausend Zungen von ihm plappern,
 Doch, wie die Vögel durcheinanderzwitschern,
 Es gab kein Lied. Sprich du einmal von ihm!
GUNTHER: Vom Weibe erst. Was ist das für ein Weib?
VOLKER: Im tiefen Norden, wo die Nacht nicht endet
 Und wo das Licht, bei dem man Bernstein fischt
 Und Robben schlägt, nicht von der Sonne kommt,
 Nein, von der Feuerkugel aus dem Sumpf –

Man hört in der Ferne blasen.

HAGEN: Trompeten!
GUNTHER: Nun?
VOLKER: Dort wuchs ein Fürstenkind
  Von wunderbarer Schönheit auf, so einzig,
  Als hätte die Natur von Anbeginn
  Haushälterisch auf sie gespart und jeder
  Den höchsten Reiz des Weibes vorenthalten,
  Um ihr den vollen Zauber zu verleihn.
  Du weißt von Runen, die geheimnisvoll
  Bei dunkler Nacht von unbekannten Händen
  In manche Bäume eingegraben sind:
  Wer sie erblickt, der kann nicht wieder fort,
  Er sinnt und sinnt, was sie bedeuten sollen,
  Und sinnts nicht aus, das Schwert entgleitet ihm,
  Sein Haar wird grau, er stirbt und sinnt noch immer:
  Solch eine Rune steht ihr im Gesicht!
GUNTHER: Wie, Volker? Dieses Weib ist auf der Welt,
  Und ich vernehms erst jetzt?
VOLKER: Vernimm noch mehr!
  So ists. Bei Eis und Schnee, zur Augenweide
  Von Hai und Walfisch, unter einem Himmel,
  Der sie nicht einmal recht beleuchten kann,
  Wenn nicht ein Berg aus unterirdschen Schlünden
  Zuweilen seine roten Blitze schickt,
  Ist aller Jungfraun herrlichste erblüht.
  Doch ist das öde Land, das sie gebar,
  Auf seinen einzgen Schatz auch eifersüchtig
  Und hütet sie mit solcher neidschen Angst,
  Als würd es in demselben Augenblick
  Vom Meere, das es rings umbraust, verschlungen,
  Wo sie dem Mann ins Brautbett folgt. Sie wohnt
  In einer Flammenburg, den Weg zu ihr
  Bewacht das tückische Geschlecht der Zwerge,
  Der rasch umklammernd quetschend Würgenden,
  Die hören auf den wilden Alberich,
  Und überdies ist sie begabt mit Kräften,
  Vor denen selbst ein Held zuschanden wird.
GUNTHER: Wie das?
VOLKER: Wer um sie wirbt, der wirbt zugleich
  Um seinen Tod, denn führt er sie nicht heim,
  So kehrt er gar nicht wieder heim, und ist

Es schon so schwer, nur zu ihr zu gelangen,
So ist es noch viel schwerer, ihr zu stehn.
Bald kommt auf jedes Glied an ihrem Leibe
Ein Freier, den die kalte Erde deckt,
Denn mancher schon zog kühn zu ihr hinab,
Doch nicht ein einziger kam noch zurück!
GUNTHER: Nun, das beweist, sie ist für mich bestimmt!
Hei! Meine lange Brautwahl hat ein Ende,
Brunhilde wird die Königin Burgunds!
Man hört die Trompeten ganz nahe.
Was gibts?
HAGEN *tritt ans Fenster:* Das ist der Held aus Niederland.
GUNTHER: Du kennst ihn?
HAGEN: Schau nur hin! Wer zöge wohl
So trotzig bei uns ein, wenn ers nicht wäre,
Und hätte doch nur zwölfe im Gefolg!
GUNTHER *tritt gleichfalls ans Fenster:*
Ich glaub es selbst! Doch sprich, was führt ihn her?
HAGEN: Ich weiß nicht, was ihn reizt! Er kommt wohl nicht,
Um sich vor dir zu bücken, und er hat
Zu Haus doch alles, was man wünschen kann.
GISELHER: Ein edler Degen!
GUNTHER: Wie empfängt man ihn?
HAGEN: Du dankst ihm, rat ich, wie er dich begrüßt.
GISELHER: Ich gehe ihm entgegen!
GERENOT: So auch ich!
HAGEN: Wers tut, der wird sich nicht erniedrigen!
Denn, daß ers euch nicht selbst zu melden braucht:
Er steckt nicht bloß in seiner Haut von Horn
Und hat die Balmungklinge an der Seite,
Er ist auch Herr des Nibelungenhorts
Und trägt die Nebelkappe Alberichs,
Und alles das, ich muß es redlich sagen,
Durch seine Kraft und nichts durch Hinterlist,
Drum geh ich mit.
GUNTHER: Wir kommen schon zu spät.

Zweite Szene

SIEGFRIED *tritt mit seinen zwölf Recken ein:*
  Ich grüß dich, König Gunther von Burgund! –
  Du staunst, daß du den Siegfried bei dir siehst?
  Er kommt, mit dir zu kämpfen um dein Reich!
GUNTHER: Hier kämpft man nicht um das, was man schon
                                                  hat!
SIEGFRIED: Um das denn, was dran fehlt! Ich hab ein
                                                  Reich,
  So groß wie deins, und wenn du mich besiegst,
  So bist du Herr darin. Was willst du mehr?
  Du greifst noch nicht zu deinem Schwert? Ich hörte
  Ja doch, daß hier die Tapfersten der Recken
  Versammelt seien, kühn genug, mit Thor
  Zu kämpfen um den Donner, wenn sie ihn
  In irgendeinem Eichenhaine träfen,
  Und stolz genug, die Beute zu verschmähn.
  Ist das nicht wahr? Wie? Oder zweifelst du
  An meinem Pfande, glaubst du, daß ichs dir
  Nicht geben kann, weil noch mein Vater lebt?
  Herr Sigmund steigt von seinem Thron herunter,
  Sobald ich wiederkehre, und er wünscht
  Sich sehnlich diesen Augenblick herbei,
  Denn selbst der Zepter wird dem Greis zu schwer.
  Und jeden Helden, der dir dienen mag,
  Wäg ich dir auf mit dreien, jedes Dorf
  Mit einer Stadt, und für ein Stück vom Rhein
  Biet ich den ganzen dir! So komm und zieh!
DANKWART: Wer spricht mit einem König so?
SIEGFRIED: Ein König!
  Spricht doch ein Degen so mit einem Degen!
  Wer kann und mag besitzen, wenn er nicht
  Bewiesen hat, daß er mit Recht besitzt?
  Und wer erstickt das Murren um sich her,
  Bevor er den Gewaltigsten, der lebt,
  Zu Boden warf und ihn mit Füßen trat?
  Bist du das nicht? So sag mir, wen du fürchtest,
  Und gleich zur Stunde zieh ich wieder ab
  Und fordre den, statt deiner, vor mein Schwert.
  Du nennst ihn nicht und greifst auch nicht zur Wehr?

Ich brenne, mich zu messen mit dem Recken,
Der mir mein Gut verdoppelt oder nimmt:
Wär dies Gefühl dir fremd? Das glaub ich nicht,
Wenn ich auch nur auf deine Diener blicke:
So stolze Männer würden dir nicht folgen,
Empfändest du nicht ganz so wie ich selbst.
DANKWART: Du bist gewiß aufs Kämpfen so versessen,
Seit du des Lindwurms Schuppenpanzer trägst?
Nicht jedermann betrog den Tod wie du,
Er findet eine offne Tür bei uns.
SIEGFRIED: Wohl auch bei mir! Hab Dank, du alte Linde,
Daß du ein Blatt auf mich herunterwarfst,
Als ich mich badete im Blut des Drachen,
Hab Dank, o Wind, daß du sie schütteltest!
Nun hab ich doch die Antwort für den Spötter,
Der seine Feigheit hinter Hohn versteckt.
HAGEN: Herr Siegfried, Hagen Tronje nennt man mich,
Und dieser ist mein Bruder!
Volker macht einen Geigenstrich.
SIEGFRIED: Hagen Tronje,
Ich grüße dich! Doch wenn dich das verdreußt,
Was ich hier sprach, so brauchst dus nur zu sagen,
Ich setze gern den Königssohn beiseite
Und stehe dir, als wärst du Gunther selbst.
GUNTHER: Kein Wort mehr, Hagen, eh dein König sprach.
SIEGFRIED: Und wenn du fürchtest, daß dein gutes
                                      Schwert
An meiner harten Haut zerspringen könnte,
So biete ichs dir anders, komm herab
Mit in den Hof, dort liegt ein Felsenblock,
Der ganz so schwer für mich ist wie für dich:
Wir werfen und erproben so die Kraft.
GUNTHER: Du bist willkommen, Held aus Niederland,
Und was dir hier gefällt, du magst dirs nehmen,
Nur trink mit uns, eh dus von dannen trägst.
SIEGFRIED: Sprichst du so mild mit mir? Da könnt ich
                                          bitten:
Schick mich sogleich zurück zu meinem Vater,
Er ist der einzge, der mich züchtgen darf.
Doch laß michs wie die kleinen Kinder machen,
Die auch nicht gleich von ihrer Untat lassen:

Kommt, werft mit mir, so trinke ich mit Euch!
GUNTHER: So seis, Herr Siegfried.
SIEGFRIED *zu Dankwart:* Und was Euch betrifft,
Nicht wahr, ich kniff Euch in den dritten Arm,
Es tat nicht weh, ich weiß, Ihr habt ihn nicht!
Zu allen: Als ich hier eintritt, packte mich ein Grauen,
Wie ichs noch nicht empfand, solang ich lebe,
Mich fröstelte, als würds auf einmal Winter,
Und meine Mutter kam mir in den Sinn,
Die nie zu weinen pflegte, wenn ich zog,
Und diesmal weinte, als ob alles Wasser
Der Welt den Weg durch ihre Augen nahm.
Das machte mir den Kopf so wirr und kraus,
Ich wollte gar vom Pferde nicht herunter –
Jetzt bringt ihr mich so bald nicht mehr hinauf. *Alle ab.*

Dritte Szene

Ute und Kriemhild treten auf.

UTE: Der Falk ist dein Gemahl!
KRIEMHILD: Nicht weiter, Mutter,
Wenn du den Traum nicht anders deuten kannst.
Ich hörte stets, daß Liebe kurze Lust
Und langes Leid zu bringen pflegt, ich sehs
Ja auch an dir und werde nimmer lieben,
O nimmer, nimmer!
UTE: Kind, was sagst du da?
Wohl bringt die Liebe uns zuletzt auch Leid,
Denn eines muß ja vor dem andern sterben,
Und wie das schmerzt, das magst du sehn an mir.
Doch all die bittren Tränen, die ich weine,
Sind durch den ersten Kuß vorausbezahlt,
Den ich von deinem Vater einst empfing.
Auch hat er, eh er schied, für Trost gesorgt,
Denn wenn ich stolz auf tapfre Söhne bin,
Und wenn ich dich jetzt an den Busen drücke,
So kanns doch nur geschehn, weil ich geliebt.
Drum laß dich nicht durch einen Reim erschrecken:
Ich hatte lange Lust und kurzes Leid.
KRIEMHILD: Viel besser nie besitzen als verlieren!

UTE: Und was verlierst du nicht auf dieser Welt!
  Sogar dich selbst. Bleibst du denn, was du bist?
  Schau mich nur an! So sehr du lächeln magst:
  Ich war vordem wie du, und glaube mir,
  Du wirst dereinst wie ich. Was willst du halten,
  Wenn du dich selbst nicht einmal halten kannst?
  Drum nimms, wies kommt, und greife, wie wir alle,
  Nach dem, was dir gefällt, obgleich der Tod
  Es dir zu Staub zerbläst, sobald er will:
  Die Hand, mit der dus packst, zerstäubt ja auch.
KRIEMHILD *tritt zum Fenster:*
  Wie mirs ums Herz ist, Mutter, könnt ich schwören –
  Sie schaut hinaus und bricht ab.
UTE: Was brichst du ab? Du wirst ja feuerrot?
  Was hat dich so verwirrt?
KRIEMHILD *tritt zurück:*   Seit wann ists Brauch
  An unserm Hof, daß wirs nicht mehr erfahren,
  Wenn fremde Gäste eingezogen sind?
  Wird diese stolze Burg zu Worms am Rhein
  Der Schäferhütte gleich, in der sich jeder
  Bei Tag und Nacht verkriechen kann, der will?
UTE: Warum so hitzig?
KRIEMHILD: Ei, ich wollte eben
  Im Hofe nach den jungen Bären schaun,
  Die so possierlich durcheinanderkugeln,
  Und wie ich ohne Arg den Laden öffne,
  Da stiert mir plump ein Recke ins Gesicht.
UTE: Und dieser Recke machte dirs unmöglich,
  Den Schwur zu endigen, den du begannst?
  Sie tritt gleichfalls zum Fenster.
  Ei freilich, wer ihn sieht, wie er da steht,
  Der überlegt sichs, ob er weiterschwört.
KRIEMHILD: Was kümmern mich die Gäste meines

                                         Bruders,
  Wenn ich nur weiß, wie ich sie meiden kann.
UTE: Nun, diesmal freuts mich, daß dir bloß der Zorn
  Die Wangen färbt, denn dieser junge Held,
  Der zwischen dich und deine Bären trat,
  Ist längst vermählt und hat schon einen Sohn.
KRIEMHILD: Du kennst ihn?
UTE: Ganz gewiß!

KRIEMHILD: Wie heißt er denn?
UTE: Ich weiß es nicht! Jetzt aber kenn ich dich,
Du bist ja bleich geworden wie der Tod! –
Und wahrlich, wenn du diesen Falken fängst,
So hast du nichts vom Adler zu besorgen,
Er nimmts mit jedem auf, ich bürge dir!
KRIEMHILD: Dir hab ich meinen letzten Traum erzählt!
UTE: Nicht so, Kriemhild! Ich spotte deiner nicht.
Wir sehen oft im Traum den Finger Gottes,
Und wenn wir noch im Wachen ängstlich zittern,
Wie du es tust, so sahn wir ihn gewiß.
Nur sollen wir den Wink auch recht verstehn,
Den er uns gibt, und nicht in unsrer Furcht
Unmögliches geloben. Hüte du
Den Falken, der dir zugeflogen kommt,
Damit kein tückscher Adler ihn zerreißt,
Doch denke nicht daran, ihn zu verscheuchen,
Du scheuchst mit ihm die Lust des Lebens fort.
Denn über eines edlen Recken Liebe
Geht nichts auf dieser Welt, wenn du es gleich
Noch unter deinem Mädchenkranz nicht fühlst,
Und wär dir auch kein Besserer beschert
Als dieser da, ich wies ihn nicht zurück.
Sie schaut aus dem Fenster.
KRIEMHILD: Er wirbt wohl nicht, so brauch ichs nicht zu
tun.
UTE *lacht:* Ei, so weit spring ich noch, so alt ich bin.
KRIEMHILD: Was gibts da drunten, Mutter, daß du lachst?
UTE: Sie werfen in die Wette, wie es scheint,
Und Giselher, dein Bruder, warf zuerst.
Nun, nun, er ist der Jüngste. Aber schau;
Jetzt kommt der fremde Recke. Ach, mein Sohn,
Wo wirst du bleiben? Sieh, nun tritt er an,
Nun holt er aus, nun – Ha, der Stein wird fliegen,
Als würde er zum Vogel – Komm doch her
Und stell dich hinter mich, du siehst es nicht
Zum zweitenmal, es gilt das Äußerste,
Er wills mit einem Wurf zu Ende bringen!
Jetzt – Hab ich Augen oder hab ich keine?
Nicht weiter?
KRIEMHILD *nähert sich:* Hast du ihn zu früh gelobt?

UTE: Das ist ja nur ein Schuh!
KRIEMHILD *tritt hinter Ute:* Noch immer mehr,
Als wär es nur ein Zoll.
UTE: Um einen Schuh
Dies Kind zu überwerfen –
KRIEMHILD: Ist nicht viel!
Besonders, wenn man sich dabei noch spreizt.
UTE: Und wie er keucht!
KRIEMHILD: Für einen solchen Riesen
Possierlich gnug! Wär ichs, verdient ich Mitleid,
Denn für ein Mädchen wär es schon ein Stück.
UTE: Nun macht sich unser Gerenot ans Werk.
Es steht ihm gut, nicht wahr? Er hat von allen
Die meiste Ähnlichkeit mit seinem Vater,
Nur mutig zu, mein Sohn! – Das ist ein Wurf!
KRIEMHILD: Der Bär sogar ist überrascht, er hat
Sichs nicht erwartet und wird plötzlich flink.
UTE: Zieh du auf Abenteuer, wann du willst! –
Doch Giselher bleibt hier.
KRIEMHILD: Wie gehts denn fort? –
Nein, mache mir nicht Platz, ich sehs schon so.
UTE: Jetzt kommt der Recke wieder! Doch er strengt
Sich nicht mehr an, er scheint sich im voraus
Des Sieges zu begeben. Wie man sich
Doch irren kann! – Was tut er aber da?
Er dreht sich um – er kehrt dem Ziel den Rücken
Anstatt der Augen zu – er wirft den Stein
Hoch über Kopf und Achsel weg – Jawohl,
Man kann sich irren! Gerenot ist auch
Besiegt, wie Giselher.
KRIEMHILD: Es macht zwar wieder
Nur einen Schuh! Doch diesmal keucht er nicht.
UTE: Es sind doch gute Kinder, die ich habe.
Treuherzig reicht ihm Gerenot die Hand,
Ein andrer würde nach der Klinge greifen,
Denn solch ein Übermut ist gar nicht fein.
KRIEMHILD: Man siehts ja wohl, daß ers nicht übel meint.
UTE: Herr Volker legt die Geige still beiseite,
Die er so höhnisch strich!
KRIEMHILD: Der eine Schuh
Stört ihn in seiner Lust. Die Reihe wäre

Am Marschall jetzt, wenns langsam, wie bei Treppen,
Hinaufgehn soll, doch König Gunther drängt
Herrn Dankwart ungestüm zurück, er will
Sich selbst versuchen.

UTE: Und er tuts mit Glück.
Zweimal so weit als Gerenot.

KRIEMHILD: Und dennoch
Nicht weit genug. Du siehst, der Recke folgte
Sogleich, und wieder fehlt der eine Schuh

UTE: Der König lacht. Ei nun, so lach ich auch! –
Ich sahs ja längst, daß dies der Falke ist,
An dem dein Traum sich nicht erfüllen kann;
Doch hat er jetzt die volle Kraft gebraucht.

KRIEMHILD: Nun tritt der Tronjer an.

UTE: Dem schwärts im
Herzen,
So fröhlich er auch tut! – Er packt den Stein,
Als wollt er ihn zermalmen. Wie der fliegt!
Bis an die Wand! Nun, weiter kann er nicht.
Das ist ein Wurf, den keiner übertrifft,
Selbst für den einen Schuh ist nicht mehr Platz.

KRIEMHILD: Der Recke holt sich doch den Stein noch
wieder.

UTE: Wozu nur? – Großer Gott, was gibt es jetzt?
Bricht über unserm Haupt die Burg zusammen?
Das dröhnt!

KRIEMHILD: Bis in den Turm hinauf. Die Dohlen
Und Fledermäuse fahren aus den Nestern –

UTE: Sie fliegen blind ins Licht hinein!

KRIEMHILD: Die Wand
Hat einen Riß.

UTE: Unmöglich.

KRIEMHILD: Warte nur,
Bis sich der Staub verzieht. Groß, wie ein Fenster!
Da ging der Wurf hindurch.

UTE: Jetzt seh ichs auch.

KRIEMHILD: Der Stein flog in den Rhein.

UTE: Wer sollt es
glauben!
Und doch ists wahr, das Wasser selbst bezeugts,
Es spritzt ja himmelhoch empor.

KRIEMHILD: Das ist
  Noch etwas über einen Schuh.
UTE: Dafür
  Wischt er sich endlich auch einmal die Stirn.
  Gottlob! Sonst käm der Tronjer um vor Wut!
KRIEMHILD: Nun ist es aus. Sie schütteln sich die Hände;
  Dankwart und Volker kamen um ihr Recht.
UTE: Komm, wir vergessen, es ist Messezeit. *Beide ab.*

Vierte Szene

Die Recken treten wieder ein.

GUNTHER: Ihr seid ein Schalk, Herr Siegfried.
SIEGFRIED: Nehmt Ihrs
  krumm?
GISELHER: Vergebt mir nur, daß ichs sogar gewagt,
  Mich Euch zu stellen. Doch will ich zur Strafe
  Mit meiner alten Mutter Ute ringen,
  Und wenn ich sie besiege, sollt Ihr mich
  Vor allem Volk bei schallenden Trompeten
  Mit Eichenlaub bekränzen, wenn Ihr wollt!
SIEGFRIED: Nichts mehr davon! Der Wurf war nicht so
  schlecht,
  Euch fehlen nur zehn Jahre.
HAGEN: War das letzte
  Denn endlich Euer Bestes?
SIEGFRIED: Kann man das
  Im Spiele zeigen?
GUNTHER: Noch einmal willkommen!
  Und glücklich pries ich mich, wenns mir gelänge,
  Dich anders als für flüchtigen Besuch
  An mich zu fesseln. Doch, was hätte ich,
  Das ich dir bieten könnte. Wär es auch
  Mein rechter Arm – mit dem ich mir den Dienst
  Von deinem linken gern erkaufen möchte –
  Du sagtest nein und kämst wohl auch zu kurz!
SIEGRIED: Nimm dich in acht, ich bettle, eh dus denkst!
GUNTHER: Was es auch sei, es ist voraus gewährt.
SIEGFRIED: Hab Dank für dieses Wort! Ich werde dir

Es nie vergessen, doch ich gebe dirs
Sogleich zurück, denn meine Wünsche sind
Vermeßner, als du ahnst. Ich war bescheiden,
Als ich dein Reich bloß forderte.
GUNTHER: Du wirst
Mich nicht erschrecken.
SIEGFRIED: Hörtest du vielleicht
Von meinen Schätzen? Nun, das ist gewiß,
Für Gold und Silber brauchst du nicht zu zittern,
Ich hab so viel davon, daß ich es lieber
Verschenkte, als zu Hause schleppte, doch
Was hilfts mir? Was ich dafür kaufen möchte,
Ist nimmer feil!
GUNTHER: Das ist?
SIEGFRIED: Du rätst es nicht? –
Ein anderes Gesicht als dieses hier!
GUNTHER: Hast du die Kraft des alten schon erprobt?
SIEGFRIED: An meiner Mutter, ja! Und da mit Glück,
Denn ihr gefällts!
GUNTHER: Nicht sonst noch?
SIEGFRIED: Allerdings!
Hast dus denn nicht bemerkt? Ein Mägdlein sah
Vorhin auf uns herunter in den Hof,
Und als sie, ihre goldnen Locken schüttelnd,
Die, wie ein Vorhang, ihr die Augen deckten,
Mich unter euch erblickte, fuhr sie rascher
Zurück, wie ich, als sich im Reich der Zwerge
Die Erde, die mein Fuß betrat, auf einmal
Zu einem Angesicht zusammenzog,
Das mir die Zähne zeigte!
GUNTHER: Bloße Scheu!
Versuchs nur immer weiter. Wenns dir aber
Am Werber fehlt: ich leiste dir den Dienst,
Nur mußt du mir den gleichen auch erweisen,
Denn Kriemhild, meine Schwester, darf nicht ziehn,
Bevor hier Brunhild ihren Einzug hielt.
SIEGFRIED: Welch einen Namen nennst du da, o König?
Die nordsche Jungfrau denkst du heimzuführen,
Der flüßges Eisen in den Adern kocht?
O, gib es auf!
GUNTHER: Warum? Ist sies nicht wert?

SIEGFRIED: Nicht wert! Ihr Ruhm durchfliegt die Welt!
                                    Doch keiner
  Kann sie im Kampf bestehen, bis auf einen,
  Und dieser eine wählt sie nimmermehr.
GUNTHER: So sollte ich aus Furcht vor ihr nicht werben?
  Welch eine Schmach! Viel lieber gleich den Tod
  Von ihrer Hand, als tausend Jahre Leben
  In dieser Ohnmacht schimpflichem Gefühl.
SIEGFRIED: Du weißt nicht, was du sprichst. Ists Schmach
                                    für dich,
  Daß dich das Feuer brennt und daß das Wasser
  Dich in die Tiefe zieht? Nun, sie ist ganz
  Wies Element, und einen Mann nur gibts,
  Der sie bewältgen und, wie's ihm gefällt,
  Behalten oder auch verschenken kann!
  Doch möchtest du sie wohl von einem nehmen,
  Der nicht ihr Vater noch ihr Bruder ist?
GUNTHER: Erst werd ich sehen, was ich selbst vermag!
SIEGFRIED: Es glückt dir nicht, es kann dir gar nicht
                                    glücken,
  Sie wirft dich in den Staub! Und glaube nicht,
  Daß Milde wohnt in ihrer ehrnen Brust,
  Und daß sie etwa, wenn sie dich erblickt,
  Es gar zu einem Kampf nicht kommen läßt!
  Das kennt sie nicht, sie streitet um ihr Magdtum,
  Als wär ihr Leben selbst daran geknüpft,
  Und wie der Blitz, der keine Augen hat,
  Oder der See, der keinen Schrei vernimmt,
  Vertilgt sie ohne Mitleid jeden Recken,
  Der ihr den Jungfraungürtel lösen will.
  Drum gib sie auf und denk nicht mehr an sie,
  Wenn du sie nicht aus eines andern Händen,
  Wenn du sie nicht von mir empfangen magst!
GUNTHER: Und warum sollt ich nicht?
SIEGFRIED: Das frag dich selbst!
  Ich bin bereit, mit dir hinabzuziehn,
  Wenn du die Schwester mir als Lohn versprichst,
  Denn einzig ihrethalben kam ich her,
  Und hättst du dein Reich an mich verloren,
  Du hättest es dir zurückgekauft mit ihr.
HAGEN: Wie denkst dus denn zu machen?

SIEGFRIED: Schwere Proben
 Sind zu bestehn! Sie wirft den Stein wie ich
 Und springt ihm nach, so weit er fliegt, sie schleudert
 Die Lanze und durchbohrt auf hundert Schritte
 Ein siebenfaches Erz, und so noch mehr.
 Allein, was tuts, wir teilen uns ins Werk,
 Mein sei die Arbeit, die Gebärde sein!
HAGEN: Er soll den Anlauf nehmen, du willst werfen
 Und springen?
SIEGFRIED: Ja! so mein ichs! Und dabei
 Ihn selbst noch tragen!
HAGEN: Torheit! Wie ists möglich,
 Sie so zu täuschen?
SIEGFRIED: Durch die Nebelkappe,
 Die mich schon einmal ihrem Blick entzog!
HAGEN: Du warst schon dort?
SIEGFRIED: Ich wars! Doch warb ich
                nicht,
 Auch sah ich nur, ich wurde nicht gesehn! –
 Ihr staunt und schaut mich voll Verwunderung an?
 Ich merk es wohl, ich muß den Kuckuck machen,
 Eh ihr mir trauen könnt, doch denke ich,
 Wir sparens für die Fahrt, denn die ist lang,
 Auch kann ich, wenn ich von mir selbst erzähle,
 Dabei ins Wasser sehn!
GUNTHER: Nein, sprich uns gleich
 Von Isenland und deinen Abenteuern!
 Wir hörens gern und waren schon dabei,
 Es selbst zu tun.
SIEGFRIED: Auch das! Mich trieb die Lust
 Am Kampf so weit hinunter, und ich traf
 Dort gleich den ersten Tag bei einer Höhle
 Zwei junge Recken, die sich grimmig stritten.
 Es waren Brüder, König Niblungs Söhne,
 Die ihren Vater kaum begraben hatten –
 Erschlagen auch, wie ich nachher vernahm –
 Und schon ums Erbe zankten. Ganze Haufen
 Von Edelsteinen lagen aufgetürmt
 Um sie herum, dazwischen alte Kronen,
 Seltsam gewundne Hörner und vor allem
 Der Balmung, aus der Höhle aber blitzte

Das rote Gold hervor. Als ich erschien,
Verlangten sie mit wildem Ungestüm,
Daß ich den Schatz als Fremder teilen sollte,
Und gern gewährt ichs, um den Mord zu hindern,
Mit dem sie sich bedrohten, doch umsonst.
Denn als ich fertig war, fand jeder sich
Verkürzt und tobte, und ich warf die Hälften
Auf ihr Begehren wieder durcheinander
Und teilte abermals. Da wurden sie
Noch zorniger und drangen, während ich
Gebückt auf meinen Knien lag und still
Auf einen Ausgleich sann, in toller Wut
Mit rasch gezognen Degen auf mich ein.
Ich, um der Rasenden mich zu erwehren,
Griff zu dem Balmung neben mir, weil ich
Die eigne Klinge nicht mehr ziehen konnte,
Und eh ichs dachte, hatten alle beide,
Wie Eber, welche blind aufs Eisen laufen,
Sich selbst gespießt, obgleich ich liegenblieb
Und ihrer schonte, und so ward ich Erbe
Des ganzen Hortes.
HAGEN: Blutig und doch redlich!
SIEGFRIED: Nun wollt ich in die Höhle gehn! Wie staunt
                                               ich,
Als ich den Eingang nicht mehr fand. Ein Wall,
So schiens, war plötzlich aus dem Schoß der Erde
Hervorgestiegen, und ich stach hinein,
Um mir den Weg zu bahnen. Doch da kam
Statt Wassers Blut, es zuckte, und ich glaubte,
Ein Wurm sei in dem Wall versteckt. Ich irrte,
Der ganze Wall war nur ein einzger Wurm,
Der, tausend Jahre in der Felskluft schlafend,
Mit Gras und Moos bewachsen war und eher
Dem zackgen Rücken einer Hügelkette.
Als einem Tiere glich, das Odem hat.
HAGEN: Das war der Drache!
SIEGFRIED: Ja, ich schlug ihn tot,
Indem ich ihn bestieg, eh er sich bäumte,
Und ihm von hintenher, den Nacken reitend,
Das blaue Haupt zerschmetterte. Es war
Vielleicht das schwerste Stück, das ich vollbrachte,

Und ohne Balmung wärs mir nicht geglückt.
Dann hieb ich mich durch seinen Riesenleib,
Durch all das Fleisch und die gewaltgen Knochen,
Wie durch ein felsichtes Gebirg, allmählich
Bis an die Höhle durch. Doch hatte ich
Sie kaum betreten, als ich mich umklammert
Von starken Armen fühlte, die mein Auge
Nicht sah, und die mir dennoch fast die Rippen
Zusammendrückten, ganz als ob die Luft
Es selber täte! Es war Alberich,
Der wilde Zwerg, und niemals war ich wohl
Dem Tod so nah als in dem grausen Kampf
Mit diesem Ungetüm. Doch endlich wurde
Er sichtbar, und nun wars um ihn geschehn.
Denn, ohne es zu wissen, hatt ich ihm,
Derweil ich mit ihm rang, die Nebelkappe
Vom Kopf gerissen, und mit seiner Hülle
Verlor er auch die Kraft und stürzte hin.
Nun wollt ich ihn zertreten wie ein Tier,
Da löste er, schon unter meinen Fersen
Mit seinem Hals, sich rasch durch ein Geheimnis,
Das ich nicht ahnte, er entdeckte mir
Den Zauber, der im Blut des Drachen steckte,
Solange es noch rauchte, und ich ließ
Ihn eilig frei und nahm mein rotes Bad.

GUNTHER: So hast du dir an einem einzgen Tage
Den Balmung und den Hort, die Nebelkappe
Und deine Haut von Horn erkämpft?

SIEGFRIED: So ists!
Ja, auch die Vögelsprache! Als ein Tropfe
Des Zauberbluts mir auf die Lippen sprang,
Verstand ich gleich das Zwitschern über mir,
Und hätt ich nicht zu rasch ihn abgewischt,
So würd ich auch, was hüpft und springt, verstehn.
Denkt euch: Auf einmal flüstert es im Baum,
Denn eine alte Linde deckte alles;
Dann kichts, lacht und höhnt, so daß ich Menschen
Zu hören glaube, die, im Laub versteckt,
Mein Tun verspotten. Wie ich um mich schaue,
Erblick ich nichts als Vögel, Krähen, Dohlen
Und Eulen, die sich streiten. Brunhild wird

Genannt, auch ich. Ein Knäuel dunkler Reden
Hinüber und herüber. Eins nur klar,
Daß noch ein Abenteuer meiner harrt.
Die Lust erwacht. Die Dohle fliegt voran,
Die Eule folgt. Bald sperrt ein Flammensee
Den Weg, und eine Burg, wie glühendes
Metall in bläulich-grünem Schimmer leuchtend,
Taucht drüben auf. Ich halte an. Da ruft
Die Dohle: Zieh den Balmung aus der Scheide
Und schwing ihn dreimal um das Haupt! Ich tus,
Und schneller, wie ein Licht, erlischt der See.
Nun wirds lebendig in der Burg, Gestalten
Erscheinen auf der Zinne, Schleier flattern,
Und eine stolze Jungfrau schaut herab.
Da kreischt die Eule auf: Das ist die Braut!
Nun mit der Nebelkappe fort! Ich hatte
Sie bloß zur Probe aufgesetzt und wußte
Nicht einmal, daß ich sie noch trug. Doch jetzt
Hielt ich sie mit den Händen fest, weil ich
Die kecken Vögel darnach haschen sah.
Denn Brunhild rührte, wie sie droben stand,
In aller ihrer Schönheit nicht mein Herz,
Und wer da fühlt, daß er nicht werben kann,
Der grüßt auch nicht.

VOLKER: Das ist ein edles Wort.
SIEGFRIED: So schied ich ungesehn und kenne doch
  Die Burg und ihr Geheimnis, wie den Weg.
GUNTHER: So führ mich, Held!
VOLKER: Nein, König, bleib daheim,
  Es endet schlecht.
SIEGFRIED: Du meinst, ich kann nicht halten,
  Was ich versprach?
VOLKER: O doch, ich meine nur,
  Daß falsche Künste sich für uns nicht ziemen!
GUNTHER: Mit andern gehts ja nicht.
  VOLKER: So stehst du ab.
GERENOT: Das rat ich auch.
  HAGEN: Ei nun! Warum?
GUNTHER: Mir scheints
  So wenig schimpflich, als ins Schiff zu steigen,
  Wenn man das fremde Ufer nicht durch Schwimmen

Erreichen kann, und statt der Faust den Degen
Zu brauchen.
SIEGFRIED: Nimm es so, und schlage ein!
GUNTHER: Wohlan! Für Brunhild gebe ich dir Kriemhild,
Und unsre Hochzeit feiern wir zugleich!
Hagen legt den Finger auf den Mund, sieht Siegfried an und schlägt ans Schwert.
SIEGFRIED: Bin ich ein Weib? In Ewigkeit kein Wort!
Ich stelle mich, wenn ihr zum Kampfe eilt,
Als hätt ich was an unsrem Schiff zu richten,
Und geh zum Strand hinunter, daß sies sieht,
Doch in der Nebelkappe kehr ich wieder
Und kneif dich in den Arm und steh dir bei! *Alle ab.*

Zweite Abteilung

SIEGFRIEDS TOD

Ein Trauerspiel in fünf Akten

PERSONEN

KÖNIG GUNTHER
HAGEN TRONJE
DANKWART
VOLKER
GISELHER
GERENOT
WULF } *Recken*
TRUCHS
RUMOLT
SIEGFRIED
UTE
KRIEMHILD
BRUNHILD, *Königin von Isenland*
FRIGGA, *ihre Amme*
EIN KAPLAN
EIN KÄMMERER
RECKEN, VOLK, MÄGDE, ZWERGE

ERSTER AKT

Isenland, Brunhilds Burg. Früher Morgen

Erste Szene

Brunhild und Frigga kommen von entgegengesetzten Seiten.

BRUNHILD: Woher so früh? Dir trieft das Haar von Tau,
Und dein Gewand ist blutbesprengt.
FRIGGA: Ich habe
Den alten Göttern, eh der Mond zerbrach,
Ein Opfer dargebracht.
BRUNHILD: Den alten Göttern!
Jetzt herrscht das Kreuz, und Thor und Odin sitzen
Als Teufel in der Hölle.
FRIGGA: Fürchtest du
Sie darum weniger? Sie können uns
Noch immer fluchen, wenn auch nicht mehr segnen,
Und willig schlacht ich ihnen ihren Bock.
O, tätest du es auch! Du hättest Grund
Wie keine zweite.
BRUNHILD: Ich?
FRIGGA: Ein andermal!
Längst sollt ich dir erzählen. Heute ist
Die Stunde endlich da.
BRUNHILD: Ich glaubte schon,
Sie werde erst mit deinem Tode kommen,
Drum drängt ich dich nicht mehr.
FRIGGA: So merke auf!
Urplötzlich trat aus unserm Feuerberg
Ein Greis hervor und reichte mir ein Kind
Samt einer Runentafel.
BRUNHILD: In der Nacht?
FRIGGA: Wie weißt dus?
BRUNHILD: Manches hast du schon im Schlaf
Verraten, denn du sprichst, wenn dir der Mond
Ins Antlitz scheint.
FRIGGA: Und du behorchst mich? – Wohl! –
Um Mitternacht! Wir wachten bei der Leiche

Der Königin. Sein Haar war weiß wie Schnee
Und länger, als ichs je bei einem Weibe
Gesehen habe, wie ein weiter Mantel
Umwallt' es ihn, und hinten schleppt' es nach.
BRUNHILD: Der Geist des Bergs!
FRIGGA: Ich weiß es nicht. Er sprach
Kein einzges Wort. Das Mägdlein aber streckte
Die Händchen nach der goldnen Krone aus,
Die auf dem Haupt der Toten funkelte,
Und, wunderbar, sie paßte.
BRUNHILD: Wie! Dem Kinde?
FRIGGA: Dem Kinde! Ja! Sie war ihm nicht zu weit
Und ward ihm später nie zu eng!
BRUNHILD: Wie meine!
FRIGGA: Wie deine, ja! Und wunderbarer noch:
Das Mägdlein war dem Kinde, das der Toten
Im Arme lag und das sogleich verschwand,
Als wär es nie gewesen, an Gestalt
So ähnlich, ja so gleich, daß es sich nur
Durchs Atmen unterschied von ihm; es schien,
Als hätte die Natur denselben Leib
Für einen Zweck zweimal geschaffen und
Das Blut bloß umgegossen.
BRUNHILD: Hatte denn
Die Königin ein Kind im Arm?
FRIGGA: Sie war
An der Geburt gestorben und mit ihr
Zugleich die Frucht.
BRUNHILD: Das sagtest du noch nicht.
FRIGGA: So hab ichs nur vergessen. Sicher brach
Ihr Herz aus Gram, daß sie es dem Gemahl
Nicht zeigen konnte. Viele Jahre hatte
Er sich umsonst dies holde Glück gewünscht,
Und einen Monat früher als es kam,
Ereilte ihn ein jäher Tod.
BRUNHILD: Nur weiter!
FRIGGA: Wir sahn uns nach dem Greise um. Er war
Verschwunden, und der Berg, der, mittendurch
Gespalten, wie ein Apfel, durch das Fenster
Uns angegähnt, ging langsam wieder zu.
BRUNHILD: Und kam der Greis nicht wieder?

FRIGGA: Höre nur!
  Wir ließen unsre Frau am nächsten Morgen
  Zur Gruft bestatten, und der Priester wollte
  Zugleich das Mägdlein taufen. Doch sein Arm
  Ward lahm, bevor er mit dem heilgen Naß
  Die Stirn ihr netzen konnte, und er hat
  Ihn niemals mehr gehoben.
BRUNHILD: Niemals mehr!
FRIGGA: Nun, er war alt, und wir erschraken nicht,
  Wir riefen einen andern. Dem gelangs,
  Sie zu besprengen, doch er wurde stumm,
  Als er sie segnen wollte, und ihm kehrte
  Die Sprache niemals mehr zurück.
BRUNHILD: Der dritte?
FRIGGA: Der fand sich lange nicht! Wir mußten einen
  Aus weiter Ferne rufen, der von allem
  Nichts wußte. Der vollbrachte dann das Werk,
  Doch als er kaum zu Ende war, so fiel
  Er um, und niemals stand er wieder auf!
BRUNHILD: Das Mägdlein aber?
FRIGGA: Wuchs und wurde stark,
  Und seine kindschen Spiele dienten uns
  Als Zeichen unsres Lassens oder Tuns
  Und trogen nie, wies uns die Runentafel
  Voraus verkündigt hatte.
BRUNHILD: Frigga! Frigga!
FRIGGA: Ja! Ja! Du bist es selbst! Erkennst dus endlich?
  Nicht in der Kammer, wo die Toten stäuben,
  Im Hekla, wo die alten Götter hausen,
  Und unter Nornen und Valkyrien
  Such dir die Mutter, wenn du eine hast! –
  O, hätte nie ein Tropfen heilgen Wassers
  Die Stirne dir benetzt! Dann wüßten wir
  Wohl mehr!
BRUNHILD: Was murmelst du?
FRIGGA: Wie ging es zu,
  Daß wir uns diesen Morgen, statt im Bett,
  Unausgekleidet auf den Stühlen fanden,
  Die Zähne klappernd und die Lippen blau?
BRUNHILD: Wir müssen plötzlich eingeschlafen sein.
FRIGGA: Ist das uns schon begegnet?

BRUNHILD: Nie zuvor.
FRIGGA: Nun denn! Der Greis war hier und wollte reden!
　Mir ist sogar, als hätt ich ihn gesehn,
　Wie er dich rüttelte und mich bedrohte,
　Dir aber ward durch einen dicken Schlaf
　Das Ohr verstopft, weil du nicht hören solltest,
　Was dir beschieden ist, wenn du beharrst,
　Drum bring ein Opfer dar und mach dich frei!
　O, hätte ich dem Priester nicht gehorcht,
　Als er mich drängte! Doch ich hatte noch
　Die Tafel nicht entziffert. Tu es, Kind,
　Denn die Gefahr ist nah.
BRUNHILD: Gefahr?
FRIGGA: Gefahr!
　Du weißt, der Flammensee ist längst erloschen,
　Der deine Burg umgab.
BRUNHILD: Und dennoch blieb
　Der Recke mit der Balmungklinge aus,
　Der hoch zu Rosse ihn durchreiten sollte,
　Nachdem er Fafners blutgen Hort erstritt.
FRIGGA: Ich las wohl falsch. Doch dieses zweite Zeichen
　Kann mich nicht täuschen, denn ich weiß es lange,
　Daß deiner in der Stunde der Entscheidung
　Die Offenbarung harrt. So opfre, Kind!
　Vielleicht stehn alle Götter unsichtbar
　Um dich herum und werden dir erscheinen,
　Sobald der erste Tropfen Blutes rinnt.
BRUNHILD: Ich fürchte nichts.
Man hört Trompeten.
FRIGGA: Trompeten!
BRUNHILD: Hörst du sie
　Zum erstenmal?
FRIGGA: Zum erstenmal mit Angst.
　Die Zeit des Distelköpfens ist vorüber,
　Und ehrne Häupter steigen vor dir auf.
BRUNHILD: Heran! Heran! Damit ich dieser zeige,
　Daß ich noch immer siegen kann! Als hier
　Der See noch flammte, eilt ich euch entgegen,
　Und freundlich, wie ein Hund vor seinem Herrn
　Beiseitespringt, entwich das treue Feuer
　Vor mir und teilte sich nach links und rechts:

Jetzt ist die Straße frei, doch nicht der Gruß.
Sie besteigt währenddem ihren Thron.
Nun stoßt die Pforten auf und laßt sie ein!
Wer auch erscheinen mag: sein Kopf ist mein!

   Zweite Szene

Es geschieht; Siegfried, Gunther, Hagen und Volker treten ein.

BRUNHILD: Wer ists, der heute sterben will? *Zu Siegfried:*
                                                Bist dus?
SIEGFRIED: Ich will nicht sterben, und ich will nicht
                                                werben,
   Auch tust du mir zuviel der Ehre an,
   Mich vor dem König Gunther zu begrüßen,
   Ich bin hier nur sein Führer.
BRUNHILD *wendet sich gegen Gunther:* Also du?
   Und weißt du, was es gilt?
GUNTHER: Wohl weiß ich das!
SIEGFRIED: Der Ruf von deiner Schönheit drang gar weit,
   Doch weiter noch der Ruf von deiner Strenge,
   Und wer dir immer auch ins Auge schaut,
   Er wird es nicht im höchsten Rausch vergessen,
   Daß dir der dunkle Tod zur Seite steht.
BRUNHILD: So ists! Wer hier nicht siegt, der stirbt sogleich,
   Und seine Diener mit. Du lächelst drob?
   Sei nicht zu stolz! Trittst du auch vor mich hin,
   Als könntest du den vollsten Becher Weins
   Dir unverschüttet überm Haupte halten
   Und mich dabei betrachten wie ein Bild:
   Ich schwöre dirs, du fällst so gut wie er.
Zu Gunther: Dir aber rat ich, wenn du hören kannst:
   Laß dir von meinen Mägden doch die Recken
   Erst nennen, die von meiner Hand schon fielen,
   Vielleicht ist mancher drunter, der sich einst
   Mit dir gemessen hat, vielleicht gar einer,
   Der dich besiegt zu seinen Füßen sah!
HAGEN: Der König Gunther ward noch nie besiegt.
SIEGFRIED: Hoch ragt sein Schloß zu Worms am Rhein
                                                empor,
   Reich ist sein Land an Zierden aller Art,

Doch höher ragt er selbst noch vor den Recken,
Und reicher auch an Ehren ist sein Haupt.
HAGEN: Die Hand her, Niederland! Das war ein Wort!
VOLKER: Und wärs dir denn so schwer, dies öde Land
Und seine wüste Meereseinsamkeit
Freiwillig zu verlassen und dem König
Aus Höll und Nacht zu folgen in die Welt?
Es ist ja gar kein Land, das noch zur Erde
Gehört, es ist ein preisgegebnes Riff,
Das die Lebendgen längst entsetzt verließen,
Und wenn dus liebst, so kannst du es nur lieben,
Weil du als letzte drauf geboren bist!
Dies Stürmen in den Lüften, dies Getose
Der Wellen, dies Gekeuch des Feuerbergs,
Vor allem aber dieses rote Licht,
Das von der Himmelswölbung niederrieselt,
Als strömt' es ab von einem Opfertisch,
Ist fürchterlich und paßt nur für den Teufel:
Man trinkt ja Blut, indem man Atem holt!
BRUNHILD: Was weißt du denn von meiner Einsamkeit?
Noch hab ich nichts aus eurer Welt vermißt,
Und käme das dereinst, so hol ichs mir,
Verlaßt euch drauf, und braucht es nicht geschenkt!
SIEGFRIED: Sagt ichs euch nicht voraus? Zum Kampf! Zum
Kampf!
Du muß sie mit Gewalt von hinnen führen!
Ist es nur erst geschehn, so dankt sies dir.
BRUNHILD: Meinst du? Du kannst dich täuschen. Wißt ihr
denn,
Was ich euch opfern soll? Ihr wißt es nicht,
Und keiner hats gewußt. Vernehmts zuvor,
Und fragt euch, wie ich es verteidigen werde!
Wohl steht die Zeit hier still, wir kennen nicht
Den Frühling, nicht den Sommer, noch den Herbst,
Das Jahr verändert niemals sein Gesicht,
Und wir sind unveränderlich mit ihm.
Doch wenn auch nichts von allem hier gedeiht,
Was euch entgegenwächst im Strahl der Sonne,
So reift dafür in unsrer Nacht, was ihr
Mitnichten säen oder pflanzen könnt.
Noch freu ich mich des Kampfs, noch jauchze ich,

    Den übermütgen Feind zu überwinden,
Der mir die Freiheit rauben will, noch ist
Die Jugend, ist das schwellende Gefühl
Des Lebens mir genug, und eh mich dieses
Verlassen kann, hat mich das Schicksal schon,
Mit Wundergaben unsichtbar mich segnend,
Zu seiner Hohenpriesterin geweiht.
FRIGGA: Wie wird ihr? Wars genug an meinem Opfer?
BRUNHILD: Die Erde wird sich plötzlich vor mir öffnen
    Und mir enthüllen, was sie birgt im Kern,
Die Sterne droben werd ich klingen hören
Und ihre himmlische Musik verstehn,
Und noch ein drittes Glück wird mir zuteil,
Ein drittes, das sich gar nicht fassen läßt!
FRIGGA: Du bists, Odin! Du hast ihr Aug entsiegelt,
    Weil dir zur Nacht ihr Ohr verschlossen war,
Nun sieht sie selbst, was ihr die Norne spinnt!
BRUNHILD *hoch aufgerichtet mit starren Augen:*
    Einst kommt der Morgen, wo ich, statt den Bären
Zu jagen, oder auch die eingefrorne
Seeschlange zu erlösen aus der Haft,
Damit sie den Planeten nicht zerpeitsche,
Die Burg schon früh verlasse. Mutig tummle
Ich meinen Rappen, fröhlich trägt er mich,
Auf einmal halt ich ein. Der Boden vor mir
Hat sich in Luft verwandelt! Schaudernd reiß ich
Das Roß herum. Auch hinter mir. Er ist
Durchsichtig. Farbge Wolken unter mir,
Wie über mir. Die Mägde plaudern fort.
Ich rufe: Seid ihr blind, daß ihr nichts seht?
Wir schweben ja im Abgrund! Sie erstaunen,
Sie schütteln ihre Häupter still, sie drängen
Sich dicht um mich herum. Doch Frigga flüstert:
Kam deine Stunde auch? Da merk ichs erst!
Der Erdball wurde zum Kristall für mich,
Und was Gewölk mir schien, war das Geflecht
Der Gold- und Silberadern, die ihn leuchtend
Durchkreuzen bis zum Grund.
FRIGGA: Triumph! Triumph!
BRUNHILD: Ein Abend folgt. Nicht gleich. Vielleicht erst
                                  spät.

Wir sitzen hier beisammen. Plötzlich fallen
Die Mägde um wie tot, das letzte Wort
Zerbricht in ihrem Mund, mich aber treibts
Zum Turm hinauf, denn über mir erklingts,
Und jeder Stern hat seinen eignen Ton.
Erst ist es bloß Musik für mich, doch wenn
Der Morgen graut, so murml ich, wie im Schlaf:
Der König stirbt vor Nacht noch, und sein Sohn
Kann nicht geboren werden, er erstickt
Im Mutterleib! Ich höre erst von andern,
Daß ichs gesagt, und ahne selber nicht,
Woher ichs weiß. Bald aber wirds mir klar,
Und bald verbreitet sichs von Pol zu Pol.
Dann ziehn sie noch, wie jetzt, zu mir heran,
Doch nicht mit Schwertern, um mit mir zu kämpfen,
Nein, demutvoll, mit abgelegten Kronen,
Um meine Träume zu behorchen und
Mein Stammeln auszudeuten, denn mein Auge
Durchdringt die Zukunft, und in Händen ich
Den Schlüssel zu den Schätzen dieser Welt.
So thron ich schicksallos, doch schicksalkundig,
Hoch über allen und vergesse ganz,
Daß mir noch mehr verheißen ist. Es rollen
Jahrhunderte dahin, Jahrtausende,
Ich spür es nicht! Doch endlich frag ich mich:
Wo bleibt der Tod? Da geben meine Locken
Mir Antwort durch den Spiegel, sie sind schwarz
Und ungebleicht geblieben, und ich rufe:
Dies ist das dritte, daß der Tod nicht kommt!
Sie sinkt zurück, die Mägde fangen sie auf.
FRIGGA: Was zag ich noch? Und wärs der
                              Balmungschwinger:
  Jetzt hätte sie den Schild auch gegen ihn!
  Er fällt, wenn sie ihn liebt und doch bekämpft,
  Und sie wird kämpfen, nun sie dieses weiß.
BRUNHILD *richtet sich wieder hoch auf:*
  Ich sprach! Was wars?
FRIGGA: Nimm deinen Bogen, Kind,
  Dein Pfeil wird heute fliegen wie noch nie,
  Das andere nachher!
BRUNHILD *zu den Recken:* So kommt!

261

SIEGFRIED *zu Brunhild:* Du schwörst,
Uns gleich zu folgen, wenn du unterliegst?
BRUNHILD *lacht:*
Ich schwörs!
SIEGFRIED: So macht! Ich richt indes das Schiff!
BRUNHILD *zu Frigga im Abgehen:*
Du gehst in den Trophäensaal und schlägst
Dort einen neuen Nagel ein! *Zu den Recken:* Wohlan!
Alle ab.

ZWEITER AKT

Worms. Schloßhof

Erste Szene

Rumolt und Giselher einander begegnend.

GISELHER: Nun, Rumolt, soll ein Baum noch
stehenbleiben?
Du führst ja wochenlang schon Wälder ein,
Du rüstest dich so grimmig auf die Hochzeit,
Als kämen Mensch und Zwerg und Alf zugleich.
RUMOLT: Ich mache mich darauf gefaßt, und fänd ich
Den Kessel irgendwo nicht recht gefüllt,
So steck ich flugs den säumgen Koch hinein
Und rührte mit dem Küchenjungen um.
GISELHER: So bist du denn des Ausgangs schon gewiß?
RUMOLT: Ich bins, weil Siegfried wirbt. Wer unterwegs
Zwei Königssöhne fängt und sie uns schickt,
Als ob es aufgescheuchte Hasen wären,
Der nimmts wohl auch mit Teufelsweibern auf.
GISELHER: Da hast du recht. Wir haben gute Pfänder

An diesem Lüdegast und Lüdeger!
Mit einem Heer gedachten sie zu kommen,
Wie nie Burgund ein gleiches noch gesehn,
Und als Gefangne stellten sie sich ein,
Die nicht einmal des Hüters mehr bedurften:
Koch zu, Gesell, an Gästen fehlts dir nicht!

Gerenot kommt.

Da ist der Jäger!
GERENOT: Aber nicht mit Wild!
Ich war auf unsrem Turm und sah den Rhein
Mit Schiffen, wie bedeckt.
RUMOLT: Das ist die Braut!
Da laß ich gleich zur Stunde alles schlagen,
Was brummt und brüllt und blökt und grunzt im Hof,
Damit sie's in der Ferne schon vernimmt,
Wie sie empfangen werden soll!

Es wird geblasen.

GERENOT: Zu spät!

Zweite Szene

SIEGFRIED *tritt mit Gefolge auf:*
Da bin ich wieder!
GISELHER: Ohne meinen Bruder?
SIEGFRIED: Sei ruhig! Als sein Bote steh ich hier! —
Doch nicht, um dir die Meldung auszurichten!
Sie geht an deine Mutter, und ich hoffe,
Daß ich auch deine Schwester sehen darf.
GISELHER: Das sollst du, Degen, denn wir schulden dir
Den Dank noch für die beiden Dänenprinzen.
SIEGFRIED: Ich wollte jetzt, ich hätt sie nicht geschickt.
GISELHER: Warum? Du konntest uns nicht besser zeigen,
Was wir an deinem Arm gewonnen haben,
Denn wahrlich, schlechte Männer warens nicht.
SIEGFRIED: Mag sein! Doch hätte ich das nicht getan,
So hätt vielleicht ein Vogel das Gerücht
Verbreitet, daß sie mich erschlagen hätten,
Dann fragt ich nun: Wie nahm Kriemhild es auf?
GISELHER: Sie nützten dir auch so genug bei uns!

Daß man sich die Metalle und das Erz
Durch tüchtge Schläge zur Trompete rundet,
Das hab ich längst gewußt, von Menschen wars
Mir aber unbekannt, und diese beiden
Beweisen, was ein Schmied, wie du, vermag.
Sie lobten dich – wenn dus vernommen hättest,
Du wärst noch heute rot! Und das nicht bloß
Aus Klugheit, die den Feind wohl öfter preist,
Weil sie die Schmach der eignen Niederlage
Dadurch vergoldet, nein, aus wahrer Lust.
Doch hörst du das am besten von Kriemhild,
Die gar nicht müde ward, sie auszufragen:
Da kommt sie her.

Dritte Szene

Ute und Kriemhild treten auf.

SIEGFRIED: Ich bitte dich!
GISELHER: Was ist?
SIEGFRIED: Nie wünsch ich meinen Vater noch herbei,
  Daß er mir sage, wie ich kämpfen solle,
  Doch meine Mutter könnt ich heute brauchen,
  Um sie zu fragen, wie man reden muß.
GISELHER: Gib mir die Hand, wenn du so blöde bist.
  Man nennt mich hier das Kind. So mag man sehen,
  Wie dieses Kind den Löwen führt!
  Er führt Siegfried den Frauen zu.
                  Der Held
  Aus Niederland!
SIEGFRIED: Erschreckt nicht, edle Frauen,
  Daß ichs allein bin.
UTE: Tapfrer Siegfried, nein!
  Das tun wir nicht, du bist der Recke nicht,
  Der übrigbleibt, wenn alle andern fallen,
  Damit das Unglück einen Boten hat.
  Du meldest mir die neue Tochter an
  Und Kriemhild ihre Schwester.
SIEGFRIED: Königin,
                    So ists!

GISELHER: So ists! Nichts weiter? Und auch das
    Noch schwer herausgebracht! Mißgönnst du sie
    Dem König, meinem Bruder, oder hast du,
    Es ist bis jetzt kein Beispiel zwar bekannt,
    Im Kampf die Zunge dir verstaucht? Doch nein,
    Du brauchtest sie vorhin ja flink genug,
    Als du mir von Brunhildens braunen Augen
    Und schwarzem Haar erzähltest.
SIEGFRIED: Glaubt es nicht!
GISELHER: Er hebt, um es mit Nachdruck abzuleugnen,
    Noch drei von seinen Fingern auf, und schwört
    Zu Blau und Blond.
UTE: Dies ist ein arger Schalk,
    Der zwischen Birk und Haselstaude steht:
    Der Rute seiner Mutter längst entwachsen,
    Hat er des Vaters Gerte nie gespürt
    Und ist so übermütig wie ein Füllen,
    Das nichts vom Zaum und von der Peitsche weiß.
    Vergib ihm, oder züchtge ihn!
SIEGFRIED: Das möge
    Gefährlich sein! Ein wildes Füllen zäumen
    Ist schwer, und mancher hinkt beschämt davon,
    Bevor er es besteigen kann!
UTE: So geht
    Er wieder ohne Strafe aus!
GISELHER: Zum Dank
    Will ich dir was verraten.
KRIEMHILD: Giselher!
GISELHER: Hast du was zu verbergen? Fürchte nichts!
    Ich kenne dein Geheimnis nicht und blase
    Von deinen Kohlen keine Asche ab.
UTE: Was ist es denn?
GISELHER: Jetzt hab ichs selbst vergessen!
    Wenn eine Schwester plötzlich so errötet,
    So denkt man doch als Bruder drüber nach
    Und fragt sich nach dem Grund. Ei nun, gleichviel!
    Mir fällts wohl noch vorm Sterben wieder ein,
    Und dann erfährt ers gleich.
SIEGFRIED: Du magst wohl spotten,
    Denn ich vergesse meinen Auftrag ganz,
    Und eh ich euch noch in die Sonntagskleider

Getrieben habe, hört ihr die Trompeten,
Und Gunther zieht mit seiner Braut hier ein!
GISELHER: Siehst du den Küchenmeister denn nicht
                                                  rennen?
Dem hat dein Kommen schon genug gesagt!
Doch helf ich ihm! *Er geht zu Rumolt.*
KRIEMHILD: So edlem Boten dürfen
Wir keine Gabe bieten!
SIEGFRIED: Doch! O doch!
Kriemhild nestelt an einer Spange und läßt dabei ihr Tuch fallen.
SIEGFRIED *bascht nach dem Tuch:*
Und diese seis!
KRIEMHILD: Die ziemt nicht dir noch mir!
SIEGFRIED: Kleinodien sind mir, was den andern Staub,
Aus Gold und Silber kann ich Häuser baun,
Doch fehlt mir solch ein Tuch.
KRIEMHILD: So nimm es hin.
Ich hab es selbst gewirkt.
SIEGFRIED: Und gibst dus gern?
KRIEMHILD: Mein edler Siegfried, ja, ich geb es gern!
UTE: Doch nun erlaubt – es wird auch Zeit für uns!
Ab mit Kriemhild.

Vierte Szene

SIEGFRIED: So steht ein Roland da, wie ich hier stand!
Mich wunderts, daß kein Spatz in meinem Haar
Genistet hat.

Fünfte Szene

DER KAPLAN *tritt heran:* Verzeiht mir, edler Recke,
Ist Brunhild denn getauft?
SIEGFRIED: Sie ist getauft!
KAPLAN: So ists ein christlich Land, aus dem sie kommt?
SIEGFRIED: Man ehrt das Kreuz.
KAPLAN *tritt wieder zurück:*   Man ehrts wohl so wie hier,
Wo man sichs neben einer Wodans-Eiche

Gefallen läßt, weil man nicht wissen kann,
Ob ihm kein Zauber innewohnt, so wie
Der frömmste Christ ein Götzenbild noch immer
Nicht leicht zerschlägt, weil sich ein letzter Rest
Der alten Furcht noch leise in ihm regt,
Wenn er es glotzen sieht.

Sechste Szene

*Fanfaren. Brunhild, Frigga, Gunther, Hagen, Volker, Gefolge.
Kriemhild und Ute aus der Burg ihnen entgegen.*

GUNTHER: Da ist die Burg,
  Und meine Mutter naht mit meiner Schwester,
  Dich zu begrüßen.
VOLKER *zu Brunhild, während die Frauen sich entgegenschreiten:*
                Sind die kein Gewinn?
HAGEN: Siegfried, ein Wort mit dir! Dein Rat war schlecht.
SIEGFRIED: Mein Rat war schlecht? Ist sie nicht überwunden?
  Steht sie nicht da?
HAGEN: Was ist damit erreicht?
SIEGFRIED: Ich denke, alles.
HAGEN: Nichts! Wer ihr den Kuß
  Nicht rauben kann, der wird sie nimmermehr
  Bewältigen, und Gunther kann es nicht.
SIEGFRIED: Hat ers versucht?
HAGEN: Würd ich denn sonst wohl
                              reden?
  Vorher! Im Angesicht der Burg. Sie sträubte
  Sich anfangs, wie es einer Magd geziemt,
  Und wie sich unsre Mütter sträuben mochten,
  Doch, als sie merkte, daß ein Daumendruck
  Genügte, um den Freier fortzuschnellen,
  Da ward sie toll, und als er doch nicht wich,
  Ergriff sie ihn und hielt ihn, uns und ihm
  Zur ewgen Schmach, mit vorgestrecktem Arm
  Weit in den Rhein hinaus.
SIEGFRIED: Ein Teufelsweib!
HAGEN: Was schiltst du? Hilf!
SIEGFRIED: Ich denke, wenn der Priester
  Sie erst verband –

HAGEN: Wär nur die Alte nicht,
Die Magd, die sie begleitet. Diese späht
Und fragt den ganzen Tag und sitzt bei ihr,
Wie ihr Verstand von siebzig oder achtzig!
Die fürcht ich mehr als sie!
UTE *zu Kriemhild und Brunhild:*
So liebt euch denn
Und laßt den Ring, den eure Arme jetzt
Im ersten Herzensdrang geschlossen haben,
Allmählich sich zu einem Kreis erweitern,
In dem ihr euch mit gleichem Schritt und Tritt
Und gleicher Lust um einen Punkt bewegt.
Ihr werdets besser haben als ich selbst,
Denn was ich meinem Herrn nicht sagen durfte,
Das mußt ich ganz verschlucken, und so konnt ich
Zum wenigsten nicht klagen über ihn.
KRIEMHILD: Wir wollen Schwestern werden.
BRUNHILD: Euretwegen
Mag euer Sohn und Bruder noch vor Nacht
Das Zeichen, das zu seiner Magd mich stempelt,
Mir auf die Lippen drücken, denn ich bin
Noch ungebrannt wie ein zu junger Baum,
Auch hielt ich mir, wenn ihr sie nicht versüßtet,
Die Schmach, die mich bedroht, wohl ewig fern.
UTE: Du sprichst von Schmach?
BRUNHILD: Vergebt mir dieses Wort,
Doch sprech ich, wie ich fühle. Ich bin fremd
In eurer Welt, und wie die meine euch
Erschrecken würde, wenn ihr sie beträtet,
So ängstigt mich die eurige. Mir deucht,
Ich hätt hier nicht geboren werden können,
Und soll hier leben! – Ist der Himmel immer
So blau?
KRIEMHILD: Nicht immer. Doch die meiste Zeit.
BRUNHILD: Wir kennen gar kein Blau als das des Auges,
Und das nur im Verein mit rotem Haar
Und einem Milchgesicht! Und ist es immer
So still hier in der Luft?
KRIEMHILD: Zuweilen steigen
Auch Wetter auf, dann wirds bei Tage Nacht,
Und Blitz und Donner rasen.

BRUNHILD: Käme das
Nur heute noch! Mir wärs wie Heimatgruß.
Ich kann mich nicht an so viel Licht gewöhnen,
Es tut mir weh, mir ists, als ging' ich nackt,
Als wäre kein Gewand hier dicht genug! –
Das sind wohl Blumen? Rot und gelb und grün!
KRIEMHILD: Du sahst sie nie und kennst die Farben doch?
BRUNHILD: Wir haben Edelsteine aller Art,
Nur weiße nicht und schwarze, aber weiß
Ist meine eigne Hand und schwarz mein Haar.
KRIEMHILD: So weißt du nichts vom Duft!
Sie pflückt ihr ein Veilchen.
BRUNHILD: O der ist schön!
Und diese kleine Blume haucht ihn aus,
Die einzge, die mein Auge nicht bemerkte?
Der möcht ich einen süßen Namen geben,
Doch hat sie wohl schon einen.
KRIEMHILD: Keine ist
Demütiger als sie, und keine hätte
Dein Fuß so leicht zertreten, denn sie scheint
Sich fast zu schämen, mehr zu sein als Gras,
So tief versteckt sie sich, und dennoch schmeichelt
Sie dir die ersten sanften Worte ab.
Sei sie dir denn ein Zeichen, daß sich manches
Vor deinem Blick hier noch verbergen mag,
Was dich beglücken wird.
BRUNHILD: Ich hoffs und glaubs! –
Doch tuts auch not! Du weißt nicht, was es heißt,
Ein Weib zu sein und doch in jedem Kampf
Den Mann zu überwinden, und die Kraft,
Die ihn verläßt, aus dem verströmten Blut,
Das dir entgegendampft, durchs bloße Atmen
In dich zu trinken! Immer stärker dich
Zu fühlen, immer mutiger, und endlich,
Wenn du des Siegs gewisser bist als je –
in plötzlicher Wendung:
Frigga, ich frag dich noch einmal! Was wars,
Was sah und sprach ich vor dem letzten Kampf?
FRIGGA: Du scheinst im Geist dies Land gesehn zu haben.
BRUNHILD: Dies Land!
FRIGGA: Und warst entzückt.

BRUNHILD: Ich war
entzückt! –
Doch deine Augen flammten.
FRIGGA: Weil ich dich
So glücklich sah.
BRUNHILD: Und diese Recken schienen
Mir weiß wie Schnee.
FRIGGA: Sie warens schon vorher.
BRUNHILD: Warum verhehltest dus mir denn so lange?
FRIGGA: Es ward mir selbst erst diese Stunde klar,
Wo ich vergleichen kann.
BRUNHILD: Wenn ich entzückt
Gewesen bin, als ich dies Land erblickte,
So muß ichs wieder werden.
FRIGGA: Zweifle nicht.
BRUNHILD: Es kommt mir doch so vor, als hätte ich
Von Sternen und Metallen –
FRIGGA: Auch, jawohl!
Du sprachst, die Sterne funkelten hier heller,
Doch Gold und Silber wären dafür blind.
BRUNHILD: Ei so!
FRIGGA *zu Hagen:*
Nicht wahr?
HAGEN: Ich hab nicht drauf gehört.
BRUNHILD: Ich bitt euch alle, nehmt mich für ein Kind,
Ich werde schneller wachsen, wie ein andres,
Doch bin ich jetzt nicht mehr. *Zu Frigga:* Das also wars?
FRIGGA: Das wars!
BRUNHILD: So ists ja gut! So ists ja gut! –
UTE *zu dem herangetretenen Gunther:*
Mein Sohn, wenn sie zu herb ist gegen dich,
Laß ihr nur Zeit! Bei dem Geschrei der Krähen
Und Raben, das sie hörte, konnte sich
Ihr Herz nicht öffnen, doch es wird geschehn
Bei Lerchenruf und Nachtigallenschlag.
HAGEN: So spricht der Spielmann, wenn ers Fieber hat
Und junge Hunde streichelt. Seis darum.
Der Jungfrau gönne Zeit, sich zu besinnen,
Die Fürstin aber halte gleich beim Wort.
Sie ist die deine durch das Recht der Waffen,
So greife zu! *Ruft:* Kaplan! *Schreitet voran.*

270

GUNTHER: Ich folg dir gern!
SIEGFRIED: Halt, Gunther, halt, was hast du mir gelobt?
GUNTHER: Kriemhild, darf ich den Gatten für dich
                                                wählen?
KRIEMHILD: Mein Herr und Bruder, füg es, wie du magst!
GUNTHER *zu Ute:* Ich habe keinen Widerspruch zu
                                                fürchten?
UTE: Du bist der König, ich bin Magd wie sie!
GUNTHER: So bitt ich dich inmitten meiner Sippen:
  Lös einen Eid für mich und sie, und reiche
  Dem edlen Siegfried deine Hand.
SIEGFRIED: Ich kann
  Nicht reden, wie ich möchte, wenn ich dir
  Ins Antlitz sehe, und von meinem Stottern
  Hast du vorhin wohl schon genug gehabt,
  Drum frag ich dich, wie jeder Jäger fragt,
  Nur daß ich nicht dabei vom Hut die Federn
  Herunterblase: Jungfrau, willst du mich?
  Doch, daß dich nicht die Einfalt selbst besteche,
  Und du nicht völlig unberaten seist,
  So laß dir noch vor Ja und Nein vermelden,
  Wie meine Mutter mich zu schelten pflegt,
  Sie sagt, ich sei zwar stark genug, die Welt
  Mir zu erobern, aber viel zu dumm,
  Den kleinsten Maulwurfshügel zu behaupten,
  Und wenn ich nicht die Augen selbst verlöre,
  So lägs allein an der Unmöglichkeit.
  Auch magst du ihr das eine willig glauben,
  Das andre aber werd ich widerlegen,
  Denn wenn ich dich nur erst erobert habe,
  So soll man sehn, wie ich behaupten kann!
  Nun denn, noch einmal: Kriemhild, willst du mich?
KRIEMHILD: Du lächelst, Mutter! O, ich habe nicht
  Vergessen, was ich träumte, und der Schauder
  Ist nicht entflohn, er warnt mich mehr als je,
  Doch eben darum sag ich mutig: Ja!
BRUNHILD *tritt zwischen Kriemhild und Siegfried:*
  Kriemhild!
KRIEMHILD: Was willst du?
BRUNHILD: Mich als Schwester dir
  Beweisen!

KRIEMHILD: Jetzt? Worin?
BRUNHILD *zu Siegfried:* Wie darfst dus wagen,
   Die Hand nach ihr, nach einer Königstochter,
   Nur auszustrecken, da du doch Vasall
   Und Dienstmann bist!
SIEGFRIED: Wie?
BRUNHILD: Kamst du nicht als Führer
   Und gingst als Bote? *Zu Gunther:* Und wie kannst dus dulden
   Und unterstützen, daß ers tut?
GUNTHER: Er ist
   Der erste aller Recken!
BRUNHILD: Dafür weis ihm
   Den ersten Platz an deinem Throne an.
GUNTHER: Er ist an Schätzen reicher als ich selbst!
BRUNHILD: Pfui! Gibt ihm das ein Recht auf deine Schwester?
GUNTHER: Er hat mir tausend Feinde schon erschlagen.
BRUNHILD: Der Held, der mich besiegte, dankt ihm das?
GUNTHER: Er ist ein König wie ich selbst.
BRUNHILD: Und stellte
   Doch zu den Knechten sich?
GUNTHER: Dies Rätsel will ich
   Dir lösen, wenn du mein geworden bist!
BRUNHILD: Nie werd ichs, eh ich dein Geheimnis weiß.
UTE: So willst du mich durchaus nicht Mutter nennen?
   Verschieb es nicht zu lange, ich bin alt,
   Auch trug ich manches Leid!
BRUNHILD: Ich folge ihm
   Zur Kirche, wie ich schwur, und werde dir
   Mit Freuden Tochter, aber ihm nicht Weib.
HAGEN *zu Frigga:* Beschwichtge sie!
FRIGGA: Was braucht es mein dazu?
   Wenn er sie einmal überwunden hat,
   So wirds ihm auch das zweitemal gelingen,
   Doch ists ein Recht der Magd, daß sie sich sträubt.
SIEGFRIED *Kriemhild bei der Hand fassend:*
   Daß ich mich gleich als König hier erweise,
   So schenk ich dir den Nibelungenhort,
   Und nun zu meinem Recht und deiner Pflicht.

Er küßt sie.
HAGEN: Zum Dom!
FRIGGA: Hat er den Nibelungenhort?
HAGEN: Du hörst. Trompeten!
FRIGGA: Auch die Balmungklinge?
HAGEN: Warum nicht? Holla, blast die Hochzeit ein!
Rauschende Musik. Alle ab.

Siebente Szene

Halle. Truchs und Wulf treten auf. Zwerge tragen Schätze über die Bühne.

TRUCHS: Ich steh zu Kriemhild.
WULF: So? Zu Brunhild ich.
TRUCHS: Warum, wenns dir beliebt?
WULF: Wie brächtest du
  Dein Lanzenspiel zusammen, wenn wir alle
  Dieselbe Farbe hielten?
TRUCHS: Diesen Grund
  Muß ich dir gelten lassen, aber sonst
  Wärs Tollheit.
WULF: Ho! Das sag nur nicht zu laut,
  Denn viele gibts, die zu der Fremden schwören.
TRUCHS: Es ist ein Unterschied wie Tag und Nacht.
WULF: Wer leugnet das? Doch mancher liebt die Nacht!
Zeigt auf die Zwerge.
  Was schleppen die?
TRUCHS: Ich denk, es ist der Hort,
  Denn Siegfried hat ihn von den Nibelungen,
  Als er sie zum Geleit hieher entbot,
  Gleich mit heraufgebracht, und wie ich höre,
  Ist er zum Wittum für Kriemhild bestimmt.
WULF: Unholde, diese Zwerge! Hohl im Rücken!
  Kehr einen um, so liegt ein Backtrog da.
TRUCHS: Sie hausen auch ja mit dem Wurmgeschlecht
  Im Bauch der Erde und in Bergeshöhlen,
  Und sind des Maulwurfs Vettern.
WULF: Aber stark!
TRUCHS: Und klug! Der braucht nach der Alraunenwurzel
  Nicht mehr zu spähn, der die zu Freunden hat.

Wulf *zeigt auf die Schätze:*
  Wer das besitzt, braucht alle beide nicht.
Truchs: Ich möcht es kaum. Es ist ein altes Wort,
  Daß Zaubergold noch durstiger nach Blut
  Als ausgedörrter Schwamm nach Wasser ist;
  Auch führen diese Nibelungenrecken
  Gar wunderliche Reden.
Wulf: Von dem Raben!
  Was war es doch? Ich habs nur halb gehört.
Truchs: Ein Rabe hat sich auf das Gold gesetzt,
  Als mans zum Schiff hinuntertrug, und so
  Gekrächzt, daß Siegfried, weil er ihn verstand,
  Sich erst die Ohren zugehalten und
  Gepfiffen, dann nach ihm mit Edelsteinen
  Geworfen, und zuletzt, weil er nicht wich,
  Sogar den Speer geschleudert haben soll!
Wulf: Das will was heißen! Denn er ist im Grunde
  So sanft als tapfer.
Es wird geblasen.
                    Horch, das gilt auch uns!
  Sie sammeln sich. Hier Brunhild!
Truchs: Kriemhild hie! *Ab.*
*Andere Recken, die sich inzwischen gesammelt haben, schließen
sich an und wiederholen den Ruf. Es wird nach und nach dunkel.*

Achte Szene

Hagen und Siegfried treten auf.

Siegfried: Was willst du, Hagen? Warum winkst du mich
  Hinweg von dem Bankett? Ich werde nie
  So wieder sitzen, wie ich heute sitze,
  So gönnt mir doch den Tag, ich habs ja wohl
  Um euch verdient.
Hagen: Es gibt noch mehr zu tun.
Siegfried: Verschiebts auf morgen! Die Minute gilt
  Mir heut ein Jahr, ich kann die Worte zählen,
  Die ich mit meiner Braut gesprochen habe,
  So laßt mir doch den Abend für mein Weib.
Hagen: Verliebte und Berauschte störte ich
  Noch niemals ohne Not. Es hilft dir nichts,

Daß du dich sträubst, du mußt. Was Brunhild sprach,
Hast du gehört, und wie sie Hochzeit hält,
Siehst du ja wohl, sie sitzt bei Tisch und weint.
SIEGFRIED: Kann ich es ändern?
HAGEN: Daß sie halten wird,
Was sie gelobte, ist nicht zweifelhaft,
Und daß die Schande unauslöschlich wäre,
Noch weniger! Dies leuchtet dir doch ein?
SIEGFRIED: Was folgt daraus?
HAGEN: Daß du sie bändgen mußt!
Gunther tritt herzu.
SIEGFRIED: Ich?
HAGEN: Hör mich an! Der König geht mit ihr
Ins Schlafgemach. Du folgst ihm in der Kappe.
Er fordert, eh sie sich das Tuch noch lüftet,
Mit Ungestüm den Kuß. Sie weigert ihn.
Er ringt mit ihr. Sie lacht und triumphiert.
Er löscht, als wärs von ungefähr, das Licht
Und ruft: So weit der Spaß und nun der Ernst,
Hier wird es anders gehn als auf dem Schiff!
Dann packst du sie und zeigst ihr so den Meister,
Bis sie um Gnade, ja ums Leben fleht.
Ist das geschehn, so läßt der König sie
Zu seiner untertängen Magd sich schwören,
Und du entfernst dich, wie du kamst!
GUNTHER: Bist du
Bereit, mir diesen letzten Dienst zu leisten?
Ich fordre niemals einen mehr von dir.
HAGEN: Er wird und muß. Er hat es angefangen,
Wie sollt ers nicht auch enden?
SIEGFRIED: Wollt ich auch,
Und wahrlich, ihr verlangt ein Stück von mir,
Das ich wohl auch an einem andern Tage
Als an dem Hochzeitstag euch weigern dürfte,
Wie könnt ich nur? Was sagt ich zu Kriemhild?
Sie hat schon jetzt so viel mir zu vergeben,
Daß mir der Boden unterm Fuße brennt;
Wollt ich den Fehl noch einmal wiederholen,
So könnte sies im Leben nicht verzeihn.
HAGEN: Wenn eine Tochter von der Mutter scheidet
Und aus dem Zimmer, wo die Wiege stand,

Ins Brautgemach hinüberschreiten soll,
So gibt es einen langen Abschied, Freund!
Die Zeit reicht hin für dich, und also – Topp!
Da Siegfried die Hand weigert:
Brunhild ist jetzt ein angeschoßnes Wild,
Wer wird es mit dem Pfeil so laufen lassen,
Ein edler Jäger schickt den zweiten nach.
Verloren ist verloren, hin ist hin,
Die stolze Erbin der Valkyrien
Und Nornen liegt im Sterben, töt sie ganz,
Dann lacht ein muntres Weib uns morgen an,
Das höchstens spricht: Ich habe schwer geträumt!
SIEGFRIED: Ich weiß nicht, was mich warnt.
HAGEN: Du denkst,
                                          Frau Ute
Ist fertig, eh du selbst! Verlaß dich drauf,
Sie ruft Kriemhild nach Segen und Umarmung
Noch dreimal wieder um!
SIEGFRIED: Und dennoch: Nein!
HAGEN: Was? Wenn in diesem Augenblick ein Bote
Erschiene und dir meldete, dein Vater
Läg auf den Tod darnieder, riefest du
Nicht gleich nach deinem Roß, und triebe dich
Dein Weib nicht selbst hinauf? Nun kann ein Vater
Doch selbst als Greis genesen, doch die Ehre,
Einmal erkrankt und dann nicht rasch geheilt,
Steht niemals wieder von den Toten auf.
Und eines Königs Ehre ist der Stern,
Der alle seine Recken mit beleuchtet
Und mit verdunkelt! Weh dem Zauderer,
Der ihm nur einen seiner Strahlen raubt.
Vermöchte ichs, so bät ich dich nicht länger,
Ich tät es selbst und wäre stolz darauf,
Doch Zauberkünste habens angefangen,
Und Zauberkünste müssens nun auch enden:
So tuts denn! Soll ich knien?
SIEGFRIED: Ich tus nicht gern!
Wer hätt sich das gedacht! Und dennoch lags
So nah! O, dreimal heilige Natur!
Mich widerts wie noch nie in meinem Leben,
Doch was du sagst, hat Grund, und also seis.

GUNTHER: Ich gebe meiner Mutter einen Wink –
HAGEN: Nein! Nein! Kein Weib! Wir stehn allhier zu
dreien
Und haben, hoff ich, keine einzge Zunge,
Der vierte in unsrem Bunde sei der Tod! *Alle ab.*

DRITTER AKT

Morgen. Schloßhof. An der einen Seite der Dom

Erste Szene

Rumolt und Dankwart treten gerüstet auf.

RUMOLT: Drei Tote!
DANKWART: Nun, für gestern wars genug,
Es war ja nur ein Vorspiel! Heute wirds
Wohl anders kommen.
RUMOLT: Diese Nibelungen
Sind mit den Totenhemden gleich versehn,
Ein jeder führt es bei sich wie sein Schwert.
DANKWART: Man hat im Norden wunderliche Bräuche,
Denn wie die Berge wilder werden, wie
Die muntren Eichen düstern Tannen weichen,
So wird der Mensch auch finstrer, bis er endlich
Sich ganz verliert und nur das Tier noch haust!
Erst kommt ein Volk, das nicht mehr singen kann,
An dieses grenzt ein andres, das nicht lacht,
Dann folgt ein stummes, und so geht es fort.

Zweite Szene

Musik. Großer Zug. Wulf und Truchs unter den Recken.

RUMOLT *indem er sich mit Dankwart anschließt:*
  Wird Hagen jetzt zufrieden sein?
DANKWART: Ich denks!
  Das ist ein Aufgebot wie für den Krieg!
  Doch hat er recht, denn diese Königin
  Braucht andre Morgenlieder, als die Lerche
  Sie hören läßt, die in der Linde pfeift! *Gehen vorüber.*

Dritte Szene

Siegfried erscheint mit Kriemhild.

KRIEMHILD *auf ihr Gewand deutend:*
  Nun? Dankst dus mir?
SIEGFRIED: Ich weiß nicht, was du meinst.
KRIEMHILD: Sieh mich nur an!
SIEGFRIED: Ich dank dir, daß du bist,
  Daß du so lächelst, daß du blaue Augen
  Und keine schwarze hast –
KRIEMHILD: Du lobst den Herrn
  In seiner Magd! Du Tor, hab ich mich selbst
  Geschaffen und die Augen, die du rühmst,
  Mir ausgesucht?
SIEGFRIED: Die Liebe, dünkt mich, könnte
  So seltsam träumen! Ja, an einem Morgen,
  Wo alles mailich funkelte wie heut,
  Hast du die beiden hellsten Tropfen Taus,
  Die an den beiden blausten Glocken hingen,
  Dir weggehascht und trägst seitdem den Himmel
  Zweifach im Antlitz.
KRIEMHILD: Lieber danks mir doch,
  Daß ich als Kind so klug gefallen bin,
  Denn diese Augen waren arg bedroht,
  Als ich mir hier die Schläfe zeichnete.
SIEGFRIED: Laß mich die Narbe küssen!
KRIEMHILD: Hitzger Arzt,

Verschwende deinen Balsam nicht, die Wunde
Ist längst geheilt! Nein, weiter!
SIEGFRIED: Nun, so danke
Ich deinem Mund –
KRIEMHILD: Mit Worten?
SIEGFRIED *will sie umarmen:* Darf ich so?
KRIEMHILD *weicht zurück:*
Glaubst du, ich fordre auf?
SIEGFRIED: Mit Worten denn
Für Worte! Nein, für Süßeres als Worte,
Für dein Gelispel holder Heimlichkeiten,
Dem Ohr so köstlich, wie dein Kuß der Lippe,
Und für die Heimlichkeiten selbst, fürs Lauschen
Am Fenster, als wir in die Wette warfen,
O, hätte ichs geahnt! und für dein Höhnen
Und Spotten –
KRIEMHILD: Um mit Ehren zu verweilen,
Nicht wahr, so legst dus aus? Wie boshaft, Freund!
Das sagt ich dir im Dunkeln! Willst du sehn,
Ob ich erröte, wenn dus jetzt bei Tage
Mir wiederholst? Mein Blut ist gar zu dumm,
Es steigt und fällt zu rasch, und meine Mutter
Vergleicht mich oft mit einem Rosenstock,
Der Rot und Weiß auf *einem* Stengel trägt.
Sonst hättst du nichts von alledem erfahren,
Doch fühlt ichs wohl, wie meine Wangen brannten,
Als mich mein Bruder gestern morgen neckte,
Da mußt ich dir die Missetat gestehn!
SIEGFRIED: Daß der den besten Hirsch noch heute träfe!
KRIEMHILD: Und ihn verfehlte! Ja! Das wünsch ich auch. –
Du bist wohl einer wie mein Ohm, der Tronjer,
Der einen neuen Rock, den man ihm stickt
Und heimlich vor sein Bette legt, nur dann
Bemerkt, wenn er zu eng geriet.
SIEGFRIED: Warum?
KRIEMHILD: Du siehst nur das, was Gott und die Natur
An mir getan, mein eigenes Verdienst
Entgeht dir, das beginnt erst bei den Kleidern,
Und nicht einmal der Gürtel fällt dir auf.
SIEGFRIED: Nun, der ist bunt! Doch lieber möcht ich noch
Den Regenbogen um den Leib dir winden,

Mir deucht, der paßt zu dir und du zu ihm.
KRIEMHILD: Bring mir ihn nur zur Nacht, so wechsle ich,
Doch wirf ihn nicht so hin wie diesen andern,
Ich hätte dein Geschenk fast übersehn!
SIEGFRIED: Was redest du?
KRIEMHILD: Wenn nicht die Steine wären,
So läge er wohl jetzt noch unterm Tisch,
Doch Feuer kann sich freilich nicht verstecken.
SIEGFRIED: Der wär von mir?
KRIEMHILD: Gewiß!
SIEGFRIED: Kriemhild, du träumst!
KRIEMHILD: Ich fand ihn in der Kammer.
SIEGFRIED: Deine Mutter
Wird ihn verloren haben!
KRIEMHILD: Meine Mutter!
O nein, ich kenne ihren Schmuck! Ich dachte,
Er stamme aus dem Nibelungenhort,
Und legt ihn eilig an, dich zu erfreun!
SIEGFRIED: Das dank ich dir, allein ich kenn ihn nicht!
KRIEMHILD *nimmt den Gürtel wieder ab:*
Dann mach der goldnen Borte wieder Platz,
Die du bedeckst! Ich war schon ganz geschmückt
Und schnallte ihn nur über, um die Mutter
Und dich zugleich zu ehren, denn die Borte
Ist von der Mutter!
SIEGFRIED: Das ist wunderlich! –
Du fandst ihn an der Erde?
KRIEMHILD: Ja!
SIEGFRIED: Zerknüllt?
KRIEMHILD: Siehst du, daß du ihn kennst! Der zweite Spaß
Gelang dir wie der erste, und ich habe
Zwiefache Müh! *Sie will den Gürtel wieder umschnallen.*
SIEGFRIED: Um Gottes willen, nein!
KRIEMHILD: Ist das dein Ernst?
SIEGFRIED *für sich:* Sie suchte mir die Hände
Zu binden.
KRIEMHILD: Lachst du nicht?
SIEGFRIED *für sich:* Da ward ich wütend
Und brauchte meine Kraft.
KRIEMHILD: Noch immer nicht?

280

SIEGFRIED *für sich:*
  Ich riß ihr etwas weg!
KRIEMHILD: Bald werd ichs glauben.
SIEGFRIED *für sich:*
  Das pfropft ich, weil sie wieder darnach griff,
  Mir in den Busen, und – – Gib her, gib her,
  Kein Brunnen ist so tief, den zu verbergen,
  Ein Stein daran und in den Rhein hinab!
KRIEMHILD: Siegfried!
SIEGFRIED: Er ist mir dann entfallen! – Gib!
KRIEMHILD: Wie kam er denn in deine Hand?
SIEGFRIED: Dies ist
  Ein furchtbar unglückseliges Geheimnis,
  Verlange keinen Teil daran.
KRIEMHILD: Du hast
  Mir doch ein größres anvertraut, ich kenne
  Die Stelle, wo der Tod dich treffen kann.
SIEGFRIED: Das hüte ich allein!
KRIEMHILD: Das andre hüten
  Wohl zwei!
SIEGFRIED *für sich:*
            Verflucht! Ich eilte mich zu sehr!
KRIEMHILD *bedeckt sich das Gesicht:*
  Du schwurst mir etwas! Warum tatst du das?
  Ich hatt es nicht verlangt.
SIEGFRIED: Bei meinem Leben,
  Ich habe nie ein Weib erkannt!
Kriemhild hält den Gürtel in die Höhe.
                                Ich wurde
  Damit gebunden.
KRIEMHILD: Wenns ein Löwe sagte,
  Es wäre glaublicher!
SIEGFRIED: Und doch ists wahr!
KRIEMHILD: Dies schmerzt! Ein Mann wie du kann keinen
                                                  Fehler
  Begehn, der ihn, wie schlimm er immer sei,
  Nicht doch noch besser kleidet als die Lüge,
  Womit er ihn bedecken will.
Gunther und Brunhild treten auf.
SIEGFRIED: Weg, weg!
  Man kommt!

KRIEMHILD: Wer kommt? Brunhild? Kennt die den
                                            Gürtel?
SIEGFRIED: Verbirg ihn doch!
KRIEMHILD: Nein, nein, ich zeige ihn!
SIEGFRIED: Verstecke ihn, so sollst du alles wissen.
KRIEMHILD *indem sie den Gürtel verbirgt:*
   Sie kennt ihn also wirklich?
SIEGFRIED: Hör mich an!
Beide folgen dem Zuge.

   Vierte Szene

BRUNHILD: War das nicht Kriemhild?
GUNTHER: Ja!
BRUNHILD: Wie lange bleibt
   Sie noch am Rhein?
GUNTHER: Sie wird wohl nächstens ziehn,
   Denn Siegfried muß zu Haus.
BRUNHILD: Ich geb ihm Urlaub
   Und schenke ihm den Abschied obendrein.
GUNTHER: Ist er dir so verhaßt?
BRUNHILD: Ich kanns nicht sehn,
   Daß deine edle Schwester sich erniedrigt.
GUNTHER: Sie tut wie du.
BRUNHILD: Nein, nein, du bist ein Mann!
   Und dieser Name, der mir sonst so feindlich
   Erklang, erfüllt mich jetzt mit Stolz und Lust!
   Ja, Gunther, ich bin wunderbar verwandelt:
   Du siehsts ja wohl? Ich könnte dich was fragen
   Und tu es nicht!
GUNTHER: Du bist mein edles Weib!
BRUNHILD: Ich hör mich gern so nennen, und es kommt
   Mir jetzt so seltsam vor, daß ich das Roß
   Getummelt und den Speer geworfen habe,
   Als säh ich dich den Bratenwender drehn!
   Ich mag die Waffen nicht mehr sehn, auch ist
   Mein eigner Schild mir jetzt zu schwer, ich wollte
   Ihn auf die Seite stellen, und ich mußte
   Die Magd um Beistand rufen! Ja, ich möchte
   Jetzt lieber lauschen, wie die Spinnen weben

Und wie die Vögel ihre Nester baun,
Als dich begleiten!
GUNTHER: Diesmal muß es sein!
BRUNHILD: Ich weiß, warum. Vergib mir! Großmut wars,
Was ich für Ohnmacht hielt. Du wolltest mich
Nur nicht beschämen, als ich auf dem Schiff
So unhold trotzte! Davon wohnte nichts
In meiner Brust, und darum ist die Kraft,
Die sich in einer Laune der Natur
Zu mir verirrte, heimgekehrt zu dir!
GUNTHER: Versöhne dich, da du so milde bist,
Denn auch mit Siegfried!
BRUNHILD: Diesen nenne nicht!
GUNTHER: Doch hast du keinen Grund, ihm gram zu sein.
BRUNHILD: Ich hab auch keinen! Wenn ein König sich
So weit erniedrigt, Führerdienst zu leisten
Und Boten abzulösen, ist es zwar
So wunderlich, als ließe sich der Mensch
Fürs Pferd den Sattel auf den Rücken schnallen
Und bellte oder jagte für den Hund,
Allein, wenns ihm gefällt, was kümmerts mich!
GUNTHER: So war es nicht.
BRUNHILD: Auch wirds nur um so lustger,
Wenn er dabei so hoch an Haupt und Gliedern
Hervorragt vor den andern, daß man glaubt,
Er sammle sich von allen Königen
Der Welt die Kronen ein, um eine einzge
Daraus zu schmieden und die Majestät
Zum erstenmal im vollen Glanz zu zeigen,
Denn, das ist wahr, solange auf der Erde
Noch mehr als eine glänzt, ist keine rund,
Und statt des Sonnenringes trägst auch du
Nur einen blassen Halbmond auf der Stirn!
GUNTHER: Siehst du, daß du ihn schon mit andern Augen
Betrachtet hast?
BRUNHILD: Ich habe ihn vor dir
Begrüßt! Das räche! Fordre – töte ihn!
GUNTHER: Brunhild! Er ist der Gatte meiner Schwester,
Und sein Blut ist das meinige.
BRUNHILD: So kämpfe
Mit ihm und wirf ihn nieder in den Staub

Und zeige mir, wie herrlich du erscheinst,
Wenn er der Schemel deiner Füße ist.
GUNTHER: Auch das ist hier nicht Brauch.
BRUNHILD: Ich laß nicht ab,
Ich muß es einmal sehn. Du hast den Kern,
Das Wesen, er den Schein und die Gestalt!
Zerblase diesen Zauber, der die Blicke
Der Toren an ihn fesselt. Wenn Kriemhild
Die Augen, die sie jetzt an seiner Seite
Doch fast zu kühn erhebt, auch senken muß,
So schadets ja wohl nicht, ich aber werde
Dich noch ganz anders lieben, wenn dus tust.
GUNTHER: Auch er ist stark!
BRUNHILD: Ob er den Lindwurm schlug
Und Alberich bezwang: das alles reicht
Noch nicht von fern an dich. In dir und mir
Hat Mann und Weib für alle Ewigkeit
Den letzten Kampf ums Vorrecht ausgekämpft.
Du bist der Sieger, und ich fordre nichts,
Als daß du dich nun selbst mit all den Ehren,
Wornach ich geizte, schmücken sollst. Du bist
Der Stärkste auf der Welt, drum peitsche ihn
Zu meiner Lust aus seiner goldnen Wolke
Heraus, damit er nackt und bloß erscheint,
Dann leb er hundert Jahre oder mehr.
Beide ab.

Fünfte Szene

Frigga und Ute kommen.

UTE: Nun, Brunhild blickt schon heute fröhlicher
Wie gestern.
FRIGGA: Königin, sie ist es auch.
UTE: Ich habs mir wohl gedacht.
FRIGGA: Ich nicht! Ich nicht!
Ihr Sinn ist so verwandelt, daß ich nicht
Erstaunen würde, wenn sie auch ihr Wesen
Verwandelte und wenn sie blonde Locken
Bekäme statt der schwarzen, die so lange
Mir unterm goldnen Kamme knisterten.

UTE: Das ist dir doch nicht leid?
FRIGGA: Mich wunderts nur,
  Und hättest du dies Heldenbild erzogen
  Wie ich, und wüßtest alles, was ich weiß,
  So würdest du dich wundern wie ich selbst.
UTE *indem sie wieder in die Burg geht:*
  Tu nur das deinige!
FRIGGA *für sich:* Ich tat schon mehr,
  Als Ihr Euch träumen laßt! Daß dies so kam,
  Begreif ich nicht, doch wenn sie glücklich ist,
  So bin ich still und werde sie gewiß
  Nicht mahnen an die Zeit, die sie vergaß!

Sechste Szene

Kriemhild und Brunhild kommen Hand in Hand, es sammeln sich viele Recken und Volk.

KRIEMHILD: Nun, ists nicht besser, Kämpfe anzusehn
  Als selbst zu kämpfen?
BRUNHILD: Hast du beides schon
  Versucht, daß du vergleichen kannst?
KRIEMHILD: Ich möcht es
  Auch nimmermehr.
BRUNHILD: So spiele nicht so kühn
  Die Richterin! – Ich meine das nicht schlimm,
  Du kannst mir deine Hand noch immer lassen,
  Auch mags so sein, nur dächt ich, diese Lust
  Wär mir allein bestimmt.
KRIEMHILD: Wie meinst du das?
BRUNHILD: Es kann doch keine jubeln, die den Gatten
  Erliegen sieht!
KRIEMHILD: Gewiß nicht!
BRUNHILD: Noch sich täuschen,
  Wenn er nur darum fest im Bügel bleibt,
  Weil ihn sein Herr verschone.
KRIEMHILD: Auch wohl kaum!
BRUNHILD: Nun denn!
KRIEMHILD: Davor bin ich doch wohl geschützt?
  Du lächelst?
BRUNHILD: Weil du gar zu sicher bist.

KRIEMHILD: Ich darf es sein!
BRUNHILD: Zur Probe kommts wohl nicht,
  Und auch ein Traum ist süß. Schlaf zu, schlaf zu,
  Ich wecke dich nicht auf!
KRIEMHILD: Wie redest du!
  Mein edler Gatte ist nur viel zu mild,
  Um den Verwaltern seiner Königreiche
  So weh zu tun, sonst hätt er seinen Degen
  Schon längst zu einem Zepter umgeschmiedet
  Und über die ganze Erde ausgestreckt.
  Denn alle Lande sind ihm untertan,
  Und sollte eins es leugnen, bät ich mirs
  Sogleich von ihm zum Blumengarten aus.
BRUNHILD: Kriemhild, was wäre da der meinige?
KRIEMHILD: Er ist mein Bruder und erhält den Stempel,
  Wie schwer er immer sei, man wiegt ihn nicht.
BRUNHILD: Nein, denn er selbst ist das Gewicht der Welt,
  Und wie das Gold der Dinge Preis bestimmt,
  So er den Wert der Recken und der Helden!
  Du mußt nicht widersprechen, liebes Kind,
  Ich will dafür geduldig auf dich hören,
  Wenn du mir zeigst, wie man die Nadel braucht.
KRIEMHILD: Brunhild!
BRUNHILD: Ich sagt es wahrlich nicht im Hohn,
  Ich möcht es kennen, und es ist mir nicht
  So angeboren wie das Lanzenwerfen,
  Für welches ich des Meisters nicht bedurfte,
  Sowenig wie fürs Gehen oder Stehn.
KRIEMHILD: Wir können gleich beginnen, wenn du willst,
  Und da du doch am liebsten Wunden machst,
  So fangen wir beim Sticken an, ich habe
  Ein Muster bei mir! *Sie will den Gürtel hervorziehen.*
            Nein, ich irre mich!
BRUNHILD: Du blickst nicht mehr wie sonst auf deine
                                           Schwester,
  Auch ist es gar nicht freundlich, mir die Hand,
  Die ich so liebreich faßte, zu entziehn,
  Bevor ich selbst sie lasse, unsre Sitte
  Zum wenigsten verlangt das Gegenteil.
  Kannst du es nicht verwinden, daß das Zepter,
  Von dem du träumst, in deines Bruders Hand

Gegeben ist? Du solltest doch als Schwester
Dich trösten, denn der Ruhm des Bruders ist
Zur Hälfte dein, auch, dächt ich, müßtest du
Vor allen andern mir die Ehre gönnen,
Die dir nun einmal doch nicht werden konnte,
Denn keine hätt dafür bezahlt wie ich!
KRIEMHILD: Ich seh, wie alle Unnatur sich rächt:
Du hast der Liebe widerstrebt wie keine,
Nun macht sie dich zur Strafe doppelt blind.
BRUNHILD: Du sprichst von dir und nicht von mir! Es ist
Kein Grund zum Streit. Das weiß die ganze Welt!
Eh ich geboren wurde, wars bestimmt,
Daß nur der Stärkste mich besiegen solle –
KRIEMHILD: Ich glaubs ja gern.
BRUNHILD: Und doch?
Kriemhild lacht.
                                 So bist du toll!
Ist deine Angst so groß, daß wir zu streng
Mit den Vasallen sind? Besorge nichts!
Ich lege keinen Blumengarten an,
Und auch den Vortritt werde ich nur einmal
Verlangen, wenn du nicht zu störrig bist,
Nur heut, nur hier am Dom, und niemals mehr.
KRIEMHILD: Ich hätte dir ihn wahrlich nicht versagt,
Doch da es meines Gatten Ehre gilt,
So weich ich keinen Schritt.
BRUNHILD: Er wird es dir
Schon selbst gebieten.
KRIEMHILD: Wagst dus, ihn zu schmähn?
BRUNHILD: Er trat bei mir zurück vor deinem Bruder,
Wie ein Vasall vor seinem Herrn, und wehrte
Dem Gruß, den ich ihm bot. Das fand ich auch
Natürlich, als ich ihn – er nannte sich
Ja selber so – für einen Dienstmann hielt,
Nun aber kommts mir anders vor.
KRIEMHILD: Und wie?
BRUNHILD: Ich sah den Wolf wohl so vor einem Bären
Beiseite schleichen oder auch den Bären
Vor einem Auerstier. Er ist Vasall,
Wenn er auch nicht geschworen hat.
KRIEMHILD: Nicht weiter!

BRUNHILD: Du willst mir drohn? Vergiß dich nicht, mein Kind!
  Ich bin bei Sinnen! Bleibe du es auch!
  Es mußte doch ein Grund vorhanden sein.
KRIEMHILD: Es war ein Grund! Und schaudern würdest du,
  Wenn du ihn ahntest.
BRUNHILD: Schaudern!
KRIEMHILD: Schaudern! Ja!
  Doch fürchte nichts! Ich liebe dich auch jetzt
  Noch viel zu sehr und kann dich nie so hassen,
  Um dir den Grund zu nennen. Wäre mirs
  Geschehn, ich grübe mir mit eignen Händen
  In dieser Stunde noch das Grab! Nein, nein!
  Nicht ich will das elendeste Geschöpf,
  Das auf der ganzen Erde atmet, machen,
  Sei stolz und frech, ich bin aus Mitleid stumm!
BRUNHILD: Du prahlst, Kriemhild, und ich verachte dich!
KRIEMHILD: Das Kebsweib meines Gatten mich verachten!
BRUNHILD: Legt sie in Ketten! Bindet sie! Sie rast!
KRIEMHILD *zieht den Gürtel hervor:*
  Kennst du den Gürtel?
BRUNHILD: Wohl! es ist der meine,
  Und da ich ihn in fremden Händen sehe,
  So muß er mir bei Nacht gestohlen sein!
KRIEMHILD: Gestohlen! Dennoch gab ihn mir kein Dieb!
BRUNHILD: Wer sonst?
KRIEMHILD: Der Mann, der dich bewältigt hat!
  Doch nicht mein Bruder!
BRUNHILD: Kriemhild!
KRIEMHILD: Diesen hättest
  Du Mannweib ja erwürgt und dann vielleicht
  Zur Strafe in den Toten dich verliebt:
  Mein Gatte gab ihn mir!
BRUNHILD: Nein, nein!
KRIEMHILD: So ists!
  Nun setz ihn noch herab! Gestattest du
  Mir jetzt, daß ich den Dom vor dir betrete?
  Zu ihren Frauen:
  Folgt mir! Ich muß ihr zeigen, was ich darf!
  Ab in den Dom.

Siebente Szene

BRUNHILD: Wo sind die Herren von Burgund? – O Frigga!
Hast dus gehört?
FRIGGA: Ich habs gehört und glaubs.
BRUNHILD: Du tötest mich! Es wäre so?
FRIGGA: Sie sagte
Gewiß zu viel, doch dieses steht mir fest,
Daß du betrogen bist!
BRUNHILD: Sie löge nicht?
FRIGGA: Der Balmungschwinger wars. Er stand am See,
Als er verlosch.
BRUNHILD: So hat er mich verschmäht,
Denn ich war auf der Zinne, und er mußte
Mich sehn. Er war gewiß schon voll von ihr.
FRIGGA: Und daß du weißt, um was man dich betrog:
Ich täuschte dich!
BRUNHILD *ohne auf sie zu hören:* Daher die stolze Ruhe,
Womit er mich betrachtete.
FRIGGA: Nicht bloß
Dies schmale Land, dir war die ganze Erde
Zum Eigentum bestimmt, auch sollten dir
Die Sterne reden und sogar dem Tod
Die Herrschaft über dich genommen sein.
BRUNHILD: Schweig mir von dem!
FRIGGA: Warum? Du kannst es dir
Zwar nicht zurückerobern, doch du kannst
Dich rächen, Kind!
BRUNHILD: Und rächen werd ich mich!
Verschmäht! Weib, Weib, wenn du in seinen Armen
Auch eine Nacht gelacht hast über mich,
So sollst du viele Jahre dafür weinen,
Ich will – – Was red ich! Ich bin schwach wie sie.
Stürzt Frigga an die Brust.

Achte Szene

Gunther, Hagen, Dankwart, Rumolt, Gerenot, Giselher und Siegfried kommen.

HAGEN: Was gibt es hier?
BRUNHILD *richtet sich hoch auf:*
                       Bin ich ein Kebsweib, König?
GUNTHER: Ein Kebsweib?
BRUNHILD: Deine Schwester nennt mich so!
HAGEN *zu Frigga:* Was ging hier vor?
FRIGGA: Ihr seid entdeckt! Wir kennen
  Den Sieger jetzt, und Kriemhild sagt sogar,
  Daß er es zweimal war.
HAGEN *zu Gunther:*   Er hat geschwatzt!
Er redet heimlich mit ihm.

Neunte Szene

KRIEMHILD *die währenddem aus dem Dom getreten ist:*
  Vergib mir, mein Gemahl! Ich tat nicht recht,
  Doch wenn du wüßtest, wie sie dich geschmäht –
GUNTHER *zu Siegfried:*
  Hast du dich je gerühmt?
SIEGFRIED *legt die Hand auf Kriemhilds Haupt:*
                        Bei ihrem Leben,
  Ich tat es nicht.
HAGEN: Das glaub ihm ohne Eid!
  Er sagte nur, was wahr ist.
SIEGFRIED: Und auch das
  Nicht ohne Not!
HAGEN: Ich zweifle nicht daran!
  Das Wie ein andermal. Jetzt bringe nur
  Die Weiber auseinander, die noch immer
  Die Schlangenkämme wieder sträuben können,
  Wenn sie zu früh sich in die Augen sehn.
SIEGFRIED: Ich ziehe bald von dannen. Kriemhild, komm!
KRIEMHILD *zu Brunhild:*
  Wenn du bedenkst, wie schwer du mich gereizt,
  So wirst auch du –

Brunhild wendet sich.
                    Du liebst ja meinen Bruder,
  Kannst du das Mittel schelten, das dich ihm
  Zu eigen machte?
BRUNHILD: O!
HAGEN: Hinweg! Hinweg!
SIEGFRIED *indem er Kriemhild abführt:*
  Hier wurde nicht geschwatzt, ihr werdet sehn! *Ab.*

   Zehnte Szene

HAGEN: Nun tretet um mich her und haltet gleich
  Das peinliche Gericht!
GUNTHER: Wie redest du?
HAGEN: Fehlts hier am Grund? Dort steht die Königin
  Und weint die heißen Tränen, welche ihr
  Der Schimpf entpreßt! *Zu Brunhild:* Du edles Heldenbild,
  Du einzges, dem auch ich mich willig beuge:
  Der Mann muß sterben, der dir das getan!
GUNTHER: Hagen!
HAGEN *zu Brunhild:*
              Der Mann muß sterben, wenn du selbst
  Nicht zwischen ihn und deinen Rächer trittst.
BRUNHILD: Ich eß nicht mehr, bis ihr den Spruch vollzieht.
HAGEN: Vergib mir, König, daß ich sprach vor dir,
  Ich wollte dir nur zeigen, wie es steht,
  Doch kannst du dich noch immer frei entscheiden,
  Dir blieb die Wahl ja zwischen ihm und ihr.
GISELHER: So wird das Ernst? Um einen kleinen Fehl
  Wollt ihr den treusten Mann der Erde morden?
  Mein König und mein Bruder, sage nein!
HAGEN: Wollt ihr Bastarde ziehn an Eurem Hof?
  Ich zweifle, ob die trotzigen Burgunden
  Sie krönen werden! Doch du bist der Herr!
GERENOT: Der tapfre Siegfried wird sie schon bezwingen,
  Sobald sie murren, wenns uns selbst nicht glückt.
HAGEN *zu Gunther:* Du schweigst! Wohlan! Das übrige ist
                                                mein!
GISELHER: Ich scheide mich von eurem Blutrat ab! *Ab.*

Eilfte Szene

BRUNHILD: Frigga, mein Leben oder auch das seine!
FRIGGA: Das seine, Kind!
BRUNHILD: Ich ward nicht bloß verschmäht,
Ich ward verschenkt, ich ward wohl gar verhandelt!
FRIGGA: Verhandelt, Kind!
BRUNHILD: Ihm selbst zum Weib zu schlecht,
War ich der Pfenning, der ihm eins verschaffte!
FRIGGA: Der Pfenning, Kind!
BRUNHILD: Das ist noch mehr als Mord,
Und dafür will ich Rache! Rache! Rache!
Alle ab.

VIERTER AKT

Worms

Erste Szene

Halle. Gunther mit seinen Recken. Hagen trägt einen Wurfspieß.

HAGEN: Ein Lindenblatt muß selbst der Blinde treffen;
Ich will mich trauen, eine Haselnuß
Auf funfzig Schritt mit diesem Spieß zu öffnen.
GISELHER: Was ziehst du solche Künste jetzt hervor?
Wir wissens lange, daß bei dir nichts rostet.
HAGEN: Er kommt! Nun zeigt mir, daß ihr düster blicken
Und das Gesicht verziehn könnt, wenn euch auch
Kein Vater starb.

Zweite Szene

SIEGFRIED *tritt auf:* Ihr Recken, hört ihr nicht
　Die Bracken heulen und den jüngsten Jäger
　Sein Hifthorn prüfen? Auf! Zu Pferd! Hinaus!
HAGEN: Der Tag wird schön!
SIEGFRIED: 　　　　　　Und wards euch nicht gesagt,
　Daß sich die Bären in die Ställe wagen
　Und daß die Adler vor den Türen stehn,
　Wenn man sie morgens öffnet, ob vielleicht
　Ein Kind heraushüpft?
VOLKER: 　　　　　Ja, das kam schon vor.
SIEGFRIED: Indes wir freiten, ward hier schlecht gejagt!
　Kommt, werft den übermütgen Feind mit mir
　Zurück und zehntet ihn.
HAGEN: 　　　　　Mein Freund, wir müssen
　Die Klingen schärfen und die Speere nageln.
SIEGFRIED: Warum?
HAGEN: 　　　　Du hast in diesen letzten Tagen
　Zuviel gekost, sonst wüßtest du es längst.
SIEGFRIED: Ich rüste mich zum Abschied, wie ihr wißt!
　Doch sprecht, was gibts?
HAGEN: 　　　　　　Die Dänen und die Sachsen
　Sind wieder unterwegs.
SIEGFRIED: 　　　　　Sind denn die Fürsten
　Gestorben, die uns schwuren?
HAGEN: 　　　　　　O, nicht doch,
　Sie stehen an der Spitze.
SIEGFRIED: 　　　　　Lüdegast
　Und Lüdeger, die ich gefangennahm
　Und ohne Lösegeld entließ?
GUNTHER: 　　　　　Sie sagten
　Uns gestern wieder ab.
SIEGFRIED: 　　　　　Und ihren Boten,
　In wieviel Stücke habt ihr ihn zerhauen?
　Hat jeder Geier seinen Teil gehabt?
HAGEN: So redest du?
SIEGFRIED: 　　　Wer solchen Schlangen dient,
　Der wird wie sie zertreten. Höll und Teufel,
　Ich fühle meinen ersten Zorn! Ich glaubte

Schon oft zu hassen, doch ich irrte mich,
Ich liebte dann nur weniger. Ich kann
Nichts hassen als den Treubruch, den Verrat,
Die Gleisnerei und all die feigen Laster,
Auf denen er herankriecht, wie die Spinne
Auf ihren hohlen Beinen. Ist es möglich,
Daß tapfre Männer, denn das waren sie,
Sich so beflecken konnten? Liebe Vettern,
Steht nicht so kalt herum und schaut auf mich,
Als ob ich raste oder klein und groß
Verwechselte! Uns allen ist bis jetzt
Kein Unglimpf widerfahren. Streicht die Rechnung
Gelassen durch bis auf den letzten Posten,
Nur diese zwei sind schuldig.

GISELHER: Schändlich ists,
Mir klingt es noch im Ohr, wie sie dich lobten,
Wann war denn dieser Bote da?

HAGEN: Du hast
Ihn gleichfalls nicht gesehn? Ei nun, er trollte
Sich rasch von dannen, als er fertig war,
Und sah sich nach dem Botenbrot nicht um.

SIEGFRIED: O, pfui, daß ihr ihn für seine Frechheit
Nicht züchtigtet! Ein Rabe hätt ihm dann
Die Augen ausgehackt und sie verächtlich
Vor seinen Herren wieder ausgespien;
Das war die einzge Antwort, die uns ziemte.
Hier gilts ja keine Fehde, keinen Kampf
Nach Recht und Brauch, hier gilt es eine Jagd
Auf böse Tiere! Hagen, lächle nicht!
Mit Henkerbeilen sollten wir uns waffnen,
Anstatt mit unsren adeligen Klingen,
Und die sogar erst brauchen, da sie doch
Von Eisen sind und so dem Schwert verwandt,
Wenn zu dem Hundefang kein Strick genügt.

HAGEN: Wohl wahr!

SIEGFRIED: Du spottest meiner, wie es scheint.
Das faß ich nicht, du brennst doch sonst so leicht!
Wohl weiß ichs, daß du älter bist als ich,
Jetzt aber spricht die Jugend nicht aus mir
Und auch nicht der Verdruß, daß ich es war,
Der euch zur Milde riet. Mir deucht, ich stehe

Hier für die ganze Welt, und meine Zunge
Ruft, wie die Glocke zum Gebet, zur Rache
Und zum Gericht, was Mensch mit Menschen ist.
GUNTHER: So ists.
SIEGFRIED *zu Hagen:*
              Kennst du den Treubruch? den Verrat?
Schau ihm ins Angesicht und lächle noch.
Du stellst dich ihm im ehrlich-offnen Streit
Und wirfst ihn nieder. Aber viel zu stolz,
Wenn nicht zu edel, um ihn zu vernichten,
Gibst du ihn wieder frei und reichst ihm selbst
Die Waffen dar, die er an dich verlor.
Er stößt sie nicht zurück und knirscht dich an,
Er dankt es dir, er rühmt und preist dich gar
Und schwört sich dir zum Mann mit tausend Eiden:
Doch wenn du, all den Honig noch im Ohr,
Dich nun aufs Lager müde niederstreckst
Und nackt und wehrlos daliegst wie ein Kind,
So schleicht er sich heran und mordet dich,
Und spuckt vielleicht auf dich, indem du stirbst.
GUNTHER *zu Hagen:* Was sagst du dazu?
HAGEN *zu Gunther:*   Dieser edle Zorn
Macht mich so mutig, unsern Freund zu fragen,
Ob er uns abermals begleiten will.
SIEGFRIED: Ich zieh allein mit meinen Nibelungen,
Denn ich bin schuld daran, daß diese Arbeit
Noch einmal kommt! So gern ich meiner Mutter
Mein Weib auch zeigte, um zum erstenmal
Ein volles Lob von ihr davonzutragen:
Es darf nicht sein, solange diese Heuchler
Noch Öfen haben, um sich Brot zu backen,
Und Brunnen, um zu trinken! Gleich bestell ich
Die Reise ab, und dies gelob ich euch:
Ich bringe sie lebendig, und sie sollen
Fortan vor meiner Burg in Ketten liegen
Und bellen, wenn ich komme oder geh,
Da sie nun einmal Hundeseelen sind! *Eilt ab.*

Dritte Szene

HAGEN: Er rennt in seiner Wut gewiß zu ihr,
   Und wenn er fertig ist, so folg ich nach.
GUNTHER: Ich will nicht weitergehn.
HAGEN: Wie meinst du, König?
GUNTHER: Laß neue Boten kommen, die uns melden,
   Daß alles wieder ruhig ist.
HAGEN: Das wird
   Sogleich geschehn, wenn ich bei Kriemhild war
   Und das Geheimnis habe.
GUNTHER: Hast du denn Metallne
                     Eingeweide, daß du dich
   Nicht auch erschüttert fühlst?
HAGEN: Sprich deutlich Herr,
   Das kann ich nicht verstehn.
GUNTHER: Er soll nicht sterben.
HAGEN: Er lebt, solange dus befiehlst! Und ständ ich
   Im Wald schon hinter ihm, den Speer gezückt,
   Du winkst, und statt des Frevlers stürzt ein Tier!
GUNTHER: Er ist kein Frevler! Konnte er dafür,
   Daß er den Gürtel mitgenommen hatte,
   Und daß Kriemhild ihn fand? Er ist ihm ja
   Entfallen wie ein Pfeil, der sitzenblieb,
   Weil mans vergaß, sich nach dem Kampf zu schütteln,
   Und den man selbst am Klirren erst bemerkt.
   Sprich selbst, sprecht alle: Konnte er dafür?
HAGEN: Nein! Nein! Wer sagts? Auch dafür konnt er nichts,
   Daß ihm der Witz gebrach, sich auszureden,
   Er ward gewiß schon beim Versuche rot.
GUNTHER: Nun denn! Was bleibt?
HAGEN: Der Schwur der Königin!
GISELHER: Sie töt ihn selber, wenn sie Blut verlangt.
HAGEN: Wir streiten wie die Kinder. Darf man denn
   Nicht Waffen sammeln, wenn man auch nicht weiß,
   Ob man sie jemals brauchen wird? Man forscht
   Ein Land doch aus mit allen seinen Pässen,
   Warum nicht einen Helden? Ich versuche
   Mein Glück jetzt bei Kriemhild, und wärs auch nur,
   Damit die schönste List, die wir erdachten,
   Doch nicht umsonst ersonnen sei! Sie wird

Mir nichts verraten, wenn er selbst ihr nichts
Vertraut hat, und es steht ja ganz bei euch,
Ob ihr das nützen wollt, was ich erfahre;
Ihr könnt ja wirklich tun, wenns euch gefällt,
Was ich nur heucheln will, und ihm im Krieg
Die Stelle decken, wo er sterblich ist,
Doch immer müßt ihr wissen, wo sie sitzt. *Ab.*

Vierte Szene

GISELHER *zu Gunther:* Du bist von selbst zu Edelmut und
                                               Treue
  Zurückgekehrt, sonst sagt ich: Dieses Spiel
  War keines Königs würdig!
VOLKER: Deinen Zorn
  Begreift man leicht, du wurdest selbst getäuscht.
GISELHER: Nicht darum. Doch ich will mit dir nicht
                                             streiten,
  Es steht ja alles wieder gut.
VOLKER: Wie das?
GISELHER: Wie das?
VOLKER: Ich hörte, daß die Königin
  In Trauerkleidern geht und Trank und Speise
  Verschmäht, sogar das Wasser.
GUNTHER: Leider! Ja.
VOLKER: Wie stehts denn gut? Was Hagen sprach, ist
                                                 wahr.
  Sie scheint nicht angetan, um vor dem Hauch
  Der Zeit, wie andre, wieder hinzuschmelzen,
  Und darum bleibts dabei: Er oder sie!
  Zwar hast du recht, er ist nicht schuld daran,
  Daß dieser Gürtel sich, wie eine Schlange,
  Ihm anhing, nein, es ist ein bloßes Unglück,
  Allein dies Unglück tötet, und du kannst
  Nur noch entscheiden, wen es töten soll.
GISELHER: So sterbe, was nicht leben will!
GUNTHER: Die Wahl
  Ist fürchterlich.
VOLKER: Ich warnte dich vorher,
  Die Straße zu betreten, aber jetzt

Ist dies das Ziel.
DANKWART: Und muß denn nicht ein jeder,
Nach unsrem Recht, auch für sein Unglück stehn?
Wer seinen besten Freund bei Nacht durchrennt,
Weil er die Lanze unvorsichtig trug,
Der kauft sich nicht mit seinen Tränen los,
So heiß und rasch sie ihm entströmen mögen,
Es gilt sein Blut.
GUNTHER: Ich geh einmal zu ihr. *Ab.*

Fünfte Szene

VOLKER: Dort kommt Kriemhild mit Hagen. Ganz
verstört,
Wie er sichs dachte. Gehn wir auch!
Alle ab.

Sechste Szene

Hagen und Kriemhild treten auf.

HAGEN: So früh
Schon in der Halle?
KRIEMHILD: Ohm, ich halt es drinnen
Nicht länger aus.
HAGEN: Wenn ich nicht irrte, ging
Dein Gatte eben von dir. Ganz erhitzt,
Als ob er zornig wäre. Ist der Friede
Noch zwischen euch nicht wiederhergestellt?
Will er vielleicht sein Mannesrecht mißbrauchen?
Sags mir, so rede ich mit ihm.
KRIEMHILD: O nein!
Wenn mich nichts andres an den bösen Tag
Mehr mahnte, wär er schon ein Traum für mich:
Mein Gatte hat mir jedes Wort erspart!
HAGEN: Mich freuts, daß er so mild ist.
KRIEMHILD: Lieber hätt ichs,
Wenn er mich schölte, doch er mag wohl wissen,
Daß ich es selber tu!

HAGEN: Nur nicht zu hart!
KRIEMHILD: Ich weiß, wie schwer ich sie gekränkt, und
werde
Mirs nie vergeben, ja ich möchte eher,
Daß ichs erlitten hätte als getan.
HAGEN: Und treibt dich das so früh aus deiner Kammer?
KRIEMHILD: Das? Nein! Das triebe eher mich hinein!
Mich quält die Angst um ihn.
HAGEN: Die Angst um ihn?
KRIEMHILD: Es gibt ja wieder Streit.
HAGEN: Ja, das ist wahr.
KRIEMHILD: Die falschen Buben!
HAGEN: Sei nicht gleich so bös,
Daß du im Packen unterbrochen wirst!
Fahr ruhig fort und laß dich gar nicht stören,
Du legst nachher den Panzer oben auf.
Was schwatz ich da! Er trägt nicht einmal einen
Und hats ja auch nicht nötig.
KRIEMHILD: Glaubst du das?
HAGEN: Fast möcht ich lachen. Wenn ein andres Weib
So greinte, spräch ich: Kind, von tausend Pfeilen
Kommt einer nur auf ihn, und der zerbricht!
Doch deiner muß ich spotten und dir raten:
Fang eine Grille ein, die klüger singt!
KRIEMHILD: Du sprichst von Pfeilen! Pfeile eben sinds,
Die ich so fürchte. Eines Pfeiles Spitze
Braucht höchstens meines Daumennagels Raum,
Um einzudringen, und er tötet auch.
HAGEN: Besonders, wenn man ihn vergiftet hat,
Und diese Wilden, die den Damm durchstachen,
Wohinter wir uns alle angebaut,
Und den wir selbst im Krieg noch heilig halten,
Sind wohl imstande, dies wie das, zu tun.
KRIEMHILD: Du siehst!
HAGEN: Was geht das deinen Siegfried an?
Er ist ja fest. Und wenn es Pfeile gäbe,
Die sichrer, wie die Sonnenstrahlen, träfen,
Er schüttelte sie ab wie wir den Schnee!
Das weiß er auch, und dies Gefühl verläßt
Ihn keinen Augenblick im Kampf. Er wagt,
Was uns, die wir doch auch nicht unter Espen

Geboren wurden, fast zum Zittern bringt.
Wenn ers bemerkt, so lacht er, und wir lachen
Von Herzen mit. Das Eisen kann ja ruhig
Ins Feuer gehn: es kommt als Stahl heraus.

KRIEMHILD: Mich schaudert!

HAGEN: Kind, du bist zu kurz vermählt,
Sonst freut' ich mich, daß du so schreckhaft bist.

KRIEMHILD: Hast dus vergessen oder weißt du nicht,
Was doch in Liedern schon gesungen wird,
Daß er an einem Fleck verwundbar ist?

HAGEN: Das hatt ich ganz vergessen, es ist wahr,
Allein ich weiß, er sprach uns selbst davon.
Es war von irgendeinem Blatt die Rede,
Doch frag ich mich umsonst, in welchem Sinn.

KRIEMHILD: Von einem Lindenblatt.

HAGEN: Jawohl! Doch sprich:
Wie hat ein Lindenblatt ihm schaden können?
Das ist ein Rätsel, wie kein zweites mehr.

KRIEMHILD: Ein rascher Windstoß warfs auf ihn herab,
Als er sich salbte mit dem Blut des Drachen,
Und wo es sitzenblieb, da ist er schwach.

HAGEN: So fiel es hinten, weil ers nicht bemerkte!
Was tuts! Du siehst, daß deine nächsten Vettern,
Ja, deine Brüder, die ihn schützen würden,
Wenn nur ein Schatten von Gefahr ihn streifte,
Den Fleck nicht kennen, wo er sterblich ist:
Was fürchtest du? Du marterst dich um nichts.

KRIEMHILD: Ich fürchte die Valkyrien! Man sagt,
Daß sie sich stets die besten Helden wählen,
Und zielen die, so trifft ein blinder Schütz.

HAGEN: Da wär ihm denn ein treuer Knappe nötig,
Der ihm den Rücken deckte. Meinst du nicht?

KRIEMHILD: Ich würde besser schlafen.

HAGEN: Nun, Kriemhild!
Wenn er – du weißt, er war schon nah daran –
Aus schwankem Nachen in den tiefen Rhein
Hinunterstürzte und die Rüstung ihn
Herniederzöge zu den giergen Fischen,
So würde ich ihn retten oder selbst
Zugrunde gehn.

KRIEMHILD: So edel denkst du, Ohm?

HAGEN: So denk ich! Ja! – Und wenn der rote Hahn
  Bei dunkler Nacht auf seine Burg sich setzte
  Und er, schon vorm Erwachen halb erstickt,
  Den Weg nicht fände, der ins Freie führt,
  Ich trüge ihn heraus auf meinen Armen,
  Und glückt' es nicht, so würden zwei verkohlt.
KRIEMHILD *will ihn umarmen:*
  Dich muß ich –
HAGEN *wehrt ab:*   Laß. Doch schwör ichs, daß ichs täte.
  Nur setze ich hinzu: seit kurzem erst!
KRIEMHILD: Er ist seit kurzem erst dein Blutsverwandter!
  Und hab ich dich verstanden? Wolltest du,
  Du selbst? –
HAGEN: So meint ichs! Ja! Er kämpft für mich
  Und tritt das kleinste von den tausend Wundern
  Mir ab, die er vollbringt, sobald er zieht,
  Ich aber schirme ihn!
KRIEMHILD: Das hätt ich nie
  Von dir gehofft!
HAGEN: Nur mußt du mir den Fleck
  Bezeichnen, daß ichs kann.
KRIEMHILD: Ja, das ist wahr!
  Hier! In der Mitte zwischen beiden Schultern!
HAGEN: In Scheibenhöhe!
KRIEMHILD: Ohm, Ihr werdet doch
  An ihm nicht rächen, was nur ich verbrach?
HAGEN: Was träumst du da.
KRIEMHILD: Es war die Eifersucht,
  Die mich verblendete, sonst hätt ihr Prahlen
  Mich nicht so aufgebracht!
HAGEN: Die Eifersucht!
KRIEMHILD: Ich schäme mich! Doch wenns auch in der
                                                Nacht
  Bei Schlägen blieb, und glauben will ichs ja,
  Selbst seine Schläge gönnte ich ihr nicht!
HAGEN: Nun, nun, sie wirds vergessen.
KRIEMHILD: Ist es wahr,
  Daß sie nicht ißt und trinkt?
HAGEN: Sie fastet immer
  Um diese Zeit. Es ist die Nornenwoche,
  Die man in Isenland noch heilighält.

KRIEMHILD: Es sind drei Tage schon!
HAGEN: Was kümmerts uns?
　Nichts mehr. Man kommt.
KRIEMHILD: Und?
HAGEN: Scheint es dir nicht gut,
　Ihm aufs Gewand ein feines Kreuz zu sticken?
　Das Ganze ist zwar töricht, und er würde
　Dich arg verhöhnen, wenn dus ihm erzähltest,
　Doch da ich nun einmal sein Wächter bin,
　So möcht ich nichts versehn.
KRIEMHILD: Ich werd es tun!
Schreitet Ute und dem Kaplan entgegen.

Siebente Szene

HAGEN *ihr nach:*
　Nun ist dein Held nur noch ein Wild für mich!
　Ja, hätt er Strich gehalten, wär er sicher,
　Doch wußt ich wohl, es werde nicht geschehn.
　Wenn man durchsichtig ist wie ein Insekt,
　Das rot und grün erscheint wie seine Speise,
　So muß man sich vor Heimlichkeiten hüten,
　Denn schon das Eingeweide schwatzt sie aus! *Ab.*

Achte Szene

Ute und der Kaplan treten auf.

KAPLAN: Es gibt dafür kein Bild auf dieser Welt!
　Ihr wollt vergleichen, und Ihr wollt begreifen,
　Doch hier gebrichts am Zeichen wie am Maß.
　Werft Euch vor Gott darnieder im Gebet,
　Und wenn Ihr in Zerknirschung und in Demut
　Euch selbst verliert, so werdet Ihr vielleicht,
　Und wärs nur für so lange, als der Blitz
　Auf Erden weilt, zum Himmel aufgezückt.
UTE: Kann das geschehn?
KAPLAN: Der heilge Stephanus
　Sah, als das grimmentbrannte Volk der Juden
　Ihn steinigte, des Paradieses Tore

Schon offen stehn und jubelte und sang.
Sie warfen ihm den armen Leib zusammen,
Ihm aber wars, als rissen all die Mörder,
Die ihn in blinder Wut zu treffen dachten,
Nur Löcher in sein abgeworfnes Kleid.
UTE *zu Kriemhild, die sich hinzugesellt hat:*
Merk auf, Kriemhild!
KRIEMHILD: Ich tus.
KAPLAN: Das war die Kraft
Des Glaubens! Lernt nun auch den Fluch
Des Zweifels kennen! Petrus, der das Schwert
Der Kirche trägt und ihre Schlüssel führt,
Erzog sich einen Jünger, welchen er
Vor allen liebte. Dieser stand einmal
Auf einem Felsen, den das wilde Meer
Umbrauste und bespülte. Da gedacht er
Der Zuversicht, mit der sein Herr und Meister
Auf unsres Heilands ersten Wink das Schiff
Verließ und festen Schritts die See betrat,
Die ihn bedrohte mit dem sichren Tod.
Ein Schwindel faßte ihn bei dem Gedanken
An diese Probe, und das Wunder schien
Ihm so unmöglich, daß er eine Zacke
Des Felsens packte, um nur nicht zu fallen,
Und ausrief: Alles, alles, nur nicht dies!
Da blies der Herr, und plötzlich schmolz der Stein
Zu seinen Füßen ein, er sank und sank
Und schien verloren, und vor Furcht und Grauen
Sprang er hinunter in die offne Flut.
Doch diese hatte, von demselben Hauch
Des Ewgen still getroffen, sich verfestigt,
Sie trug ihn, wie die Erde mich und Euch,
Und reuig sprach er: Herr, das Reich ist dein!
UTE: In Ewigkeit!
KRIEMHILD: So bete, frommer Vater,
Daß er, der Stein und Wasser so verwandelt,
Auch meinen Siegfried schützt. Für jedes Jahr,
Das mir beschieden wird an seiner Seite,
Erbau ich einem Heilgen den Altar. *Ab.*
KAPLAN: Du staunst das Wunder an. Laß dir noch sagen.
Wie ich zu meiner Priesterkutte kam.

Ich bin vom Stamm der Angeln und als Heide
Geboren unter einem Volk von Heiden.
Wild wuchs ich auf und ward mit funfzehn Jahren
Schon mit dem Schwert umgürtet. Da erschien
Der erste Bote Gottes unter uns.
Er ward verhöhnt, verspottet und zuletzt
Getötet. Königin, ich stand dabei
Und gab ihm, von den andern angetrieben,
Mit dieser Hand, die ich seitdem nicht brauche,
Obgleich der Arm nicht lahm ist, wie Ihr glaubt,
Den letzten Schlag. Da hört ich sein Gebet.
Er betete für mich, und mit dem Amen
Verhaucht' er seinen Geist. Das wandte mir
Das Herz im Busen um. Ich warf mein Schwert
Zu Boden, hüllte mich in sein Gewand
Und zog hinaus und predigte das Kreuz.
UTE: Dort kommt mein Sohn! O, daß es dir gelänge,
Den Frieden, welcher ganz von hier entwich,
Zurückzuführen!
Beide ab.

Neunte Szene

Gunther tritt mit Hagen und den andern auf.

GUNTHER: Wie ich Euch gesagt:
Sie rechnet auf die Tat wie wir auf Äpfel,
Wenns Herbst geworden ist. Die Alte hat,
Um sie zu reizen, hundert Weizenkörner
In ihrer Kammer still herumgestreut:
Sie liegen unberührt.
GISELHER: Wie ist es möglich,
Daß sie so Leben gegen Leben setzt?
HAGEN: So möcht ich selber fragen.
GUNTHER: Und dabei
Kein Treiben und kein Drängen, wies bei Dingen,
Die doch an Ort und Zeit und Menschenwillen
Gebunden sind, natürlich ist, kein Fragen,
Kein Wechsel in den Zügen, nur Verwundrung,
Daß man den Mund noch öffnet und nicht meldet:
Es ist vollbracht!

HAGEN: So sage ich dir eins:
Sie liegt in seinem Bann, und dieser Haß
Hat seinen Grund in Liebe!
GUNTHER: Meinst dus auch?
HAGEN: Doch ists nicht Liebe, wie sie Mann und Weib
Zusammenknüpft.
GUNTHER: Was dann?
HAGEN: Ein Zauber ists,
Durch den sich ihr Geschlecht erhalten will,
Und der die letzte Riesin ohne Lust
Wie ohne Wahl zum letzten Riesen treibt.
GUNTHER: Was ändert das?
HAGEN: Den löst man durch den Tod!
Ihr Blut gefriert, wenn seins erstarrt, und er
War dazu da, den Lindwurm zu erschlagen
Und dann den Weg zu gehn, den dieser ging.
Man hört Tumult.
GUNTHER: Was ist denn das?
HAGEN: Das sind die falschen Boten,
Die Dankwart hetzt. Er macht es gut, nicht wahr?
Auch der wirds hören, der gerade küßt!

Zehnte Szene

Siegfried kommt; als Hagen ihn bemerkt.

HAGEN: Bei Höll und Teufel: Nein! und zehnmal: Nein!
Es wäre Schmach für uns, und Siegfried denkt
Gewiß wie ich. Da kommt er eben her.
Nun sprich, du magst entscheiden!
Als Dankwart auftritt:
Freilich ändert
Dein Wort nichts mehr, die Antwort ist gegeben!
Zu Dankwart:
Du hast die Peitsche sicher nicht geschont?
Zu Siegfried:
Doch setze immerhin dein Siegel bei!
SIEGFRIED: Was gibts?
HAGEN: Die Hunde bitten jetzt aufs neue
Um Frieden, doch ich ließ die lumpgen Boten
Vom Hof herunterhetzen, ehe sie

Noch ausgesprochen hatten.
SIEGFRIED: Das war recht!
HAGEN: Der König schilt mich zwar, er meint, man könne
Nicht wissen, was geschehn –
SIEGFRIED: Nicht wissen! Ha! –
Ich weiß es, ich! Packt einen Wolf von hinten,
So gibt er Ruh von vorn!
HAGEN: Das wird es sein!
SIEGFRIED: Was sonst! Es wimmelt ja in ihrem Rücken
Von wilden Stämmen. Nun, die säen nicht
Und wollen dennoch ernten.
HAGEN: Seht ihrs nun?
SIEGFRIED: Nur werdet ihr den Wolf nicht schonen
wollen,
Weil er nicht grade Zeit hat, sich zu wehren –
HAGEN: Gewiß nicht.
SIEGFRIED: Stehen wir den Füchsen bei
Und treiben ihn ins letzte Loch hinein,
In ihren Magen, mein ich.
HAGEN: Tun wir das,
Doch scheints nicht nötig, daß wir uns erhitzen,
Drum rat ich heut zur Jagd.
GISELHER: Ich zieh nicht mit.
GERENOT: Ich wahrlich auch nicht.
SIEGFRIED: Seid ihr jung und keck
Und wollt von einer Jagd zu Hause bleiben?
Mich hätt man binden müssen, und ich hätte
Den Strick noch abgenagt. O Jägerlust!
Ja, wenn man singen könnte!
HAGEN: Ists dir recht?
SIEGFRIED: Recht? Freund, ich bin so voll von Wut und
Groll,
Daß ich mit einem jeden zanken möchte,
Drum muß ich Blut sehn.
HAGEN: Mußt du? Nun, ich auch!

Eilfte Szene

Kriemhild kommt.

KRIEMHILD: Ihr geht zur Jagd?
SIEGFRIED: Jawohl! Bestell dir gleich
Den Braten!
KRIEMHILD: Teurer Siegfried, bleib daheim.
SIEGFRIED: Mein Kind, eins kannst du nicht zu früh
erfahren,
Man bittet einen Mann nicht: Bleib daheim!
Man bittet: Nimm mich mit!
KRIEMHILD: So nimm mich mit!
HAGEN: Das wird nicht gehn!
SIEGFRIED: Warum nicht? Wenn sies
wagt?
Es wird ja wohl das erstemal nicht sein!
Den Falken her! Ihr, was da fliegt, und uns,
Was hüpft und springt. Das gibt die beste Lust.
HAGEN: Die eine sitzt voll Scham in ihrer Kammer,
Die andre zöge in den Wald hinaus?
Es wär wie Hohn!
SIEGFRIED: Das hab ich nicht bedacht.
Jawohl, es kann nicht sein.
KRIEMHILD: So wechsle nur
Das Kleid!
SIEGFRIED: Noch einmal? Jeden deiner Wünsche
Erfüll ich, kleine Grille.
KRIEMHILD: Du bist herb.
SIEGFRIED: Laß mich hinaus! Die Lust nimmt alles weg,
Und morgen abend bitte ich dir ab!
HAGEN: So kommt!
SIEGFRIED: Jawohl. Nur noch den Abschiedskuß.
Er umarmt Kriemhild.
Du sträubst dich nicht? Du sagst nicht: Morgen abend!
Wie ich? Das nenn ich edel.
KRIEMHILD: Kehr zurück!
SIEGFRIED: Ein wunderlicher Wunsch! Was hast du nur?
Ich zieh hinaus mit lauter guten Freunden,
Und wenn die Berge nicht zusammenbrechen
Und uns bedecken, kann uns nichts geschehn!

KRIEMHILD: O weh! Gerade das hat mir geträumt.
SIEGFRIED: Mein Kind, sie stehen fest.
KRIEMHILD *umschließt ihn nochmals:* Kehr nur zurück!
Die Recken ab.

Zwölfte Szene

KRIEMHILD: Siegfried!
SIEGFRIED *wird noch einmal sichtbar:* Was ist?
KRIEMHILD: Wenn du nicht
    zürnen wolltest –
HAGEN *folgt Siegfried rasch:*
    Nun, hast du deine Spindel schon?
SIEGFRIED *zu Kriemhild:* Du hörst,
    Daß sich die Hunde nicht mehr halten lassen,
    Was soll ich?
HAGEN: Warte doch auf deinen Flachs!
    Du sollst im Mondschein mit den Druden spinnen.
KRIEMHILD: Geht! Geht! Ich wollte dich nur noch mal
    sehn!
Hagen und Siegfried ab.

Dreizehnte Szene

KRIEMHILD: Ich finde nicht den Mut, es ihm zu sagen,
    Und rief ich ihn noch zehnmal wieder um.
    Wie kann man tun, was man sogleich bereut!

Vierzehnte Szene

Gerenot und Giselher treten auf.

KRIEMHILD: Ihr noch nicht fort? Die schickt mir Gott
    hieher!
  Ihr lieben Brüder, laßt euch herzlich bitten,
  Gewährt mir einen Wunsch, und wenn er euch
  Auch törigt scheint. Begleitet meinen Herrn
  Auf Schritt und Tritt und bleibt ihm stets im Rücken.
GERENOT: Wir gehn nicht mit, wir haben keine Lust.

KRIEMHILD: Ihr keine Lust!
GISELHER: Wie sprichst du? Keine Zeit!
Es gibt so viel für diesen Zug zu ordnen.
KRIEMHILD: Und eure Jugend ward damit betraut?
Wenn ich euch teuer bin, wenn ihr es nicht
Vergessen habt, daß eine Milch uns nährte,
So reitet nach.
GISELHER: Sie sind ja längst im Wald.
GERENOT: Und einer deiner Brüder ist ja mit.
KRIEMHILD: Ich bitte euch!
GISELHER: Wir müssen Waffen mustern,
Du wirst es sehn. *Will gehen.*
KRIEMHILD: So sagt mir nur noch eins:
Ist Hagen Siegfrieds Freund?
GERENOT: Warum denn nicht?
KRIEMHILD: Hat er ihn je gelobt?
GISELHER: Er lobt ja schon,
Wenn er nicht tadelt, und ich hörte nie,
Daß er ihn tadelte.
Beide ab.
KRIEMHILD: Dies ängstigt mich
Noch mehr als alles andre. Die nicht mit!

Funfzehnte Szene

Frigga tritt auf.

KRIEMHILD: Du, Alte? Suchst du mich?
FRIGGA: Ich suche niemand.
KRIEMHILD: So willst du etwas für die Königin?
FRIGGA: Auch nicht. Die braucht nichts.
KRIEMHILD: Nichts und immer
nichts!
Kann sie denn nicht verzeihn?
FRIGGA: Ich weiß es nicht!
Sie hatte keinen Anlaß, es zu zeigen,
Sie wurde nie gekränkt! Ich hörte Hörner,
Gibts heute Jagd?
KRIEMHILD: Hast du sie wohl bestellt?
FRIGGA: Ich? – Nein! *Ab.*

Sechszehnte Szene

KRIEMHILD: O hätte ichs ihm doch gesagt!
  Du teurer Mann, du hast kein Weib gekannt,
  Jetzt seh ichs wohl! Sonst hättst du nimmermehr
  Dem zitternden Geschöpf, das sich aus Furcht
  Verrät, ein solch Geheimnis anvertraut!
  Noch höre ich den Scherz, mit welchem dus
  Mir in die Ohren flüstertest, als ich
  Den Drachen pries! Ich ließ dich schwören,
  Es keinem Menschen weiter zu entdecken,
  Und jetzt – Ihr Vögel, die ihr mich umkreist,
  Ihr weißen Tauben, die ihr mich begleitet,
  Erbarmt euch meiner, warnt ihn, eilt ihm nach! *Ab.*

FÜNFTER AKT

Odenwald

Erste Szene

Hagen, Gunther, Volker, Dankwart und Knechte treten auf.

HAGEN: Dies ist der Ort. Den Brunnen hört ihr rauschen,
  Die Büsche decken ihn. Und steh ich hier,
  So spieß ich jeden, der sich bückt und trinkt,
  An das Gemäuer.
GUNTHER: Noch befahl ichs nicht.
HAGEN: Du wirst es tun, wenn du dich recht bedenkst,
  Es gibt kein andres Mittel, und es kommt
  Kein zweiter Tag wie dieser. Darum sprich,
  Und wenn du lieber willst, so schweig!
  Zu den Knechten:
                          Holla!
  Hier ist die Rast!
Die Knechte ordnen ein Mahl.

GUNTHER: Du warst ihm immer gram.
HAGEN: Nicht leugnen will ichs, daß ich meinen Arm
 Mit Freuden leihe und mit einem jeden
 Erst kämpfen würde, der sich zwischen mich
 Und ihn zu drängen suchte, doch ich halte
 Die Tat darum nicht minder für gerecht.
GUNTHER: Und dennoch rieten meine Brüder ab
 Und wandten uns den Rücken.
HAGEN: Hatten sie
 Zugleich den Mut, zu warnen und zu hindern?
 Sie fühlens wohl, daß wir im Rechte sind,
 Und schaudern nur, wies ihrer Jugend ziemt,
 Vor Blut, das nicht im offnen Kampfe fließt.
GUNTHER: Das ists!
HAGEN: Er hat den Tod ja abgekauft
 Und so den Mord geadelt. *Zu den Knechten:* Stoßt ins
 Horn,
 Daß man sich sammelt, denn wir müssen ja
 Erst essen.
Es wird geblasen.
 Nimm die Dinge, wie sie stehn,
 Und laß mich machen. Fühlst du selbst dich nicht
 Gekränkt und willst vergeben, was geschehn,
 So tus, nur wehre deinem Diener nicht,
 Dein Heldenweib zu rächen und zu retten!
 Sie wird den Eid nicht brechen, den sie schwur,
 Wenn ihre stille Zuversicht auf uns
 Sie täuscht, daß wir ihn lösen werden,
 Und alle Lust des Lebens, die sich wieder
 In ihren jungen Adern regen mag,
 Sobald die Todesstunde sie umschattet,
 Wird sich nur noch in einem Fluch entladen,
 In einem letzten Fluche über dich!
GUNTHER: Es ist noch Zeit!

Zweite Szene

Siegfried tritt auf mit Rumolt und mit Knechten.

SIEGFRIED: Da bin ich! Nun, ihr Jäger,
 Wo sind die Taten? Meine würden mir

Auf einem Wagen folgen, doch er ist
Zerbrochen!
HAGEN: Nur den Löwen jag ich heut,
Allein, ich traf ihn nicht.
SIEGFRIED: Das glaub ich wohl,
Ich hab ihn selbst erlegt! – Da wird gedeckt!
Ein Tusch für den, der das geordnet hat,
Jetzt spürt man, daß mans braucht. Verfluchte Raben,
Auch hier? Laßt blasen, daß die Hörner springen!
Mit jeglichem Getiere warf ich schon
Nach diesem Schwarm, zuletzt mit einem Fuchs,
Allein sie weichen nicht, und dennoch ist
Mir nichts im frischen Grün so widerwärtig,
Als solch ein Schwarz, das an den Teufel mahnt.
Daß sich die Tauben nie so um mich sammeln!
Hier bleiben wir wohl auch die Nacht?

GUNTHER: Wir dachten –
SIEGFRIED: Ei wohl, der Platz ist gut gewählt. Dort klafft
Ein hohler Baum! Den nehm ich gleich für mich,
Denn so bin ichs von Jugend auf gewohnt,
Und Beßres kenn ich nicht, als eine Nacht,
Den Kopf ins mürbe Glimmholz eingewühlt,
So zwischen Schlaf und Wachen zu verdämmern,
Und an den Vögeln, wie sie ganz allmählich,
Der eine nach dem andern, munter werden,
Die Stunden abzuzählen. Tick, tick, tick!
Nun ist es zwei. Tuck, tuck! Man muß sich recken.
Kiwitt, kiwitt! Die Sonne blinzelt schon,
Gleich öffnet sie die Augen. Kikriki!
Springt auf, wenn ihr nicht niesen wollt.

VOLKER: Jawohl!
Es ist, als ob die Zeit sie selber weckte,
Indem sie sich im Dunkeln weiterfühlt,
Um ihr den Takt zu ihrem Gang zu schlagen.
Denn in gemeßnen Pausen, wie der Sand
Dem Glas entrinnt, und wie der lange Schatten
Des Sonnenweisers fortkriecht, folgen sich
Der Auerhahn, die Amsel und die Drossel,
Und keiner stört den andern, wie bei Tage,
Und lockt ihn einzufallen, eh er darf.
Ich hab es oft bemerkt.

SIEGFRIED: Nicht wahr? – Du bist
Nicht fröhlich, Schwäher.
GUNTHER: Doch, ich bins!
SIEGFRIED: O nein!
Ich sah schon Leute auf die Hochzeit gehn
Und hinter Särgen schreiten, und ich kann
Die Mienen unterscheiden. Machts wie ich,
Und tut, als hätten wir uns nie gekannt
Und uns zum erstenmal, der eine so,
Der andre so versehn, im Wald getroffen.
Da schüttet man zusammen, was man hat,
Und teilt mit Freuden mit, um zu empfangen.
Wohlan, ich bringe Fleisch von allen Sorten,
So gebt mir denn für einen Auerstier,
Fünf Eber, dreißig oder vierzig Hirsche
Und so viel Hühner, als ihr sammeln mögt,
Des Löwen und der Bären nicht zu denken,
Nur einen einzgen Becher kühlen Weins.
DANKWART: O weh!
SIEGFRIED: Was gibts?
HAGEN: Das Trinken ist vergessen.
SIEGFRIED: Ich glaubs. Das kann dem Jäger wohl begegnen,
Der statt der Zunge eine Feuerkohle
Im Munde trägt, wenns Feierabend ist.
Ich soll nur selber suchen wie ein Hund,
Obwohl mir seine Nase leider mangelt,
Es sei darum, ich störe keinen Spaß. *Er sucht.*
Hier nicht! Auch dort nicht! Nun, wo steckt das Faß?
Ich bitt dich, Spielmann, rette mich, sonst werd ich
Euch aus dem lautesten der stillste Mann.
HAGEN: Das könnte kommen, denn – Es fehlt am Wein.
SIEGFRIED: Zum Teufel eure Jagden, wenn ich nicht
Als Jäger auch gehalten werden soll!
Wer hatte denn für das Getränk zu sorgen?
HAGEN: Ich! – Doch ich wußte nicht, wohin es ging,
Und schickt es in den Spessart, wos vermutlich
An Kehlen mangelt.
SIEGFRIED: Danke dir, wer mag!
Gibts hier denn auch kein Wasser? Soll man sich
Am Tau des Abends letzen und die Tropfen
Der Blätter lecken?

HAGEN: Halt nur erst den Mund,
So wird das Ohr dich trösten!
SIEGFRIED *horcht:* Ja, es rauscht!
Willkommen Strahl! Ich liebe dich zwar mehr,
Wenn du, anstatt so kurz vom Stein heraus
Zu quellen und mir in den Mund zu springen,
Den krausen Umweg durch die Rebe nimmst,
Denn du bringst vieles mit von deiner Reise,
Was uns den Kopf mit muntrer Torheit füllt,
Doch sei auch so gepriesen. *Er geht auf den Brunnen zu.*
Aber nein,
Erst will ich büßen, und ihr sollts bezeugen,
Daß ichs getan. Ich bin der Durstigste
Von allen, und ich will als letzter trinken,
Weil ich ein wenig hart mit Kriemhild war.
HAGEN: So fang ich an. *Er geht zum Brunnen.*
SIEGFRIED *zu Gunther:* Erheitre dein Gesicht,
Ich hab ein Mittel, Brunhild zu versöhnen,
Du hast es nicht mehr weit zum ersten Kuß,
Und ich will mich enthalten wie du selbst.
HAGEN *kommt wieder und entwaffnet sich:*
Man muß sich bücken, und das geht nicht so. *Wieder ab.*
SIEGFRIED: Kriemhild will sie vor allem deinem Volk,
Bevor wir ziehen, um Verzeihung bitten,
Das hat sie frei gelobt, nur will sie gleich
Mit dem Erröten fort.
HAGEN *kommt wieder:* So kalt wie Eis.
SIEGFRIED: Wer folgt?
VOLKER: Wir essen erst.
SIEGFRIED: Wohlan!
Er geht auf den Brunnen zu, kehrt aber wieder um.
Ja so!
Er entwaffnet sich und geht.
HAGEN *auf die Waffen deutend:*
Hinweg damit.
DANKWART *trägt die Waffen fort.*
HAGEN *der seine Waffen wieder aufgenommen und Gunther
fortwährend den Rücken zugewendet hat, nimmt einen Anlauf
und wirft seinen Speer.*
SIEGFRIED *schreit auf:* Ihr Freunde!
HAGEN *ruft:* Noch nicht still?

Zu den andern:
Kein Wort mit ihm, was er auch sagen mag!
SIEGFRIED *kriecht herein:* Mord! Mord! – Ihr selbst? Beim
                              Trinken! Gunther, Gunther,
   Verdient ich das um dich? Ich stand dir bei
   In Not und Tod.
HAGEN: Haut Zweige von den Bäumen,
   Wir brauchen eine Bahre. Aber starke,
   Ein toter Mann ist schwer. Rasch!
SIEGFRIED: Ich bin hin,
   Doch noch nicht ganz! *Er springt auf.* Wo ist mein Schwert
                                                    geblieben?
   Sie trugens fort. Bei deiner Mannheit, Hagen,
   Dem toten Mann ein Schwert! Ich fordre dich
   Noch jetzt zum Kampf heraus!
HAGEN: Der hat den Feind
   Im Mund und sucht ihn noch.
SIEGFRIED: Ich tropfe weg,
   Wie eine Kerze, die ins Laufen kam,
   Und dieser Mörder weigert mir die Waffe,
   Die ihn ein wenig wieder adeln könnte.
   Pfui, pfui, wie feig! Er fürchtet meinen Daumen,
   Denn ich bin nur mein Daumen noch.
Er strauchelt über seinen Schild.   Mein Schild!
   Mein treuer Schild, ich werf den Hund mit dir!
*Er bückt sich nach dem Schilde, kann ihn aber nicht mehr heben
und richtet sich taumelnd wieder auf.*
   Wie angenagelt! Auch für diese Rache
   Ists schon zu spät!
HAGEN: Ha! wenn der Schwätzer doch
   Die lose Zunge, die noch immer plappert,
   Zermalmte mit den Zähnen, zwischen denen
   Sie ungestraft so lange sündigte!
   Da wär er gleich gerächt, denn die allein
   Hat ihn so weit gebracht.
SIEGFRIED: Du lügst! Das tat
   Dein Neid!
HAGEN: Schweig! Schweig!
SIEGFRIED: Du drohst dem toten
                                           Mann?
   Traf ichs so gut, daß ich dir wieder lebe?

Zieh doch, ich falle jetzt von selbst, du kannst
Mich gleich bespein wie einen Haufen Staub,
Da lieg ich schon – *Er stürzt zu Boden.*
                    Den Siegfried seid ihr los!
Doch wißt, ihr habt in ihm euch selbst erschlagen,
Wer wird euch weiter traun! Man wird euch hetzen,
Wie ich den Dänen wollte –
HAGEN: Dieser Tropf.
Glaubt noch an unsre List!
SIEGFRIED: So ists nicht wahr?
Entsetzlich! Furchtbar! Kann der Mensch so lügen!
Nun wohl! Da seid ihrs ganz allein! Man wird
Euch immer mit verfluchen, wenn man flucht,
Und sprechen: Kröten, Vipern und Burgunden!
Nein, ihr voran: Burgunden, Vipern, Kröten,
Denn alles ist für euch dahin, die Ehre,
Der Ruhm, der Adel, alles hin wie ich!
Dem Frevel ist kein Maß noch Ziel gesetzt,
Es kann der Arm sogar das Herz durchbohren,
Doch sicher ist es seine letzte Tat!
Mein Weib! mein armes, ahnungsvolles Weib,
Wie wirst dus tragen! Wenn der König Gunther
Noch irgend Lieb und Treu zu üben denkt,
So üb er sie an dir! – Doch besser gehst du
Zu meinem Vater! – Hörst du mich, Kriemhild?
Er stirbt.
HAGEN: Jetzt schweigt er. Aber jetzt ists kein Verdienst.
DANKWART: Was sagen wir?
HAGEN: Das Dümmste! Sprecht von
                                        Schächern,
Die ihn im Tann erschlugen. Keiner wirds
Zwar glauben, doch es wird auch keiner, denk ich,
Uns Lügner nennen! Wir stehn wieder da,
Wo niemand Rechenschaft von uns verlangt,
Und sind wie Feuer und Wasser. Wenn der Rhein
Auf Lügen sinnt, warum er ausgetreten,
Ein Brand, warum er ausgebrochen ist,
Dann wollen wir uns quälen. Du, mein König,
Hast nichts befohlen, des erinnre dich,
Ich hafte ganz allein. Nun fort mit ihm!
Alle ab mit der Leiche.

Dritte Szene

Kriemhilds Gemach. Tiefe Nacht

KRIEMHILD: Es ist noch viel zu früh, mich hat mein Blut
Geweckt und nicht der Hahn, den ich so deutlich
Zu hören glaubte. *Sie tritt zum Fenster und öffnet einen Laden.*
Noch erlosch kein Stern,
Zur Messe ists gewiß noch eine Stunde!
Heut sehn ich mich nach dem Gebet im Dom.

Vierte Szene

Ute tritt leise ein.

UTE: Schon auf, Kriemhild?
KRIEMHILD: Das wundert mich von dir,
Du pflegst ja erst des Morgens einzuschlafen
Und auf dein Mutterrecht, von deiner Tochter
Geweckt zu werden, wie sie einst von dir,
Dich zu verlassen.
UTE: Heute konnt ich nicht,
Es war zu laut.
KRIEMHILD: Hast du das auch bemerkt?
UTE: Ja, wie von Männern, wenn sie stille sind.
KRIEMHILD: So irrt ich nicht?
UTE: Das hält den Odem an,
Doch dafür fällt das Schwert! Das steht auf Zehen
Und stößt den Ofen um! Das schweigt den Hund
Und tritt ihn auf den Fuß!
KRIEMHILD: Sie sind vielleicht
Zurück.
UTE: Die Jäger?
KRIEMHILD: Einmal kams mir vor,
Als ob man bis an meine Tür sich schliche,
Da dacht ich, Siegfried seis.
UTE: Und gabst du ihm
Ein Zeichen, daß du wachtest?
KRIEMHILD: Nein.
UTE: So kann
Ers auch gewesen sein! Nur wäre das

317

Doch fast zu schnell.
KRIEMHILD: So wills mich auch bedünken!
Auch hat er nicht geklopft.
UTE: Sie zogen ja,
Soviel ich weiß, nicht für die Küche aus,
Sie wollen unsern Meiern Ruhe schaffen,
Die ihre Pflüge zu verbrennen drohn,
Weil stets der Eber erntet, wo sie sän!
KRIEMHILD: So?
UTE: Kind, du bist schon völlig angekleidet
Und hast nicht eine Magd um dich?
KRIEMHILD: Ich will
Die kennenlernen, die die Frühste ist,
Auch hat es mich zerstreut.
UTE: Ich hab sie alle
Der Reihe nach beleuchtet mit der Kerze.
Ein jedes Jahr schläft anders! Funfzehn, sechszehn
Noch ganz wie fünf und sechs. Mit siebzehn kommen
Die Träume und mit achtzehn die Gedanken,
Mit neunzehn schon die Wünsche –

Fünfte Szene

KÄMMERER *vor der Tür, schreit:* Heilger Gott!
UTE: Was ists? Was gibts?
KÄMMERER *tritt ein:*
Ich wäre fast gefallen.
UTE: Und darum dies Geschrei?
KÄMMERER: Ein toter Mann!
UTE: Wie? Was?
KÄMMERER: Ein toter Mann liegt vor der Tür.
UTE: Ein toter Mann?
KRIEMHILD *fällt um:* So ists auch mein Gemahl!
UTE *sie auffangend:* Unmöglich! *Zum Kämmerer:* Leuchte!
Kämmerer tut es und nickt dann.

Siegfried? – Mord
und Tod!

Auf, auf, was schläft!
KÄMMERER: Zu Hülfe!
Die Mägde stürzen herein.

UTE: Ärmstes Weib!
KRIEMHILD *sich erhebend:*
  Das riet Brunhild, und Hagen hats getan! –
  Ein Licht!
UTE: Mein Kind! Er –
KRIEMHILD *ergreift eine Kerze:* Ists! Ich weiß, ich weiß!
  Nur, daß man ihn nicht tritt. Du hörtest ja,
  Die Kämmrer stolpern über ihn. Die Kämmrer!
  Sonst wichen alle Könge aus.
UTE: So gib.
KRIEMHILD: Ich setz es selber hin.
Sie stößt die Tür auf und fällt zu Boden.
                           O Mutter, Mutter,
  Warum gebarst du mich! – Du teures Haupt,
  Ich küsse dich und such nicht erst den Mund,
  Jetzt ist er überall. Du kannst nicht wehren,
  Sonst tätest dus vielleicht, denn diese Lippen – –
  Es tut zu weh.
KÄMMERER: Sie stirbt.
UTE: Ich könnt ihr wünschen,
  Es wäre so!

Sechste Szene

Gunther kommt mit Dankwart, Rumolt, Giselher und Gerenot.

UTE *Gunther entgegen:* Mein Sohn, was ist geschehn?
GUNTHER: Ich möchte selber weinen. Doch wie habt
  Ihrs schon erfahren? Durch den heilgen Mund
  Des Priesters sollte euch die Kunde werden,
  Ich trugs ihm in der Nacht noch auf.
UTE *mit einer Handbewegung:*   Du siehst,
  Der arme Tote meldete sich selbst!
GUNTHER *heimlich zu Dankwart:*
  Wie ging das zu?
DANKWART: Mein Bruder trug ihn her!
GUNTHER: O pfui!
DANKWART: Er war davon nicht abzubringen,
  Und als er wiederkehrte, lacht' er auf:
  Dies ist mein Dank für seinen Abschiedsgruß.

Siebente Szene

Kaplan tritt ein.

GUNTHER *ihm entgegen:*
  Zu spät!
KAPLAN: Und solch ein Mann im Tann erschlagen!
DANKWART: Der Zufall hat des Schächers Speer gelenkt,
  Daß er die Stelle traf. So können Riesen
  Durch Kinder fallen.
UTE *fortwährend mit den Mägden um Kriemhild beschäftigt:*
              Steh nun auf, Kriemhild.
KRIEMHILD: Noch eine Trennung? Nein! Ich faß ihn so,
  Daß ihr mich mit begraben oder mir
  Ihn lassen müßt. Ich hab den Lebenden
  Nur halb umarmt, das lern ich jetzt am Toten,
  O, wär es umgekehrt! Ich küßt ihn noch
  Nicht einmal auf die Augen! Alles neu!
  Wir glaubten, Zeit zu haben.
UTE: Komm, mein Kind!
  Er kann doch nicht im Staub so liegenbleiben.
KRIEMHILD: O, das ist wahr! Was reich und köstlich ist,
  Muß heute wohlfeil werden. *Sie steht auf.*
              Hier die Schlüssel!
Sie wirft die Schlüssel von sich.
  Es gibt ja keinen Festtag mehr! Die Seide,
  Die goldnen Prachtgewänder und das Linnen,
  Bringt alles her! Vergeßt die Blumen nicht,
  Er liebte sie! Reißt alle, alle ab,
  Sogar die Knospen derer, die erst kommen,
  Wem blühten sie wohl noch! Das tut hinein
  In seinen Sarg, mein Brautkleid ganz zu oben,
  Und legt ihn sanft darauf, dann mach ich so
  – *sie breitet die Arme aus* –
  Und deck ihn mit mir selber zu!
GUNTHER *zu den Seinigen:*   Ein Eid!
  Ihr tut kein Mensch mehr weh.
KRIEMHILD *wendet sich:*   Die Mörder da?
  Hinweg! Damit er nicht aufs neue blute!
  Nein! Nein! Heran! *Sie faßt Dankwart.*
              Damit er für sich zeuge!

320

Sie wischt sich die Hand am Kleide ab.
O pfui, nun darf ich ihn mit meiner Rechten
Nicht mehr berühren! Kommt das arme Blut?
Mutter, sieh hin! Ich kann nicht! Nein? So sinds
Nur noch die Hehler, und der Täter fehlt.
Ist Hagen Tronje hier, so tret er vor,
Ich sprech ihn frei und reiche ihm die Hand.
UTE: Mein Kind –
KRIEMHILD: Geh nur hinüber zu Brunhild,
Sie ißt und trinkt und lacht.
UTE: Es waren Schächer –
KRIEMHILD: Ich kenne sie.
Sie faßt Giselher und Gerenot bei der Hand.
                   Du warst nicht mit dabei! –
Du auch nicht!
UTE: Hör doch nur!
RUMOLT: Wir hatten uns
Im Wald verteilt, es war sein eigner Wunsch,
Auch ist es Brauch, und fanden ihn im Sterben,
Als wir zusammentrafen.
KRIEMHILD: Fandet ihr?
Was sprach er da? Ein Wort! Sein letztes Wort!
Ich will dir glauben, wenn dus sagen kannst,
Und wenns kein Fluch ist. Aber hüte dich,
Denn leichter wächst dir aus dem Mund die Rose,
Als dus ersinnst, wenn du es nicht gehört. *Da Rumolt stockt:*
Du logst!
KAPLAN: Doch kanns so sein! Die Elstern ließen
Schon Messer fallen, welche töteten,
Was Menschenhänden unerreichlich war,
Und was ein solcher Dieb der Lüfte trifft,
Weil ihm sein blanker Raub zu schwer geworden,
Das trifft wohl auch der Schächer.
KRIEMHILD: Frommer Vater!
Du weißt nicht –!
DANKWART: Fürstin, heilig ist dein Schmerz,
Doch blind zugleich und ungerecht. Dir zeugen
Die ehrenwertsten Recken –
*Inzwischen ist die Tür zugemacht worden und die Leiche nicht
mehr sichtbar.*
KRIEMHILD *als sie dies bemerkt:* Halt! Wer wagts –

Eilt zur Türe.
UTE: Bleib! Bleib! Er wird nur leise aufgehoben,
 Wie du es selber wünschtest –
KRIEMHILD: Her zu mir!
 Sonst wird er mir gestohlen und begraben,
 Wo ich ihn nimmer finde.
KAPLAN: In den Dom!
 Ich folge nach, denn jetzt gehört er Gott! *Ab.*

Achte Szene

KRIEMHILD: Wohl! In den Dom!
 Zu Gunther:
 Es waren also Schächer?
 So stell dich dort mit allen deinen Sippen
 Zur Totenprobe ein.
GUNTHER: Es mag geschehn.
KRIEMHILD: Mit allen, sag ich. Aber alle sind
 Hier nicht versammelt, ruft auch den, der fehlt!
Alle ab, aber Männer und Frauen aus verschiedenen Türen.

Neunte Szene

 Dom

Fackeln. Der Kaplan mit anderen Priestern seitwärts vor einer eisernen Tür. Im Portal sammeln sich Hagens Sippen bis zu sechzig. Zuletzt Hagen, Gunther und die übrigen.
Es klopft.
KAPLAN: Wer klopft?
ANTWORT VON DRAUSSEN: Ein König aus den
 Niederlanden
 Mit so viel Kronen, als er Finger hat.
KAPLAN: Den kenn ich nicht.
Es klopft wieder.
 Wer klopft?
ANTWORT VON DRAUSSEN: Ein Held der
 Erde,
 Mit so viel Trophäen, als er Zähne hat.
KAPLAN: Den kenn ich nicht.

Es klopft wieder.
                    Wer klopft?
ANTWORT VON DRAUSSEN: Dein Bruder
                                        Siegfried,
  Mit so viel Sünden, als er Haare hat.
KAPLAN: Tut auf!
Die Tür wird geöffnet und Siegfrieds Leichnam auf der Bahre hereingetragen. Ihm folgen Kriemhild und Ute mit den Mägden.
KAPLAN *gegen den Sarg:*
              Du bist willkommen, toter Bruder,
  Du suchst den Frieden hier!
Zu den Frauen, die er vom Sarge abschneidet, indem er, während dieser niedergesetzt wird, zwischen sie und ihn tritt:
                              Auch ihr willkommen,
  Wenn ihr den Frieden sucht, wie er ihn sucht.
  Er hält Kriemhild das Kreuz vor.
  Du kehrst dich ab von diesem heilgen Zeichen?
KRIEMHILD: Ich suche hier die Wahrheit und das Recht.
KAPLAN: Du suchst die Rache, doch die Rache hat
  Der Herr sich vorbehalten, er allein
  Schaut ins Verborgne, er allein vergilt!
KRIEMHILD: Ich bin ein armes, halb zertretnes Weib,
  Und kann mit meinen Locken keinen Recken
  Erdrosseln: Welche Rache bliebe mir?
KAPLAN: Was brauchst du denn nach deinem Feind zu
                                          forschen,
  Wenn du an ihm nicht Rache nehmen willst,
  Ists nicht genug, daß ihn sein Richter kennt?
KRIEMHILD: Ich möchte dem Unschuldigen nicht fluchen.
KAPLAN: So fluche keinem, und du tust es nicht! –
  Du armes Menschenkind, aus Staub und Asche
  Geschaffen und vom nächsten Wind zerblasen,
  Wohl trägst du schwer und magst zum Himmel schrein,
  Doch schau auf den, der noch viel schwerer trug!
  In Knechtsgestalt zu uns herabgestiegen,
  Hat er die Schuld der Welt auf sich genommen
  Und büßend alle Schmerzen durchempfunden,
  Die von dem ersten bis zum letzten Tage
  Die abgefallne Kreatur verfolgen,
  Auch deinen Schmerz und tiefer als du selbst!
  Die Kraft des Himmels saß auf seinen Lippen,

Und alle Engel schwebten um ihn her,
Er aber war gehorsam bis zum Tode,
Er war gehorsam bis zum Tod am Kreuz.
Dies Opfer bracht er dir in seiner Liebe,
In seinem unergründlichen Erbarmen,
Willst du ihm jetzt das deinige verweigern?
Sprich rasch: Begrabt den Leib! Und kehre um!

KRIEMHILD: Du hast dein Werk getan, nun ich das meine!
Sie geht zum Sarg und stellt sich zu Häupten.
Tritt jetzt heran wie ich, und zeuge mir!
Kaplan geht gleichfalls zum Sarg und stellt sich zu Füßen.
Drei Posaunenstöße.

HAGEN *zu Gunther:*
Was ist geschehn?

GUNTHER: Es ward ein Mann erschlagen.

HAGEN: Und warum steh ich hier?

GUNTHER: Dich trifft Verdacht.

HAGEN: Den werden meine Sippen von mir nehmen,
Ich frage sie. – Seid ihr bereit, zu schwören,
Daß ich kein Meuchler und kein Mörder bin?

ALLE SIPPEN bis auf GISELHER:
Wir sind bereit.

HAGEN: Mein Giselher, du schweigst?
Bist du bereit, für deinen Ohm zu schwören,
Daß er kein Meuchler und kein Mörder ist?

GISELHER *die Hand erhebend:*
Ich bin bereit.

HAGEN: Den Eid erlaß ich euch.
Er tritt in den Dom zu Kriemhild.
Du siehst, ich bin gereinigt, wann ich will,
Und brauche mich am Sarg nicht mehr zu stellen,
Allein ich tus und will der erste sein!
Er schreitet langsam hinauf zum Sarg.

UTE: Schau weg, Kriemhild.

KRIEMHILD: Laß, laß! Er lebt wohl noch!
Mein Siegfried! O, nur Kraft für einen Laut,
Für einen Blick!

UTE: Unglückliche! Das ist
Nur die Natur, die sich noch einmal regt.
Furchtbar genug!

KAPLAN: Es ist der Finger Gottes,

    Der still in diesen heilgen Brunnen taucht,
    Weil er ein Kainszeichen schreiben muß.
HAGEN *neigt sich über den Sarg:*
    Das rote Blut! Ich hätt es nie geglaubt!
    Nun seh ich es mit meinen eignen Augen.
KRIEMHILD: Und fällst nicht um? *Sie springt auf ihn zu.*
                       Jetzt fort mit dir, du
                                             Teufel.
    Wer weiß, ob ihn nicht jeder Tropfen schmerzt,
    Den deine Mördernähe ihm entzapft!
HAGEN: Schau her, Kriemhild. So siedets noch im Toten,
    Was willst du fordern vom Lebendigen.
KRIEMHILD: Hinweg! Ich packte dich mit meinen Händen,
    Wenn ich nur einen hätte, der sie mir
    Zur Reingung dann vom Leib herunterhiebe,
    Denn Waschen wäre nicht genug, und könnt es
    In deinem Blut geschehn. Hinweg! Hinweg!
    So standest du nicht da, als du ihn schlugst,
    Die wölfschen Augen fest auf ihn geheftet
    Und durch dein Teufelslächeln den Gedanken
    Voraus verkündigend! Von hinten schlichst
    Du dich heran und miedest seinen Blick,
    Wie wilde Tiere den des Menschen meiden,
    Und spähtest nach dem Fleck, den ich – Du Hund,
    Was schwurst du mir?
HAGEN: Ihn gegen Feuer und Wasser
    Zu schirmen.
KRIEMHILD: Nicht auch gegen Feinde?
HAGEN: Ja.
    Das hätt ich auch gehalten.
KRIEMHILD: Um ihn selbst
    Zu schlachten, nicht?
HAGEN: Zu strafen!
KRIEMHILD: Unerhört!
    War je, solange Himmel und Erde stehn,
    Durch Mord gestraft?
HAGEN: Den Recken hätte ich
    Gefordert, und mir ists wohl zuzutraun,
    Allein er war vom Drachen nicht zu trennen,
    Und Drachen schlägt man tot. Warum begab sich
    Der stolze Held auch in des Lindwurms Hut!

KRIEMHILD: Des Lindwurms Hut! Er mußt ihn erst
                                          erschlagen,
 Und in dem Lindwurm schlug er alle Welt!
 Den Wald mit allen seinen Ungeheuern
 Und jeden Recken, der den grimmgen Drachen
 Aus Furcht am Leben ließ, dich selber mit!
 Du nagst umsonst an ihm! Es war der Neid,
 Dem deine Bosheit grause Waffen lieh!
 Man wird von ihm und seinem Adel sprechen,
 Solange Menschen auf der Erde leben,
 Und ganz solange auch von deiner Schmach.
HAGEN: Es sei darum!
 Er nimmt dem Leichnam den Balmung von der Seite.
                      Nun hörts gewiß nicht auf!
 *Er umgürtet sich mit dem Schwert und geht langsam
 zu den Seinigen zurück.*
KRIEMHILD: Zum Mord den Raub!
 Gegen Gunther:
                                Ich bitte um Gericht.
KAPLAN: Gedenke dessen, der am Kreuz vergab!
KRIEMHILD: Gericht! Gericht! Und wenns der König
                                          weigert,
 So ist er selbst mit diesem Blut bedeckt.
UTE: Halt ein! Du wirst dein ganzes Haus verderben –
KRIEMHILD: Es mag geschehn! Denn hier ists überzahlt!
 *Sie wendet sich gegen den Leichnam und stürzt an der Bahre
 nieder.*

Dritte Abteilung

KRIEMHILDS RACHE

Ein Trauerspiel in fünf Akten

PERSONEN

KÖNIG GUNTHER
HAGEN TRONJE
VOLKER
DANKWART
RUMOLT
GISELHER
GERENOT
KAPLAN
KÖNIG ETZEL
DIETRICH VON BERN
HILDEBRANT, *sein Waffenmeister*
MARKGRAF RÜDEGER
IRING \} *nordische Könige*
THÜRING
WERBEL \} *Etzels Geiger*
SWEMMEL
UTE
KRIEMHILD
GÖTELINDE, *Rüdegers Gemahlin*
GUDRUN, *deren Tochter*
EIN PILGRIM
EIN HEUNE
OTNIT, *ein Kind* \} *stumm*
ECKEWART

ERSTER AKT

Worms. Großer Empfangssaal

Erste Szene

König Gunther auf dem Thron. Alle Burgunden. Hagen.
Dankwart. Gerenot. Giselher. Etzels Gesandte. Rüdeger.

GUNTHER: Gefällt es Euch, hochedler Rüdeger,
  So mögt Ihr Eures Auftrags Euch entledgen,
  Denn die Burgunden sind um mich vereint.
RÜDEGER: So werb ich denn im Namen meines Herrn,
  Der überall gebietet und befiehlt
  Und nur vor Euch als Bittender erscheint,
  Um Kriemhild, deine königliche Schwester.
  Denn sie allein ist würdig, der zu folgen,
  Die er mit bittrem Schmerz verloren hat,
  Und Witwer muß er bleiben, wenn Ihr ihm
  Die einzige verweigert, welche Helke
  Ersetzen und das Volk, das sie betrauert,
  Als hätt ein jeder teil an ihr gehabt,
  Mit einer neuen Wahl versöhnen kann.
GUNTHER: Wenn du von deinem königlichen Herrn
  Vermelden kannst, daß er nur selten bittet,
  So merk dir auch, daß wir nur selten danken!
  Doch Etzel hat den dunklen Heunenthron
  So hoch erhöht und seinen wilden Namen
  So manchem Völkerrücken eingekerbt,
  Daß ich mich gern erhebe und dir sage:
  Wir danken ihm und fühlen uns geehrt.
RÜDEGER: Und welche weitere Antwort bring ich ihm?
GUNTHER: Wenn wir nicht die Trompeten schallen lassen
  Und die Johannisfeuer vor der Zeit
  Auf allen Bergen weit und breit entzünden,
  So glaube nicht, daß unser Fürstenstolz
  Den Ausbruch unsers Jubels unterdrückt,
  Und daß wir mehr verlangen, als du bietest,
  Das weißt du wohl, daß Kriemhild Witwe ist?
RÜDEGER: Wie Etzel Witwer, ja! Und eben dies
  Verbürgt dem Bund der beiden Heil und Segen

Und gibt ihm Weihe, Adel und Bestand.
Sie suchen nicht, wie ungeprüfte Jugend
Im ersten Rausch, ein unbegrenztes Glück,
Sie suchen nur noch Trost, und wenn Kriemhild
Den neuen Gatten auch mit Tränen küßt,
Und ihn ein Schauder faßt in ihren Armen,
So denkt sich jedes still: Das gilt dem Toten!
Und hält das andre doppelt wert darum.
GUNTHER: So sollt es sein! Doch trotz der langen Frist,
Die seit dem unglückselgen Tag verstrich,
Der ihr den Gatten raubte, mir den Bruder,
Weilt meine Schwester bis zur Stunde mehr
An ihres Siegfrieds Gruft im Kloster Lorsch
Als unter uns. Sie meidet jede Freude
So ängstlich wie ein andrer Missetat,
Und wärs auch nur ein Blick ins Abendrot
Oder aufs Blumenbeet zur Zeit der Rosen:
Wie schlösse sie den neuen Ehebund?
RÜDEGER: Ists Euch genehm? Und werdet Ihr gestatten,
Daß ich ihr selbst die Wünsche meines Herrn
Zu Füßen legen darf?
GUNTHER: Wir gönnen ihr
Das neue Glück und uns die neue Ehre
Und werden über alles andre Euch
Bescheiden, wenn wir Rat gehalten haben.
Fürs erste nehmt noch einmal unsern Dank!
Rüdeger ab.

Zweite Szene

HAGEN: Nicht um die Welt!
GUNTHER: Warum nicht, wenn sie will?
HAGEN: Wenn sie nicht wollte, könntest du sie zwingen,
Denn auch der Witwe Hand vergibst du frei.
Doch eher ließ ich sie in Ketten schmieden
Als zu den Heunen ziehn.
GUNTHER: Und warum das?
HAGEN: Und warum das! Die bloße Frage schon
Macht mich verrückt. Habt Ihr denn kein Gedächtnis?
Muß ich dich erst erinnern, was geschah?

GUNTHER *deutet auf Ute:*
  Vergiß nicht –
HAGEN: Deine Mutter? Gleisnerei!
  Sie weiß es längst! Ei, wenn sie mir die Hand
  Seit unsrer Jagd nicht einmal wieder reichte,
  So hat sie dich ja auch wohl nicht geküßt.
GUNTHER: So ists. Und da du selbst in deinem Trotz
  Den dünnen Nebel zu zerblasen wagst,
  Der das Geheimnis unsres Hauses deckt;
  Da du das kümmerliche Grün zertrittst,
  Das diese blutge Gruft besponnen hat,
  Und mir die Knochen in das Antlitz schleuderst;
  Da du den letzten Rest von Scham erstickst,
  Und höhnend auf die giftge Ernte zeigst,
  Die aufgeschossen ist aus deiner Saat:
  So habs denn auch, daß ich einmal die Brust
  Mir lüfte, daß ich dich und deinen Rat
  Verfluche und dir schwöre: Wär ich nicht
  So jung gewesen, nimmer hättst du mich
  So arg betört, und jetzt, jetzt würd ich dir
  Mit Abscheu das verbieten, was ich damals
  Aus Schwachheit, nicht aus Haß, geschehen ließ.
HAGEN: Ich glaubs, denn jetzt ist Brunhild längst dein
                                              Weib.
GUNTHER: Mein Weib! Jawohl! Sie ist so weit mein Weib,
  Als sie mir wehrt, ein anderes zu nehmen,
  Doch sonst –
HAGEN: Gibts ein Geheimnis hier für mich?
GUNTHER: Kann sein! Wie sie uns nach der Tat empfing,
  Als ich den ersten Becher Weins ihr brachte,
  Das weißt du wohl noch selbst: sie fluchte uns
  Noch grauenvoller als Kriemhild uns fluchte,
  Und loderte in Flammen auf wie nie,
  Seit sie im Kampf erlag.
HAGEN: Sie brauchte Zeit,
  Um sich hineinzufinden.
GUNTHER: Als ich sie
  Nun mahnte, daß sie selbst es ja geboten,
  Goß sie den Wein mir ins Gesicht und lachte,
  Wie ich die Menschheit noch nicht lachen hörte –
  Wars so? Sonst straf mich Lügen!

HAGEN: Allerdings,
　Dann aber fiel sie um, und alles war
　Für immer aus.
GUNTHER: Jawohl! So völlig aus,
　Als hätt sie ihre ganze Ewigkeit
　In diesem einzgen kurzen Augenblick
　Durch ihren Feuerfluch voraus verzehrt,
　Denn nur als Tote stand sie wieder auf!
HAGEN: Als Tote?
GUNTHER: Ja, obgleich sie ißt und trinkt
　Und in die Runen stiert. Du hattest recht,
　Nur Siegfried war im Weg.
HAGEN: Ich glaubte – – Nein!
GUNTHER: Das mildste Wort entlockt ihr nie ein Lächeln,
　Und hätt ichs Volkers frischem Liedermund
　In einer goldnen Stunde abgefangen,
　Das härteste noch minder eine Träne,
　Sie kennt den Schmerz und auch die Lust nicht mehr.
UTE: So ists! Die alte Amme decks nur zu!
GUNTHER: Stumpf blickt sie drein, als wär ihr Blut
　　　　　　　　　　　　　　　　　vergraben
　Und wärme eines Wurmes kalt Gedärm,
　Wie mans in alten Mären hört. Der ist
　Jetzt mehr als seinesgleichen, und sie selbst
　Ist weniger, unendlich weniger,
　Bis ihn in hundert oder tausend Jahren,
　Wies blind der Zufall fügt, ihr Fuß zertritt.
　Du magst dich freuen, Gerenot, dir ist
　Die Krone der Burgunden schon gewiß,
　Sie bringt mir keinen Erben.
HAGEN: Steht es so!
GUNTHER: Du wunderst dich, daß dus erst jetzt erfährst?
　Ich trug das alles still, doch heute hast
　Du selbst das Licht ja auf den Tisch gestellt:
　Nun reiß die Augen auf und sieh dich um!
　Im Hause Groll und Zwiespalt, draußen Schmach,
　Entdeckst du mehr in irgendeinem Winkel,
　So zeig mir deinen Fund.
HAGEN: Ein andermal.
GUNTHER: Doch von der Schmach kann diese Werbung
　　　　　　　　　　　　　　　　　　uns

331

Erlösen, und so wahr ein Schwan sich taucht,
Wenn er das klare Wasser vor sich sieht,
Und sich den Staub aus dem Gefieder wäscht,
So wahr auch will ich dieses Werk betreiben,
Wie ich noch nichts auf dieser Welt betrieb.
HAGEN: Mein König, eins von beiden kann nur sein:
Entweder liebte Kriemhild ihren Gatten,
Wie nie ein Weib den ihren noch geliebt –
GUNTHER: Ich bin der letzte, der dir dies bestreitet,
Ich kenne Unterschied!
HAGEN: Dann muß sie uns
Auch hassen, wie ein Weib noch niemals haßte –
GUNTHER: Uns? Dich vielleicht!
HAGEN: Sie unterscheidet wohl!
Und wenn sie uns so haßt, so muß sie brennen,
Es darzutun, denn selbst die Liebe ist
So gierig nicht nach Kuß und nach Umarmung,
Wie grimmger Haß nach Mord und Blut und Tod,
Und wenn der Liebe langes Fasten schadet,
So wird der Haß nur immer hungriger.
GUNTHER: Du kannst es wissen.
HAGEN: Ja, ich weiß es auch,
Und darum warn ich dich!
GUNTHER: Wir sind versöhnt.
HAGEN: Versöhnt! Nun, bei den namenlosen Göttern!
Wenn ich dein Mann, dein treuster Mann nicht wäre,
Wenn jeder Tropfen meines Blutes nicht
So für dich pochte wie das ganze Herz
Der übrigen, wenn ich, was du erst fühlst,
Wenn es dich trifft, nicht immer vorempfände
Und tiefer oft wie du in Wirklichkeit:
Jetzt würd ich schweigen und nicht einmal lachen,
Denn selbst die Warnung, die im Hohn noch liegt,
Verdient solch eine Rede nicht! Versöhnt!
Ja, ja, sie bot die Wange endlich dar,
Weil – *er deutet auf Giselher und Ute* – dieser täglich bat
                                            und diese weinte,
Und – Trankt Ihr auch? Ich glaube nicht einmal,
Doch damit war die Rechnung nicht zerrissen,
Nein, die Versöhnung kam als neuer Posten
Hinzu, und nur noch größer ward die Schuld.

UTE: Du denkst von meiner Tochter wie von dir!
  Du magst die Wange bieten und nur fühlen,
  Daß ihr des Mundes giftge Zähne mangeln,
  Sie wird das heilge Zeichen nicht entweihn,
  Das allem Hader unter Menschenkindern
  Ein Ende setzte, seit die Erde steht.
HAGEN: Die Nibelungen haben ihren Vater
  Um Gold erschlagen, um dasselbe Gold,
  Das Siegfried an den Rhein gebracht. Wer hätte
  Sichs wohl gedacht, bevor sies wirklich taten?
  Doch ists geschehn und wird noch oft geschehn.
GERENOT: Ich hör in allen Stücken gern auf dich,
  Nur nicht in dem. Du übertrugst den Haß
  Von Siegfried auf Kriemhild.
HAGEN: Du kennst mich schlecht!
  Zeig mir das Land, wovon kein Weg zurück
  In unsres führt, ich wills für sie erobern
  Und ihr den Thron erbaun, so hoch sie mag:
  Nur gebt ihr keine Waffen, muß ich raten,
  Wenn sie euch selbst damit erreichen kann.
  Glaubt ihr, ich habe ihr den Hort geraubt,
  Um ihr aufs neue weh zu tun? O pfui!
  Ich ehre ihren Schmerz und zürn ihr nicht,
  Daß sie mir flucht. Wer wünschte sich denn nicht
  Ein Weib wie sie, wer möchte nicht ein Weib,
  Das blind für alles ist, solang man lebt,
  Und wenn man stirbt, noch mit der Erde hadert,
  Weil sie nicht strahlt und leuchtet, wo man liegt?
  Ich tats nur, weil es nötig war.
UTE: Das hätte
  Nicht mehr geschehen sollen.
HAGEN: Die Versöhnung
  Ward schlecht dadurch besiegelt, das ist wahr,
  zu Gunther:
  Und ob sie dich entschuldigt, weil du kurz
  Vorher das Land verließest, weiß ich nicht
  Und zweifle fast daran, da du versäumtest,
  Den Räuber zu bestrafen, als du kamst!
  Doch unterbleiben durft es nicht, sie hätte
  Ein Heer damit erworben.
UTE: Sie ein Heer!

Sie dachte nicht daran.
HAGEN: Noch nicht, ich weiß.
Sie füllte links und rechts die offnen Hände
Mit Siegfrieds Gold und kümmerte sich nicht,
Ob einer einmal oder zehnmal kam.
Das war das Mittel, Freunde zu erwerben
Und zu erhalten.
UTE: Das geschah allein
Zu Siegfrieds Angedenken, und man wird
Auf dieser Welt das Bild nicht wiedersehn,
Wie sie in ihrem schwarzen Trauerkleide,
Das schöne, stille Auge immer feucht,
Die Edelsteine und das rote Gold
Verteilte unter die Verlangenden
Und es nicht selten wusch mit ihren Tränen,
Der höchste Jammer, vom Geschick erlesen,
Des höchsten Glückes Spender hier zu sein.
HAGEN: Dies meint ich eben. Ja, es war ein Bild,
Den Stein zu rühren! Und da Wohltat drückt
Und jeder, um die Last sich zu erleichtern,
Auf irgendeine Art zu danken wünscht,
So hätte von den vielen Tausenden,
Die sich allmählich um sie sammeln mußten,
Zuletzt wohl einer sie gefragt: Was weinst du?
Um auf den kleinsten Wink das Schwert zu ziehn
Und den zu rächen, der den Wurm erschlagen
Und auch den reichen Hort ins Land gebracht.
UTE: Und diesen Wink – den hätte Kriemhild je
Gegeben, glaubst du? Ist sie nicht ein Weib?
Bin ich nicht ihre Mutter? Ist der König
Ihr Bruder nicht? Und sind ihr Gerenot
Und Giselher nicht wert bis diesen Tag?
HAGEN: Mir ist, als ob ich Siegfried reden hörte!
Die Raben kreisen warnend um ihn her,
Er aber denkt: Ich bin bei meinem Schwäher,
Und wirft sie mit dem Fuchs und jagt sie fort!
GUNTHER: Ei was! – Es fragt sich nur, aus welchem Mund
Vernimmt sie wohl das erste Wort am liebsten!
Zu Ute: Aus deinem, denk ich. Sprich denn du mit ihr.
Alle ab.

Dritte Szene

Kriemhilds Kemenate

KRIEMHILD *füttert ihre Vögel und ihr Eichkätzchen:*
Ich hab so oft mich über alte Leute
Gewundert, daß sie so an Tieren hängen,
Jetzt tu ichs selbst.

Vierte Szene

Ute tritt ein.

UTE: Schon wieder deine Hand
Im Weizenkorb?
KRIEMHILD: Du weißt, ich bin dazu
Noch eben reich genug und hab sie gern.
Sie sind mit mir zufrieden, jedes kann
Entfliehn, sobald es will, denn offen steht
Der Käfig wie das Fenster, doch sie bleiben,
Sogar das Kätzchen, dieses Sonntagsstück
Des arbeitsmüden Schöpfers, das er lieblich,
Wie nichts, gebildet hat, weil ihm der schönste
Gedanke erst nach Feierabend kam,
Und das bei mir zum Kind geworden ist,
Wie sollt ich sie nicht lieben!
UTE: Immerhin,
Nur tust du Menschen weh. Denn uns entziehst du,
Was du an sie verschwendest, und wir sind
Doch mehr als sie.
KRIEMHILD: Wer weiß das? Ist von Menschen
Dem edlen Siegfried einer nachgestorben?
Nicht einmal ich, doch wohl sein treuer Hund.
UTE: Kind!
KRIEMHILD: Der verkroch sich unter seinen Sarg
Und biß nach mir, da ich ihm Speise bot,
Als wollt ich ihn zu Missetat verleiten,
Ich flucht und schwur, doch aß ich hinterher.
Vergib mir, Mutter, aber unter Menschen
Ergings mir wohl zu schlecht, als daß ich nicht
Versuchen sollte, ob der wilde Wald
Nicht beßre Arten birgt.

UTE: Hör davon auf,
  Ich hab dir was zu sagen!
KRIEMHILD *ohne auf sie zu hören:* Und ich glaubs.
  Der grimmge Leu verschont den Schlafenden,
  Zu edel hat ihn die Natur gebildet,
  Als daß er würgt, was sich nicht wehren kann.
  Den Wachenden zerreißt er zwar, doch nur
  Aus Hunger, aus dem nämlichen Bedürfnis,
  Das auch den Menschen auf den Menschen hetzt,
  Nicht, weil er ihm das Angesicht beneidet
  Und ihm den freien stolzen Gang nicht gönnt,
  Was unter uns aus Helden Mörder macht.
UTE: Die Schlange aber sticht und fragt nicht lange,
  Ob hinten oder vorn.
KRIEMHILD: Wenn man sie tritt.
  Auch kann sie mit der Zunge, die sie braucht,
  Um ihren Feind zu töten, ihm nicht schwören,
  Daß sie ihn küssen will. Sie führen Krieg
  Mit uns, weil wir den heilgen Gottesfrieden
  Gebrochen haben, und versöhnen sich
  Mit jedem einzelnen, sobald er mag.
  Zu ihnen hätt ich, meinen Sohn im Arm,
  Mich flüchten sollen, denn den nackten Menschen,
  Den Ausgestoßnen und Verlassenen,
  Den sein Geschlecht verleugnet und verrät,
  Beschützen sie, uralter Brüderschaft
  Gedenkend, aus der Morgenzeit der Welt.
  In Eurer Sprache hätt ich ihm vertraut,
  Was man an mir verübt, und sie in ihrer
  Ihm zugeflüstert, wies zu rächen sei.
  Und wär er dann, zum Mann herangewachsen,
  Die wuchtge Eichenkeule in der Hand,
  Hervorgeschritten aus dem dunklen Wald,
  So hätten sie ihn alle, wie den König
  Die Seinen, in gedrängter Schar begleitet,
  Vom Leuen an bis zu dem scheusten Wurm.
UTE: Man wird ihm auch am Rhein das Fluchen lehren,
  Denn Siegfrieds Vater hat das Recht dazu,
  Und Siegfrieds Mutter kann es nicht mehr hindern,
  Doch besser wärs gewesen, wenn du ihn
  Bei dir behalten hättest.

KRIEMHILD: Schweig, o schweig,
　Wenn ich nicht auch an dir noch zweifeln soll.
　Ha! Siegfrieds Sohn am Hof der Nibelungen!
　Man hätte nicht zu seinem dritten Zahn
　Ihn kommen lassen.
UTE: Du bezahlst es teuer,
　Daß du den Trost, den die Natur dir bot,
　Von dir gestoßen hast.
KRIEMHILD: Mir ists genug,
　Daß ich das Kind den Mördern doch entzog,
　Sobald ich seinen ersten Laut vernahm,
　Und nimmer werd ichs Giselher vergessen,
　Daß er so treu dazu geholfen hat.
UTE: Du hast die Strafe, denn du mußt dich jetzt
　An die da hängen. *Deutet auf die Vögel.*
KRIEMHILD: Warum quälst du mich?
　Du weißt doch wohl, wies stand. Leg einer Toten
　Den Sohn ans Herz und fordre Milch von ihr:
　Die heilge Quelle der Natur wird eher
　In ihrer starren Brust aufs neue springen,
　Als meine Seele aus dem Winterschlaf
　Zu wecken war, der nie ein Tier so tief
　Bis in das Herz beschlichen hat wie mich.
　Ich war so weit, daß meine Träume sich
　Ins Wachen mischten und dem Morgenruf
　Des muntren Hahnes trotzten: Konnte ich
　Wohl Mutter sein! Ich will auch nichts von ihm,
　Er wurde nicht geboren, mich zu trösten,
　Er soll den Mörder seines Vaters töten,
　Und wenn ers tat, so wollen wir uns küssen
　Und dann auf ewig auseinandergehn.

Fünfte Szene

Giselher und Gerenot treten ein.

GERENOT: Nun, Mutter, nun?
UTE: Ich sprach noch nicht davon.
GISELHER: So sprechen wir.
KRIEMHILD: Was ist denn für ein Tag,
　Daß alle meine Sippen sich so sammeln?

Treibt ihr den Tod aus?
GERENOT: Das ist längst geschehn!
  Man spart ja schon auf das Johannisfeuer
  Und steckt den Lauch mit Nächstem an den Balken,
  Entfiel dir der Kalender denn so ganz?
KRIEMHILD: Seit mir die Kuchen nicht so viel mehr sind,
  Vergeß ich jedes Fest. Seid ihr dafür
  Nur um so fröhlicher.
GERENOT: Das sind wir nicht,
  Solange du die schwarzen Kleider trägst,
  Auch kommen wir, um dir sie abzureißen,
  Denn – *zu Ute:* Mutter, nein, es ist doch besser, du!
KRIEMHILD: Was gibts, daß dieser sich so plötzlich
                                              wendet?
UTE: Mein Kind, wenn du noch einmal so wie einst
  An meiner Brust dein Haupt verbergen wolltest –
KRIEMHILD: Gott spare dir und mir den bittren Tag,
  An welchem das noch einmal nötig wird!
  Vergaßest du?
GERENOT: Ach, davon heute nichts!
UTE: Ich dachte an die Kinderzeit.
GISELHER: Ihr könnt
  Nicht fertig werden. Nun, ich half Euch oft
  Und will Euch wieder helfen, ob Ihr mich
  Nun tadelt oder lobt. *Zu Kriemhild:* Vernahmst du nicht
  Die schallenden Trompeten und den Lärm
  Der Waffen und der Pferde? Das bedeutet:
  Ein edler König wirbt um deine Hand.
UTE: So ists.
KRIEMHILD: Und meine Mutter hält für nötig,
  Es mir zu melden? Hätt ich doch gedacht,
  Die stumpfste Magd, die uns im Stalle dient,
  Wär Weib genug, das Nein für mich zu sagen,
  Wie ist es möglich, daß du fragen kannst!
UTE: Sie bietens dir.
KRIEMHILD: Zum Hohn.
UTE: Ich werde doch
  Nicht ihres Hohnes Botin sein?
KRIEMHILD: Dich kann
  Ich eben nicht verstehn. *Zu den Brüdern:* Ihr seid zu
                                                   jung,

Ihr wißt nicht, was ihr tut, euch will ich mahnen,
Wenn eure Stunde auch geschlagen hat.
Zu Ute:
Doch du – – Ich sollte meinen edlen Siegfried
Im Tode noch verleugnen? Diese Hand,
Die er durch seinen letzten Druck geheiligt,
In eine andre legen? Diese Lippen,
Die, seit er hin ist, nur den Sarg noch küßten,
In dem er ruht, beflecken? Nicht genug,
Daß ich ihm keine Sühne schaffen kann,
Sollt ich ihn auch noch um sein Recht verkürzen
Und sein Gedächtnis trüben? Denn man mißt
Die Toten nach dem Schmerz der Lebenden,
Und wenn die Witwe freit, so denkt die Welt:
Sie ist das letzte unter allen Weibern,
Oder sie hat den letzten Mann gehabt.
Wie kannst dus glauben!
UTE: Ob dus nun verschmähst,
Ob du es annimmst: immer zeigt es dir,
Daß deine Brüder dirs von Herzen gönnen,
Wenn du noch irgend Freude finden kannst.
GISELHER: Ja, Schwester, das ist wahr. Auch gilts so gut
Vom König wie von uns. Hättst du gehört,
Wie er den Tronjer schalt, als dieser sich
Dagegen stemmte, und wie unbekümmert
Um seinen Rat er tat, was ihm gefiel,
Du würdest ihm von Herzen jetzt verzeihn,
Wie du ihm mit dem Munde längst verziehst.
KRIEMHILD: So riet der Tronjer ab?
GISELHER: Wohl riet er ab.
KRIEMHILD: Er fürchtet sich.
UTE: Er tut es wirklich, Kind.
GERENOT: Er glaubt, du könntest Etzel, denn kein andrer
Als Etzel ists, mit allen seinen Heunen
Auf die Burgunden hetzen.
UTE: Denke dir!
KRIEMHILD: Er weiß, was er verdient.
GERENOT: Doch weiß er nicht,
Daß er in unsrer Mitte sicher ist,
Wie einer von uns selbst!
KRIEMHILD: Er mag sich wohl

Erinnern, wie es einem Bessern ging,
Der auch in eurer Mitte war.
UTE: O Gott,
Hätt ichs geahnt!
GERENOT: Und wären wir nicht alle
So jung gewesen!
KRIEMHILD: Ja, ihr wart zu jung,
Um mich zu schützen, aber alt genug,
Den Mörder zu beschirmen, als ihn Himmel
Und Erde zugleich verklagten.
UTE: Sprich nicht so!
Du hast den Tronjer ganz wie sie geehrt
Und auch geliebt! Wenn dich als Kind im Traum
Das wilde Einhorn jagte oder auch
Der Vogel Greif erschreckte, war es nicht
Dein Vater, der das Ungetüm erlegte:
Du sprangst dem Ohm des Morgens an den Hals
Und danktest ihm für Taten, die er selbst
Nicht kannte, durch den ersten Kuß.
GISELHER: Ja, ja!
Und wenn die alten Knechte uns im Stall
Vom Donnrer Thor erzählten, daß wir glaubten,
Er dräue selbst beim falben Schein der Blitze
Durchs Bodenloch hinein, so sah er aus
Wie Hagen, wenn er seine Lanze wirft.
GERENOT: Laß, ich beschwör dich, was vergangen ist,
Doch endlich auch einmal vergangen sein.
Du hast genug geklagt um deinen Helden,
Und hättst du dir im ersten Schmerz gelobt,
Jedweder seiner edlen Eigenschaften
Ein ganzes volles Tränenjahr zu widmen:
Du wärst herum und deines Eides quitt.
Nun trockne dir denn auch die Augen ab
Und brauche sie zum Sehen, statt zum Weinen,
Herr Etzel ist des ersten Blicks schon wert:
Den Toten kann dir keiner wiedergeben,
Hier ist der beste aller Lebenden.
KRIEMHILD: Ihr wißt, ich will nur eins noch auf der Welt,
Und nimmer laß ich ab, es zu verlangen,
Bis ich den letzten Odemzug getan.

Sechste Szene

Gunther tritt ein.

GUNTHER *zu den Brüdern:*
  Wie stehts?
KRIEMHILD *kniet vor ihm nieder:*
        Mein Herr, mein Bruder und mein König,
  Ich bitte dich in Demut um Gehör.
GUNTHER: Was soll das heißen?
KRIEMHILD: Wenn du wirklich heut,
  Wie man mir sagte, dich zum erstenmal
  Als Herrn erwiesen hast –
GUNTHER: Zum erstenmal!
KRIEMHILD: Wenn du die Krone und den Purpur nicht
  Zum bloßen Staat mehr trägst und Schwert und Zepter
  Zum Spott –
GUNTHER: Du redest scharf.
KRIEMHILD: Das wollt ich nicht!
  Doch wenns so ist und wenn auf deine Krönung
  Die Thronbesteigung endlich folgen soll –
GUNTHER: Nimms immer an.
KRIEMHILD: Dann ist ein großer Tag
  Für die gekommen, welche schweres Unrecht
  Erlitten haben, und als Königin
  Von allen, welche Leid im Lande tragen,
  Bin ich die erste, die vor dir erscheint
  Und Klage über Hagen Tronje ruft.
GUNTHER *stampft:*   Noch immerfort!
KRIEMHILD *erhebt sich langsam:* Der Rabe, der im Wald
  Den öden Platz umflattert, wos geschah,
  Hört nimmer auf zu kreisen und zu krächzen,
  Bis er den Rächer aus dem Schlaf geweckt.
  Wenn er das Blut der Unschuld fließen sah,
  So findet er die Ruh nicht eher wieder,
  Bis das des Mörders auch geflossen ist.
  Soll mich ein Tier beschämen, das nicht weiß,
  Warum es schreit, und dennoch lieber hungert
  Als seine Pflicht versäumt? Mein Herr und König,
  Ich rufe Klage über Hagen Tronje,
  Und Klage werd ich rufen bis zum Tod.

GUNTHER: Das ist umsonst!
KRIEMHILD: Entscheide nicht so rasch!
  Wenn du denn auch mit deiner armen Schwester
  Und ihrem Jammer schneller fertig wirst,
  Wie sie in beßrer Zeit mit deiner Hand,
  Als sie der wütge Hirsch dir aufgeschlitzt;
  Wenn du dem Schmerz, der ruhig sagen kann:
  Ist meinesgleichen irgend noch auf Erden,
  So will ich lachen und mich selbst verspotten,
  Und alle segnen, die ich sonst verflucht!
  Wenn du ihm kalt den kleinsten Trost verweigerst
  Und ihn von hinnen schreckst mit finstern Brauen:
  Erwäg es doch und nimm dein Wort zurück.
  Ich bins ja nicht allein, die Klage ruft,
  Es ruft das ganze Land mit mir, das Kind
  Braucht seinen ersten Odemzug dazu,
  Der Greis den letzten, Bräutigam und Braut
  Den köstlichsten, du wirst es schaudernd sehn,
  Wenns dir gefällt, sie vor den Thron zu laden,
  Daß jedes Alter, jeder Stand erscheint.
  Denn, wie die brechend-schwere Donnerwolke,
  Hängt diese Blutschuld über ihnen allen
  Und dräut mit jedem Augenblicke mehr.
  Die schwangern Weiber zittern, zu gebären,
  Weil sie nicht wissen, ob kein Ungeheuer
  In ihrem Mutterschoß herangereift,
  Und daß uns Sonn und Mond noch immer leuchten,
  Gilt manchem schon als Wunder der Natur.
  Wenn du dein königliches Amt versäumst,
  So könnten sie zur Eigenhülfe greifen,
  Wies einst geschah, bevors noch Könge gab,
  Und wenn sich alle wild zusammenrotten,
  So dürften sie, da du nun einmal fürchtest,
  Noch fürchterlicher als der Tronjer sein!
GUNTHER: Sie mögens tun.
KRIEMHILD: Du sprichst, als zeigt ich dir
  Einen Rock mit trocknem Blut, als hättest du
  Den Helden nie gesehn, in dessen Adern
  Es kreiste, seine Stimme nie gehört,
  Noch seiner Hände warmen Druck gefühlt.
  Kann das denn sein? So färbe du, o Erde,

>   Dich überall, wie dich der grause Mord
>   Bei den Burgunden färbte! Tauche dich
>   In dunkles Rot! Wirfs ab, das grüne Kleid
>   Der Hoffnung und der Freude! Mahne alles,
>   Was lebt, an diese namenlose Tat,
>   Und bringe, da man mir die Sühne weigert,
>   Sie vor das ganze menschliche Geschlecht.
> GUNTHER: Genug! Ich kam in einer Absicht her,
>   Die Dank verdient. *Zu Ute:* Hast du mit ihr gesprochen?
>   *Auf ein bejahendes Zeichen Utes:*
>   Gut! Gut! – Ich will dich nicht um Antwort fragen,
>   Der Bote mag sie selbst entgegennehmen,
>   Damit er sieht, daß du dich frei bestimmst.
>   Ich hoffe, du gestattest ihm Gehör,
>   Es ist der alte Markgraf Rüdeger,
>   Die Sitte will es, und er bittet drum.
> KRIEMHILD: Der Markgraf Rüdeger ist mir willkommen.
> GUNTHER: So send ich ihn.
>   *Zu Ute und den Brüdern:*
>   Laßt ihr sie auch allein!
> *Alle ab.*

Siebente Szene

> KRIEMHILD: Er fürchtet sich! Er fürchtet Hagen Tronje,
>   Und Hagen Tronje, hör ich, fürchtet mich! –
>   Du könntest Grund erhalten! Mag die Welt
>   Mich anfangs schmähn, sie soll mich wieder loben,
>   Wenn sie das Ende dieser Dinge sieht!

Achte Szene

Rüdeger mit Gefolge tritt ein.

> KRIEMHILD: Seid mir willkommen, Markgraf Rüdeger! –
>   Doch sprecht, ists wirklich wahr, was man mir meldet,
>   Ihr seid als Bote hier?
> RÜDEGER: So ists! Doch nur
>   Als Bote Etzels, der kein einzges Zepter
>   In Königshänden unzerbrochen ließ,
>   Als das der Nibelungen.

KRIEMHILD: Einerlei,
Ich bin darum nicht weniger erstaunt!
Ihr seid mir längst gerühmt. Ein Abenteuer
Und Rüdeger, ders andern weggenommen,
Die wurden stets zugleich bei uns genannt,
Und wenn man Euch als Boten schicken kann,
So sollte man Euch doch so lange sparen,
Bis man ums Beste dieser Erde schickt.
RÜDEGER: Das hat mein Herr und König auch getan.
KRIEMHILD: Wie, Rüdeger, du wirbst um eine Witwe
Und suchst sie in der Mördergrube auf?
RÜDEGER: Was sagst du, Königin?
KRIEMHILD: Die Schwalben fliehen
Von dannen, und die frommen Störche kehren
Ins hundertjährge Nest nicht mehr zurück,
Doch König Etzel spricht als Freier ein.
RÜDEGER: Unselig sind die Worte, die du redest.
KRIEMHILD: Unselger noch die Taten, die ich sah! –
Verstell dich nicht! Du weißt, wie Siegfried starb,
Und hättst du nur das Ammenlied behorcht,
Womit man jetzt am Rhein die Kinder schreckt.
RÜDEGER: Und wenn ichs weiß?
KRIEMHILD: Herr Etzel ist noch Heide,
Nicht wahr?
RÜDEGER: Wenn dus verlangst, so wird er Christ!
KRIEMHILD: Er bleibe, was er ist! – Ich will dich nicht
Betrügen, Rüdeger, mein Herz ist tot,
Wie der, für den es schlug, doch meine Hand
Hat einen Preis!
RÜDEGER: Ich biet ein Königreich,
Das auf der Erde keine Grenzen hat.
KRIEMHILD: Ein Königreich ist wenig oder viel,
Wie wirds bei Euch verteilt? Dem Mann das Schwert,
Nicht wahr, die Krone und der Herrscherstab,
Dem Weib die Flitter, das gestickte Kleid?
Nein, nein, ich brauche mehr.
RÜDEGER: Was es auch sei,
Es ist gewährt, noch eh dus fordern kannst.
KRIEMHILD: Herr Etzel wird mir keinen Dienst versagen?
RÜDEGER: Ich bürge dir.
KRIEMHILD: Und du?

RÜDEGER: Was ich vermag,
  Ist dein bis auf den letzten Odemzug.
KRIEMHILD: Herr Markgraf, schwört mir das!
RÜDEGER: Ich schwör es
  Euch!
KRIEMHILD *für sich:*
  Sie kennen meinen Preis, ich bins gewiß! *Zu den Dienern:*
  Die Könige!
RÜDEGER: So hab ich denn dein Wort?
KRIEMHILD: Herr Etzel ist auch in Burgund bekannt,
  Wer seinen Namen hört, der denkt zuerst
  An Blut und Feuer, dann an einen Menschen! –
  Jawohl, du hast mein Wort! – Man sagt: die Krone
  Muß ihm ums Angesicht zusammenschmelzen,
  Der glühnde Degen aus den Händen tröpfeln,
  Eh er im Stürmen innehält! Das ist
  Der Mann dafür, dem wird es Wollust sein!

Neunte Szene

Ute und die Könige treten ein.

KRIEMHILD: Ich habs mir überlegt und füg mich Euch!
  Herr Markgraf Rüdeger, reicht mir die Hand,
  Ich fasse sie, als ob es Etzels wäre,
  Und bin von jetzt der Heunen Königin.
RÜDEGER: Ich huldge Euch!
Er zieht nebst den Seinigen das Schwert dabei.
UTE: Und ich, ich segne dich.
KRIEMHILD *weicht vor ihr zurück:*
  Laß! Laß! Dein Segen hat ja keine Kraft! *Zu den Königen:*
  Doch ihr – Geleitet ihr mich selbst hinab,
  Wies König Dankwarts Tochter fordern darf,
  Und wies der Herr der Welt erwarten kann?
Gunther schweigt.
RÜDEGER: Wie! Nein?
KRIEMHILD: Ihr weigert mir mein Fürstenrecht?
  Zu Rüdeger:
  Herr Markgraf, fragt bei König Gunther an,
  Wodurch ich es verwirkt.
GUNTHER: Ich weigre nichts,
  Doch hab ich Gründe, jetzt den Rhein zu hüten,

345

Und bitte Euch, Herr Markgraf, meine Schwester
Dem Herrn, den sie gewählt, in meinem Namen
Zu übergeben und mich zu entschuldgen,
Ich sehe später nach, wie er sie setzt.
KRIEMHILD: Du gibst dein königliches Wort darauf?
GUNTHER: Ich tat es schon.
RÜDEGER: So übernehm ich sie!
KRIEMHILD: Nun noch ein letzter Gang zu Siegfrieds Gruft!
Beredet ihr indes das übrige!
Eckewart tritt hervor.
Mein treuer Eckewart hat mich gewiegt,
Und ob auch alle andern mich verlassen,
Er fehlt gewiß nicht hinter meinem Sarg. *Ab.*

ZWEITER AKT

Donauufer

Erste Szene

*Gunther, Volker, Dankwart, Rumolt und ein großes Gefolge.
Werbel und Swemmel vor dem König. Später wird das Schiff mit
Hagen, dem Kaplan usw. sichtbar.*

WERBEL: Nun gib uns endlich Urlaub, hoher König,
Sie brauchen uns zu Hause, denn sie wissen
Den Fiedelbogen höchstens von der Lanze
Zu unterscheiden, aber nicht zu führen,
Und die als steife Boten Abschied nehmen,
Wirst du als flinke Geiger wiedersehn,
Wenn du den feierlichen Einzug hältst.
GUNTHER: Ihr habt noch Zeit. Ich denke in Bechlarn
Beim alten Rüdeger die Rast zu halten,
Und so weit haben wir den gleichen Weg.
WERBEL: Wir kennen einen nähern, und wir müssen
Uns sputen.
GUNTHER: Nun so zieht.
WERBEL: Wir danken dir.
Will mit Swemmel ab.

RUMOLT: Vergeßt Ihr die Geschenke? Wartet doch,
  Bis sie herüberkommen.
WERBEL *kehrt mit Swemmel um:* Das ist wahr!
RUMOLT: Schon naht das Schiff.
VOLKER: Das find ich wunderlich,
  Erst schlagen sie die reichen Gaben aus,
  Dann lassen sie sie liegen! *Rasch zu Werbel:* Ist Kriemhild
  Noch immer traurig?
WERBEL: Sagten wir Euch nicht,
  Daß sie so fröhlich scheint, als hätte sie
  Den Kummer nie gekannt?
VOLKER: Das sagtet Ihr.
WERBEL: Nun denn.
VOLKER: Es muß ein Land der Wunder sein,
  Wo Etzel herrscht. Wer weiße Rosen pflanzt,
  Pflückt rote, denk ich, oder umgekehrt.
WERBEL: Warum?
VOLKER: Weil sie sich so verändert hat.
  Als fröhlich haben wir sie nie gekannt,
  Sie war sogar als Kind nur stillvergnügt
  Und lachte mit den Augen.
RUMOLT: Hagen kommt
  Mit seiner letzten Fracht.
VOLKER: Worin denn zeigt
  Sich ihre Fröhlichkeit?
WERBEL: Das seht Ihr ja:
  Sie liebt die Feste und sie ladet Euch
  Zum größten ein. Ihr fragt uns sonderbar!
  Ists nicht natürlich, daß sie Boten schickt,
  Wenn Ihr nicht, wie Ihr doch versprochen habt,
  Von selbst erscheint? So sehr sie unsre Frauen
  An Majestät und Schönheit übertrifft,
  So seltsam finden dies, und das mit Recht,
  Daß ihr Geschlecht sich nicht um sie bekümmert,
  Als wär sie seine Schmach und nicht sein Stolz.
  Wenn das nicht anders wird, so wird der Neid
  Ihr noch die fürstliche Geburt bezweifeln,
  Und darum mahnt sie Euch an Euer Wort.
VOLKER: Ei nun, wir kommen um die Sonnenwende
  Und, wie Ihr seht, *deutet auf das Gefolge,*
                 mit unserm ganzen Staat!

WERBEL: Mit einem Heer, jawohl. Auf so viel Gäste
   Ist Etzel kaum gefaßt, drum müssen wir
   Voran!
Sie gehen zu dem Schiff, das eben anlegt, und verschwinden rasch.
VOLKER: Die reden falsch! Das ist gewiß!
   Doch wahr ists auch, daß Kriemhild wünschen muß,
   Uns dort zu sehn.
RUMOLT: Und töricht wärs, zu glauben,
   Daß sie den zweiten Mann beredet hätte,
   Für ihren ersten Thron und Kopf zu wagen:
   Das widerspricht sich selbst und ist zum Lachen,
   Doch mag geschehn, was heimlich möglich ist!
VOLKER: Und da wir unsre Augen für uns selbst
   Nicht brauchen, denn was hätten wir zu fürchten,
   So ists, als ob der Tronjer tausend hätte,
   Und die sind auch um Mitternacht genug.
HAGEN *der gleich bei der Ankunft des Schiffes herausgesprungen ist und dem Ausladen zugeschaut hat:*
   Ist alles hier?
DANKWART: Bis auf den Priester dort!
   Deutet auf den Kaplan.
   Der packt sich erst sein Meßgerät zusammen.
HAGEN *springt wieder ins Schiff und stürzt auf den Kaplan los:*
   Steh fest! *Er stößt ihn über Bord.*
      Da liegt er, wie ein junger Hund,
   Und meine ganze Mannheit kehrt mir wieder!
VOLKER *ist ihm nachgesprungen:*
   Pfui, Hagen, pfui, das war kein Stück für dich.
HAGEN *heimlich:*
   Meerweiber traf ich, grün wie Schilf das Haar,
   Und blau die Augen, die mir prophezeiten – *Bricht ab.*
   Was? Kannst du schwimmen, trotz des lahmen Armes?
   Die Ruderstange her!
Volker ergreift sie und hält sie fest.
      Die Ruderstange!
   Sonst spring ich nach, gepanzert, wie ich bin!
   Er nimmt sie und schlägt ins Wasser.
   Zu spät! – Das ist ein Fisch! – So ists denn wahr
   Und nicht bloß Bosheit!
KAPLAN *ruft herüber:*   König, fahre wohl!

Ich geh zurück!
HAGEN: Und ich –
Zieht sein Schwert und zertrümmert das Schiff.
GUNTHER: Bist du von Sinnen,
Daß du das Schiff zerschlägst?
HAGEN: Frau Ute hat
Zu schlecht geträumt, als daß dir jeder Knecht
Zu Etzels Gastgebot mit Freuden folgte,
Doch nun ist auch der letzte dir gewiß.
GUNTHER: Und halt ich einen, den ein Traum erschreckt?
VOLKER: Das war es nicht. Was hast du?
HAGEN: Tritt beiseite,
Damit uns keiner hört. Denn dir allein
Will ichs vertraun. *Heimlich:* Meerweiber traf ich an,
Als ich vorhin das Schiff zu suchen ging,
Sie schwebten über einem alten Brunnen
Und glichen Vögeln, die im Nebel hüpfen,
Bald sichtbar, bald vom blauen Qualm verschluckt.
Ich schlich heran, da flohn sie scheu von dannen,
Allein die Kleider riß ich ihnen ab,
Und schmeichelnd riefen sie, in ihre Locken
Sich wickelnd und in einer Lindenkrone
Sich bergend: Gibst du uns den Raub zurück,
So wollen wir dir prophezein, wir wissen,
Was euch begegnen wird, und meldens treu!
Ich ließ die Kleider hoch im Winde flattern
Und nickte, da begannen sie zu singen,
Und nie vernahm ich noch ein schönres Lied
Von Glück und Sieg und allem, was man wünscht.
VOLKER: Das ist ein beßres Zeichen, als du denkst!
Wie das Insekt von Sonnenschein und Regen,
So haben sie vom Schicksal Witterung,
Nur reden sie nicht gern, denn jedes Wort
Bezahlen sie mit einem Lebensjahr,
Und uralt werden sie, wie Sonn und Mond
Am Himmel, doch unsterblich sind sie nicht.
HAGEN: Um so verfluchter denn! Ich warf die Kleider
Mit Freuden wieder hin und stürzte fort.
Doch da erscholl ein Lachen hinter mir,
So widerwärtig und entsetzlich-häßlich,
Als käms aus einem Sumpf von tausend Kröten

Und Unken, und ich sah mich schaudernd um.
Was wars? Die Weiber abermals, doch nun
In scheußlicher Gestalt. Sie schnitten mir
Gesichter und in seltsam-schnalzgem Ton,
Als spräche, statt des Vogels, jetzt der Fisch,
In dem ihr schlanker Leib sich endgen soll,
Höhnten sie mich: Wir haben dich betrogen,
Ihr alle seht, wenn ihr ins Heunenland
Hinunterzieht, den grünen Rhein nicht wieder,
Und nur der Mann, den du am allermeisten
Verachtest, kommt zurück.
VOLKER: Doch nicht der Pfaff?
HAGEN: Du siehst es ja. Ich rief zwar spöttisch drein:
Das heißt: die Fremde wird uns so gefallen,
Daß wir die Heimat über sie vergessen,
Und lacht' und pfiff, und fragte nach dem Schiff.
Doch trafs mich wie ein Schlag, und glaubs mir nur,
Es endet nimmer gut. *Laut:* Man wirds erfahren,
Daß man, wenn Hagen Tronje einmal warnt,
Auf Hagen Tronje hören darf.
GUNTHER: Warum
Hört Hagen Tronje denn nicht selbst auf sich
Und bleibt zurück? Wir haben Mut genug,
Auch ohne ihn das grause Abenteuer
Zu wagen, das in einer Schwester Armen
Sein Ende finden wird, wenn uns nicht gar
Zuletzt ein Kuß von unserm Schwäher droht.
HAGEN: Hoho! Ich bin wohl noch zu jung zum Sterben! –
Es ist mir nur um dich und nicht um mich.
DANKWART *zu Hagen:*
Was ist denn das für Blut?
HAGEN: Wo hätt ich Blut?
DANKWART *taucht den Finger hinein und zeigt es ihm:*
Ei, von der Stirne träufts dir hell herunter,
Fühlst dus nicht selbst?
HAGEN: So sitzt mein Helm nicht fest.
GUNTHER: Nein, sprich, was ists?
HAGEN: Ich trug den Donauzoll
Im stillen für dich ab, du wirst nicht mehr
Gemahnt, der Mautner hat sein Teil. Doch wußte
er nimmt den Helm ab

Ich selber nicht, daß ich so reichlich gab.
GUNTHER: So hast du doch den Fährmann –
HAGEN: Allerdings.
Ich sehs jetzt, Lügen haben kurze Beine:
Er grüßte mich mit seinem dicken Ruder,
Ich dankte ihm mit meinem scharfen Schwert.
GUNTHER: Gelfrat, den Riesen!
HAGEN: Ja, den Stolz der Bayern!
Er treibt im Fluß, verhauen wie sein Schiff!
Doch unbesorgt. Ich trag Euch auf dem Rücken
Hinüber, wenn Ihr hier zum zweitenmal
Die Fähre sucht.
GUNTHER: So brauchts nur fortzugehn,
Und deine Rabenweisheit kommt zu Ehren –
HAGEN: Das tut sie auch, wenn Ihr die Fiedel streicht!
So oder so, wir sind im Netz des Todes –
VOLKER: Gewiß! Doch ist das neu? Wir warens stets.
HAGEN: Das ist ein Wort, mein Volker, habe Dank.
Jawohl, wir warens stets, es ist nicht neu,
Und einen Vorteil haben wir voraus
Vor all den andern, welche sterben müssen:
Wir kennen unsern Feind und sehn das Netz –
GUNTHER *unterbricht ihn scharf und schroff:*
Fort! Fort! Sonst läßt der Bayernherzog sich
Den toten Mautner zahlen wie die Maut,
Und König Etzel kommt um seinen Spaß.
Ab mit den Seinigen bis auf Hagen und Volker.
HAGEN: Und bei den Namenlosen seis geschworen:
Wer mich hinunterstößt, den reiß ich nach.
VOLKER: Ich helf dabei! Doch sagen muß ich dir:
Bis diese Stunde hab ich wie die andern
Gedacht.
HAGEN: Ich auch. Doch weiß ichs selber erst,
So ist der Mensch, pfui über ihn und mich,
Seit ich die Weiber prophezeien hörte!
VOLKER: Und jetzt noch möcht ich zweifeln –
HAGEN: Nein, mein
Volker,
Das wär verkehrt. Die Probe ist gemacht.
VOLKER: Doch ist auch alles wahr, was Ute sagte:
Sie ist ein Weib und müßte, um den Gatten

Zu rächen, ihre eignen Brüder töten
　　Und ihre alte Mutter mit!
HAGEN: 　　　　　　　　Wie das?
VOLKER: Die Könge decken dich, und Ute deckt
　　Die Könge wieder, oder trifft man sie
　　Nicht auch, wenn man die Söhne trifft?
HAGEN: 　　　　　　　　　　　　　Gewiß.
VOLKER: Und wird ein Weib wohl einen Pfeil versenden,
　　Der, eh er dir die Haut nur ritzen kann,
　　Durch alle diese Herzen gehen muß?
HAGEN: Komme, was kommen mag, ich bin bereit.
VOLKER: Ich hab uns alle bluten sehn im Traum,
　　Doch jeder hatte seine Wunde hinten,
　　Wie sie der Mörder, nicht der Held, versetzt,
　　Drum fürchte nichts als Mäusefallen, Freund! *Beide ab.*

　　Zweite Szene

Bechlarn. Empfangssaal

Götelinde von der einen Seite mit Gudrun, Rüdeger von der andern mit Dietrich und Hildebrant. Hinter ihnen Iring und Thüring.

GÖTELINDE: Es freut mich, edler Dieterich von Bern,
　　Euch in Bechlarn zu sehn, nicht minder gern
　　Erblick ich Euch, Herr Hildebrant. Ich habe
　　Nur eine Zunge, und ich kann mit ihr
　　Zwei tapfre Recken nicht auf einmal grüßen,
　　Allein ich hab zwei Hände, die dem Herzen,
　　Das euch gleich stark entgegenschlägt, gleich willig
　　Gehorchen und – *sie streckt ihre Hände aus* –
　　　　　　verbeßre so den Fehl.
DIETRICH *während der Begrüßung:*
　　Zu milde Worte für so alte Knochen!
HILDEBRANT: Das find ich nicht. Ich küß sie noch einmal.
　　Er küßt auch Gudrun.
　　Da sie nun einmal doppelt vor mir steht.
DIETRICH: Die Ähnlichkeit ist wirklich groß genug,
　　Um die Verwechslung zu entschuldigen.
　　Er küßt Gudrun gleichfalls.
RÜDEGER: Nur immer zu!

DIETRICH: Ich und mein Waffenmeister,
Wir spielen heut: Wer ist der größte Narr?
Mit braunen Köpfen haben wir gerauft,
Mit weißen küssen wir!
GÖTELINDE *zu Iring und Thüring:* Euch, edle Herrn
Von Dänemark und Thüring, hab ich schon
So oft gesehn, daß ich euch wohl als Freunde
Behandeln darf!
IRING *während der Begrüßung:* Herrn Dietrich gebührt
Der Rang auch ohne das. Wo er erscheint,
Tritt alles gern zurück.
DIETRICH: Wenn wir uns so
Zusammenfinden, wir, die Amelungen,
Und ihr, die ihr aus fernstem Norden stammt,
Ein jeder mehr als hundertmal gekerbt
In blutgen Kämpfen, wie ein Eichenbaum,
Den sich der Jäger für die Axt bezeichnet,
Doch nie gefällt wie der, so möcht ich glauben,
Wir haben, ohne selbst darum zu wissen,
Das Kraut gepflückt, das vor dem Tode schützt.
IRING: Ein Wunder ists.
THÜRING: Das Wunder ist nicht groß!
Einst saßen wir auf unsren eignen Thronen,
Jetzt sind wir hier, um für den Heunenfürsten
Die blutgen Nibelungen zu begrüßen,
Und tragen unser Diadem zum Spott.
Herr Etzel hat sich seinen stolzen Hof
Aus Königen gebildet, und er sollte
Für sich auf einen neuen Namen sinnen,
Bei dem man gleich an dreißig Kronen denkt:
Wir aber hätten wohlgetan, das Zepter
Mit einem Bettelstabe zu vertauschen,
Der Stock, das schnöde Mittelding, entehrt.
DIETRICH: Auch ich bin unter euch und kam von selbst.
THÜRING: Jawohl, doch keiner ahnt, warum, und Etzel,
Das glaube nur, ist so erstaunt wie wir.
Wärst du von meinem Holz, so würd ich glauben,
Du hättst dich eingefunden, um den Löwen
Zu spielen und ihn selber zu verschlingen,
Nachdem er Bär und Wolf im Magen hat.
Doch dies liegt deinem Wesen fern, ich weiß,

Und da du ganz aus freien Stücken tust,
Was wir aus Klugheit und aus halbem Zwang,
So mußt du wunderbare Gründe haben,
Die unser plumper Kopf nicht fassen kann.
DIETRICH: Ich habe Gründe, und der Tag ist nah,
Wo ihr sie kennenlernt.
IRING: Ich brenne drauf,
Sie zu erfahren, denn daß du dich beugst,
Wo du gebieten könntest, ist so seltsam,
Daß es, ich sag es frei, an Schande grenzt,
Besonders dieser Weg.
THÜRING: Das mein ich auch!
RÜDEGER: Vergeßt nicht Etzels Sinn und edle Art!
Ich würd ihm willig dienen, wenn ich auch
So frei wie Dietrich wäre, denn er ist
Uns gleich an Adel, doch wir hattens leicht,
Wir erbtens mit dem Blut von unsern Müttern,
Er aber nahm es aus der eignen Brust!
THÜRING: So fühl ich nicht, ich folge, weil ich muß,
Doch wäre ich wie der –
IRING: Ich tröste mich
Mit unsern Göttern, denn derselbe Sturm,
Der uns die Kronen raubte, hat auch sie
Gestürzt, und wenns mich auch einmal verdrießt,
Daß dieser

– er faßt an sein Diadem –

Reif nicht länger blitzt als sonst,
So tret ich rasch in Wodans Eichenhain,
Und denk an den, der mehr verloren hat!
DIETRICH: So machst dus recht! – Das große Rad der Welt
Wird umgehängt, vielleicht gar ausgetauscht,
Und keiner weiß, was kommen soll.
RÜDEGER: Wie das?
DIETRICH: Ich saß einst eine Nacht am Nixenbrunnen
Und wußte selbst nicht, wo ich war. Da hab ich
Gar viel erlauscht.
RÜDEGER: Was denn?
DIETRICH: Wer sagts dir an?
Du hörst ein Wort und kannst es nicht verstehn,
Du siehst ein Bild und weißt es nicht zu deuten,
Und erst, wenn was geschieht, besinnst du dich,

Daß dirs die Norne schon vor Jahr und Tag
In Schattentänzen vorgegaukelt hat!
Trompeten.
IRING: Die Helden nahn!
THÜRING: Die Mörder!
RÜDEGER: Davon still!
DIETRICH: So blieb ein Rätsel mir im Ohre hängen,
Das lautete: Der Riese soll den Riesen
Nicht fürchten, nur den Zwerg! Hättst dus gelöst?
Seit Siegfrieds Tod versteh ichs nur zu wohl.
GÖTELINDE *am Fenster. Die Trompeten ganz nahe:*
Da sind sie.
GUDRUN: Welche muß ich küssen, Mutter?
GÖTELINDE: Die Könge und den Tronjer!
RÜDEGER *zu den Recken:* Kommt denn,
kommt!
DIETRICH: Ihr, um zu grüßen, um zu warnen ich.
RÜDEGER: Wie?
DIETRICH: Ja! Wenn sie auf meine Winke achten,
So trinken sie mit dir und kehren um! *Im Abgehen:*
Halt Feuer und Schwefel auseinander, Freund,
Denn löschen kannst du nicht, wenns einmal brennt.
Alle ab.

Dritte Szene

GÖTELINDE: Tritt her zu mir, Gudrun, was zögerst du?
So edlen Gästen dürfen wir uns nicht
Gleichgültig zeigen.
GUDRUN *tritt gleichfalls ans Fenster:* Mutter, sieh doch den,
Den Blassen mit den hohlen Totenaugen,
Der hats gewiß getan.
GÖTELINDE: Was denn getan?
GUDRUN: Die arme Königin! Sie war doch gar
Nicht lustig auf der Hochzeit.
GÖTELINDE: Was verstehst
Denn du davon? Du bist ja eingeschlafen,
Bevor sies werden konnte.
GUDRUN: Eingeschlafen!
Ich schlief in Wien nicht einmal ein, so jung

>   Ich damals auch noch war! – So saß sie da,
>   Den Kopf gestützt, als dächte sie an alles,
>   Nur nicht an uns, und wenn Herr Etzel sie
>   Berührte, zuckte sie, wie ich wohl zucke,
>   Wenn eine Schlange uns zu nahe kommt.
> GÖTELINDE: Pfui, pfui, Gudrun!
> GUDRUN: Du kannst mirs sicher glauben,
>   Ihr habts nur nicht bemerkt. Du lobst mein Auge
>   Doch sonst –
> GÖTELINDE: Wenns Nadeln aufzuheben gibt.
> GUDRUN: Der Vater nennt mich seinen Hauskalender –
> GÖTELINDE: Es soll nicht mehr geschehn, du wirst zu keck.
> GUDRUN: So war sie lustig?
> GÖTELINDE: Wies der Witwe ziemt!
>   Nichts mehr davon! *Sie tritt vom Fenster zurück.*
> GUDRUN: Es fiel mir ja nur ein,
>   Als ich – *schreit auf:* Da ist er!

Vierte Szene

Rüdeger tritt mit seinen Gästen und den Nibelungen ein. Giselher folgt später und hält sich abseits.

HAGEN: Wir erschrecken hier?
Allgemeine Begrüßung.
  Zu Gudrun:
  Man hat mich wohl verleumdet und verbreitet,
  Daß ich nicht küssen kann? Hier der Beweis.
  Er küßt sie, dann zu Götelinde:
  Verzeiht mir, edle Frau! Ich war besorgt
  Für meinen Ruf und mußte eilig zeigen,
  Daß ich kein Lindwurm bin. Doch wär ichs auch,
  So hätt ein Kuß von diesem Rosenmund
  Mich so gewiß zum Schäfer umgewandelt,
  Als es im schönsten Märchen je geschah.
  Was soll ich? Veilchen suchen? Lämmer fangen?
  Ich wette um den zweiten Kuß mit dir:
  Die Blumen sollen nicht ein Blatt verlieren,
  Die Lämmer nicht ein Haar! Sprich, gehst dus ein?

RÜDEGER: Zum Imbiß jetzt! Im Grünen ist gedeckt.
HAGEN: Erst laß uns deine Waffen doch besehn!
Tritt vor einen Schild.
  Das ist dein Schild! Den Meister möcht ich kennen,
  Der ihn geschmiedet hat. Doch hast du selbst ihn
  Gewiß nicht aus der ersten Hand.
RÜDEGER: Versuchs,
  Ob du errätst, wer ihn vor mir besaß.
HAGEN *nimmt den Schild von der Wand:*
  Ei, der ist schwer. Nur wenge gehn herum,
  Die solch ein Erbstück nicht verschmähen müßten.
GÖTELINDE: Hörst du, Gudrun?
HAGEN: Du kannst ihn liegenlassen,
  Wie einen Mühlenstein, wos dir gefällt,
  Er schützt sich selbst.
GÖTELINDE: Habt Dank für dieses Wort.
HAGEN: Wie, edle Frau?
GÖTELINDE: Habt Dank, habt tausend Dank,
  Es war mein Vater Nudung, der ihn trug.
VOLKER: Dann hatt er recht, als er Euch schwören ließ,
  Euch keinem andern Recken zu vermählen
  Als dem, der seine Waffe brauchen könne,
  Man denkt zum Schild sich leicht das Schwert hinzu.
HAGEN: Das hab ich nie gehört. Was solch ein Fiedler
  Doch alles weiß!
RÜDEGER: Es war so, wie er sagt.
HAGEN *will den Schild wieder aufhängen:*
  Nun, ich beklage seinen Tod von Herzen,
  Ich hätt – verzeiht – ihn selbst erschlagen mögen,
  Es muß ein trotzger Held gewesen sein.
GÖTELINDE: Laßt ihn nur stehn.
HAGEN: Das tut kein Knecht für
                                         mich.
RÜDEGER: Schon gut. Wir wissen jetzt, was dir gefällt!
HAGEN: Meinst du? Zum Balmung würd er freilich passen,
  Den mir der wackre Siegfried hinterließ,
  Und daß ich Waffen sammle, leugn ich nicht.
RÜDEGER: Nur nimmst du keine aus der ersten Hand.
HAGEN: Ich liebe die erprobten, das ist wahr!
Alle ab.

Fünfte Szene

VOLKER *hält Giselher zurück:* Mein Giselher, ich muß dir
                                        was vertraun.
GISELHER: Du mir?
VOLKER: Auch bitt ich dich um deinen Rat.
GISELHER: Wir ritten fast die ganze Zeit zusammen,
  Und jetzt auf einmal? Nun, so faß dich kurz!
VOLKER: Sahst du das Mägdlein? Doch, was frag ich noch,
  Sie hielt ja keinen Becher in der Hand.
GISELHER: Sprich nicht so dumm, ich hab sie wohl gesehn.
VOLKER: Du hast ja aber doch den Kuß verschmäht,
  Den sie dir schuldig war –
GISELHER: Was höhnst du mich?
VOLKER: Ich muß dich prüfen, eh ichs glauben kann,
  Denn das vom Becher ist dein eignes Wort.
  Wie alt erscheint sie dir?
GISELHER: Nun laß mich aus!
VOLKER: Du hast noch Zeit. Führt sie den Mädchentitel
  Schon unbestritten?
GISELHER: Kümmerts dich?
VOLKER: Jawohl:
  Ich will hier werben, und ich muß doch wissen,
  Daß sie den Bräutigam nicht stehen läßt,
  Wenn sie zum Blindekuh gerufen wird.
GISELHER: Du willst hier werben? Du?
VOLKER: Nicht für mich
                                          selbst!
  Mein Helm ist, trotz der Beulen, die er hat,
  Noch blank genug, mir mein Gesicht zu zeigen,
  O nein, für Gerenot.
GISELHER: Für Gerenot?
VOLKER: Nun frag ich dich im Ernst: Ists euch genehm?
  Dann tu ichs gern! Hab ichs doch selbst gesehn,
  Daß ihns durchfuhr, als ob der Blitz ihn träfe,
  Wie er dies Kind am Fenster stehen sah.
GISELHER: Ihn? Er hat nicht einmal hinaufgeschaut! –
  Das war ja ich.
VOLKER: Das wärest du gewesen?
  Sprachst du denn auch zu mir?
GISELHER: Das glaub ich nicht,

Doch dafür sprech ich jetzt. Ihr habt ja immer
Gedrängt, ich sollte frein, und Gerenot
Am allermeisten – nun, es wird geschehn!
VOLKER: Auf einmal?
GISELHER: Wenn sie will. Ich hab den Kuß
Der Höflichkeit verschmäht –
VOLKER: Ists wirklich so?
GISELHER: Verpaßt, wenns dir gefällt, wie meinen Teil
Vom großen Kuchen, doch es ist mir gleich,
Einen andern oder keinen! *Rasch ab.*

   Sechste Szene

VOLKER: Ei, das kommt
Wies Fieber! Aber ganz zur rechten Zeit,
Drum blies ich auch hinein mit vollen Backen,
Denn, wenn wir uns mit Rüdeger verschwähern,
Ist Etzels redlichster Vasall uns Freund. *Ab.*

   Siebente Szene

Garten

Rüdeger und seine Gäste. Bankett im Hintergrund.

HAGEN: Hast du ihr im geheimen nichts gelobt?
RÜDEGER: Hätt ichs getan, so müßt ichs wohl verschweigen.
HAGEN: Ich glaub es doch. Der Umsprung war zu rasch!
Erst war sie durch die Werbung tief gekränkt,
Dann wars ihr plötzlich recht.
RÜDEGER: Und wenn es wäre:
Kann sie verlangen, was man weigern muß?
HAGEN: Wer weiß! Doch mir ists gleich!
RÜDEGER: Ich kenne das!
Wohl mag ein Weib, das schwer beleidigt ist,
Auf Rache sinnen und in blutgen Plänen
Uns alle überbieten: Kommt der Tag,
Wo sich ein Arm für sie erheben will,
So hält sie selbst mit Zittern ihn zurück
Und ruft: Noch nicht!
HAGEN: Kann sein! – Wo bleibst du,
                              Volker?

Achte Szene

Volker tritt auf.

VOLKER: Ich hatte Krankendienst! – Die Luft bei euch
 Ist nicht gesund. Hier brechen Fieber aus,
 Die über zwanzig Jahre ruhig schliefen,
 Und das so heftig, wie ichs nie gesehn.
RÜDEGER: Wo ist dein Kranker denn?
VOLKER: Da kommt er just!

Neunte Szene

Giselher tritt auf.

RÜDEGER: Zu Tisch! Dort lösen wir dies Rätsel auf,
 Wenn wir die Nüsse und die Mandeln knacken.
GISELHER: Mein edler Markgraf, erst erlaubt ein Wort.
RÜDEGER: Soviel der Küchenmeister noch gestattet,
 Nicht mehr noch weniger.
GISELHER: Ich bitte Euch
 Um Eurer Tochter Hand.
GERENOT: Ei, Giselher!
GISELHER: Ists dir nicht recht? Sprich auch! Und laß uns schwören.
 Wie uns das Los auch fällt, wir grollen nicht!
 Du lachst? Du sprachst wohl schon und hast dein Ja?
 Nun wohl, ich halt auch dann, was ich gelobt,
 Doch nehm ich nie ein Weib!
GERENOT: Was fällt dir ein!
RÜDEGER *winkt Frau und Tochter:*
 Tritt her, Gudrun!
HAGEN *schlägt Giselher auf die Schulter:* Du bist ein braver Schmied! –
 Das wird ein Ring! – Ich leg mein Fürwort ein!
GUNTHER: Das tu auch ich. Es wird mich hoch erfreun,
 Wenn ich auf diese reine Jungfraunstirn
 Die Krone setzen darf.
GISELHER *zu Gudrun:*   Und du?
GÖTELINDE *da Gudrun schweigt:* O weh!
 So wißt Ihrs nicht schon längst durch das Gerücht?
 Mein Kind ist taub und stumm.

RÜDEGER: Ich geb Euch gern
  Euer Wort zurück.
GISELHER: Ich habs noch nicht verlangt,
  Sie wäre ohne das zu gut für mich.
HAGEN: Recht, hämmre tüchtig zu! Denn solch ein Ring
  Paßt ganz in unsre Kette. *Zu Volker:* Wenn sies wagt,
  So soll sie zehnmal blutger sein wie ich!
GISELHER: Gudrun – Ach, ich vergesse! Lehrt mich rasch
  Die Zeichen, die ihr braucht, mit ihr zu reden,
  Und diesmal fragt für mich.
GUDRUN: Ei, glaubts doch nicht,
  Ich schämte mich ja nur.
VOLKER: Du liebes Kind!
  Auf deinen Lippen muß ein Zauber wohnen,
  Wer sich beim ersten Kuß was wünscht, der hats.
GISELHER: So sprich!
GUDRUN: Mein Vater sprach ja auch noch nicht.
HAGEN *zu Rüdeger:* Da hast du Vollmacht! Siegle! Denn
  dein Koch
  Wird ungeduldig.
RÜDEGER *gegen Gunther:* Braucht es meiner noch?
  Muß ich die Rolle jenes Narren spielen,
  Dem eine Krone auf den Scheitel fiel,
  Und der gen Himmel rief: Ich nehm sie an?
  Es sei, und also sag ich ja! *Zu Hagen:* Nun weißt du,
  Wie tief ich gegen euch verschworen bin.
HAGEN: So gebt euch denn die Hände! Brav! Der Ring
  Ist fertig! Keinen Schlag mehr, Schmied! Die Hochzeit
  Erst bei der Wiederkehr!
GISELHER: Warum?
GÖTELINDE: Ei wohl!
RÜDEGER: Ich harrte sieben Jahr.
HAGEN: Doch darfst du nicht
  Zurückgewiesen werden, wenn dir auch
  Ein paar von deinen Gliedern fehlen sollten, – *zu Gudrun:*
  Ich steh dafür, er kommt nicht ohne Kopf.
RÜDEGER: Das gehn wir ein. Es gilt ja nur ein Fest.
DIETRICH *tritt plötzlich hinzu:* Wer weiß! Frau Kriemhild
  weint noch Tag und Nacht.
HAGEN: Und Etzel duldets? Pah! Da schellt der Koch.
DIETRICH: Ich bin gekommen, um euch das zu sagen.

Es ist geschehn, nun achtets, wie ihr wollt.
Geht mit Rüdeger zum Bankett.

Zehnte Szene

HAGEN: Hört ihrs? Das sprach Herr Dieterich von Bern.
DIETRICH *kehrt wieder um:* Seid auf der Hut, ihr stolzen
                                                Nibelungen,
Und wähnt nicht, daß ein jeder, der die Zunge
Jetzt für euch braucht, den Arm auch brauchen darf.
Folgt Rüdeger.

Eilfte Szene

VOLKER: Das sprach ein König, der gewiß zuletzt
  Auf Erden Argwohn schöpft.
HAGEN: Sie kennen ihn.
VOLKER: Und weise Nixen, die dem Zauberborn
  Entstiegen –
HAGEN: Willst du schwatzen?
GUNTHER: Nun, was ists?
HAGEN: Sie meinten, gute Panzer täten not –
VOLKER: Und nützten doch zu nichts.
GUNTHER: Was tuts? Die Hülfe
  Ist bei der Hand.
HAGEN: Wie das?
GUNTHER: Du gehst zurück!
HAGEN: Zurück?
GUNTHER: Jawohl! Du meldest meiner Mutter,
  Was hier geschah, damit sie Betten stopft,
  Und freust dich, daß du uns gerettet hast.
  Denn die Gefahr, vor der du ewig warnst,
  Ist nur für dich und nicht für uns vorhanden,
  Wir sind gedeckt, sobald du selbst nur willst,
  Und deinen Auftrag hast du! Kehr denn um!
HAGEN: Gebeutst dus mir?
GUNTHER: Wenn ich gebieten wollte,
  So hätt ichs schon zu Worms am Rhein getan!

HAGEN: Dann ists ein Dienst, den ich dir weigern muß.
GUNTHER: Siehst du? Es ist dir nicht allein um mich!
  Du willst nicht fehlen, wo man spotten könnte:
  Wo bleibt er denn? Er fürchtet sich doch nicht?
  Nun, was dich treibt, das treibt auch mich! Ich will
  Nicht warten, bis der Heunenkönig mir
  Ein Spinnrad schickt. Ja, wenn die Norne selbst
  Mit aufgehobnem Finger mich bedräute,
  Ich wiche keinen Schritt zurück! Und du
  Bist unser Tod, wenns drunten wirklich steht,
  Wie dus uns prophezeist. Doch –
  Er schlägt Hagen auf die Schulter.   Komm nur, Tod!
Folgen den andern.

DRITTER AKT

Heunenland. König Etzels Burg. Empfangssaal

Erste Szene

Kriemhild. Werbel. Swemmel.

KRIEMHILD: So wagt ers ungeladen? Hagen Tronje,
  Ich kannte dich!
WERBEL: Er zieht voran und führt.
KRIEMHILD: Greift gleich nach ihren Waffen, wenn sie
                                                kommen,
  Ihr wißt, mit List.
WERBEL: Es liegt uns selbst daran.
KRIEMHILD: Habt Ihr denn auch noch Mut, nun ihr sie
                                                kennt?
WERBEL: Dem Hornißschwarm erlag schon mancher Leu! –
  Weiß Etzel etwas?
KRIEMHILD: Nein! – Und doch wohl: Ja.
WERBEL: Es ist nur –

KRIEMHILD: Was?
WERBEL: Auch in der Wüste ehren
Wir einen Gast.
KRIEMHILD: Ist Gast, wen keiner lud?
WERBEL: Bei uns sogar der Feind!
KRIEMHILD: Vielleicht ist alles
Nicht nötig. Hier wird König Gunther frei,
Und wenn sich in Burgund der Henker findet,
So brauche ich die Heunschen Rächer nicht.
WERBEL: Doch Königin –
KRIEMHILD: Euch halte ich auch dann,
Was ich euch schwur. Der Nibelungen Hort
Ist euer, wenn er liegt. Ich frage nicht,
Durch wen er fiel!
WERBEL: Auch wenn wir nichts getan?
Trotz Etzels Zorn, dein bis zum Tod dafür!
KRIEMHILD: Habt Ihr die Königin Burgunds gesehn?
WERBEL: Die sieht kein Mensch.
KRIEMHILD: Auch nicht von ihr
gehört?
WERBEL: Die wunderlichsten Reden gehen um.
KRIEMHILD: Was denn für Reden?
WERBEL: Nun, es wird geflüstert,
Daß sie in einem Grabe haust.
KRIEMHILD: Und doch
Nicht tot?
WERBEL: Sie hat es gleich nach dir bezogen,
Fort in der Nacht, nach Wochen erst entdeckt,
Und nicht mehr wegzubringen.
KRIEMHILD: Sie – Brunhild –
In Siegfrieds heilger Ruhestatt?
WERBEL: So ists.
KRIEMHILD: Vampir.
WERBEL: Am Sarge kauernd.
KRIEMHILD: Teufelskünste
Im Sinn.
WERBEL: Kann sein. Allein im Auge Tränen,
Und mit den Nägeln bald ihr Angesicht
Zerkratzend, bald das Holz.
KRIEMHILD: Da seht ihrs selbst!
WERBEL: Der König gab Befehl, sie einzumauern,

—Doch eilig setzte ihre graue Amme
   Sich in die Tür.
KRIEMHILD: Dich treib ich wieder aus! —
   Nach langer Pause:
   Und meine Mutter schickt mir diese Locke
   Und fügte nicht ein einzges Wort hinzu?
WERBEL: So ists.
KRIEMHILD: Sie soll mich mahnen, denk ich mir,
   Daß ich die Brüder nicht zu lange halte.
WERBEL: Es mag wohl sein.
KRIEMHILD: Sie ist so weiß wie Schnee.
WERBEL: Doch hätte sie gewiß nicht dran gedacht,
   Wenn sie ihr Traum nicht so geängstigt hätte,
   Denn sie betrieb die Reise selbst mit Fleiß.
KRIEMHILD: Was für ein Traum?
WERBEL: Sie sah die Nacht, bevor
   Wir ziehen sollten, alle Vögel tot
   Vom Himmel fallen.
KRIEMHILD: Welch ein Zeichen!
WERBEL: Nicht?
   Die Kinder scharrten sie mit ihren Füßen
   Zusammen, wie im Herbst die dürren Blätter —
KRIEMHILD: Und ihre Träume gehen immer aus! —
   Das ist ein Pfand!
WERBEL: Du jubelst? Sie erschrak
   Und schnitt, als wir zu Pferde steigen wollten,
   Vom greisen Haupt die Locke sich herunter,
   Und gab sie mir, wie einen Brief für dich.
KRIEMHILD: Nun richtet euch!
WERBEL: Das Netz ist schon gestellt.
Werbel und Swemmel ab.

   Zweite Szene

KRIEMHILD *die Locke erhebend:*
   Ich kann dich wohl verstehn! Doch fürchte nichts!
   Mir ists nur um den Geier, deine Falken
   Sind sicher bis auf ihre letzte Feder,
   Es wäre denn — Doch nein, sie hassen sich!

Dritte Szene

Etzel *tritt mit Gefolge ein:*
    Nun wirst du doch mit mir zufrieden sein?
    Und wenn dus noch nicht bist, so wirst dus werden,
    Bevor ich dich verlasse. Sag nur an,
    Wie ich die Deinigen begrüßen soll.
Kriemhild: Mein König –
Etzel: Stocke nicht! Bedinge dirs,
    Wies dir gefällt! Ich ging bis an das Tor,
    Als ich den alten Dieterich von Bern
    Zuerst empfing, und trug ein Diadem.
    Dies war bis jetzt mein Höchstes, aber heut
    Bin ich zu mehr bereit, damit sie sehn,
    Daß auch der Heune dich zu schätzen weiß.
    Bis an die fernsten Marken meines Reichs
    Hab ich die Könige vorausgesandt,
    Die mehr aus Wahl mir dienen als aus Zwang,
    Und Freudenfeuer, die von Berg zu Berg
    Entzündet werden, flammen ihnen zu,
    Daß sie an Etzels Hof willkommen sind
    Und uns, auf welcher Straße sie sich nahn.
    Soll ich nun auch noch Kronenprobe halten
    Und meinen Purpur einmal wieder lüften,
    So sprichs nur aus, und kehr dich nicht daran,
    Daß mich ein Zentner Eisen nicht so drückt
    Wie eine Unze Gold. Ich wähle mir
    Die leichteste, und wenn du danken willst,
    So kannst du sie mit einem roten Band
    Mir für das Fest der Sonnenwende merken,
    Damit ich sie sogleich zu finden weiß.
Kriemhild: Mein Herr und mein Gemahl, das wär zu viel.
Etzel: Zu viel vielleicht für sie, doch nicht für dich!
    Denn du erfülltest mir den letzten Wunsch,
    Der mir auf Erden noch geblieben war,
    Du schenktest mir den Erben für mein Reich,
    Und was ich dir im ersten Vaterrausch
    Gelobte, halt ich auch: Du kannst nicht fordern,
    Was ich versagte, seit ein Sohn mir lebt.
    Und wenn du nichts für dich verlangen magst,
    So laß michs an den Deinigen beweisen,

Daß es mir ernst mit dieser Rede ist.
KRIEMHILD: Vergönne denn, daß ich sie nach Verdienst
 Und Würdigkeit empfange und behandle,
 Ich weiß am besten, was sich für sie schickt,
 Und sei gewiß, daß jeder das erhält,
 Was ihm gebührt, wie seltsam ich das Fest
 Auch richten und die Stühle setzen mag.
ETZEL: So seis! Ich lud ja nur auf deinen Wunsch,
 Denn Vettern, die mich sieben Jahr verschmähn,
 Kann ich im achten, wie sie mich, entbehren,
 Drum ordne alles, wie es dir gefällt.
 Wenn du mein halbes Reich verschwenden willst,
 So stehts dir frei, du bist die Königin,
 Und wenn du deine Kuchen lieber sparst,
 So ists mir recht, du bist des Hauses Frau!
KRIEMHILD: Mein Herr und König, edel bist du stets
 Mit mir verfahren, doch am edelsten
 In dieser Stunde. Habe Dank dafür.
ETZEL: Um eins nur bitt ich: Laß mich deiner Huld
 Den alten Dieterich von Bern empfehlen,
 Wenn du ihn ehrst, so tust du, was mich freut.
KRIEMHILD: Es soll geschehn und das von Herzen gern.
ETZEL: Die Herrn von Thüring und von Dänemark
 Schick ich hinab, die Gäste zu begrüßen,
 Doch Dietrich zog aus freien Stücken mit.
KRIEMHILD: Er wird sie kennen!
ETZEL: Nein, er kennt sie nicht.
KRIEMHILD: Sie ehren oder fürchten!
ETZEL: Auch nicht! Nein!
KRIEMHILD: Dann ist es viel!
ETZEL: Weit mehr noch, als du
 glaubst.
 Denn sieh: Es sind drei Freie auf der Welt,
 Drei Starke, welche die Natur, wie's heißt,
 Nicht schaffen konnte, ohne Mensch und Tier
 Vorher zu schwächen und um eine Stufe
 Herabzusetzen –
KRIEMHILD: Drei?
ETZEL: Der erste ist –
 Vergib! Er war! Der zweite bin ich selbst,
 Der dritte und der mächtigste ist e r!

KRIEMHILD: Dietrich von Bern!
ETZEL: Er hält es gern geheim
   Und rührt sich nur, wie sich die Erde rührt,
   Wenn er nicht anders kann, doch sah ichs selbst.
   Du kennst die Heunen: tapfer, wie sie sind,
   Muß ich den Übermut gewähren lassen,
   Der sie erfüllt vom Wirbel bis zur Zeh!
   Wers Handwerk kennt, der weiß, daß der Soldat
   Im Feld nur darum unbedingt gehorcht,
   Weil er im Stall zuweilen trotzen darf,
   Und willig läßt er ihm das kleine Recht,
   Die Feder so, die Spange so zu tragen,
   Das er mit seinem Blut so teuer zahlt.
   Drum kann ich auch die edlen Könige
   Nicht so vor aller Ungebühr bewahren,
   Wie ichs wohl möchte, auch mein letzter Knecht
   Will seinen Teil von Etzels Macht und Ruhm,
   Die er als allgemeines Gut betrachtet,
   Und zeigts, indem er pfeift, wenn andre beten,
   Und schnalzt, wenn er sie höflich grüßen sieht.
   So wagte einer hinter Dietrichs Rücken
   Denn auch ein freches Wort, und das den Tag,
   An dem er kam, er sah sich schweigend um
   Und schritt zu einer Eiche, riß sie aus
   Und legte sie dem Spötter auf den Rücken,
   Der knickte unter ihrer Last zusammen,
   Und alles schrie: Der Berner lebe hoch!
KRIEMHILD: Das ahnt ich nicht!
ETZEL: Er schwört sein Lob so ab,
   Wie andre ihre Schande, und er würde
   Die Taten gern verschenken wie die Beute,
   Wenn sich nur Nehmer fänden. Doch so ists!
KRIEMHILD: Und dennoch? – Über allem Menschenkind,
   Und dein Vasall?
ETZEL: Ich selbst erschrak, als er
   Mit abgelegter Krone vor mich trat
   Und seinen Degen senkte. Was ihn trieb,
   Das weiß ich nicht, allein er dient mir treuer,
   Wie viele, die ich überwand im Feld,
   Und schon an sieben Jahr! Ich hätt ihn gern
   Mit meinen reichsten Lehen ausgestattet,

>   Doch nahm er nichts als einen Meierhof,
>   Und auch von diesem schenkt er alles weg,
>   Bis auf ein Osterei, das er verzehrt.
>
> KRIEMHILD: Seltsam!
> ETZEL: Errätst auch du ihn nicht? Er ist
>   Ja Christ wie du, und eure Bräuche sind
>   Uns fremd und unverständlich. Kriecht doch mancher
>   Von euch in Höhlen und verhungert da,
>   Wenn ihm kein Rabe Speise bringt, erklettert
>   In heißer Wüste schroffe Felsenklippen
>   Und horstet drauf, bis ihn der Wirbelwind
>   Herunterschleudert –
> KRIEMHILD: Heilige und Büßer,
>   Doch Dietrich trägt ein Schwert.
> ETZEL: Gleichviel! Gleichviel! –
>   Ich möcht ihm endlich danken, und mir fehlt
>   Die Gabe, die er nimmt. Tu dus für mich!
>   Du bist uns noch das erste Lächeln schuldig:
>   Schenks ihm.
> KRIEMHILD: Du sollst mit mir zufrieden sein!

Vierte Szene

Werbel und Swemmel treten auf.

> WERBEL: Mein Fürst, es flammt schon von den nächsten
>   Bergen!
>   Die Nibelungen nahn!
> *Etzel will hinunter.*
> KRIEMHILD *hält ihn zurück:*
>   Ich geh hinab
>   Und führ sie in den Saal. Du aber bleibst
>   Und wartest ihrer, mag die Treppe ihnen
>   Auch länger werden als der ganze Weg
>   Vom Rhein bis in die Heunenburg.
> ETZEL: Es sei.
>   Sie hatten auch ja Zeit. Ich will derweil
>   Die Helden durch das Fenster mir betrachten;
>   Komm, Swemmel, zeig mir einen jeden an.
> *Ab. Swemmel folgt.*

Fünfte Szene

KRIEMHILD: Nun hab ich Vollmacht – Sie ist weit genug!
 Er braucht mir nicht zu helfen, ich vollbringe
 Es schon allein, wenn er mich nur nicht hindert,
 Und daß er mich nicht hindert, weiß ich jetzt! *Ab.*

Sechste Szene

Schloßhof

Die Nibelungen mit Dietrich, Rüdeger, Iring und Thüring treten auf.

HAGEN: Da sind wir denn! Hier siehts ja prächtig aus!
 Was ist das für ein Saal?
RÜDEGER: Der ist für euch,
 Du wirst ihn noch vor Abend kennenlernen,
 Er hat für mehr als tausend Gäste Raum.
HAGEN: Wir glaubten auch, in keiner Bärenhöhle
 Zu sitzen, weil wir nicht vom Rauch mehr leiden
 Wie unsre Väter in der alten Zeit,
 Doch das ist ganz was andres! *Zu den Königen:* Hütet
 euch,
 Den asiatschen Schwäher einzuladen:
 Der schickt sein Pferd in euer Prunkgemach
 Und fragt euch dann, wo Obdach ist für ihn.
RÜDEGER: Herr Etzel sagt: Die Völker denken sich
 Den König wie das Haus, worin er wohnt!
 Drum wendet er auf dieses all die Pracht,
 Die er an seinem Leibe stolz verschmäht.
HAGEN: Dann denken sie sich ihn mit so viel Augen,
 Als ihnen Fenster hier entgegenfunkeln,
 Und zittern schon von fern. Doch hat er recht!
RÜDEGER: Da kommt die Königin!

Siebente Szene

Kriemhild mit großem Gefolge tritt auf.

HAGEN: Noch immer schwarz!
KRIEMHILD *zu den Nibelungen:*
        Seid ihr es wirklich? Sind das meine Brüder?
Wir glaubten schon, es käm ein Feind gezogen,
So groß ist euer Troß. Doch seid gegrüßt!
Bewillkommnung, aber ohne Kuß und Umarmung.
Mein Giselher, den Herren von Burgund
Entbot die Heunenkönigin den Gruß,
Dich küßt die Schwester auf den treuen Mund.
Herr Dieterich, mir trug der König auf,
Euch Dank zu sagen, daß Ihr seine Gäste
Empfangen habt. Ich sag Euch diesen Dank!
Reicht ihm die Hand.
HAGEN: Man grüßt die Herren anders als die Mannen,
Das ist ein Zeichen wunderlicher Art,
Das manchen dummen Traum zu Ehren bringt.
Bindet seinen Helm fester.
KRIEMHILD: Auch du bist da? Wer hat denn dich geladen?
HAGEN: Wer meine Herren lud, der lud auch mich!
Und wem ich nicht willkommen bin, der hätte
Auch die Burgunden nicht entbieten sollen,
Denn ich gehör zu ihnen wie ihr Schwert.
KRIEMHILD: Dich grüße, wer dich gerne sehen mag:
Was bringst du mir, daß dus von mir erwartest?
Ich habe dich des Abschieds nicht gewürdigt,
Wie hoffst du jetzt auf freundlichen Empfang!
HAGEN: Was sollt ich dir wohl bringen als mich selbst?
Ich trug noch niemals Wasser in das Meer
Und sollte neue Schätze bei dir häufen?
Du bist ja längst die Reichste von der Welt.
KRIEMHILD: Ich will auch nichts als das, was mir gehört,
Wo ists? Wo blieb der Hort der Nibelungen?
Ihr kommt mit einem Heer! Es war wohl nötig,
Ihn herzuschaffen. Liefert ihn denn aus!
HAGEN: Was fällt dir ein? Der Hort ist wohl bewahrt,
Wir wählten einen sichren Ort für ihn,
Den einzigen, wo's keine Diebe gibt,

Er liegt im Rhein, wo er am tiefsten ist.
KRIEMHILD: So habt ihr das nicht einmal gutgemacht,
   Was doch noch heut in eurem Willen steht?
   Dich, sagst du, hielt man nötig für die Fahrt
   Und nicht den Hort? Ist das die neue Treu?
HAGEN: Wir wurden auf das Fest der Sonnenwende
   Geladen, aber nicht zum Jüngsten Tag,
   Wenn wir mit Tod und Teufel tanzen sollen,
   So sagte mans uns nicht zur rechten Zeit.
KRIEMHILD: Ich frage nicht für mich nach diesen Schätzen,
   Ich hab an meinem Fingerhut genug.
   Doch Königinnen werden schlecht geachtet,
   Wenn ihre Morgengabe gar nicht kommt.
HAGEN: Wir trugen allzu schwer an unserm Eisen,
   Um uns auch noch mit deinem Gold zu schleppen,
   Wer meinen Schild und meinen Panzer wiegt,
   Der bläst das Sandkorn ab und nicht hinzu.
KRIEMHILD: Ich bin hier noch die Brautgeschenke
                                          schuldig,
   Doch das ist Etzels Sache, meine nicht,
   So legt denn ab und folgt mir in den Saal,
   Er wartet längst mit Ungeduld auf euch.
HAGEN: Nein, Königin, die Waffen nehm ich mit,
   Dir ständen Kämmrerdienste übel an!
   Zu Werbel, der auf Kriemhilds Wink Hagens Schild ergreift:
   Auch du bist gar zu höflich, süßer Bote,
   Die Klauen sind dem Adler nie zur Last.
KRIEMHILD: Ihr wollt in Waffen vor den König treten?
   So hat Euch ein Verräter auch gewarnt,
   Und kennt ich ihn, so sollt er selbst erleiden,
   Womit er Euch aus Hinterlist bedroht.
DIETRICH *tritt ihr gegenüber:* Ich bin der Mann, ich, Dietrich,
                                          Vogt von Bern!
KRIEMHILD: Das würd ich keinem glauben als Euch selbst!
   Euch nennt die Welt den edlen Dieterich
   Und blickt auf Euch, als wärt Ihr dazu da,
   Um Feuer und Wasser einen Damm zu setzen
   Und Sonne und Mond den rechten Weg zu zeigen,
   Wenn sie einmal verirrten auf der Bahn:
   Sind das die Tugenden, für die's der Zunge
   An Namen fehlt, weil sie kein Mensch vor Euch

Besessen haben soll, daß Ihr Verwandte,
Die sich versöhnen wollen, neu verhetzt
Und Euren Mund zum Blasebalg erniedrigt,
Der tote Kohlen anzufachen sucht?

DIETRICH: Ich weiß, worauf du sinnst, und bin gegangen,
Es zu verhüten.

KRIEMHILD: Und was wär denn das?
Wenn du den Wunsch in meiner Seele kennst,
Den du als Mann und Held verdammen darfst,
So nenn ihn mir und schilt mich, wie du magst.
Doch wenn du schweigen mußt, weil du nicht wagst,
Mich eines Unrechts zu beschuldigen,
So fordre diesen ihre Waffen ab.

HAGEN: Das braucht er nur zu tun, so hat er sie.

DIETRICH: Ich steh dir für sie ein!

KRIEMHILD: Für Etzel auch,
Daß er die Doppelschmach nicht grimmig rächt?
Mit meinen Perlen schmückt die Nixe sich,
Mit meinem Golde spielt der plumpe Fisch,
Und statt sich hier zum Pfand des Friedens jetzt
Den Arm zu binden, blitzt ihr Schwert als Gruß.

HAGEN: Herr Etzel war noch nimmer in Burgund,
Und wenn du selbst es ihm nur nicht verrätst,
So weiß er viel, was Brauch ist unter uns.

KRIEMHILD: Ein jeder wählt sein Zeichen wie er will,
Ihr tretet unter dem des Blutes ein,
Doch merkt euch: wer da trotzt auf eignen Schutz,
Der ist des fremden quitt und damit gut.

HAGEN: Wir rechnen immer nur auf uns allein
Und achten alles übrige gering.

DIETRICH: Ich werde selbst das Salzfaß überwachen,
Damit kein Zank entsteht.

KRIEMHILD: Du kennst sie nicht
Und wirst noch viel bereun!

HAGEN *zu Rüdeger:* Herr Markgraf, stellt
Euch doch als Blutsfreund vor. Da sieht sie gleich,
Daß wir ein friedliches Geschäft betreiben,
Denn Hochzeitsstifter suchen keinen Streit.
Ja, Königin, wir gehen zwar in Eisen,
Allein wir haben Minnewerk gepflogen
Und bitten dich, den neugeschloßnen Bund,

>   Der Giselher vereinigt mit Gudrun,
>   Mit deinem Segen zu bekräftigen.
> KRIEMHILD: Ists so, Herr Rüdeger, und kanns so sein?
> GISELHER: Ja, Schwester, ja!
> KRIEMHILD: Ihr seid vermählt?
> GISELHER: Verlobt.
> HAGEN: Die Hochzeit erst, wenn du gesegnet hast!
>   *Zu Gunther:* Jetzt aber, scheint mir, wird es endlich Zeit,
>   Zu Hof zu gehn! Was sollen wir uns länger
>   Begaffen lassen?
> DIETRICH: Ich geleite Euch! *Ab mit den Nibelungen.*
> KRIEMHILD *im Abgehen zu Rüdeger:*
>   Herr Rüdeger, gedenkt Ihr Eures Schwurs?
>   Die Stunde naht, wo Ihr ihn lösen müßt.
> *Beide ab, es erscheinen immer mehr Heunen.*

Achte Szene

> RUMOLT: Wie dünkt Euch das?
> DANKWART: Wir wollen unser Volk
>   Zusammenhalten und das Übrige
>   Erwarten.
> RUMOLT: Seltsam ists, daß König Etzel
>   Uns nicht entgegenkam. Er soll doch sonst
>   Von feinen Sitten sein.
> DANKWART: Und wie das glupt
>   Und stiert und heimlich an den Arm sich stößt
>   Und wispert!
>   *Zu einigen Heunen, die zu nahe kommen:*
>   Halt! Der Platz ist schon besetzt!
>   Auch der! Und der! Schon zwanzig Schritt von hier
>   Fängt meine große Zehe an. Wer wagts,
>   Mir draufzutreten?
> RUMOLT *nach hinten rufend:* Ebensoviel Raum
>   Brauch ich für meinen Buckel, und er ist
>   Empfindlich wie ein Hühnerei.
> DANKWART: Das hilft! –
>   Sie knurren zwar, doch ziehn sie sich zurück;
>   Unheimliches Gesindel, klein und frech.
> RUMOLT: Ich guckt einmal in eine finstre Höhle

    Durch einen Felsenspalt hinein. Da glühten
    Wohl dreißig Augenräder mir entgegen,
    Grün, blau und feuergelb, aus allen Ecken
    Und Winkeln, wo die Tiere kauerten,
    Die Katzen und die Schlangen, die sie zwinkernd
    In ihren Kreisen drehten. Schauerlich
    Sahs aus, es kam mir vor, als hätt sich eine
    Gestirnte Hölle tief im Mittelpunkt
    Der Erde aufgetan, wie all die Funken
    So durcheinandertanzten, und ich fuhr
    Zurück, weil ich nicht wußte, was es war.
    Das kommt mir in den Sinn, nun ich dies Volk
    So tückisch glupen sehe, und je dunkler
    Der Abend wird, je besser triffts.
DANKWART: An Schlangen
    Und Katzen fehlts gewiß nicht. Ob auch Löwen
    Darunter sind?
RUMOLT: Die Probe muß es lehren,
    In meiner Höhle fehlten sie. Ich suchte
    Den Eingang auf, sobald ich mich besann,
    Denn draußen war es hell, und schoß hinein.
    Auch traf gar mancher Pfeil, wie das Geächz
    Mir meldete, doch hört ich kein Gebrüll
    Und kein Gebrumm, es war die Brut der Nacht,
    Die dort beisammen saß, die feige Schar,
    Die kratzt und sticht, anstatt zu offnem Kampf
    Mit Tatze, Klau und Horn hervorzuspringen,
    Und ebenso erscheinen mir auch die.
    Gib acht, wenn sie uns nicht beschleichen können,
    So hats noch keine Not.
DANKWART: Verachten möcht ich
    Sie nicht, denn Etzel hat die Welt mit ihnen
    Erobert.
RUMOLT: Hat ers auch bei uns versucht?
    Er mähte Gras und ließ die Arme sinken,
    Als er auf deutsche Eichen stieß!

Neunte Szene

Werbel, schon vorher mit Swemmel unter den Heunen sichtbar, ihnen unbemerkt gefolgt von Eckewart.

WERBEL: Nun, Freunde,
  Verlangt euch nicht ins Nachtquartier?
DANKWART: Es ist
  Uns noch nicht angewiesen.
WERBEL: Alles steht
  Schon längst bereit.
  Zu den Seinigen: Kommt! Mischt euch, wie sichs ziemt.
DANKWART: Halt! Wir Burgunden bleiben gern allein.
WERBEL *ermuntert die Seinigen zu kommen:* Ei was!
DANKWART: Noch einmal! Das ist unser Brauch.
WERBEL: Im Krieg! Doch nicht beim Zechgelag!
DANKWART: Zurück!
  Sonst laß ich ziehn!
WERBEL: Wer sah noch solche Gäste!
RUMOLT: Sie gleichen ihren Wirten auf ein Haar!
Es wird geklatscht.
DANKWART: Man klatscht uns zu. Wer ists?
RUMOLT: Errätst dus nicht?
DANKWART: Ein unsichtbarer Freund.
RUMOLT: Ich sah vorhin
  Den alten Eckewart vorüberschleichen,
  Der Frau Kriemhild hinabgeleitet hat.
DANKWART: Glaubst du, daß der es war?
RUMOLT: Ich denk es mir.
DANKWART: Der hat ihr Treu geschworen bis zum Tode
  Und war ihr immer hold und dienstbereit,
  Das wär ein Wink für uns.

Zehnte Szene

Hagen kommt mit Volker zurück.

HAGEN: Wie stehts denn hier?
DANKWART: Wir halten uns, wie dus befohlen hast.
RUMOLT: Und Kriemhilds Kämmrer klatscht uns Beifall zu.

HAGEN: Nun, Etzel ist ein Mann nach meinem Sinn.
DANKWART: So?
RUMOLT: Ohne Falsch?
HAGEN: Ich glaubs. Er trägt den Rock
  Des besten Recken, den sein Arm erschlagen,
  Und spielt darin des Toten Rolle fort.
  Das Kleid ist etwas eng für seine Schultern,
  Auch platzt die Naht ihm öfter als ers merkt,
  Doch meint ers gut.
DANKWART: Warum denn kein Empfang?
VOLKER: Mir kam es vor, als wär er angebunden,
  Und hätte uns nur darum nicht begrüßt.
HAGEN: So war es auch. Sein Weib hat ihm gewehrt,
  Hinabzusteigen, doch das bracht er reichlich
  Durch seine Milde wieder ein.
VOLKER: Ich dachte
  An meinen Hund, als er so überfreundlich
  Die Hand uns bot. Der wedelt immer doppelt,
  Wenn ihn sein Strick verhindert, mir entgegen
  Zu springen bis zur Tür.
HAGEN: Ich dachte nicht
  An deinen Hund, ich dachte an den Leuen,
  Der Eisenketten, wie man sagt, zerreißt
  Und Weiberhaare schont.
Zu Dankwart und Rumolt:
  Nun eßt und trinkt!
  Wir habens hinter uns und übernehmen
  Die Wacht für euch!
DANKWART *zu Werbel und Swemmel:*
  So führt uns, wenns gefällt.
WERBEL *zu Swemmel:*
  Tu dus! *Heimlich:* Ich muß sogleich zur Königin.
Alles zerstreut sich. Werbel geht in den Palast, Eckewart wird wieder sichtbar.

  Eilfte Szene

VOLKER: Was meinst du?
HAGEN: Nimmer wirds mit Etzels Willen
  Geschehen, daß man uns die Treue bricht,

Denn er ist stolz auf seine Redlichkeit,
Er freut sich, daß er endlich schwören kann,
Und füttert sein Gewissen um so besser,
Als ers so viele Jahre hungern ließ.
Doch sicher ist der Boden nicht, er dröhnt,
Wohin man tritt, und dieser Geiger ist
Der Maulwurf, der ihn heimlich unterwühlt.
VOLKER: O, der ist falsch, wies erste Eis! – Auch wollen
Wir überall des zahmen Wolfs gedenken,
Der plötzlich unterm Lecken wieder beißt.
Was nicht im Blut liegt, hält nicht vor. Doch sieh,
Wer schiebt sich da mit seinem weißen Haar
So wunderlich vorbei?
Eckewart schreitet langsam vorüber, wie einer, der in Gedanken mit sich selbst redet. Seine Gebärden in Einklang mit Volkers Schilderung.
HAGEN *ruft:* Ei, Eckewart!
VOLKER: Er raunt, er murmelt etwas in die Lüfte
Und stellt sich an, als sähe er uns nicht,
Ich will ihm folgen, denn er rechnet drauf.
HAGEN: Pfui, Volker, ziemt es sich für uns, zu lauschen?
Schlag an den Schild und klirre mit dem Schwert!
Er rasselt mit seinen Waffen.
VOLKER: Jetzt macht er Zeichen.
HAGEN: Nun, so kehr dich um.
Sie tun es; sehr laut.
Wer was zu melden hat, der meld es dort,
Wo man es noch nicht weiß.
VOLKER: Das ist –
HAGEN: Schweig still,
Willst du dem Heunenkönig Schmach ersparen?
Er sehe selbst zu.
Eckewart schüttelt den Kopf und verschwindet.
Volker: Das ist mir zu kraus!
HAGEN *faßt ihn unter den Arm:*
Mein Freund, wir sind auf deinem Totenschiff,
Von allen zweiunddreißig Winden dient
Uns keiner mehr, ringsum die wilde See
Und über uns die rote Wetterwolke.
Was kümmerts dich, ob dich der Hai verschlingt,
Ob dich der Blitz erschlägt? Das gilt ja gleich,

Und etwas Beßres sagt dir kein Prophet!
Drum stopfe dir die Ohren zu wie ich,
Und laß dein innerstes Gelüsten los,
Das ist der Totgeweihten letztes Recht.

Zwölfte Szene

Die Könige treten auf mit Rüdeger.

GUNTHER: Ihr schöpft noch frische Luft?
HAGEN: Ich will einmal
  Die Lerche wieder hören.
GISELHER: Die erwacht
  Erst mit der Morgenröte.
HAGEN: Bis dahin
  Jag ich die Eule und die Fledermaus.
GUNTHER: Ihr wollt die ganze Nacht nicht schlafen gehn?
HAGEN: Nein, wenn uns nicht Herr Rüdeger entkleidet.
RÜDEGER: Bewahr mich Gott!
GISELHER: Dann wache ich mit euch.
HAGEN: Nicht doch! Wir sind genug und stehn euch gut,
  Für jeden Tropfen Bluts, bis auf den einen,
  Von dem die Mücke lebt.
GERENOT: So glaubst du –
HAGEN: Nichts!
  Es ist nur, daß ich gleich zu finden bin,
  Wenn man mich sucht. Nun kriecht in euer Bett,
  Wies Zechern ziemt.
GUNTHER: Ihr ruft?
HAGEN: Seid unbesorgt,
  Es wird euch keiner rufen als der Hahn.
GUNTHER: Dann gute Nacht! *Ab in den Saal mit den andern.*

Dreizehnte Szene

HAGEN *ihm nach:*   Und merk dir deinen Traum,
  Wies deine Mutter bei der Abfahrt tat!
  Zu Volker: Wir passen auf, daß er sich nicht erfüllt,
  Bevor du ihn erzählen kannst! – Der ahnt
  Noch immer nichts.
VOLKER: Doch! Er ist nur zu stolz,

Es zu bekennen.
HAGEN: Nun, er wär auch blind,
Wenn ers nicht sähe, wie sich die Gesichter
Um uns verdunkeln, und die besten eben
Am meisten.
Viele Heunen sind zurückgekehrt.
VOLKER: Schau!
HAGEN: Da hast du das Geheimnis
Des Alten! Doch ich hatt es wohl gedacht! –
Komm, setz dich nieder! Mit dem Rücken so!
Sie setzen sich, den Heunen ihre Rücken wendend.
Fängts hinter dir zu trippeln an, so huste,
Dann wirst dus laufen hören, denn sie werden
Als Mäuse kommen und als Ratten gehn!

Vierzehnte Szene

Kriemhild erscheint mit Werbel oben auf der Stiege.

WERBEL: Siehst du! Dort sitzen sie!
KRIEMHILD: Die sehn nicht aus,
Als wollten sie zu Bett!
WERBEL: Und wenn ich winke,
Stürzt meine ganze Schar heran.
KRIEMHILD: Wie groß
Ist die?
WERBEL: An Tausend.
Kriemhild macht gegen die Heunen eine ängstliche zurückweisende Bewegung.
Was bedeutet das?
KRIEMHILD: Geh, daß sie sich nicht regen.
WERBEL: Tun die Deinen
Dir plötzlich wieder leid?
KRIEMHILD: Du blöder Tor,
Die klatscht der Tronjer dir allein zusammen,
Indes der Spielmann seine Fiedel streicht.
Du kennst die Nibelungen nicht! Hinab!
Beide verschwinden.

Funfzehnte Szene

VOLKER *springt auf:* So gchts nicht mehr!
  Geigt eine lustige Melodie.
HAGEN *schlägt ihm auf die Fiedel:*   Nein, das vom
                                              Totenschiff!
  Das letzte, wie der Freund den Freund ersticht,
  Und dann die Fackel — Das geht morgen los.

VIERTER AKT

  Tiefe Nacht

  Erste Szene

Volker steht und geigt. Hagen sitzt wie vorher. Die Heunen in verwunderten und aufmerksamen Gruppen um beide herum. Man hört Volkers Spiel, bevor der Vorhang sich erhebt. Gleich nachher entfällt einem der Heunen sein Schild.

HAGEN: Hör auf! Du bringst sie um, wenn du noch länger
  So spielst und singst. Die Waffen fallen schon.
  Das war ein Schild! Drei Bogenstriche noch,
  So folgt der Speer. Wir brauchen weiter nichts
  Als die Erzählung dessen, was wir längst
  Vollbrachten, eh wir kamen, neuer Taten
  Bedarf es nicht, um sie zu bändigen.
VOLKER *ohne auf ihn zu achten, visionär:*
  Schwarz wars zuerst! Es blitzte nur bei Nacht,
  Wie Katzen, wenn man sie im Dunkeln streicht,
  Und das nur, wenns ein Hufschlag spaltete.
  Da rissen sich zwei Kinder um ein Stück,
  Sie warfen sich in ihrem Zorn damit,
  Und eines traf das andere zu Tod.
HAGEN *gleichgültig:* Er fängt was Neues an. Nur zu, nur zu!
VOLKER: Nun ward es feuergelb, es funkelte,

  Und wers erblickte, der begehrte sein
  Und ließ nicht ab.
HAGEN: Dies hab ich nie gehört! –
  Er träumt wohl! Alles andre kenn ich ja!
VOLKER: Da gibt es wildern Streit und giftgern Neid,
  Mit allen Waffen kommen sie, sogar
  Dem Pflug entreißen sie das fromme Eisen
  Und töten sich damit.
HAGEN *immer aufmerksamer:* Was meint er nur?
VOLKER: In Strömen rinnt das Blut, und wies erstarrt,
  Verdunkelt sich das Gold, um das es floß,
  Und strahlt in hellerm Schein.
HAGEN: Hoho! Das Gold!
VOLKER: Schon ist es rot, und immer röter wirds
  Mit jedem Mord. Auf, auf, was schont ihr euch?
  Erst wenn kein einzger mehr am Leben ist,
  Erhälts den rechten Glanz, der letzte Tropfen
  Ist nötig wie der erste.
HAGEN: O, ich glaubs.
VOLKER: Wo bliebs? – Die Erde hat es eingeschluckt,
  Und die noch übrig sind, zerstreuen sich
  Und suchen Wünschelruten. Töricht Volk!
  Die giergen Zwerge habens gleich erhascht
  Und hütens in der Teufe. Laßt es dort,
  So habt ihr ewgen Frieden!
  Setzt sich und legt die Fiedel beiseite.
HAGEN: Wachst du auf?
VOLKER *springt wieder auf, wild:*
  Umsonst! Umsonst! Es ist schon wieder da!
  Und zu dem Fluch, der in ihm selber liegt,
  Hat noch ein neuer sich hinzugesellt:
  Wers je besitzt, muß sterben, ehs ihn freut.
HAGEN: Er spricht vom Hort. Nun ist mir alles klar.
VOLKER *immer wilder:* Und wird es endlich durch den
              Wechselmord
  Auf Erden herrenlos, so schlägt ein Feuer
  Daraus hervor mit zügelloser Glut,
  Das alle Meere nicht ersticken können,
  Weil es die ganze Welt in Flammen setzen
  Und Ragnaroke überdauern soll. *Setzt sich.*
HAGEN: Ist das gewiß?

VOLKER: So haben es die Zwerge
  In ihrer Wut verhängt, als sie den Hort
  Verloren.
HAGEN: Wie geschahs?
VOLKER: Durch Götter-Raub!
  Odin und Loke hatten aus Versehn
  Ein Riesenkind erschlagen, und sie mußten
  Sich lösen.
HAGEN: Gabs denn einen Zwang für sie?
VOLKER: Sie trugen menschliche Gestalt und hatten
  Im Menschenleibe auch nur Menschenkraft.

   Zweite Szene

Werbel erscheint unter den Heunen, flüstern.

WERBEL: Nun! Seid ihr Spinnen, die man mit Musik
  Verzaubert und entseelt? Heran! Es gilt!

   Dritte Szene

Kriemhild mit Gefolge steigt herunter. Fackeln.

HAGEN: Wer naht sich da?
VOLKER: Es ist die Fürstin selbst.
  Geht die so spät zu Bett? Komm, stehn wir auf!
HAGEN: Was fällt dir ein? Nein, nein, wir bleiben sitzen.
VOLKER: Das brächt uns wenig Ehre, denn sie ist
  Ein edles Weib und eine Königin.
HAGEN: Sie würde denken, daß wir uns aus Furcht
  Erhöben. Balmung, tu nicht so verschämt!
  Legt den Balmung übers Knie.
  Dein Auge funkelt dräuend durch die Nacht,
  Wie der Komet. Ein prächtiger Rubin!
  So rot, als hätt er alles Blut getrunken,
  Das je vergossen ward mit diesem Stahl.
KRIEMHILD: Da sitzt der Mörder!
HAGEN: Wessen Mörder, Frau?
KRIEMHILD: Der Mörder meines Gatten.
HAGEN: Weckt sie auf,
  Sie geht im Traum herum. Dein Gatte lebt,

Ich habe noch zur Nacht mit ihm gezecht
Und stehe dir mit diesem guten Schwert
Für seine Sicherheit.
KRIEMHILD: O pfui! Er weiß
Recht wohl, von wem ich sprach, und stellt sich an,
Als wüßt ers nicht.
HAGEN: Du sprachst von deinem Gatten,
Und das ist Etzel, dessen Gast ich bin.
Doch, es ist wahr, du hast den zweiten schon,
Denkst du in seinem Arm noch an den ersten?
Nun freilich, diesen schlug ich tot.
KRIEMHILD: Ihr hört!
HAGEN: War das hier unbekannt? Ich kanns erzählen,
Der Spielmann streicht die Fiedel wohl dazu! –
Als ob er singen wollte:
Im Odenwald, da springt ein muntrer Quell –
KRIEMHILD *zu den Heunen:*
Nun tut, was euch gefällt. Ich frag nicht mehr,
Ob ihrs zu Ende bringt.
HAGEN: Zu Bett! Zu Bett!
Du hast jetzt andre Pflichten.
KRIEMHILD: Deinen Hohn
Erstick ich gleich in deinem schwarzen Blut:
Auf, Etzels Würger, auf, und zeigt es ihm,
Warum ich in das zweite Ehbett stieg.
HAGEN *steht auf:* So gilts hier wirklich Mord und Überfall?
Auch gut! *Klopft an den Panzer.*
Das Eisen kühlt schon allzu stark,
Und nichts vertreibt den Frost so bald wie dies.
Zieht den Balmung.
Heran! Ich seh der Köpfe mehr als Rümpfe!
Was drückt ihr euch da hinten so herum?
Der Helme Glanz verriet euch längst. *Legt aus.* Sie
fliehn!
Noch ist Herr Etzel nicht dabei! – Zu Bett!
KRIEMHILD: Pfui, seid ihr Männer?
HAGEN: Nein, ein Haufen Sand,
Der freilich Stadt und Land verschütten kann,
Doch nur, wenn ihn der Wind ins Fliegen bringt.
KRIEMHILD: Habt ihr die Welt erobert?
HAGEN: Durch die Zahl!

Die Million ist eine Macht, doch bleibt
Das Körnchen, was es ist!
KRIEMHILD: Hört ihr das an
Und rächt euch nicht?
HAGEN: Nur zu! Brauch deinen Hauch,
Ich blase nicht hinein! *Zu den Heunen:*
                      Kriecht auf dem Bauch
Heran und klammert euch an unsre Beine,
Wie ihrs in euren Schlachten machen sollt.
Wenn wir ins Stolpern und ins Straucheln kommen
Und durch den Purzelbaum zugrunde gehn,
Um Hülfe schrein wir nicht, das schwör ich euch!
KRIEMHILD: Wenn ihr nur wenge seid, so braucht ihr auch
Mit wengen nur zu teilen!
HAGEN: Und der Hort
Ist reich genug, und käm die ganze Welt.
Ja, er vermehrt sich selbst, es ist ein Ring
Dabei, der immer neues Gold erzeugt,
Wenn man – Doch nein! Noch nicht! *Zu Kriemhild:*
                      Das hast auch du
Vielleicht noch nicht gewußt? Ihr könnt mirs glauben,
Ich habs erprobt und teile das Geheimnis
Dem mit, der mich erschlägt! Es mangelt nur
Der Zauberstab, der Tote wecken kann! *Zu Kriemhild:*
Du siehst, es hilft uns allen beiden nichts,
Wir können diesen spröden Sand nicht ballen,
Drum stehn wir ab. *Setzt sich nieder.*
KRIEMHILD *zu Werbel:*
                Ist das der Mut?
WERBEL: Es wird
Schon anders werden.
VOLKER *mit dem Finger deutend:* Eine zweite Schar!
Die Rüstung blitzt im ersten Morgenlicht,
Und abermals ein Geiger, der sie führt.
Hab Dank, Kriemhild, man siehts an der Musik,
Zu welchem Tanz du uns geladen hast.
KRIEMHILD: Was siehst du? Wenn der Zorn mich
                              übermannte,
So tragt ihr selbst durch euren Hohn die Schuld,
Und wenn der Gast nicht schläft, so wird doch auch
Wohl für den Wirt das Wachen rätlich sein.

HAGEN *lacht:* Schickt Etzel die?
KRIEMHILD: Nein, Hund, ich tat es
          selbst,
  Und sei gewiß, du wirst mir nicht entkommen,
  Wenn du auch noch die nächste Sonne siehst.
  Ich will zurück in meines Siegfrieds Gruft,
  Doch muß ich mir das Totenhemd erst färben,
  Und das kann nur in deinem Blut geschehn.
HAGEN: So ist es recht! Was heucheln wir, Kriemhild?
  Wir kennen uns. Doch merke dir auch dies:
  Gleich auf das erste Meisterstück des Hirsches,
  Dem Jäger zu entrinnen, folgt das zweite,
  Ihn ins Verderben mit hinabzuziehn,
  Und eins von beiden glückt uns sicherlich!

Vierte Szene

Gunther im Nachtgewand; Giselher, Gerenot usw. folgen.

GUNTHER: Was gibt es hier?
KRIEMHILD: Die alte Klägerin!
  Ich rufe Klagen über Hagen Tronje
  Und fordre jetzt zum letztenmal Gericht.
GUNTHER: Du willst Gericht und pochst in Waffen an?
KRIEMHILD: Ich will, daß ihr im Ring zusammentretet,
  Und daß ihr schwört, nach Recht und Pflicht zu
          sprechen,
  Und daß ihr sprecht und euren Spruch vollzieht.
GUNTHER: Das weigre ich.
KRIEMHILD: So gib den Mann heraus!
GUNTHER: Das tu ich nicht.
KRIEMHILD: So gilt es denn Gewalt.
  Doch nein, erst frag ich um. Mein Giselher
  Und Gerenot, ihr habt die Hände rein,
  Ihr dürft sie ruhig an den Mörder legen,
  Euch kann er der Genossenschaft nicht zeihn!
  So tretet ihr denn frei von ihm zurück
  Und überlaßt ihn mir! – Wer zu ihm steht,
  Der tuts auf seine eigene Gefahr.
Gerenot und Giselher treten Hagen mit gezogenen Schwertern zur Seite.
KRIEMHILD: Wie? In den Wald seid ihr nicht mit geritten

Und habt die Tat verdammt, als sie geschah,
Jetzt wollt ihr sie verteidigen?
GUNTHER: Sein Los
Ist unsres!
KRIEMHILD: Doch!
GISELHER: O Schwester, halte ein,
Wir können ja nicht anders.
KRIEMHILD: Kann denn ich?
GISELHER: Was hindert dich? Wir häuften ewge Schmach
Auf unser Haupt, wenn wir den Mann verließen,
Der uns in Not und Tod zur Seite stand.
KRIEMHILD: Das habt ihr längst getan! Ihr seid mit Schmach
Bedeckt, wie niemals noch ein Heldenstamm.
Ich aber will euch an die Quelle führen,
Wo ihr euch waschen könnt. *Stößt Hagen vor die Brust.*
                                   Hier sprudelt sie.

HAGEN *zu Gunther:*
Nun?
GUNTHER: Ja, du hättst zu Hause bleiben sollen,
Doch das ist jetzt gleichviel.
KRIEMHILD: Ihr habt die Treue
Gebrochen, als es höchste Tugend war,
Nicht einen Finger breit von ihr zu wanken,
Wollt ihr sie halten, nun es Schande ist?
Nicht die Verschwägrung und das nahe Blut,
Nicht Waffenbrüderschaft noch Dankbarkeit
Für Rettung aus dem sichren Untergang,
Nichts regte sich für ihn in eurer Brust,
Er ward geschlachtet wie ein wildes Tier,
Und wer nicht half, der schwieg doch, statt zu warnen
Und Widerstand zu leisten – *Zu Giselher:* Du sogar!
Fällt alles das, was nicht ein Sandkorn wog,
Als es Erbarmen mit dem Helden galt,
Auf einmal, wie die Erde, ins Gewicht,
Nun seine Witwe um den Mörder klopft? *Zu Gunther:*
Dann siegelst du die Tat zum zweitenmal
Und bist nicht mehr durch Jugend halb entschuldigt.
Zu Giselher und Gerenot:
Ihr aber tretet bei und haftet mit.
HAGEN: Vergiß dich selbst und deinen Teil nicht ganz!
Du trägst die größte Schuld.

KRIEMHILD: Ich!
HAGEN: Du! Ja, du!
Ich liebte Siegfried nicht, das ist gewiß,
Er hätt mich auch wohl nicht geliebt, wenn ich
Erschienen wäre in den Niederlanden,
Wie er in Worms bei uns, mit einer Hand,
Die alle unsre Ehren spielend pflückte,
Und einem Blick, der sprach: Ich mag sie nicht!
Trag einen Strauß, in dem das kleinste Blatt
An Todeswunden mahnt, und der dich mehr
Des Blutes kostet, als dein ganzer Leib
Auf einmal in sich faßt, und laß ihn dir
Nicht bloß entreißen, nein, mit Füßen treten,
Dann küsse deinen Feind, wenn dus vermagst.
Doch dieses auf dein Haupt! Ich hätts verschluckt,
Das schwör ich dir bei meines Königs Leben,
So tief der Groll mir auch im Herzen saß.
Da aber kam der scharfe Zungenkampf,
Er stand, du selbst verrietst es uns im Zorn,
Auf einmal eid- und pflichtvergessen da,
Und hätt Herr Gunther ihm vergeben wollen,
So hätt er auch sein edles Weib verdammt.
Ich leugne nicht, daß ich den Todesspeer
Mit Freuden warf, und freue mich noch jetzt,
Doch deine Hand hat mir ihn dargereicht,
Drum büße selbst, wenn hier zu büßen ist.
KRIEMHILD: Und büß ich nicht? Was könnte dir geschehn,
Das auch nur halb an meine Qualen reichte?
Sieh diese Krone an und frage dich!
Sie mahnt an ein Vermählungsfest, wie keins
Auf dieser Erde noch gefeiert ward,
An Schauderküsse zwischen Tod und Leben,
Gewechselt in der fürchterlichsten Nacht,
Und an ein Kind, das ich nicht lieben kann!
Doch meine Hochzeitsfreuden kommen jetzt,
Wie ich gelitten habe, will ich schwelgen,
Ich schenke nichts, die Kosten sind bezahlt.
Und müßt ich hundert Brüder niederhauen,
Um mir den Weg zu deinem Haupt zu bahnen,
So würd ichs tun, damit die Welt erfahre,
Daß ich die Treue nur um Treue brach. *Ab.*

Fünfte Szene

HAGEN: Nun werft euch in die Kleider, aber nehmt
  Die Waffen, statt der Rosen, in die Hand.
GISELHER: Sei unbesorgt! Ich halte fest zu dir,
  Und nimmer krümmt sie mir ein Haar, auch hab
  Ichs nicht um sie verdient.
HAGEN: Sie tuts, mein Sohn,
  Drum rat ich, reite nach Bechlarn zurück!
  Daß sie dich ziehen läßt, bezweifl ich nicht,
  Doch mehr erwarte nicht von ihr, und eile,
  Sie hat ja recht, ich tat ihr grimmig weh!
GISELHER: Du hast schon manchen schlechten Rat
                                                                gegeben,
  Dies ist der schlechteste!
Ab mit Gunther und Gerenot ins Haus.

Sechste Szene

HAGEN: Begreifst du den?
  Er hat kein mildes Wort mit mir gesprochen,
  Seit wir zurück sind aus dem Odenwald,
  Und jetzt –
VOLKER: Ich habe nie an ihm gezweifelt,
  So finster seine Stirn auch war. Gib acht:
  Er flucht dir, doch er stellt sich vor dich hin,
  Er tritt dir mit der Ferse auf die Zehen
  Und fängt zugleich die Speere für dich auf!
  Des Weibes Keuschheit geht auf ihren Leib,
  Des Mannes Keuschheit geht auf seine Seele,
  Und eher zeigt sich dir das Mägdlein nackt,
  Als solch ein Jüngling dir das Herz entblößt.
HAGEN: Es tut mir leid um dieses junge Blut! –
  Der Tod steht aufgerichtet hinter uns,
  Ich wickle mich in seinen tiefsten Schatten,
  Und nur auf ihn fällt noch ein Abendrot!
Beide ab.

Siebente Szene

Etzel und Dietrich treten auf.

DIETRICH: Nun siehst du selbst, wozu Kriemhild sie lud.
ETZEL: Ich sehs.
DIETRICH: Mir schien sie immer eine Kohle,
Die frischen Windes in der Asche harrt.
ETZEL: Mir nicht.
DIETRICH: Hast du denn nichts gewußt?
ETZEL: Doch, doch!
Allein ich sahs mit Rüdegers Augen an
Und dachte, Weiberrache sei gesättigt,
Sobald sie ausgeschworen.
DIETRICH: Und die Tränen?
Das Trauerkleid?
ETZEL: Ich hörte ja von dir,
Daß eure Weise sei, den Feind zu lieben
Und mit dem Kuß zu danken für den Schlag:
Ei nun, ich habs geglaubt.
DIETRICH: So sollt es sein,
Doch ist nicht jeder stark genug dazu.
ETZEL: Auch dacht ich mir, als sie so eifrig trieb,
Die Boten endlich doch hinabzusenden,
Es sei der Mutter wegen, denn ich weiß,
Daß sie nicht allzu kindlich von ihr schied,
Und auch, daß sies bereut!
DIETRICH: Die Mutter ist
Daheim geblieben, und ich zweifle selbst,
Daß man sie lud. Die andern aber haben
Den Hort, um den sie doch soviel gewagt,
Die Nacht vor ihrer Fahrt bei Fackelschein
Auf Nimmerwiedersehn im Rhein versenkt.
ETZEL: Warum denn blieben sie nicht auch daheim?
Sie fürchteten doch nicht, daß ich den Geigern
Mit Ketten und Schwertern folgte?
DIETRICH: Herr, sie hatten
Kriemhild ihr Wort gegeben, und sie mußten
Es endlich lösen, denn wen gar nichts bindet,
Den bindet das nur um so mehr, auch war
Ihr Sinn zu stolz, um die Gefahr zu meiden

Und Rat zu achten. Du bist auch gewohnt,
Dem Tod zu trotzen, doch du brauchst noch Grund,
Die nicht! Wie ihre wilden Väter sich
Mit eigner Hand nach einem lustgen Mahl
Bei Sang und Klang im Kreise ihrer Gäste
Durchbohrten, wenn des Lebens beste Zeit
Vorüber schien, ja, wie sie trunknen Muts
Wohl gar ein Schiff bestiegen und sich schwuren,
Nicht mehr zurückzukehren, sondern draußen
Auf hoher See im Brudermörderkampf,
Der eine durch den anderen, zu fallen
Und so das letzte Leiden der Natur
Zu ihrer letzten höchsten Tat zu stempeln,
So ist der Teufel, der das Blut regiert,
Auch noch in ihnen mächtig, und sie folgen
Ihm freudig, wenn es einmal kocht und dampft.
ETZEL: Seis, wie es sei, ich danke dir den Gang,
Denn nimmer möcht ich Kriemhilds Schuldner bleiben,
Und jetzt erst weiß ich, wie die Rechnung steht.
DIETRICH: Wie meinst du das?
ETZEL: Ich glaubte viel zu tun,
Daß ich mich ihrer nach der Hochzeitsnacht
Sogleich enthielt –
DIETRICH: Das war auch viel.
ETZEL: Nein, nein,
Das war noch nichts! Doch so gewiß ichs tat,
Und noch gewisser, tu ich mehr für sie,
Wenn sies verlangt. Das schwör ich hier vor dir!
DIETRICH: Du könntest –
ETZEL: Nichts, was du verdammen wirst,
Und doch wohl mehr, als sie von mir erwartet,
Sonst hätt sie längst ein andres Spiel versucht!
Im Abgehen:
Ja, ja, Kriemhild, ich schlage meine Schwäher
Nicht höher an, wie deine Brüder du,
Und wenn sie nur noch Mörder sind für dich,
Wie sollten sie für mich was Beßres sein!
Beide ab.

Achte Szene

Dom

Viele Gewappnete auf dem Platz. Kriemhild tritt mit Werbel auf.

KRIEMHILD: Hast du die Knechte von den Herrn getrennt?
WERBEL: So weit, daß sie sich nicht errufen können.
KRIEMHILD: Wenn sie in ihrem Saal beisammensitzen
 Und essen, überfallt ihr sie und macht
 Sie alle nieder.
WERBEL: Wohl, es wird geschehn.
KRIEMHILD *wirft ihren Schmuck unter die Heunen:*
 Da habt ihr Handgeld! – Reißt euch nicht darum,
 Es gibt genug davon, und wenn ihr wollt,
 So regnets solche Steine noch vor Nacht.
Jubelgeschrei.

Neunte Szene

Rüdeger tritt auf.

RÜDEGER: Du schenkst das halbe Königreich schon weg?
KRIEMHILD: Doch hab ich dir das Beste aufgehoben.
 Zu den Heunen: Seid tapfer! Um den Hort der
 Nibelungen
 Kauft ihr die Welt, und wenn von euch auch tausend
 Am Leben bleiben, braucht ihr nicht zu zanken,
 Es sind noch immer tausend Könige!
Die Heunen zerstreuen sich in Gruppen.
KRIEMHILD *zu Rüdeger:* Hast du nicht was zu holen aus
 Bechlarn?
RÜDEGER: Nicht, daß ich wüßte!
KRIEMHILD: Oder was zu schicken?
RÜDEGER: Noch wenger, Fürstin.
KRIEMHILD: Nun, so schneide dir
 Mit deinem Degen eine Locke ab,
 Da stiehlt sich eine unterm Helm hervor –
RÜDEGER: Wozu?
KRIEMHILD: Damit du was zu schicken hast.
RÜDEGER: Wie! Komm ich denn nicht mehr nach Haus
 zurück?
KRIEMHILD: Warum?

RÜDEGER: Weil du ein Werk wie dies verlangst.
Das tut bei uns die Liebe an dem Toten,
Wenn sich der Tischler mit dem Hammer naht,
Der ihn in seinen Kasten nageln soll.
KRIEMHILD: Die Zukunft kenn ich nicht. Doch nimms
nicht so!
Zu deinem Boten wähle Giselher
Und gib ihm auf, an keinem Blumengarten
Vorbeizureiten, ohne eine Rose
Für seine Braut zu pflücken. Ist der Strauß
Beisammen, steckt er ihn in meinem Namen
Ihr an die Brust und ruht sich aus bei ihr,
Bis sie aus deiner Locke einen Ring
Für mich geflochten hat. Daß ich den Dank
Verdiene, wird sich zeigen.
RÜDEGER: Königin,
Er wird nicht gehn.
KRIEMHILD: Befiehl es ihm mit Ernst,
Du bist ja jetzt sein Vater, er dein Sohn,
Und wenn er den Gehorsam dir verweigert,
So wirfst du ihn zur Strafe in den Turm.
RÜDEGER: Wie könnt ich das?
KRIEMHILD: Lock ihn mit List hinein,
Wenns mit Gewalt nicht geht. Dann ists so gut,
Als wär er auf der Reise, und bevor
Er sich befreien kann, ist alles aus,
Der Jüngste Tag ist auch der kürzeste!
Erwidre nichts! Wenn deine Tochter dir
Am Herzen liegt, so tust du, was ich sage,
Ich machte dir ein königlich Geschenk,
Denn – – Doch du kannst wohl selber prophezein!
Die blutigen Kometen sind am Himmel
Anstatt der frommen Sterne aufgezogen
Und blitzen dunkel in die Welt hinein.
Die guten Mittel sind erschöpft, es kommen
Die bösen an die Reihe, wie das Gift,
Wenn keine Arzenei mehr helfen will,
Und erst, wenn Siegfrieds Tod gerochen ist,
Gibts wieder Missetaten auf der Erde,
So lange aber ist das Recht verhüllt
Und die Natur in tiefen Schlaf versenkt. *Ab.*

Zehnte Szene

RÜDEGER: Ist dies das Weib, das ich in einem See
  Von Tränen fand? Mir könnte vor ihr grauen,
  Doch kenn ich jetzt den Zauber, der sie bannt.
  Ich Giselher verschicken! Eher werf ich
  Des Tronjers Schild ins Feuer.

Eilfte Szene

Die Nibelungen treten auf.

RÜDEGER: Nun, ihr Recken,
  So früh schon da?
HAGEN: Es ist ja Messezeit,
  Und wir sind gute Christen, wie Ihr wißt.
VOLKER *deutet auf einen Heunen:*
  Wie? Gibt es so geputzte Leute hier?
  Man sagt bei uns, der Heune wäscht sich nicht,
  Nun läuft er gar als Federbusch herum?
  Zu Hagen:
  Du frugst mich was.
HAGEN: Ei wohl, es geht zum Sterben,
  Da muß ich dich doch fragen: Stirbst du mit?
VOLKER *wieder gegen den Heunen:*
  Ists aber auch ein Mensch und nicht ein Vogel,
  Der rasch die Flügel braucht, wenn man ihn schreckt?
  Wirft seinen Speer und durchbohrt ihn.
  Doch! – Hier die Antwort! Lebt ich nicht auch mit?
HAGEN: Brav, doppelt brav!
WERBEL *zu den Heunen:*   Nun? Ist es jetzt genug?
Großes Getümmel.

Zwölfte Szene

Etzel tritt rasch mit Kriemhild und seinen Königen auf und wirft sich zwischen die Heunen und die Nibelungen.

ETZEL: Bei meinem Zorn! Die Waffen gleich gestreckt!
  Wer wagt es, meine Gäste anzugreifen?
WERBEL: Herr, deine Gäste griffen selber an:

Schau her!
ETZEL: Das tat Herr Volker aus Versehn!
WERBEL: Vergib! Hier steht der Markgraf Rüdeger –
ETZEL *wendet ihm den Rücken:*
Seid mir gegrüßt, ihr Vettern! Doch warum
Noch jetzt im Harnisch?
HAGEN *halb gegen Kriemhild:* Das ist Brauch bei uns,
Wenn wir auf Feste gehn. Wir tanzen nur
Nach dem Geklirr der Degen, und wir hören
Sogar die Messe mit dem Schild am Arm.
ETZEL: Die Sitte ist besonders.
KRIEMHILD: Die nicht minder,
Den größten Unglimpf ruhig einzustecken
Und sich zu stellen, als ob nichts geschehn.
Wenn du dafür von mir den Dank erwartest,
So irrst du dich.
DIETRICH: Ich bin heut Kirchenvogt,
Wer in die Messe will, der folge mir.
Er geht voran, die Nibelungen folgen in den Dom.

Dreizehnte Szene

KRIEMHILD *faßt Etzel währenddem bei der Hand:*
Tritt auf die Seite, Herr, recht weit, recht weit,
Sonst stoßen sie dich um, und wenn du liegst,
So kannst du doch nicht schwören, daß du stehst.
ETZEL: Herr Rüdeger, keine Waffenspiele heut.
KRIEMHILD: Vielleicht dafür ein allgemeines Fasten?
ETZEL: Ich bitt Euch, sagts den Herrn von Dänemark
Und Thüring auch. Der alte Hildebrant
Weiß schon Bescheid.
KRIEMHILD: Herr Rüdeger, noch eins:
Was habt Ihr mir zu Worms am Rhein geschworen?
RÜDEGER: Daß dir kein Dienst geweigert werden soll.
KRIEMHILD: Geschah das bloß in Eurem eignen Namen?
ETZEL: Was Rüdeger gelobte, halte ich.
KRIEMHILD: Nun: König Gunther wandte still den Rücken,
Als Hagen Tronje seinen Mordspieß warf,
Hättst du den deinen heute auch gewandt,
So wärst du quitt gewesen gegen mich,

Doch da dus hinderst, daß ich selbst mir helfe,
   So fordre ich des Mörders Haupt von dir!
ETZEL: Ich brings dir auch, wenn er dir nicht das meine
   Zu Füßen legt. *Zu Rüdeger:* Nun geh!
KRIEMHILD: Wozu denn noch?
   Bei Waffenspielen gibt es immer Streit,
   Und nie vollbringt ihr euer Werk so leicht,
   Als wenn die wilde Flamme einmal lodert
   Und alles grimmig durcheinanderrast.
   Ich kam, weil ich mich hier erraten glaubte,
   Verstehst du mich noch heute nicht? Darauf!
ETZEL: Nein, Kriemhild, nein, so ist es nicht gemeint!
   Solang er unter meinem Dach verweilt,
   Wird ihm kein Haar gekrümmt, ja, könnt ich ihn
   Durch bloße Wünsche töten, wär er sicher:
   Was soll noch heilig sein, wenn nicht der Gast?
   Er winkt Rüdeger, dieser geht.

   Vierzehnte Szene

KRIEMHILD: So redest du? Das wird dir schlecht gedankt!
   Man hält dich für den Brecher und Verächter
   Von Brauch und Sitte, für den Hüter nicht,
   Und wundert sich noch immer, wenn ein Bote
   Von dir erscheint, daß er mit dir gesprochen
   Und doch nicht Arm und Bein verloren hat.
ETZEL: Man sieht mich, wie ich war, nicht wie ich bin! –
   Ich ritt einmal das Roß, von dem dir nachts
   In dem gekrümmten, funkelnden Kometen
   Am Himmel jetzt der Schweif entgegenblitzt.
   Im Sturme trug es mich dahin, ich blies
   Die Throne um, zerschlug die Königreiche
   Und nahm die Könige an Stricken mit.
   So kam ich, alles vor mir niederwerfend,
   Und mit der Asche einer Welt bedeckt,
   Nach Rom, wo euer Hoherpriester thront.
   Den hatt ich bis zuletzt mir aufgespart,
   Ich wollt ihn samt der Schar von Königen
   In seinem eignen Tempel niederhauen,
   Um durch dies Zorngericht, an allen Häuptern

Der Völker durch dieselbe Hand vollstreckt,
Zu zeigen, daß ich Herr der Herren sei,
Und mit dem Blute mir die Stirn zu salben,
Wozu ein jeder seinen Tropfen gab.

KRIEMHILD: So hab ich mir den Etzel stets gedacht,
Sonst hätt Herr Rüdeger mich nicht geworben:
Was hat ihn denn verwandelt?

ETZEL: Ein Gesicht
Furchtbarer Art, das mich von Rom vertrieb!
Ich darf es keinem sagen, doch es hat
Mich so getroffen, daß ich um den Segen
Des Greises flehte, welchem ich den Tod
Geschworen hatte, und mich glücklich pries,
Den Fuß zu küssen, der den Heilgen trug.

KRIEMHILD: Was denkst du denn zu tun, den Eid zu lösen?

ETZEL *deutet gen Himmel:*
Mein Roß steht immer noch gesattelt da,
Du weißt, es ist schon halb zum Stall heraus,
Und wenn sichs wieder wandte und den Kopf
In Wolken tief versteckte, so geschahs
Aus Mitleid und Erbarmen mit der Welt,
Die schon sein bloßer Schweif mit Schrecken füllt.
Denn seine Augen zünden Städte an,
Aus seinen Nüstern dampfen Pest und Tod,
Und wenn die Erde seine Hufe fühlt,
So zittert sie und hört zu zeugen auf.
Sobald ich winke, ist es wieder unten,
Und gern besteig ichs in gerechter Sache
Zum zweitenmal und führe Krieg für dich.
Ich will dich rächen an den Deinigen
Für all dein Leid, und hätt es längst getan,
Hättst du dich mir vertraut, nur müssen sie
In vollem Frieden erst geschieden sein.

KRIEMHILD: Bis dahin aber dürfen sie beginnen,
Was sie gelüstet, und den Bart dir rupfen,
Wenns ihnen so gefällt?

ETZEL: Wer sagt dir das?

KRIEMHILD: Sie stechen deine Mannen tot, und du
Erklärst es für Versehn.

ETZEL: Sie glaubten sich
Verraten, und ich mußte ihnen zeigen,

Daß sies nicht sind. In dieser letzten Nacht
Geschah gar viel, was ich nicht loben kann
Und sie entschuldigt. Sonst verlaß dich drauf:
Wie ich die Pflichten eines Wirtes kenne,
So kenn ich die des Gastes auch, und wer
Den Spinnwebsfaden, der uns alle bindet,
Wenn wir das Haus betreten, frech zerreißt,
Der trägt die Eisenkette, eh ers denkt.
Sei unbesorgt und harre ruhig aus,
Ich bringe dir für jeden Becher Wein,
Den sie hier trinken, eine Kanne Blut,
Wenn ich auch jetzt die Mücken für sie klatsche,
Nur duld ich nicht Verrat und Hinterlist. *Ab.*

Funfzehnte Szene

KRIEMHILD: Krieg! Was soll mir der Krieg! Den hätt ich
                                                    längst
Entzünden können! Doch das wäre Lohn,
Anstatt der Strafe. Für die Schlächterei
Im dunklen Wald der offne Heldenkampf?
Vielleicht sogar der Sieg? Wie würd er jubeln,
Wenn ers erlangen könnte, denn er hat
Von Jugend auf nichts Besseres gekannt!
Nein, Etzel, Mord um Mord! Der Drache sitzt
Im Loch, und wenn du dich nicht regen willst,
Als bis er dich gestochen hat wie mich,
So soll ers tun! – Jawohl, so soll ers tun! *Ab.*

Sechszehnte Szene

Werbel zieht mit den Seinigen vorüber.

WERBEL: Sie sind bei Tisch! Nun rasch! Besetzt die Türen!
Wer aus dem Fenster springt, der bricht den Hals.
Die Heunen jubeln und schlagen die Waffen zusammen.

Siebzehnte Szene

Großer Saal. Bankett

Dietrich und Rüdeger treten ein.

DIETRICH: Nun, Rüdeger?
RÜDEGER: Es steht in Gottes Hand,
 Doch hoff ich immer noch.
DIETRICH: Ich sitze wieder
 Am Nixenbrunnen, wie in jener Nacht,
 Und hör in halbem Schlaf und wie im Traum
 Das Wasser rauschen und die Worte fallen,
 Bis plötzlich – Welch ein Rätsel ist die Welt!
 Hätt sich zur Unzeit nicht ein Tuch verschoben,
 So wüßt ich mehr wie je ein Mensch gewußt!
RÜDEGER: Ein Tuch?
DIETRICH: Ja, der Verband um meinen Arm,
 Denn eine frische Wunde hielt mich wach.
 Sie pflogen drunten Zwiesprach, schienen selbst
 Den Mittelpunkt der Erde auszuhorchen,
 Den Nabel, wie ich sie, und flüsterten
 Sich zu, was sie erfuhren, zankten auch,
 Wer recht verstanden oder nicht, und raunten
 Von allerlei. Vom großen Sonnenjahr,
 Das über alles menschliche Gedächtnis
 Hinaus in langen Pausen wiederkehrt.
 Vom Schöpfungsborn und wie er kocht und quillt
 Und überschäumt in Millionen Blasen,
 Wenn das erscheint. Von einem letzten Herbst,
 Der alle Formen der Natur zerbricht,
 Und einem Frühling, welcher beßre bringt.
 Von alt und neu und wie sie blutig ringen,
 Bis eins erliegt. Vom Menschen, der die Kraft
 Des Leuen sich erbeuten muß, wenn nicht
 Der Leu des Menschen Witz erobern soll.
 Sogar von Sternen, die den Stand verändern,
 Die Bahnen wechseln und die Lichter tauschen,
 Und wovon nicht!
RÜDEGER: Allein das Tuch! Das Tuch!
DIETRICH: Sogleich! Du wirst schon sehn. Dann kamen sie

Auf Ort und Zeit, und um so wichtiger
Die Kunde wurde, um so leiser wurde
Das Flüstern, um so gieriger mein Ohr.
Wann tritt dies Jahr denn ein? So fragt ich mich
Und bückte mich hinunter in den Brunnen
Und horchte auf. Schon hört ich eine Zahl
Und hielt den Odem an. Doch da erscholl
Ein jäher Schrei: Hier fällt ein Tropfen Bluts,
Man lauscht! Hinab! Husch, husch! Und alles aus.

RÜDEGER: Und dieser Tropfen?
DIETRICH: War von meinem Arm,
Ich hatte, aufgestützt, das Tuch verschoben,
Und kam so um das Beste, um den Schlüssel,
Jetzt aber, fürcht ich, brauch ich ihn nicht mehr!

Achtzehnte Szene

Die Nibelungen treten ein, von Iring und Thüring geführt. Zahlreiches Gefolge.

RÜDEGER: Sie kommen.
DIETRICH: Wie zur Schlacht.
RÜDEGER: Nur nichts
bemerkt.
HAGEN: Ihr lebt hier still, Herr Dietrich. Wie vertreibt
Ihr Euch die Zeit?
DIETRICH: Durch Jagd und Waffenspiel.
HAGEN: Doch! Davon hab ich heut nicht viel erblickt.
DIETRICH: Wir haben einen Toten zu begraben.
HAGEN: Ists der, den Volker aus Versehn erstach?
Wann wird das sein? Da dürfen wir nicht fehlen,
Um Reu und Leid zu zeigen.
DIETRICH: Wir erlassens
Euch gern.
HAGEN: Nein, nein! Wir folgen!
DIETRICH: Still! Der König!

Neunzehnte Szene

Etzel tritt mit Kriemhild ein.

ETZEL: Auch hier in Waffen?
HAGEN: Immer.
KRIEMHILD: Das Gewissen
  Verlangt es so.
HAGEN: Dank, edle Wirtin, Dank!
ETZEL *setzt sich:* Gefällt es Euch?
KRIEMHILD: Ich bitte, wie es kommt.
GUNTHER: Wo sind denn meine Knechte?
KRIEMHILD: Wohl versorgt.
HAGEN: Mein Bruder steht für sie.
ETZEL: Und ich, ich stehe
  Für meinen Koch.
DIETRICH: Das ist das Wichtigste!
HAGEN: Der leistet wirklich viel. Ich hörte oft,
  Der Heune haue vom lebendgen Ochsen
  Sich eine Keule ab und reite sich
  Sie mürbe unterm Sattel –
ETZEL: Das geschieht,
  Wenn er zu Pferde sitzt und wenns an Zeit
  Gebricht, ein lustges Feuer anzumachen.
  Im Frieden sorgt er auch für seinen Gaumen
  Und nicht bloß für den undankbaren Bauch.
HAGEN: Schon gestern abend hab ich das bemerkt.
  Und solch ein Saal dabei! Auf dieser Erde
  Kommt nichts dem himmlischen Gewölb so nah,
  Man sieht sich um nach dem Planetentanz.
ETZEL: Den haben wir nun freilich nicht gebaut! –
  Es ging mir wunderlich auf meinem Zug:
  Als ich ihn antrat, war ich völlig blind,
  Ich schonte nichts, ob Scheune oder Tempel,
  Dorf oder Stadt, ich warf den Brand hinein.
  Doch als ich wiederkehrte, konnt ich sehn,
  Und halbe Trümmer, um die letzte Stunde
  Mit Sturm und Regen kämpfend, drangen mir
  Das Staunen ab, das ich dem Bau versagt,
  Als er noch stand in seiner vollen Pracht.
VOLKER: Das ist natürlich. Sieht man doch den Toten

    Auch anders an als den Lebendigen,
    Und gräbt ihm mit demselben Schwert ein Grab,
    Mit dem man kurz zuvor ihn niederhieb.
ETZEL: So hatt ich auch dies Wunderwerk zerstört
    Und fluchte meiner eignen Hand, als ichs
    Im Schutt nach Jahren wieder vor mir sah.
    Da aber trat ein Mann zu mir heran,
    Der sprach: Ich habs das erstemal erbaut,
    Es wird mir auch das zweitemal wohl glücken!
    Den nahm ich mit und darum steht es hier.

Zwanzigste Szene

Ein Pilgrim tritt ein, umwandelt die Tafel und bleibt bei Hagen stehen.

PILGRIM: Ich bitt Euch um ein Brot und einen Schlag,
    Das Brot für Gott den Herrn, der mich geschaffen,
    Den Schlag für meine eigne Missetat.
Hagen reicht ihm ein Brot.
    Ich bitt! Mich hungert, und ich darfs nicht essen,
    Bevor ich auch den Schlag von Euch empfing.
HAGEN: Seltsam! *Gibt ihm einen sanften Schlag. Pilgrim geht.*

Einundzwanzigste Szene

HAGEN: Was war denn das?
DIETRICH: Was meint Ihr wohl?
HAGEN: Verrückt?
DIETRICH: Nicht doch! Ein stolzer Herzog ists.
HAGEN: Wie kann das sein?
DIETRICH: Ein hoher Thron steht leer,
    Solang er pilgert, und ein edles Weib
    Sieht nach ihm aus.
HAGEN *lacht:*   Die Welt verändert sich.
RÜDEGER: Man sagt, er sei schon einmal heimgezogen
    Und an der Schwelle wieder umgekehrt.
HAGEN: Fort mit dem Narren! Käm er noch einmal,
    So weckt ich rasch mit einem andern Schlag
    Den Fürsten in ihm auf.

DIETRICH: Es ist doch was!
Zehn Jahre sind herum, und endlich kommt er
Des Abends auf sein Schloß. Schon brennt das Licht,
Er sieht sein Weib, sein Kind, er hebt den Finger,
Um anzupochen, da ergreift es ihn,
Daß er des Glückes noch nicht würdig ist,
Und leise, seinem Hund, der ihn begrüßt,
Den Mund verschließend, schleicht er wieder fort,
Um noch einmal die lange Fahrt zu machen,
Vom Pferdestall zu Pferdestall sich bettelnd
Und, wo man ihn mit Füßen tritt, verweilend,
Bis man ihn küßt und an den Busen drückt.
Es ist doch was!
HAGEN *lacht:* Ha, ha! Ihr sprecht wie unser
Kaplan am Rhein!
ETZEL: Wo bleiben aber heut
Die Geiger nur?
KRIEMHILD: Es ist ja einer da,
Der alle andern zum Verstummen bringt.
So spielt denn auf, Herr Volker!
VOLKER: Seis darum,
Nur sagt mir, was Ihr hören wollt.
KRIEMHILD: Sogleich!
Sie winkt einem Diener, welcher abgeht.
GISELHER *erhebt den Becher und trinkt:*
Schwester!
KRIEMHILD *gießt ihren Becher aus, zu Rüdeger:*
Du hast dein Haar zu lieb gehabt,
Jetzt wirst du mehr verlieren!

Zweiundzwanzigste Szene

Otnit wird von vier Reisigen auf goldenem Schild hereingetragen.

ETZEL: Das ist recht!
KRIEMHILD: Seht Ihr dies Kind, das mehr der Kronen erbt,
Als es auf einmal Kirschen essen kann?
So singt und spielt zu seinem Ruhm und Preis.
ETZEL: Nun, Vettern? Ist der Junker groß genug
Für seine Jahre?
HAGEN: Gebt ihn erst herum,

Daß wir ihn recht besehn.
KRIEMHILD *zu Otnit:*

                     Mach du den Hof,
Bis man ihn dir macht.
Otnit wird herumgegeben; wie er zu Hagen kommt:
ETZEL: Nun?
HAGEN: Ich möchte schwören,
Er lebt nicht lange!
ETZEL: Ist er denn nicht stark?
HAGEN: Ihr wißt, ich bin ein Elfenkind und habe
Davon die Totenaugen, die so schrecken,
Doch auch das doppelte Gesicht. Wir werden
Bei diesem Junker nie zu Hofe gehn.
KRIEMHILD: Ist dies das Lied? Da spricht wohl nur dein
                                              Wunsch!
Macht Ihr es gut, Herr Volker, stimmt nicht länger,
Der junge König nimmts noch nicht genau.

Dreiundzwanzigste Szene

Dankwart tritt in blutbedecktem Panzer ein.

DANKWART: Nun, Bruder Hagen, nun? Ihr bleibt ja lange
Bei Tische sitzen! Schmeckts denn heut so gut?
Nur immer zu, die Zeche ist bezahlt!
GUNTHER: Was ist geschehn?
DANKWART: Von allen den Burgunden,
Die Ihr mir anvertrautet, ist nicht einer
Am Leben mehr. Das war für Euren Wein.
HAGEN *steht auf und zieht. Getümmel:*
Und du?
KRIEMHILD: Das Kind! Mein Kind!
HAGEN *sich über Otnit lehnend, zu Dankwart:*
                            Du triefst von Blut!
KRIEMHILD: Er bringt es um!
DANKWART:
Das ist nur roter Regen, – *er wischt sich das Blut ab* –
Du siehst, es quillt nicht nach, doch alle andern
Sind hin.
KRIEMHILD: Herr Rüdeger! Helft!

HAGEN *schlägt Otnit den Kopf herunter:*
                              Hier, Mutter, hier! –
  Dankwart, zur Tür!
VOLKER: Auch da ist noch ein Loch!
Dankwart und Volker besetzen beide Türen des Saales.
HAGEN *springt auf den Tisch:*
  Nun, laßt denn sehn, wer Totengräber ist.
ETZEL: Ich! – Folgt mir!
DIETRICH *zu Volker:*   Platz dem König!
Etzel und Kriemhild schreiten hindurch, Rüdeger, Hildebrant,
Iring und Thüring folgen; als sich auch andere anschließen:
VOLKER: Ihr zurück!
ETZEL *in der Tür:* Ich wußte nichts vom Mord an Euren
                                              Knechten
  Und hätt ihn so bestraft, daß Ihr mir selbst
  Ins Schwert gefallen wärt. Dies schwör ich Euch!
  Dies aber auch: Jetzt seid Ihr aus dem Frieden
  Der Welt gesetzt und habt zugleich die Rechte
  Des Kriegs verwirkt! Wie ich aus meiner Wüste
  Hervorbrach, unbekannt mit Brauch und Sitte,
  Wie Feuer und Wasser, die vor weißen Fahnen
  Nicht stehenbleiben und gefaltne Hände
  Nicht achten, räch ich meinen Sohn an Euch
  Und auch mein Weib. Ihr werdet diesen Saal
  Nicht mehr verlassen, Ihr, Herr Dieterich,
  Bürgt mir dafür, doch was den Heunenkönig
  Auf dieser Erde einst so furchtbar machte,
  Das sollt Ihr sehn in seinem engen Raum! *Ab.*
Allgemeiner Kampf.

FÜNFTER AKT

Vor dem Saal

Brand, Feuer und Rauch. Er ist rings mit Amelungenschützen umstellt. Zu dem Saale führen von beiden Seiten breite Stiegen hinauf, die in einem Balkon zusammenstoßen.

Erste Szene

Hildebrant, Dietrich.

HILDEBRANT: Wie lange soll der Jammer denn noch
                                                 dauern?
DIETRICH: So lange, fürcht ich, bis der letzte fiel.
HILDEBRANT: Sie werden Herr des Feuers. Seht nur, seht!
  Schon schluckt der Rauch die lichte Flamme ein.
DIETRICH: Dann löschen sie mit Blut.
HILDEBRANT: Sie waten drin
  Bis an das Knie und können ihre Helme
  Als Eimer brauchen.

Zweite Szene

Die Tür des Saals wird aufgerissen, Hagen erscheint.

HAGEN: Puh! *Kehrt sich um.* Wer lebt, der
                                                 ruft!
HILDEBRANT: Der edle Hagen, dem Ersticken nah!
  Er taumelt!
DIETRICH: Etzel, du bist fürchterlich!
  Das Schreckgesicht, das du gesehn am Himmel,
  Das stellst du wohl auf Erden vor uns hin.
HAGEN: Komm, Giselher, hier gibt es frische Luft!
GISELHER *von innen:* Ich finde nicht!
HAGEN: So taste an der Mauer
  Und folge meiner Stimme. *Tritt halb in den Saal zurück.*
                                  Falle nicht,

Da ist der Totenberg! *Führt Giselher heraus.*
GISELHER: Ha! – Das erquickt!
Ich lag schon! Dieser Qualm! Noch eher Glut!

Dritte Szene

Gunther, Dankwart und Gerenot erscheinen mit Rumolt in ihrer Mitte.

GUNTHER: Da ist das Loch.
DANKWART: Schnell! Schnell!
GERENOT *aufatmend:* Das ist was
wert!
GUNTHER *zu Rumolt, der zu fallen anfängt:*
Dem hilfts nicht mehr.
HAGEN: Tot?
DANKWART: Küchenmeister, auf! –
Vorbei!
GISELHER: Durst! Durst!
HAGEN: Ei, geh doch in die Schenke
Zurück, an rotem Wein gebrichts ja nicht,
Noch sprudelt manches Faß.
HILDEBRANT: Versteht Ihr das? *Deutet auf den Totenwinkel.*
Die ausgelaufnen Fässer liegen dort!
DIETRICH: Gott helfe uns!
HAGEN: Ein Glück nur, daß der Saal
Gewölbt ist. Ohne diesen Ziegelrand,
Der uns beschirmte vor dem Kupferregen,
Hätt alles nichts geholfen.
GUNTHER: Brätst du nicht
In deinem Eisen?
HAGEN: Stell dich an den Wind,
Jetzt können wir ihn brauchen.
GUNTHER: Wehts denn noch?

Vierte Szene

KRIEMHILD *aus einem Fenster:*
  Nun, Waffenmeister?
HILDEBRANT: Schießt!
Die Schützen erheben ihre Bogen.
HAGEN: Ich decke euch!
  Er erhebt seinen Schild, dieser entfällt ihm und rollt die Treppe herunter.
  Hinein! *Ruft herab:* Beseht den Schild, bevor ihr lacht!
  Er ward nur schwerer, doch mein Arm nicht schwächer,
  Denn alle eure Speere stecken drin. *Folgt den übrigen.*

Fünfte Szene

HILDEBRANT: Ich halt es nicht mehr aus. Wollt Ihr denn
                                                 nicht
  Ein Ende machen?
DIETRICH: Ich? Wie könnt ich das?
  Ich bin des Königs Mann und um so mehr
  Verpflichtet, treu zu bleiben, als ich mich
  Freiwillig und aus bloßem Herzensdrang
  Ihm unterwarf!
HILDEBRANT: Vergeßt nicht!
DIETRICH: Davon nichts.
HILDEBRANT: Die Zeit ist abgelaufen, die Ihr selbst
  Euch setztet, im Gehorsam Euch zu üben,
  Und Eure Zeugen leben!
DIETRICH: Heute das?
HILDEBRANT: Heut oder nie! Die Helden können sterben,
  Die Gott bis jetzt so wunderbar verschont.
DIETRICH: Dann soll ich eben bleiben, was ich bin!
  Das setzt ich mir zum Zeichen, wie du weißt,
  Ob ich die Krone wieder tragen oder
  Bis an den Tod zu Lehen gehen soll,
  Und ich, ich bin zu beidem gleich bereit.
HILDEBRANT: Nun, wenn Ihr selber schweigt, so rede ich!
DIETRICH: Das tust du nicht! Auch bessertest du nichts!
  Legt ihm die Hand auf die Schulter.
  Mein Hildebrant, wenn eine Feuersbrunst

Im Haus entsteht, so kehrt der Knecht noch um,
Der seiner Pflicht gerade ledig ward,
Und hätt er schon die Schwelle überschritten:
Er zieht die Feierkleider wieder aus
Und wirft sein Bündel hin, um mit zu löschen,
Und ich, ich zöge ab am Jüngsten Tag?
HILDEBRANT: Sie werfen wieder Tote aus den Fenstern,
Herr, endigt jetzt! Der Teufel hat genug!
DIETRICH: Wenn ich auch wollte, wie vermöcht ichs wohl?
Hier hat sich Schuld in Schuld zu fest verbissen,
Als daß man noch zu einem sagen könnte:
Tritt du zurück! Sie stehen gleich im Recht.
Wenn sich die Rache nicht von selbst erbricht
Und sich vom letzten Brocken schaudernd wendet,
So stopft ihr keiner mehr den grausen Schlund.
HILDEBRANT *ist auf die Seite gegangen und kehrt zurück:*
Nun folgen unsre Edlen endlich auch
Den armen Knechten nach. Die meisten sind
Nur noch an ihrem Panzer zu erkennen,
Der tapfre Iring flog der Schar voran.
Herr, geht nicht hin, Ihr könnt ihn doch nicht küssen,
Sein Kopf ist ganz verkohlt.
DIETRICH: 				Das treue Blut!
Hagen wird oben wieder sichtbar.
HILDEBRANT: Hagen noch einmal.

Sechste Szene

Kriemhild tritt auf.
KRIEMHILD: 				Schießt!
Hagen verschwindet wieder.
					Wie viele leben
Denn noch?
HILDEBRANT *deutet auf den Totenwinkel:*
		Wie viele tot sind, siehst du hier!
DIETRICH: Alle Burgunden, die ins Land gezogen,
Sind auch gefallen –
KRIEMHILD: 		Aber Hagen lebt!
An siebentausend Heunen liegen dort –
KRIEMHILD: Und Hagen lebt!

DIETRICH: Der stolze Iring fiel.
KRIEMHILD: Und Hagen lebt!
DIETRICH: Der milde Thüring auch,
 Irnfried und Blödel und die Völker mit.
KRIEMHILD: Und Hagen lebt! Schließt eure Rechnung ab,
 Und wärt ihr selbst darin die letzten Posten,
 Die ganze Welt bezahlt mich nicht für ihn.
HILDEBRANT: Unhold!
KRIEMHILD: Was schiltst du mich? Doch schilt
  mich nur!
 Du triffst, was du gewiß nicht treffen willst,
 Denn was ich bin, das wurde ich durch die,
 Die ihr der Strafe gern entziehen möchtet,
 Und wenn ich Blut vergieße, bis die Erde
 Ertrinkt, und einen Berg von Leichen türme,
 Bis man sie auf dem Mond begraben kann,
 So häuf ich ihre Schuld, die meine nicht.
 O, zeigt mir nur mein Bild! Ich schaudre nicht
 Davor zurück, denn jeder Zug verklagt
 Die Basilisken dort, nicht mich. Sie haben
 Mir die Gedanken umgefärbt. Bin ich
 Verräterisch und falsch? Sie lehrten mich,
 Wie man den Helden in die Falle lockt.
 Und bin ich für des Mitleids Stimme taub?
 Sie warens, als sogar der Stein zerschmolz.
 Ich bin in allem nur ihr Widerschein,
 Und wer den Teufel haßt, der spuckt den Spiegel
 Nicht an, den er befleckt mit seiner Larve,
 Er schlägt ihn selbst und jagt ihn aus der Welt.

Siebente Szene

Hagen erscheint wieder.

HAGEN: Ist König Etzel hier?
KRIEMHILD: Ich sprech für ihn.
 Was wollt Ihr?
HAGEN: Offnen Kampf in freier Luft.
KRIEMHILD: Das weigr ich Euch, und wärs nach mir
  gegangen,

So gäbs auch drinnen keinen Kampf als den
Mit Hunger und Durst und Feuer!
DIETRICH: Der König selbst!

Achte Szene

Etzel tritt auf.

HAGEN: Herr Etzel, ists geschehn mit Eurem Willen,
Daß man den Saal in Brand gesteckt, als wir
Die Wunden uns verbanden?
ETZEL: Habt Ihr uns
Die Toten ausgeliefert? Habt Ihr mir
Nicht selbst mein Kind verweigert?
DIETRICH: Das war schlimm!
ETZEL: Wir pflegen unsre Toten zu verbrennen!
Wenn Euch das unbekannt gewesen ist,
So wißt Ihrs jetzt.
HAGEN: Dann seid Ihr quitt mit uns!
Gewährt uns denn, was Ihr nicht weigern könnt,
Wenn Ihr den größten Schimpf nicht wagen wollt.
KRIEMHILD: Der größte Schimpf ist, Euch das Ohr zu
leihn.
Schießt! Schießt!
HAGEN: Trägt sie die Krone?
ETZEL: Was wollt Ihr
mehr?
Ich legte Euer Los in Schwesterhand.
KRIEMHILD: Die Toten hielten sie als Pfand zurück,
Um auch die Lebenden hineinzulocken,
Die nicht aus Torheit kamen.
ETZEL: Stamm um Stamm!
Sie haben meinen ausgelöscht, sie sollen
Auch selbst nicht fortbestehn.
KRIEMHILD: Was gibts denn hier?
Der alte Rüdeger in Wut?

Neunte Szene

Rüdeger jagt einen Heunen über die Bühne und schlägt ihn mit der Faust zu Boden.

RÜDEGER: Da liege
  Und spei noch einmal Gift.
ETZEL: Herr Rüdeger,
  Ihr helft dem Feind? Wir haben der Erschlagnen
  Auch ohne Euch genug.
KRIEMHILD: Was hat der Mann
  Getan?
RÜDEGER *zu Etzel:* Bin ich dein bloßer Zungenfreund?
  Schnapp ich nach Gaben, wie der Hund nach Fleisch?
  Trag ich den Sack, der keinen Boden hat,
  Und obendrein ein festgeleimtes Schwert?
ETZEL: Wer sagt denn das?
RÜDEGER: Wenn mans nicht sagen darf,
  So schilt mich nicht, daß ich den Buben strafte:
  Der warf mir das soeben ins Gesicht,
  Als ich mit Tränen all des Jammers dachte,
  Den diese Sonnenwende uns beschert,
  Und brüllend stimmte ihm sein Haufe bei.
KRIEMHILD: So stand ein ganzer Haufe hinter ihm?
  Herr Rüdeger, die Strafe war zu hart,
  Denn viele, wenn nicht alle, denken so,
  Und eine beßre Antwort wärs gewesen,
  Wenn Ihr sogleich das Schwert gezogen hättet,
  Um auf die Nibelungen einzuhaun.
RÜDEGER: Ich? Hab ich sie nicht selbst ins Land gebracht?
ETZEL: Drum eben ists an dir, sie fortzuschaffen.
RÜDEGER: Nein, König, das begehrst du nicht von mir!
  Du hast mir kaum gestattet, dir die Dienste
  Zu leisten, die ich dir entgegentrug,
  Und solltest fordern, was ich weigern müßte,
  Und hinge Haut und Haar und alles dran?
  Ich kann und will sie nicht verteidigen,
  Doch hab ich sie auf Treue hergeführt,
  Und darf ich sie nicht schützen gegen dich,
  So leih ich dir doch auch nicht meinen Arm.

KRIEMHILD: Du tust, als wärst du noch ein freier Mann
  Und könntest dich entscheiden, wie du willst?
RÜDEGER: Kann ichs denn nicht? Was hindert mich, wenn ich
  Die Lehen niederlege?
KRIEMHILD: Was? – Dein Eid!
  Du bist bis an den letzten Odemzug
  Mein Knecht und darfst mir keinen Dienst verweigern,
  Wohlan denn, dieser ist es, den ich will.
RÜDEGER: Ich kann nicht sagen, daß du lügst, und doch
  Ists nicht viel besser, denn ein andres Weib
  Hat meinen Eid gefordert und erhalten,
  Ein andres aber legt ihn heute aus.
ETZEL: Du sprichst von Treue, Rüdeger. Ich darf
  Dich wohl zum Zeugen nehmen, daß ich sie
  Heilig zu halten weiß. Doch, gilt das hier?
  Sie stehen jenseits der Natur und brauchen
  Als Waffe, was im Abgrund still versank,
  Eh sich der Bau der Welt zusammenschloß.
  Sie werfen uns den Kot der Elemente,
  Der, ausgeschieden, unten sitzenblieb,
  Als sich die Kugel rundete, hinein.
  Sie reißen alle Nägel aus und sägen
  Die Balken durch. Da mußt auch du den Damm
  Wohl überspringen, wenn du helfen willst.
KRIEMHILD: So ists. Der giftge Degen ist die Schande
  Des ersten, doch der zweite schwingt ihn frei!
RÜDEGER: Es mag so sein, es ist gewiß auch so,
  Ich will mit Euch nicht streiten. Doch bedenkt:
  Ich habe sie mit Wein und Brot begrüßt,
  Als sie die Donaugrenze überschritten,
  Und sie geleitet bis zu Eurer Schwelle,
  Kann ich das Schwert wohl gegen sie erheben,
  Nun sie in ihren größten Nöten sind?
  Wenn alle Arme, die man zählt auf Erden,
  Im allgemeinen Aufstand der Natur
  Sich gegen sie bewaffneten, wenn Messer
  Und Sensen blitzten und die Steine flögen,
  So fühlte ich mich immer noch gebunden,
  Und höchstens stände mir ein Spaten an.
ETZEL: Ich hab dich auch geschont, solang ich konnte,

Und ruf dich ganz zuletzt.
RÜDEGER: Barmherzigkeit!
Was soll ich sagen, wenn mein Eidam mir,
Der junge Giselher, entgegentritt
Und mir die Hand zum Gruße beut? Und wenn
Mein Alter seine Jugend überwindet,
Wie tret ich wohl vor meine Tochter hin?
Zu Kriemhild:
Dich treibt der Schmerz um den Verlorenen,
Willst du ihn auf ein Kind, das liebt, wie du,
Und nichts verbrach, vererben und es töten?
Das tust du, wenn du mich zum Rächer wählst,
Denn, wie das blutge Los auch fallen mag,
Ihr wird der Sieger immer mit begraben,
Und keiner von uns beiden darf zurück.
KRIEMHILD: Das alles hättest du erwägen sollen,
Bevor der Bund geschlossen ward. Du wußtest,
Was du geschworen!
RÜDEGER: Nein, ich wußt es nicht.
Und, beim allmächtgen Gott, du hast es selbst
Noch weniger gewußt. Das ganze Land
War deines Preises voll. In deinem Auge
Sah ich die erste Träne und zugleich
Die letzte auch, denn alle andern hattest
Du abgewischt mit deiner milden Hand.
Wohin ich trat, da segnete man dich,
Kein Kind ging schlafen, ohne dein zu denken,
Kein Becher ward geleert, du hattest ihn
Gefüllt, kein Brot gebrochen und verteilt,
Es kam aus deinem Korb: wie konnt ich glauben,
Daß diese Stunde folgte! Eher hätt ich
Bedächtig vor dem Eid den eignen Hals
Mir ausbedungen, als die Sicherheit
Der Könge, deiner Brüder. Wärs dir selbst
Wohl in den Sinn gekommen, wenn du sie
Im Kreis um deine alte graue Mutter
Versammelt sahst, um in den Dom zu gehn,
Daß du dereinst ihr Leben fordern würdest?
Wie sollte ichs denn ahnen und den ersten
Und edelsten der Jünglinge verschmähn,
Als er um meine Tochter warb?

KRIEMHILD: Ich will
Ihr Leben auch noch heute nicht! Die Tür
Steht offen für sie alle, bis auf einen:
Wenn sie die Waffen drinnen lassen wollen
Und draußen Frieden schwören, sind sie frei.
Geh hin und rufe sie zum letztenmal.

Zehnte Szene

Giselher erscheint oben.

GISELHER: Bist du es, Schwester? Habe doch Erbarmen
Mit meinem jungen Leib.
KRIEMHILD: Komm nur herab!
Wer jetzt beim Mahle sitzt, und wär er noch
So hungrig, soll dir weichen, und ich selbst
Kredenze dir des Kellers kühlsten Trunk!
GISELHER: Ich kann ja nicht allein.
KRIEMHILD: So bringe mit,
Was Ute wiegte, daß sie nicht mit Schmerz
Begraben muß, was sie mit Lust gebar.
GISELHER: Wir sind noch mehr.
KRIEMHILD: Du wagst, mich dran zu
mahnen?
Nun ist die Gnadenzeit vorbei, und wer
Noch Schonung will, der schlage erst das Haupt
Des Tronjers ab und zeigs!
GISELHER: Mich reut mein Wort!
Verschwindet wieder.

Eilfte Szene

RÜDEGER: Du siehst!
KRIEMHILD: Das eben ists, was mich empört!
Heut sind sie untreu, morgen wieder treu:
Das Blut des Edelsten vergießen sie
Wie schmutzges Wasser, und den Höllengischt,
Der in den Adern dieses Teufels kocht,
Bewachen sie bis auf den letzten Tropfen,

Als wär er aus dem Heilgen Gral geschöpft.
Das konnt ich auch nicht ahnen, als ich sie
So miteinander hadern sah. Mein Grab
Im Kloster war nicht still genug, daß ich
Den ewgen Zank nicht hörte: konnt ich denken,
Daß sie, die sich das Brot vergifteten,
Sich hier so dicht zusammenknäueln würden,
Als hingen sie an einer Nabelschnur?
Gleichviel! Der grimmge Mörder sprach am Sarg
In bittrem Hohn zu mir: Dein Siegfried war
Vom Drachen nicht zu trennen, und man schlägt
Die Drachen tot. Das wiederhol ich jetzt!
Ich schlag den Drachen tot und jeden mit,
Der sich zu ihm gesellt und ihn beschirmt.
ETZEL: Ihr habt den Kampf verlangt, als ich gebot,
Sie mit den stillen Schrecken einzuschließen,
Die nach und nach aus allen Wänden kriechen
Und wachsen, wie der Tag – Ihr habt den Hunger
Beneidet um sein Totengräberamt,
Als ichs ihm übertrug, und statt zu lachen,
Wie die Verlornen Euch aus List verhöhnten,
Um Euch hineinzulocken, Eure Wappen
Emporgehalten und durchs erste Murren
Ein Ja von mir ertrotzt. Nun fechtets aus!
Ich werds auch an mir selbst nicht fehlen lassen,
Wenn mich die Reihe trifft, denn Wort ist Wort.
RÜDEGER: So schwer wie ich ward noch kein Mensch
geprüft,
Denn was ich tun und was ich lassen mag,
So tu ich bös und werde drob gescholten,
Und laß ich alles, schilt mich jedermann.
Aus dem Saal heraus Becherklang.
KRIEMHILD: Was ist denn das? Es tönt wie Becherklang!
Hildebrant steigt hinauf.
Mich dünkt, sie höhnen uns! Das ist die Art
Der Fröhlichen. Sie scheppern mit den Helmen
Und stoßen an.
HILDEBRANT: Nur einen Blick hinein,
So bist du stumm! Sie sitzen auf den Toten
Und trinken Blut.
KRIEMHILD: Sie trinken aber doch!

HILDEBRANT: Rührt dich denn nichts? Noch niemals
                              standen Männer
  Zusammen wie die Nibelungen hier,
  Und was sie auch verbrochen haben mögen,
  Sie habens gutgemacht durch diesen Mut
  Und diese Treue, die sie doppelt ehrt,
  Wenns ist, wie du gesagt!
RÜDEGER: Mein Herr und König,
  Du hast mich so mit Gaben überschüttet
  Und mir den Dank dafür so ganz erlassen,
  Daß dir kein Knecht verpflichtet ist wie ich.
  Kriemhild, ich habe dir den Eid geschworen
  Und muß ihn halten, das erklär ich laut
  Für meine Pflicht und mäkle nicht daran.
  Wenn Ihr mich dennoch niederknieen seht,
  So denkt des Hirsches, der in höchster Not
  Sich auch noch gegen seinen Jäger wendet,
  Und ihm die einzge blutge Träne zeigt,
  Die er auf dieser Erde weinen darf,
  Ob er vielleicht Erbarmen in ihm weckt.
  Ich flehe nicht um Gold und Goldeswert,
  Nicht um mein Leben oder meinen Leib,
  Nicht einmal um mein Weib und um mein Kind,
  Das alles fahre hin, ich fleh zu Euch
  Um meine Seele, die verloren ist,
  Wenn Ihr mich nicht von diesem Eide löst.
  Zu Etzel:
  Ich biete nicht, was dir von selbst verfällt,
  Wenn des Vasallen Zunge auch nur stockt,
  Und wenn sein Auge nicht vor Freuden funkelt,
  Sobald du winkst: mein Land ist wieder dein!
  Zu Kriemhild:
  Ich sage nicht: wenn du mein Leben willst,
  So nimm es hin, und wenn du meinen Leib
  Verlangst, so spann mich morgen vor den Pflug!
  Zu beiden:
  Ich biete mehr, obgleich dies alles scheint,
  Was einer bieten kann: wenn ihr es mir
  Erlaßt, den Arm in diesem Kampf zu brauchen,
  Soll er mir sein, als hätt ich ihn nicht mehr.
  Wenn man mich schlägt, so will ich mich nicht wehren,

> Wenn man mein Weib beschimpft, sie nicht beschützer
> Und wie ein Greis, den die gewaltge Zeit
> Von seinem Schwerte schied, in voller Kraft
> An einem Bettelstab die Welt durchziehn.

KRIEMHILD: Du tust mir leid, allein du mußt hinein!
> Glaubst du, daß ich die Seele rettete,
> Als ich nach einem Kampf, dem keiner gleicht,
> Mit Etzel in das zweite Ehbett stieg?
> O sei gewiß, der kurze Augenblick,
> Wo ich den Frauengürtel lösen sollte,
> Und fest und immer fester um mich knüpfte,
> Bis er ihn zornig mit dem Dolch zerschnitt,
> Der Augenblick enthielt der Martern mehr,
> Als dieser Saal mit allen seinen Schrecken,
> Mit Glut und Brand, mit Hunger, Durst und Tod.
> Und wenn ich endlich überwand im Kampf
> Und, statt den Dolch zu rauben und zu töten,
> Gleichviel, ob mich, ob ihn, sein Bett beschritt,
> So wars dein Eid, der mir die Kraft verlieh,
> So war es dieser Tag, auf den ich hoffte,
> Und diese Stunde, die ihn krönen muß.
> Nun sollt es enden wie ein Possenspiel,
> Ich hätt mich selbst als Opfer dargebracht
> Und sollte doch verzichten auf den Preis?
> Nein, nein, und müßte ich der ganzen Welt
> Zur Ader lassen, bis zur jüngsten Taube
> Herunter, die das Nest noch nicht verließ,
> Ich schauderte auch davor nicht zurück.
> Drum, Markgraf Rüdeger, besinnt Euch nicht,
> Ihr müßt wie ich, und wenn Ihr fluchen wollt,
> So flucht auf die, sie zwingen Euch wie mich.

RÜDEGER *zu den Seinen:*
> So kommt!

KRIEMHILD: Erst noch die Hand.

RÜDEGER: Beim Wiedersehn.

HILDEBRANT: Herr Dieterich von Bern, jetzt mahn ich Euch!
> Werft Euren schnöden Wächterspieß beiseite
> Und schreitet ein, wies einem König ziemt.
> Zurück noch, Rüdeger, er darfs und kanns,
> Er trat auf sieben Jahr in Etzels Dienst,

Und die sind um, es galt nur ein Gelübde,
Und wers nicht glaubt, dem stell ich Zeugen auf.
ETZEL: Dein Wort genügt.
DIETRICH *der die Schwurfinger in die Höhe hob, während*
Hildebrant sprach: So wars, mein Herr und König.
Doch weiß mein alter Waffenmeister nicht,
Daß ichs im stillen neu beschworen habe,
Indem er sprach, und diesmals bis zum Tod.
HILDEBRANT *tritt Rüdeger aus dem Wege:*
So zieht! Doch reicht mir noch zum letztenmal
Die Hand, denn niemals wird es mehr geschehn,
Ob Ihr nun siegen oder fallen mögt.
RÜDEGER: Herr Etzel, Euch befehl ich Weib und Kind
Und auch die armen Landsvertriebenen,
Denn, was Ihr selbst an mir getan im großen,
Das hab ich Euch im kleinen nachgemacht.

Zwölfte Szene

Hagen und die Nibelungen schauen aus, wie Rüdeger mit den
Seinigen emporsteigt.

GISELHER: Es gibt noch Frieden. Seht Ihr? Rüdeger!
HAGEN: Es gilt den letzten und den schwersten Kampf,
Jetzt soll sich würgen, was sich liebt.
GISELHER: Du meinst?
HAGEN: Trat die Versöhnung je in Eisen auf?
Braucht man den Panzer, um sich zu umarmen,
Treibt man die Küsse mit den Schwertern ein,
Und nimmt man all sein Volk als Zeugen mit?
GISELHER: Wir tauschten alle in Bechlarn die Waffen,
Ich trag die seinen, er die meinigen,
Und das geschieht in aller Welt doch nur,
Wenn man sich niemals wieder schlagen will.
HAGEN: Hier gilt das nicht. Nein, reicht euch nur die
 Hände
Und sagt euch gute Nacht. Wir sind am Ziel.
GISELHER *tritt Rüdeger entgegen:*
Willkommen!
RÜDEGER: Ich bin taub! – Musik! Musik!
Rauschende Musik.

HAGEN: Hätt ich nur einen Schild!
RÜDEGER: Dir fehlt der Schild?
 An einem Schilde solls dir nimmer fehlen,
 Hier ist der meinige.
 *Reicht Hagen seinen Schild, während Hildebrant ihm den
 seinigen wiedergibt.*
 Musik! Musik!
 Schlagt an die Panzer, rasselt mit den Speeren,
 Ich habe jetzt das letzte Wort gehört!
 Tritt mit den Seinigen in den Saal. Kampf.

 Dreizehnte Szene

ETZEL: Bring mir den Helm!
HILDEBRANT *in den Saal schauend, ballt die Hand gegen
 Kriemhild:*
 Du, du!
KRIEMHILD: Wer ist gefallen?
HILDEBRANT: Dein Bruder Gerenot.
KRIEMHILD: Er hats gewollt.
HILDEBRANT: Was ist das für ein Licht, das mich so
 blendet?
 Ich seh nicht mehr! – Der Balmung! – Hagen schreitet
 In einem Meer von Funken, wo er haut;
 In Regenbogenfarben tanzen sie
 Um ihn herum und beißen in die Augen,
 Daß man sie schließen muß. Das ist ein Schwert!
 Es schlägt die tiefsten Wunden, und es macht
 Sie unsichtbar durch seinen Blitz. Jetzt hält
 Der Schnitter ein! Wie stehts? Der hat gemäht!
 Wie wenig Halme heben noch ihr Haupt!
 Auch Giselher –
KRIEMHILD: Was ist mit Giselher?
HILDEBRANT: Er liegt.
KRIEMHILD: Er liegt? Nun wohl, so ist es aus.
HILDEBRANT: Der Tod hat wieder Odem, und es bricht
 Von neuem los. Wie wütet Rüdeger!
 Der löst den Eid so treu, als tät ers gern,
 Doch ist er jetzt schon ganz allein!
KRIEMHILD: So hilf!

HILDEBRANT: Man schlägt die Nibelungen ohne mich! –
Dankwart, du lehnst dich müßig in die Ecke,
Statt deine Pflicht zu tun? Siehst dus denn nicht,
Daß Volker stürzt? – Ach, er hat guten Grund,
Die Mauer hält ihn aufrecht, nicht der Fuß,
Der ihn durch tausend schwere Kämpfe trug! –
O Gott!
KRIEMHILD: Was gibts?
HILDEBRANT: Sie liegen Brust an Brust!
KRIEMHILD: Wer?
HILDEBRANT: Rüdeger und der Tronjer!
KRIEMHILD: Schmach und
               Tod!
HILDEBRANT: Spar dir den Fluch! Sie waren beide blind
Vom angespritzten Blut und tasteten
Herum, um nicht zu fallen.
KRIEMHILD: Da verzeih ichs.
HILDEBRANT: Jetzt wischen sie die Augen, schütteln sich,
Wie Taucher, küssen sich und – Willst du mehr,
So steige selbst herauf und schau hinein.
KRIEMHILD: Was könnt es nun noch geben, das mich
              schreckte?

Steigt empor.

HAGEN *ihr entgegen, als sie die Treppe halb erstiegen hat:*
Der Markgraf Rüdeger bittet um sein Grab!
ETZEL *greift nach dem Helm, den ihm ein Diener reicht:*
Nun ists an mir, und keiner hält mich mehr!
DIETRICH: Es ist an mir, der König kommt zuletzt.
Geht in den Saal.
HILDEBRANT: Dem Herrn sei Preis und Dank! Die Kraft
              der Erde
Ward in zwei Hälften unter uns verteilt,
Die eine kam auf all die Millionen,
Die andre kam auf Dietrich ganz allein.

Vierzehnte Szene

DIETRICH *bringt Hagen und Gunther gefesselt:*
Da sind sie!
HAGEN *deutet auf seine Wunden:*

    Alle Hähne stehn schon auf,
Man braucht nicht erst zu drehn.
GUNTHER: Ich möchte mich
Ein wenig setzen. Gibts hier keinen Stuhl?
HAGEN *wirft sich auf Hände und Füße nieder:*
Hier, edler König, hier, und einer, der
Dir selbst sogar gehört.
DIETRICH: Begnadigt sie
So weit, daß Ihrs dem Tode überlaßt,
Ob er ein Wunder dulden will.
ETZEL: Sie sollen
Bis morgen sicher sein! Dann stehts bei ihr!
Führt sie ins Haus.
Hagen und Gunther werden abgeführt.
KRIEMHILD: Herr Hagen Tronje, hört!
HAGEN *kehrt um:*
Was wollt Ihr, Frau?
KRIEMHILD: Sogleich! – Ist König Etzel
Der einzge Heunenrecke, der noch lebt?
Deutet auf den Totenwinkel.
Mir deucht, dort rührt sich was!
ETZEL: Jawohl! Ein zweiter
Kriecht mühsam aus dem Totenberg hervor,
Er braucht sein Schwert als Krücke.
KRIEMHILD: Tritt heran,
Verstümmelter, wenn die gebrochnen Glieder
Dich tragen wollen, daß ich dich bezahle,
Denn ich bin deine Schuldnerin!
Ein Heune tritt heran.
         Herr Hagen,
Wo ist der Hort? Ich frag das nicht für mich,
Ich frags für diesen Mann, dem er gehört.
HAGEN: Als ich den Hort versenkte, mußt ich schwören,
Ihn keiner Menschenseele zu verraten,
Solange einer meiner Könge lebt.
KRIEMHILD *heimlich zu dem Heunen:*
Kannst du das Schwert noch brauchen? Nun, so geh
Und haue den gefangnen König nieder
Und bringe mir sein Haupt.
Heune nickt und geht.
       Der Schuldigste

Von Utes Söhnen soll nicht übrigbleiben,
Das wär ein Hohn auf dieses Weltgericht!
Heune kommt mit Gunthers Haupt zurück.
KRIEMHILD *deutet darauf:*
Kennst du dies Haupt? Nun sprich, wo ist der Hort?
HAGEN: Da ist das Ende! Wie ichs mir gedacht!
Klatscht in die Hände.
Unhold, ich hab dich wieder überlistet,
Nun ist der Ort nur Gott und mir bekannt,
Und einer von uns beiden sagts dir nicht.
KRIEMHILD: Dann, Balmung, leiste deinen letzten Dienst!
*Reißt ihm den Balmung von der Seite und erschlägt
ihn, ohne daß er sich wehrt.*
HILDEBRANT: Kommt hier der Teufel doch noch vor dem
 Tod?
Zurück zur Hölle! *Er erschlägt Kriemhild.*
DIETRICH: Hildebrant!
HILDEBRANT: Ich bins.
ETZEL: Nun sollt ich richten – rächen – neue Bäche
Ins Blutmeer leiten – Doch es widert mich,
Ich kanns nicht mehr – mir wird die Last zu schwer –
Herr Dietrich, nehmt mir meine Kronen ab
Und schleppt die Welt auf Eurem Rücken weiter –
DIETRICH: Im Namen dessen, der am Kreuz erblich!

Nachwort

> „... es ist das Gefühl des vollkommenen
> Widerspruchs in allen Dingen"

Am 21. August 1920 notiert der junge Brecht nach der Lektüre von Hebbels Tagebüchern: „Das Pflichtgefühl drin ist mir widerlich, auch die Ordnung, die einer ungeheuren Einbildung gleichkommt: im Grund ist Hebbel eben Sammler. Er hat eine beschränkte Ideologie in allen Gedankengängen, es scheint, er ist eitel darauf, überall da noch einen Sinn zu entdecken, wo die Dümmeren keinen mehr entdecken ... Er kommt vermittels einer scholastischen Dialektik fast immer bis zur äußersten Formulierung der beiderseitigen Rechte und Pflichten."[1] Und eine Rezension für den Augsburger „Volkswillen" über eine „Judith"-Aufführung im Stadttheater eröffnet er mit der Behauptung: „Es ist eines der schwächsten und albernsten Stücke unseres klassischen deutschen Repertoirs."[2] Schließlich zieht er die Summe seiner frühen – auch später nicht revidierten – Auseinandersetzung mit dem Werk Friedrich Hebbels als Moment der grundsätzlichen Abstoßung von der Tradition des klassischen deutschen Dramas: „Immer mehr scheint mir jener Weg, den Hebbel einschlug, eine Sackgasse."[3]
Dieser apodiktischen Feststellung ist nur schwer zu widersprechen, vor allem dann nicht, wenn man die Geschichte des deutschen Dramas und Theaters im 20. Jahrhundert mitbedenkt, die tatsächlich nicht im Zeichen einer Rückbesinnung auf die klassische Einfühlungsdramatik von Lessing bis Hebbel steht. Brechts Ablehnung korrespondiert mit der – freilich anders motivierten – Bewertung Hebbels durch die marxistische Literaturwissenschaft, etwa bei Franz Mehring und Georg Lukács, aber auch in der DDR-Germanistik der fünfziger und sechziger Jahre. Bei aller Anerkennung des außerordentlichen dichterischen Formats, vor allem als Dramatiker, wurde sein vielzitierter „Pantragismus" als reaktionäre Weltanschauung verurteilt. Nach der Gestaltung eines ausgleichenden, produktiven Verhältnisses zwischen Individuum und Gesellschaft in der klassischen deutschen Literatur sei in den Werken Hebbels die

Willensfreiheit des Subjekts aussichtslos und unentrinnbar dem Weltganzen in einem solchen Maße untergeordnet, daß es seine Ansprüche nicht in die geschichtlichen Abläufe einzubringen imstande wäre. Der einzelne befände sich permanent in einem dualistischen Gegensatz zur Welt, in einem übergreifenden, vollständigen, eben „pantragischen" Konflikt, der nicht für eine gegenwärtige Rezeption geeignet schien. Infolgedessen wurden die Stücke oft auch mit dem Etikett „unrealistisch" versehen. Hebbel, der eine sehr widersprüchliche Rezeptionsgeschichte auf dem Theater hatte, obwohl er eigentlich immer als Bühnenklassiker galt, geriet daher – von vereinzelten Ausnahmen abgesehen – ziemlich aus dem Horizont der Erbeaneignung in unserem Lande. Dies scheint sich in den letzten Jahren im Zuge einer differenzierten Auseinandersetzung mit dem Erbe in seiner „Weite und Vielfalt" zu verändern. Jedenfalls gibt es Signale, die ein stärkeres Interesse an Hebbel anzeigen.

Für die jüngste Zeit sind in der DDR mehrere maßstabsetzende theatralische Bemühungen um Hebbel festzuhalten, die große Resonanz – auch außerhalb unseres Landes – fanden und auf ihre Art bezeugen, daß sein Werk gegenwärtig Brisanz haben kann. Die Inszenierung der „Nibelungen" 1984 am Staatstheater Dresden (Regie: Wolfgang Engel) unternahm den – auch ästhetisch ambitionierten – Versuch, Hebbels Auseinandersetzung mit dem mythisch-historischen Stoff bis ins 20. Jahrhundert, bis in den Untergang des faschistischen Deutschland, weiterzuführen. Heutige gesellschaftliche Erfahrungen sollten bei der szenischen Interpretation nicht nur schlechthin geistig eingebracht, sondern mit künstlerischer Entschiedenheit dem Text eingeprägt werden. Entsprechend wurde mit Verfremdungen in Raum und Zeit, mit Anachronismen zumal, gearbeitet: Der Untergang der Burgunden z. B. findet nicht nur am Hofe Etzels statt, sondern auch in einem Luftschutzbunker des zweiten Weltkrieges.

Auch die „Judith"-Oper von Siegfried Matthus, nach Hebbel und unter Verwendung von Texten aus Büchern des Alten Testaments, die 1985 an der Komischen Oper Berlin in der Regie von Harry Kupfer uraufgeführt wurde, ist durchdrungen von der aktuellen Sorge um die Erhaltung des

Weltfriedens. Judiths letztes Gebet kulminiert in der Vision: „Laß blühen die Zeiten und den großen Frieden einziehen in das Land."[4] Gleichwohl läßt sich die Botschaft des Werkes nicht allein darauf reduzieren. Zwar erscheint die Tötung des Holofernes als humanistische Tat, denn der Feldherr war „im Begriff, die Welt zu erobern"[5], doch die tragische Auseinandersetzung zwischen den beiden Hauptgestalten hat über Hebbel hinausgehend eine Zuspitzung erfahren: Judith, von Liebe und Haß, von nationalem und religiösem Patriotismus und übergreifendem Humanismus innerlich zerrissen, voller Verzweiflung über ihre geschichtlich notwendige Tat, wird im Finale, obwohl durch das Volk als Befreierin gepriesen, „zerstört".

1986 kam in Weimar Volker Brauns „Siegfried. Frauenprotokolle. Deutscher Furor" heraus, ein Nibelungenstück, das jedoch kaum direkt auf Hebbel Bezug nimmt. Einerseits wird auf den Nibelungenstoff zurückgegriffen und andererseits der Versuch unternommen, die Tragik der Nibelungen im Lichte der weltgeschichtlichen Entwicklung eigenständig und völlig neu zu formen. Nur wenige Verse Hebbels sind in die letzte Szene montiert, in der Trümmerfrauen auf dem Schutt des zweiten Weltkrieges nicht nur die deutsche Geschichte kritisch bilanzieren und eine Warnung vor dem Untergang der Menschheit unter Verweis auf ihre Niederlagen seit der Nibelungenzeit formulieren. Aus der Dramatisierung des Nibelungenliedes, die Hebbel anstrebte, ist bei Volker Braun eine Abrechnung mit der deutschen Geschichte vom Standpunkt eines radikal denkenden und schreibenden materialistischen Dialektikers geworden.

Aufmerksamkeit verdienen ferner die Annäherungen an Hebbels dramatisches Werk durch Franz Xaver Kroetz, der schon in den siebziger Jahren zwei Adaptionen vorgelegt hat, die auch auf dem DDR-Theater zu sehen waren – „Maria Magdalena" (1972) und „Agnes Bernauer" (1976). Kroetz verwendet in beiden Stücken Fabeln und Figuren der Hebbelschen Dramen, verlegt die Handlungen in die bundesdeutsche Wirklichkeit und gibt den dramatischen Konflikten einen aggressiven sozialkritischen Impuls. Die tragische Auseinandersetzung wird auf Grund politischer und sozialer Erfahrungen in der bundesdeutschen Wirk-

lichkeit verschärft, die von Hebbel signalisierte Depravierung der zwischenmenschlichen Beziehungen in der bürgerlichen Welt bis zu ihrer endgültigen Zerstörung gesteigert. In „Maria Magdalena" schlägt das Tragische am Ende ins Groteske um, in „Agnes Bernauer" versucht der Autor, eine an der Arbeiterbewegung orientierte Alternative zu gestalten.
Hinzuweisen wäre auch auf ein Trauerspiel „Judith" von Rolf Hochhuth (1984), der die Judith-Holofernes-Konstellation, allerdings direkt an die biblische Vorlage anknüpfend, auf den zweiten Weltkrieg (Prolog: „Minsk") und auf die weltweite antiamerikanische Friedensbewegung der Gegenwart bezieht. (DDR-Erstaufführung 1985 am Volkstheater Rostock)

„... das Gefühl des vollkommenen Widerspruchs in allen Dingen",[6] nach dem das in den letzten Jahren erwachte Interesse an Hebbel in der Hauptsache zu fragen scheint, prägte Leben und Schaffen Friedrich Hebbels durchweg, auch wenn er etwa seit Herbst 1844 eine „Versöhnung" der erfahrenen Gegensätze nicht nur anstrebte, sondern in seinem praktischen Leben auch partiell erfolgreich realisierte, ohne jedoch dramatischen Konflikten in seinen Stücken die tragische Schärfe zu nehmen. Damit soll sogleich ein Hebbel-Verständnis angedeutet sein, das die vielbeschworene, gelegentlich zu unreflektiert auf die bürgerliche Revolution von 1848 bezogene Wende in Hebbels Biographie zwar nicht ignoriert, aber doch in ihrer Bedeutung für das dramatische Werk relativiert. Denn: Hebbel ist bis zu seinem Tode ein Denker und Dichter geblieben, dessen Kompromisse in keiner Weise zu einer Nivellierung seines kritischen, außerordentlich problembewußten Verhältnisses zum nicht mehr revolutionären Bürgertum und seiner insgesamt durchschnittlichen Lebenswelt führten. Seine späten (nach 1846 entstandenen) Werke sind nicht mit dem Signum klassizistischer „Versöhnung" zu charakterisieren, da ihre Konflikte im Grunde keineswegs „versöhnt" sind, sondern bis aufs äußerste gespannt bleiben. Hier liegt auch die Ursache dafür, daß Hebbels Dramen von einer bürgerlich-harmonisierenden Rezeption nicht vereinnahmt werden konnten und daß auch nicht-bürgerliche Ansätze beträchtliche Schwierigkeiten mit dem oft geradezu als rätselhaft empfundenen Werk des Dichters hatten.

Als „Sohn eines armen Mannes"[7], wie er an Ludwig Uhland schrieb, wurde Christian Friedrich Hebbel am 18. März 1813 in Wesselburen (im Herzogtum Holstein, das damals zu Dänemark gehörte) geboren. Sein Vater, zu dem er nie ein positives Verhältnis entwickeln und der seinerseits kein Verständnis für seinen Sohn aufbringen konnte, war Maurer. Die Situation in der Familie und im abgeschiedenen Dithmarschen überhaupt war für den talentierten jungen Menschen äußerst belastend, so daß er bald bestrebt sein mußte, diesen einengenden Lebenskreis zu verlassen. „... der langjährige Kampf mit den Verhältnissen hat mich so abgemattet", schrieb er 1834, und er befürchtete zugleich: „Meine Seele verliert ihre Spannkraft."[8] Schon in diesen Jahren bildete sich Hebbels Grundtendenz aus, das Leben in seinen Dissonanzen und Aporien zu reflektieren. Dies verlor sich nicht, als er 1835 nach Hamburg ging, um dort seine Ausbildung auf höherem Niveau fortzusetzen. Hier bemühte sich die Schriftstellerin Amalie Schoppe, auch durch Vermittlung zu Verlegern, längere Zeit um Hebbel. Dadurch entstand eine ihn zunehmend bedrückende Beziehung, die durch geistige Verbundenheit und das Gefühl der Dankbarkeit genauso geprägt war wie durch ein immer unbehaglicher werdendes Gefühl einer eigentlich nicht gerechtfertigten Abhängigkeit. Hebbels Lebensverhältnisse blieben auch dadurch kompliziert, daß eine Liebesbeziehung zu der beträchtlich älteren Elise Lensing ihn mehr belastete, als daß sie seine internen Entwicklungsprobleme bewältigen half. Die beiden blieben – was andere gelegentliche erotische Abenteuer Hebbels nicht ausschloß – auf Jahre hin in eine letztlich aussichtslose leidenschaftliche Beziehung verwickelt, die zwischen spontanem, heftigem Verlangen nach Zuneigung und fester Bindung und der Erfahrung einer wechselseitigen Fremdheit ständig schwankte. Wegen der Gegensätzlichkeit der Charaktere und der Lebensansprüche war eine schließliche Lösung Hebbels von Elise unumgänglich – allerdings erst nach jahrelangem Wechsel von Glück und Qual.
In diesen Jahren entstanden erste literarische (vor allem ly-

rische und epische) Versuche, die seit 1836 wirkliche poetische Qualität erkennen ließen und ihm bald auch den berechtigten Ruf eines bedeutenden Lyrikers und Epikers einbrachten. Er begann mit der Führung eines Tagebuches, das zunehmend individuelle und gesellschaftliche Probleme in prononciert denkerischer Weise spiegelt. Viele seiner späteren Leser haben gerade diesen Aufzeichnungen eine außerordentliche Wertschätzung entgegengebracht. Tatsächlich findet sich in diesen Notizen eine Fülle von tiefsinnigen Äußerungen zu Geschichte, Politik, Kultur, entfaltet sich die geistige Flexibilität und sittliche Integrität des Autors bei der weit- und tiefgreifenden Analyse der individuellen menschlichen Existenz in ihrem spannungsvollen Beziehungsreichtum zur gesellschaftlichen Situation und Entwicklung. Daher sind die Tagebücher für die Erkenntnis sowohl von Hebbels Persönlichkeit als auch der zeitgeschichtlichen Verhältnisse eine wertvolle Quelle.

Im Frühjahr 1836 verließ Hebbel Hamburg, um sich nach Aufenthalten in Heidelberg, Straßburg, Stuttgart und Tübingen schließlich im September in München niederzulassen. Hier blieb er über zwei Jahre, trieb Studien, vor allem zur Philosophie und Kultur, ohne sich freilich offiziell als Student an der Universität eingeschrieben zu haben. Zu dem, was später als sein eigentliches Werk erschien, kam Hebbel in diesen Jahren noch nicht, es blieb bei Gedichten, Erzählungen, Aufsätzen, „das Gefühl des vollkommenen Widerspruchs in allen Dingen" schlug noch nicht in die genuine poetische Produktivität eben als Dramatiker um. Zu jenem produktiven „höheren Leben", das er in einem Brief an Elise Lensing vom 12. Mai 1837 als künstlerische Folge seines problematischen Charakters, seiner „Krankheit", begriffen hatte, konnte er noch nicht finden.[9] Die Briefe dieser Jahre sind Dokumente eines widerspruchsvollen Innern, vor allem eines extrem problematischen Verhältnisses zur Umwelt, auch zu Frauen, speziell zu Amalie Schoppe und Elise Lensing. In den Briefen ist die Rede von „Schmerzen" und „Genüssen",[10] da fühlt er sich durch „Schuld" gepeinigt, da spürt er „unendlich viel Zweideutiges in unsrer Natur",[11] bekennt sich zur tiefen „innern Verzweiflung, die die Brust jedes Künstlers beklemmt"[12] und hadert mit sei-

nem poetischen Talent, von dessen Rang er nicht überzeugt ist.
Schließlich stand er innerlich und äußerlich vor dem Ruin. Diese ausweglose Situation kulminierte in der berühmten Fußreise von München nach Hamburg im winterlichen März des Jahres 1839. Dann aber, im Oktober 1839, begann er sein erstes Drama, „Judith", das er schon im Januar 1840 vollendete.
Hebbel interessierte, schon als er sich in München mit dem Judith-Stoff beschäftigte, die „jungfräuliche Seele"[13], welche eine Tat vollbringt, die er als durchaus beispielhaft empfand, obwohl er zugleich im Tagebuch einschränkte: „Dies Wollen und Nicht-Können, dies Tun, was doch kein Handeln ist."[14] Und er machte auch deutlich, daß die Aktionen seiner Heldin nicht in den Kontext der jungdeutschen Bestrebungen für die Emanzipation der Frau gehören.[15] Der Schlüssel für das Verständnis dieser Tragödie, in welcher die Heldin anstelle der Männer durch die mutige Tötung des Feindes Holofernes die bedrohte Heimatstadt Bethulien vor dem Untergang rettet, findet sich in einem Brief an die Schauspielerin Auguste Stich-Crelinger vom 3. April 1840: „Judith und Hol[ofernes] sind ... wahre Individualitäten, dennoch zugleich die Repräsentanten ihrer Völker. Judith ist der schwindelnde Gipfelpunkt des Judentums, jenes Volks, welches mit der Gottheit selbst in persönlicher Beziehung zu stehen glaubte; Holofernes ist das sich überstürzende Heidentum, er faßt in seiner Kraftfülle die letzten Ideen der Geschichte, die Idee der aus dem Schoß der Menschheit zu gebärenden Gottheit, aber er legt seinen Gedanken eine demiurgische Macht bei, er glaubt zu sein, was er denkt. Judentum und Heidentum aber sind wiederum nur Repräsentanten der von Anbeginn in einem unlösbaren Dualismus gespaltenen Menschheit."[16]
Was Schiller in der „Jungfrau von Orleans" noch gelingt: seine Heldin zu einer erhabenen humanistischen Figur zu stilisieren, kann für einen Dichter wie Hebbel nicht mehr in Frage kommen. Eine allgemeingültige positive Tat zu gestalten, war ihm nicht möglich. Judith ist allzusehr in ihren inneren Widersprüchen verstrickt, als daß sie ein aufklärerisches Beispiel abgeben könnte. Hebbel beabsichtigte zwar, „wahre Individualitäten" zu schaffen, die zugleich auch

„Repräsentanten ihrer Völker" sein sollten und auf das Bewußtsein des Publikums einzuwirken imstande wären, doch erreichte er diese Absicht nicht. Während sich Schillers Heldin zu einer erhabenen Seele steigert und vorbildlich im Sinne ihres nationalen Auftrages handelt, gerät Hebbels Figur zwangsläufig in Widerspruch zu ihrem eigenen sittlichen Anspruch. Die Tugend kollidiert mit der realen Geschichte, in der der Mensch nicht mehr im Geiste einer ursprünglichen humanistischen Utopie leben und tätig sein kann. Die Tragik Judiths besteht darin, daß sie zwar die Niederlage ihrer Heimatstadt verhindern kann, zugleich jedoch ihre eigene ethische Integrität verliert und selbst schuldig wird. Ihr ursprünglich reines Interesse an der Tötung des Feindes Holofernes, wie es Hebbel in Übereinstimmung mit der Bibel im 2. Akt motiviert, modifiziert sich bereits im 3., in dem Judith begreift: „Der Weg zu meiner Tat geht durch die Sünde!"[17] Die faszinierende Ausstrahlungskraft des Holofernes auf Frauen ist vom Beginn der dramatischen Handlung an als Gefährdung präsent. Im 5. Akt schließlich spürt sie ihre innere Verunsicherung als Frau. Deshalb unterliegt sie Holofernes, auch wenn er sie letztlich gewaltsam nimmt. Entscheidend ist, daß durch die emotionale Verbindung mit ihm das ursprünglich patriotische Motiv für die Tötung verdrängt und durch ein anderes – durch Haß, weil dieser sie entwürdigt hat – ersetzt wird. Diese Motivdoppelung und die tiefgreifende Ambivalenz in der Judith-Holofernes-Handlung verweisen darauf, daß Hebbels Sicht auf den Menschen und seine Handlungs- und Selbstbehauptungsmöglichkeiten ganz gewiß nicht zu Vereinfachungen oder einem Ausweichen von der realen Kompliziertheit und Widersprüchlichkeit tendierte. Die Befreiungstat Judiths wird zwar positiv exponiert und auch am Ende der dramatischen Handlung als beispielhaftes geschichtliches Handeln bestätigt: „Judith hat ihr Volk befreit! ihr Name werde gepriesen!"[18] Gleichzeitig aber legt Hebbel in seinem „übermütig-wilden Jugendwerk" Wert darauf, daß innerhalb geschichtlicher Aktionen die Widersprüche sowohl im Innern der großen Individuen als auch der geschichtlichen Abläufe in zugespitzten dramatischen Dialogen und Situationen voll zur Geltung kommen.
Auffällig an Hebbels erstem Drama ist auch, daß er weltge-

schichtliche Auseinandersetzungen an die Gedanken und Taten großer Personen bindet. Das Volk von Bethulien ist nicht imstande, die Befreiungstat durchzuführen – im Gegenteil: es möchte dem Holofernes die Tore kampflos öffnen. Und auch dessen Soldaten sind dem Feldherrn völlig ausgeliefert, ohne seine Führung hätten ihre Handlungen keinen Sinn und Wert. Die Sympathie für große historische Gestalten, die – sieht man von „Maria Magdalena" ab – das Personal seiner Tragödien bestimmen, wurzelt – ähnlich wie bei Grabbe – in der durch deprimierende biographische Voraussetzungen verstärkten Erfahrung des Autors, in einer extrem mittelmäßigen Epoche zu leben, die vermeintlich keine aufstrebenden Entwicklungstendenzen mehr erkennen ließ.

Mit „Judith" gelang es Hebbel erstmals, die für ihn unlösbaren Widersprüche, die die Widersprüche seines eigenen Lebens und die seiner Epoche waren, in aller Unversöhnlichkeit zu gestalten. Dabei war der aufklärerische Optimismus nicht mehr zu halten, obwohl Hebbel bis zuletzt darum bemüht blieb.

Hinter die hier zur Geltung gebrachte künstlerische Grundhaltung versuchte er auch später nicht mehr zurückzugehen. So erhob er, als er sein nächstes Drama „Genoveva" (1840/41) schrieb, den Anspruch darauf, daß seine Poesie nicht als „Heftpflaster" zu verstehen sei, das er als Dichter auf die „Wunden" der Menschheit lege, sondern, daß er „offen und ehrlich auf den Riß hindeute", der die menschliche Existenz durchziehe.[19]

Im November 1842 verließ Hebbel Hamburg und suchte beim dänischen König Christian VIII. in Kopenhagen um Unterstützung nach. Er erhielt schließlich ein zweijähriges Stipendium, das ihm eine Bildungsreise nach Frankreich und Italien ermöglichte (1843–1845). Im November 1845 siedelte er sich in Wien an.

In diesen Jahren befestigte Hebbel seine dramenästhetischen Ansichten in einigen Aufsätzen und schrieb sein – mindestens wirkungsgeschichtlich – bedeutendstes Trauerspiel „Maria Magdalena" (1843), das er mit einem Vorwort „betreffend das Verhältnis der dramatischen Kunst zur Zeit und verwandte Punkte" versah (1844). In diesem Vorwort

und einer kurzen Abhandlung „Ein Wort über das Drama"
behandelt Hebbel Grundprobleme seines Schaffens; er untersucht das Verhältnis der dramatischen Kunst zur Wirklichkeit, nimmt eine Funktionsbestimmung der Dramatik
vor und beschreibt ihre spezifischen Gestaltungsgesetze
und Wirkungsmöglichkeiten. Im Mittelpunkt des dramatischen Schaffens, das sich prinzipiell auf den „Lebensprozeß" beziehe, zumal auf die „entscheidenden historischen
Krisen", stehe das widersprüchliche Verhältnis zwischen
Individuum und Gesellschaft, „das Individuum im Kampf
zwischen seinem persönlichen und dem allgemeinen Weltwillen, der die Tat, den Ausdruck der Freiheit, immer
durch die Begebenheit, den Ausdruck der Notwendigkeit,
modifiziert und umgestaltet".[20] Nicht nur im Gebrauch der
Termini versucht Hebbel an die klassische deutsche Tradition anzuknüpfen, sondern auch in der geistigen Fundierung des Dramas: dieses müsse die Spannungen zwischen
Ich und Welt, bezogen auf den geschichtlichen Prozeß, den
Hebbel durchaus zunehmend als einen evolutionär-aufstrebenden Begriff, reproduzieren. Er hebt sich von der klassischen Konzeption allerdings insofern ab, als er dem subjektiven Willen im Vergleich zur historischen Notwendigkeit
weniger schöpferisch-tätigen Spielraum beläßt. Die Kollisionen des Einzelnen mit dem Weltganzen sind von derart
unversöhnlicher Natur, daß er sich – sobald er auf der
Grundlage seines Willens zu handeln beginnt – in unauflösbare Widersprüche verstrickt, aus denen er sich nur mit
tragischen Konsequenzen zu befreien vermag. In dieser Beziehung stehen Hebbels Tragödien auch in der Tradition
der Dramen Kleists, der schon unmittelbar nach der Französischen Revolution die problematische Situation des bürgerlichen Individuums zwischen idealer Erwartung und realer Erfahrung thematisiert hatte. Der relativ abstrakte
allgemeinmenschliche, nicht aufs historisch Konkrete gerichtete Ansatz der Hebbelschen Dramenästhetik, den er in
seinen Überlegungen zum bürgerlichen Trauerspiel ausbaut
und präzisiert, markiert die Leistung dieses Autors, aber
auch, vor allem wenn man nach den realen historischen und
sozialen Determinanten der Konfliktgestaltung fragt, seine
Grenze. Der Transport gesellschaftlicher Erfahrungen
durch – in der Gestaltung allgemeinmenschlicher Probleme

etablierte – poetische Modelle erscheint einem heutigen Betrachter wohl eher als Vorzug, weil er in besonderem Maße geeignet ist, den Texten etwas zu geben, das nicht nur konkret auf die Entstehungszeit bezogen Gültigkeit und Wert besitzt, obwohl Hebbel auf die deutsche Wirklichkeit vor und nach 1848 reagierte und seine Erfahrungen dadurch ihre Prägung erhielten.

Daß Hebbel zwar bemüht ist, den gesamten materiellen und geistigen „Lebensprozeß" zum Ausgangs- und Zielpunkt seines dramatischen Schaffens zu machen, zugleich in Erscheinung tretende Gesetzmäßigkeiten zu gestalten, erhellt auch aus seiner Definition des „bürgerlichen Trauerspiels". Er schreibt: „Das bürgerliche Trauerspiel ist in Deutschland in Mißkredit geraten ... Vornehmlich dadurch, daß man es nicht aus seinen *inneren* ... Elementen, aus der schroffen Geschlossenheit, womit die aller Dialektik unfähigen Individuen sich in dem beschränktesten Kreis gegenüberstehen ..., aufgebaut, sondern es aus allerlei *Äußerlichkeiten*, ... vor allem aber aus dem Zusammenstoßen des dritten Standes mit dem zweiten und ersten in Liebesaffären, zusammengeflickt hat."[21] Die Opposition zum bürgerlichen Trauerspiel von Lessing bis Schiller ist damit evident. Hebbels tragische Konzeption, die nicht von ungefähr auch im Sinne des spätbürgerlichen Existentialismus und seiner Fassung moderner Lebensproblematik gedeutet werden kann, ist dennoch Ausdruck der historisch festzumachenden Erfahrungen des sensiblen Dichters, der nicht nur den Adel, sondern auch schon das Bürgertum als eine nicht mehr perspektivträchtige Klasse erlebte, deren ethische Normen ihn nicht von ihrer Tragfähigkeit überzeugen konnten. Von der Orientierung auf das *„allgemein menschliche"* Geschick[22] her Hebbels Dramatik eines reaktionären Charakters zu bezichtigen, wäre also verfehlt. Nicht revidiert werden kann jedoch das Hebbel-Bild im Hinblick auf die auch schon im Vorwort zur „Maria Magdalena" hervortretende konservative, antirevolutionäre politisch-ideologische Haltung des Dichters, der, bei aller Betonung der unversöhnlichen Widersprüche im „Lebensprozeß" der Gesellschaft, auf eine – klassische – Reformierung durch innere sittliche Erneuerung zielte: „... denn der Mensch dieses Jahrhunderts will nicht ... neue und unerhörte Institutionen, er will nur ein besseres Fundament für die schon vorhandenen, er will, daß sie sich auf nichts als auf Sittlichkeit und Notwendigkeit, die identisch sind, stützen ..."[23] Das Zitat belegt darüber hinaus, daß die konservative humanistische Position Hebbels nicht erst das Ergebnis einer Auseinandersetzung mit der bürgerlichen Revolution von 1848 ist, sondern bereits davor ausgebildet war und die realistische Widerspieglung deutscher Wirklichkeit in „Maria Magdalena" nicht ausschloß.

„Maria Magdalena", das bürgerliche Trauerspiel, nimmt in Hebbels dramatischem Werk aus mehreren Gründen eine besondere Stellung ein. Der Autor wandte sich einmalig keinem mythischen oder historischen Stoff zu, sondern der unmittelbaren Gegenwart – er schrieb ein „zeitgenössisches" Drama, das seine stofflich-inhaltlichen Grundlagen aus dem bürgerlichen Alltag bezog. Die Figuren sind in ihren Gefühlen und Gedanken, in ihren Handlungen durchweg abhängig von den Normen des bürgerlichen Lebens, die aber keiner humanen Ethik, sondern im Grunde nur der herrschenden „öffentlichen Meinung" des deutschen Kleinbürgertums gehorchen, einer Moral, die nichts weiter ist als die Sanktionierung der tradierten Lebensformen. Das Tragische entstehe „aus der bürgerlichen Welt selbst, aus ihrem zähen und in sich selbst begründeten Beharren auf den überlieferten patriarchalischen Anschauungen und ihrer Unfähigkeit, sich in verwickelten Lagen zu helfen"[24], schrieb Hebbel am 11. Dezember 1843 an die Schauspielerin Auguste Stich-Crelinger. Nicht der soziale Gegensatz zwischen Adel und Bürgertum bzw. zwischen feudaler und bürgerlicher Moralität bestimmt – wie im Trauerspiel des ausgehenden 18. Jahrhunderts – die Tragik, sondern die Borniertheit der bürgerlichen Lebenswelt selbst. Die Glücksansprüche der Figuren scheitern an erstarrten, letztlich den Menschen zerstörenden Normen, die im Stück vor allem durch den Tischlermeister Anton repräsentiert werden, der nach der Katastrophe sagt: „Ich verstehe die Welt nicht mehr!"[25]
Im Bewußtsein des deutschen Kleinbürgers Meister Anton ist der „gute Ruf" der Familie durch seine Kinder zerstört worden: Klara ist schwanger geworden, und die rettende

Ehe kommt nicht zustande, Karl gerät in Verdacht, einen Diebstahl begangen zu haben; die öffentliche Meinung der Stadt interessiert sich nicht für die internen Zusammenhänge, sie verurteilt die Menschen, ohne die Wahrheit zu kennen. Dieses Problem wird von Hebbel noch verschärft, indem er in extremer dramatischer Verdichtung nicht so sehr die kleinstädtische Atmosphäre szenisch darstellt und daraus die Tragik ableitet, sondern die Familie des Tischlermeisters von den fragwürdigen kleinbürgerlichen Normen in einem solchen Maße durchdrungen zeigt, daß die bloße Annahme von „Öffentlichkeit" zur Zerstörung führt.

Die Ausweglosigkeit der dramatischen Situationen ist auch dadurch gekennzeichnet, daß keine der Figuren willens und fähig ist, gegen die Normen zu handeln, die eigene Position zu befragen oder sich gar zu korrigieren. Hebbel vermerkt dazu: „Sie alle sind im Recht."[26] So existiert in diesem Drama keine Instanz, die dem tragischen Verlauf eine positive Wendung geben könnte. Alle Figuren gehen von der inneren Berechtigung ihres Auftretens und Verhaltens aus und merken nicht, wie wichtig es wäre, die bürgerlichen Normen des Zusammenlebens in Zweifel zu ziehen.

Die ethischen Ansprüche der aufstrebenden bürgerlichen Literatur – vor allem des Trauerspiels – auf Verwirklichung der sinnlichen und sittlichen Ideale in der gesellschaftlichen Praxis sind zwar mit „Maria Magdalena" von Hebbel nicht zurückgenommen worden, ihre Praktikabilität innerhalb der Entwicklung des 19. Jahrhunderts wird aber doch wesentlich eingeschränkt. Der Realismus des Trauerspiels entsteht aus der sozialen und psychologischen Präzision, mit der die Gestalten und Situationen der bürgerlichen Lebenswelt in ihrer Alternativ- und Perspektivlosigkeit gezeichnet sind. In „Maria Magdalena" sind die klassischen Illusionen über die Durchsetzbarkeit von Humanität im bürgerlichen Alltag zerstört. Hebbel gelang es mit diesem Trauerspiel, seine Auffassungen vom widerspruchsvollen Verhältnis des Individuums zur Gesellschaft sozial-konkret sinnfällig zu machen. Aber: Bei aller durch die beschränkten bürgerlichen Lebensverhältnisse verursachten Tragik, bei allem sozial-kritischen Gestus in der dramatischen Handlung von „Maria Magdalena", auch bei aller Unversöhnlichkeit der Darstellung – der Autor zielt nicht auf eine Abschaffung der „Institutionen", er will nur „ein besseres Fundament".

Auf der Rückreise von Italien nach Deutschland traf Hebbel am 4. November 1845 in Wien ein und verweilte hier, denn in Leipzig, Berlin oder gar in Hamburg sah er keine Chancen mehr, sich als Mensch und Dichter eine Existenz aufzubauen. Mit einer weiteren Unterstützung durch den dänischen König konnte er nicht mehr rechnen, und das Verhältnis zu Elise Lensing, die in Hamburg auf ihn wartete, beunruhigte ihn. Für Hebbel, der während seiner Reise nach Frankreich und Italien gelegentlich geradezu verzweifelt war, nicht an eine Perspektive seines Lebens glaubte („ist mein Leben nur noch ein langes, langes Sterben"), der „sich selbst als Ruine niederbrennen" sah[27], vollzog sich in Wien nun die Lebenswende. Er fand Freunde und eine Frau, die Burgschauspielerin Christine Enghaus, die er im Mai 1846 heiratete und mit der er bis zu seinem Tode zusammenlebte. Alles drängte in ihm auf die Überwindung der Krise seines Lebens, und es gelang nun tatsächlich ein Kompromiß mit der Realität, der ihn zudem nicht unproduktiv machte. Im Gegenteil: Es entstanden jene großen klassischen Dramen, durch die Hebbel zu dem national anerkannten deutschen Dichter wurde, vor allem „Herodes und Mariamne" (1848/49), „Agnes Bernauer" (1851), „Gyges und sein Ring" (1853/54), „Die Nibelungen" (1855/60).

Im Jahr der bürgerlichen Revolution in Europa festigte sich seine Überzeugung, daß bei allem Bekenntnis zu Entwicklung und Erneuerung der „Lebensprozeß" von „Versöhnung und Friede"[28] erfüllt sein müsse, wie er am 1. Mai 1848 an Amalie Schoppe schrieb. Die konservative Tendenz seines Denkens und Dichtens schloß freilich auch ein, daß er fortschrittliche zeitgenössische Bestrebungen, z. B. den Kommunismus, ablehnte, sich vor revolutionären Umwälzungen ängstlich zurückzog und statt dessen „Pietät" vor der Geschichte, vor dem in der Vergangenheit Errungenen forderte. Trotzdem blieb er auch nach 1848 seinen kritischen Schaffensprinzipien treu: bei allem Sinn für eine progressiv-evolutionäre, zugleich jedoch die „Sitte" respektierende Entwicklung der Geschichte, Widersprüche sind im späten Werk genauso konstitutiv wie im frühen. Allerdings verlagerte sich des Autors Interesse – vor allem, wenn man es mit dem ausgeprägten Individualismus der „Judith" oder der unversöhnten Tragik in „Maria Magdalena" vergleicht – sehr entschieden auf eine Art der Lösung der dramatischen Konflikte, die letztlich eine erzwungene Einordnung, d. h. eine Unterordnung des Individuums unter die Gesellschaft widerspiegelt, welche einerseits die Vereinzelung des Menschen und andererseits die Priorität der Notwendigkeit der Geschichte vor dem individuellen Willen manifest werden läßt. Zwar ist das späte Werk Hebbels vom frühen abzuheben, aber nicht in dem undialektischen Sinn, daß das biographische Klischee des mit Frau und Hündchen in einem Häuschen in Gmunden am Traunsee seit 1855 idyllisch lebenden Dichters mit der ideellen und künstlerischen Konzeption der „nachrevolutionären" Dramen zusammenfällt.

In einem Brief an den Verleger Georg von Cotta in Stuttgart hat Hebbel am 10. November 1857 die übergreifende Strategie seiner späten Dramen selbst auf den Punkt gebracht, als er formulierte, „... daß Herodes das Christentum als erhabenstes Kulturinstrument feiert, ... daß Agnes Bernauer den Staat als die Grundbedingung alles menschlichen Gedeihens hinstellt, der jedes Opfer fordern darf, und daß Gyges an die ewigen Rechte der Sitte und des Herkommens mahnt."[29] „Christentum", „Staat" und „Sitte" – das sind die zentralen Kategorien des Hebbelschen Denkens, und sie werden in den genannten Dramen künstlerisch sinnfällig, ohne daß die immanenten Widersprüche bei der gesellschaftlichen Humanisierung auf der Grundlage dieser Wertvorstellungen aufgehoben wären. Sie stellen in ihrer Geschlossenheit als liberale bürgerliche Ideologie eine Herausforderung dar, die auch heute zur kritischen Auseinandersetzung sehr geeignet sein dürfte. Die Position des bürgerlichen Humanisten Hebbel ist also eine konservative, sie ist als Abwehrhaltung entwickelt worden, „in einer Zeit, die alles auf den Kopf stellen und die Welt neu erschaffen möge".[30]

Von den genannten Stücken gilt „Gyges und sein Ring" als Hebbels Meisterwerk, weil es ideologisch und künstlerisch

am reifsten ausgeformt ist, die Problematik d
Dichters am reinsten und vollkommensten zum
chen und szenischen Ausdruck bringt.
Hebbel, der sich ursprünglich nur für die von H dot
überlieferte Anekdote des Königs Kandaules von Lydien,
der dem griechischen Freund Gyges seine schöne Frau
Rhodope zeigt, interessierte, gestaltete ein Drama, das
letztlich „die Idee der Sitte als die alles bedingende und
bindende"[31] bestätigt. Die Tragik dieser höchst stilisierten
Figuren erwächst daraus, daß die beiden Männer vor dem
Gesetz der Sitte schuldig werden, als sie Rhodopes ethische
Integrität verletzen und zerstören. Kandaules ist ein Herrscher, der in seiner politischen Praxis gegen die „alten Heiligtümer"[32] verstößt, der sich dazu bekennt, daß „der frische
Wind an allen Orten"[33] weht. Demgegenüber besteht seine
Gemahlin Rhodope allein auf dem althergebrachten Gesetz
von Sitte und Moral, das durch das Motiv des Schleiers symbolisiert wird. Sie, die nur aus ihrer inneren, echten Empfindung heraus in natürlicher Harmonie mit sich und ihrer
Lebenswelt lebt, wird „befleckt", weil Kandaules Gyges ihre
unverhüllte Schönheit präsentierte. Dieses Bestreben des
Kandaules, es korrespondiert mit seiner grundsätzlichen
Neigung, gegen die Traditionen zu verstoßen, ist dadurch
motiviert, daß er nicht von „Liebe in der Empfindung" erfüllt ist, sondern von „Stolz auf den Besitz"[34]. Dieses Besitzdenken ist für Hebbel ein modernes Lebensproblem, das in
vollem Gegensatz zu der ursprünglich auf ethische Übereinstimmung in den zwischenmenschlichen Beziehungen
zielenden Kommunikation steht. Es ist Ausdruck einer immer tiefer greifenden Krise der menschlichen Existenz
überhaupt, die er in der bürgerlichen Entwicklung des
19. Jahrhunderts registrierte.
Kandaules und Gyges haben sich in Schuld verstrickt, derer sie sich zunehmend bewußt werden, Gyges schneller
als der König. Während für Gyges noch geltend gemacht
werden kann, daß er „das Kleinod dieser Welt zerstört"[35]
hat, ohne sich dessen bewußt zu sein, hat dies Kandaules
mit voller Absicht getan. Er als „moderner" Herrscher ist
in seinen Handlungen geprägt vom Drang, den Besitz an
Macht, in der Handlung vor allem über Rhodope, auch
nach außen hin zu dokumentieren. Die „Befleckung" Rho-

...pes kann nur durch Trennung von den Männern bzw. durch den Tod des Kandaules und schließlich auch durch ihren eigenen Tod gesühnt werden. Sie besteht zunächst auf der Tötung des Kandaules durch Gyges und verspricht diesem die Ehe. Als beide zum Altar der Hestia schreiten, durchsticht sie sich: „Ich bin entsühnt, / Denn keiner sah mich mehr, als dem es ziemte, / Jetzt aber scheide ich mich so von dir!"[36]

Mit diesem Triumph ihrer ethischen Integrität am Ende der Tragödie ist ihr dramatischer Konflikt in höchster Zuspitzung gelöst. Ein solch unerhörter Verstoß der beiden Männer gegen das gesellschaftliche Gesetz darf nicht nur nicht ungesühnt bleiben, er darf darüber hinaus nicht zu einer neuen Beziehung führen, da auch deren Voraussetzungen zutiefst erschüttert worden sind. Innerhalb des Bekenntnisses des Dichters zur tiefen Respektierung der bestehenden ethischen Normen, solange diese sich in Übereinstimmung befinden mit den humanistischen Ansprüchen der Menschen, brechen auch in diesem Drama die Ambivalenz und die Aporien seines Gesellschaftsverständnisses hervor.

Daß „Gyges und sein Ring", obwohl die Handlung „vorgeschichtlich und mythisch"[37] angelegt ist, ein modernes, bürgerliches Problem des 19. Jahrhunderts reflektiert, geht vor allem aus der Figur des Kandaules hervor, der am Ende eine Korrektur seines gegen Tradition und Konvention gerichteten Weltbildes vornimmt. Nicht nur, daß er sein verfehltes Handeln eingesteht, vielmehr ist er auch der Auffassung, daß sein und der Menschheit Dilemma in folgendem begründet sei: „Man soll nicht immer fragen: Was ist ein Ding? Zuweilen auch: Was gilts?"[38] Hebbel orientiert – auch als Antwort auf die materialistischen und antireligiösen Tendenzen in der Mitte des 19. Jahrhunderts – auf die den „Dingen" gegebenen metaphysischen Werte. Einer von ihm wahrgenommenen Gefahr der Problematisierung und schließlich Entwurzelung des menschlichen Daseins versuchte er mit einem entschiedenen Hinweis auf die stabilisierende Funktion der tradierten moralischen Gesetze zu begegnen, um deren Fragwürdigkeit und Begrenztheit er freilich wußte (und die er – was die konkrete geschichtliche Welt des Bürgertums betrifft – in „Maria Magdalena" thematisiert hatte).

Die Verpflichtung gegenüber der „Idee der Sitte als die alles bedingende und bindende" bedeutet indes nicht, daß Hebbel nicht bereit gewesen wäre, gesellschaftliche Veränderungen zu akzeptieren und sich für sie zu engagieren. Und auch der vielzitierte Ausspruch des Kandaules „Nur rühre nimmer an den Schlaf der Welt!" sollte nicht die Augen davor verschließen, daß sich Hebbel auch nach 1848 seine kritische Sicht bewahrt hatte. Vor allem aber ist zu berücksichtigen, daß das Zitat als wesentliche Voraussetzung die Idee von der Entwicklung der Menschheit selbst hat. Denn die Warnung des Kandaules gilt nur den „vorwitzgen Störern", nicht denen, die nach dem Schlaf, am „Morgen", „der sie alle neu ins Dasein ruft", im Leben „höher" streben. Die Zuversicht Hebbels, daß bei aller unbedingten Notwendigkeit, die überlieferten sittlichen Regeln zu achten, die Menschheit sich höher entwickelt, ist bei diesem Zitat mitzudenken. „Der Schlaf der Welt" ist mithin kein reaktionäres Sinnbild für den ewigen Stillstand der menschlichen Geschichte, sondern ist Element eines dialektisch verstandenen „Lebensprozesses". Dem Schlaf kommt in diesem Bild die Funktion zu, die menschlichen Kräfte zu mobilisieren, auch ethisch zu läutern. Menschlicher Fortschritt jedenfalls wird dadurch nicht ausgeschlossen, auch wenn die Intention des „Gyges" auf die „Idee der Sitte" zielt. Aber das ganze Zitat lautet:

„Drum, Gyges, wie dich auch die Lebenswoge
Noch heben mag, sie tut es ganz gewiß
Und höher, als du denkst: vertraue ihr
Und schaudre selbst vor Kronen nicht zurück,
Nur rühre nimmer an den Schlaf der Welt!"[39]

Dem „Schlaf der Welt" steht also das Vertrauen in die menschliche Entwicklung nicht gegenüber, sondern beides geht im dialektischen Denken des späten Hebbel ineinander, das geprägt ist von den progressiven und regressiven Tendenzen der philosophischen Anschauungen im 19. Jahrhundert und gleichsam zwischen Hegel und Schopenhauer oszilliert. Die dramatische Dichtung Hebbels bleibt der Hoffnung auf Fortschritt und Humanismus verpflichtet, hebt sich jedoch von ungebrochener aufklärerischer Fortschrittsgläubigkeit entschieden ab.

Hebbels letztes vollendetes Drama, „Die Nibelungen", zwischen 1855 und 1860 entstanden, beansprucht im späten Schaffen insofern eine besondere Stellung, als er in ihm die etwa im zitierten Brief an Cotta vom 10. November 1857 formulierten, auf „Christentum", „Staat" und „Sitte" gerichteten Intentionen, die von „Herodes" bis zum „Gyges" voll zur Geltung gelangt waren, nicht in gleich starkem Maße hervortreten lassen möchte. Bei diesem Werk ging es ihm zunächst nicht darum, auf Grund seiner Lebenserfahrungen einen bekannten mythisch-poetischen Stoff dramatisch neu zu profilieren. Seine Achtung vor der Größe des „Nibelungenliedes" ließ zunächst seine spezifischen ideellen und künstlerischen Absichten, die sich in den fünfziger Jahren ausgebildet und entfaltet hatten, zurücktreten. An Hermann Marggraff schrieb er am 5. April 1862 in diesem Sinn: „Ich bin demnach nur das Sprachrohr des alten Dichters und will auch auf jede Selbständigkeit mit Vergnügen Verzicht leisten, durchaus nichts anderes sein."[40] Der Respekt vor dem Nibelungenmythos war zwar echt und tiefverwurzelt, aber nicht so konsequent aufrechtzuerhalten, daß eine zunehmende Durchdringung mit spezifischen weltanschaulich-ethischen Positionen Hebbels ausgeschlossen blieb. Daß sich während des Schaffensprozesses, bei aller „Pietät" vor der mittelalterlichen Dichtung, der Nibelungenstoff doch auch zu einer philosophischen Tragödie ausformte, ist der individuellen Betroffenheit des Autors durch das Schicksal der Burgunden, insbesondere Kriemhilds, geschuldet. Je intensiver er sich mit dem Nibelungenstoff beschäftigte, desto mehr verstand er ihn als universelles Sinnbild für menschliches Verhalten überhaupt. Die Tragik der Burgunden wurde so zu einem Modellfall für geschichtliche Prozesse – zu einem Modellfall, an dem sich gegenwärtige Erfahrungen zu bewähren hatten.

Hebbel gliedert das Werk in drei Abteilungen, wobei die erste („Der gehörnte Siegfried") die Exposition darstellt. Danach folgen zwei fünfaktige Dramen („Siegfrieds Tod" und „Kriemhilds Rache"). Die Dichtung besteht insgesamt aus nahezu 5500 Versen. Dem Autor ist es gelungen, die dramatische Handlung der Sage auf die entscheidenden Drehpunkte hin zu verdichten, die Auseinandersetzung zwischen den handlungsbestimmenden Figuren sehr zielstrebig und durch innere Notwendigkeit motiviert zu führen. In der knappen Einleitung werden die wesentlichen Voraussetzungen der Handlung pointiert erhellt sowie das Grundmotiv des Liedes – die Existenz von „kurze[r] Lust" und lange[m] Leid"[41] im menschlichen Leben – angeschlagen.

In „Siegfrieds Tod" konzentriert sich Hebbel zunächst darauf, die Beziehungen zwischen den Figuren klar zu entwickeln, ihnen ein unverwechselbares individuelles Gepräge zu geben sowie die Motive und Begleitumstände für die Tötung Siegfrieds durch Hagen darzustellen. Die Handlung kommt in der Szene vor dem Dom auf den Höhepunkt, als sich Brunhild und Kriemhild streiten, und kurz darauf formuliert Brunhild ihre Rache für den Betrug in der Hochzeitsnacht.

In der dritten Abteilung erfaßt Hebbel die Situation in Burgund, zeigt Etzels Werbung um Kriemhild, motiviert schlüssig ihre Zusage mit der Möglichkeit einer Rache an den Burgunden. Mit dramatischer Wucht und Zielstrebigkeit wird der Untergang der Burgunden wiedergegeben. Schlag auf Schlag vollzieht sich das Geschehen, bis am Ende – wie im mittelalterlichen Lied – Kriemhild selbst noch durch Hildebrant erschlagen wird.

Der Autor legt Wert darauf, daß sich das Gemetzel weit über den ursprünglichen individuellen Anlaß – Kriemhilds Rache – erhebt und zu einem die Völker vernichtenden Chaos in allerdings heidnischer Welt führt. Es ist von „Mord um Mord"[42] die Rede, nicht von heldenhaftem Tun, und die Agierenden verstricken sich gleichermaßen in Schuld, „Schuld in Schuld"[43]. Es ist interessant, daß sich Volker Braun bei seiner Übernahme einiger weniger Verse aus Hebbels Dichtung auf solche Passagen stützt, die den objektiv antihumanistischen Charakter dieses „Krieges" hervortreten lassen. „Sie stehen jenseits der Natur"[44], das ist schon für Hebbel die tragische Grundeinsicht, um so mehr für Volker Braun, der einen Bogen spannt vom katalaunischen Feld über den zweiten Weltkrieg bis zum Jahre 1984.

Hebbel indes entläßt sein Publikum nicht mit diesem schrecklichen blutigen Inferno. In der Gestalt Dietrichs von Bern kontrastiert er den Untergang der Burgunden mit der

Möglichkeit einer humanistischen Neuorientierung der Menschheit durch das Christentum, die sich allerdings für den Dichter als aufgeklärten Vertreter des 19. Jahrhunderts nicht mehr als reale Alternative anbot.

Nach den „Nibelungen", die nach ihrer erfolgreichen Uraufführung in Weimar auch in Wien gespielt wurden und entscheidend zum Ruhm des Dichters beitrugen, beschäftigte ihn – auch im Zusammenhang mit einer stärkeren Bindung an Weimar und seine kulturellen Traditionen – der Demetrius-Stoff, den schon Schiller nicht hatte vollenden können. Eine Übersiedlung nach Weimar zerschlug sich zwar, doch während mehrerer Aufenthalte in der Stadt Goethes und Schillers intensivierte Hebbel seine Beziehung zum klassischen deutschen Humanismus, dem er mit seinen Dramen verpflichtet geblieben war. Zu seinem 50. Geburtstag wurde er ehrenhalber zum Privatbibliothekar des Großherzogs von Sachsen–Weimar ernannt, und kurz vor seinem Tode am 13. Dezember 1863 erreichte ihn die Nachricht von der Verleihung des Schiller-Preises.

Weimar, im Herbst 1987 *Lothar Ehrlich*

---

1 Bertolt Brecht: Schriften zum Theater, Berlin und Weimar 1964, Bd. 2, S. 17–18.
2 A. a. O., Bd. 1, S. 55.
3 A. a. O., Bd. 2, S. 18.
4 Siegfried Matthus: Die Weise von Liebe und Tod des Cornets Christoph Rilke. Judith, Berlin 1987, S. 77.
5 Die Handlung der Oper. Programmheft zur Uraufführung an der Komischen Oper Berlin am 4. Oktober 1985, o. S.
6 An Elise Lensing, 11. April 1837. Friedrich Hebbel: Sämtliche Briefe. Historisch-kritische Ausgabe von Richard Maria Werner, Berlin [o. J.], Bd. 1, S. 191. Die Zitate wurden behutsam der heutigen Rechtschreibung angeglichen.
7 An Ludwig Uhland, 9. August 1832. Friedrich Hebbel: Werke in zwei Bänden. Hrsg. von Karl Pörnbacher, Gerhard Fricke und Werner Keller, München 1978, Bd. 2, S. 491.
8 An Heinrich August Theodor Schacht, 18. Januar 1834. Briefe, Bd. 1, S. 26.
9 „Was Du meine Krankheit nennst, ist zugleich die Quelle meines, wie jedes, höheren Lebens." A. a. O., S. 198.

10 An Elise Lensing, 12. Mai 1837. A. a. O., S. 199.
11 An Elise Lensing, 12. September 1838. A. a. O., S. 299.
12 An Elise Lensing, 5. Oktober 1838. A. a. O., S. 327.
13 Vgl. Friedrich Hebbel: Tagebücher, Historisch-kritische Ausgabe von R[ichard] M[aria] Werner, Berlin o. J., Bd. 2, S. 2 (Nr. 1872).
14 A. a. O., Bd. 1, S. 404 (Nr. 1802).
15 „Judith" sei eine Tragödie, „die sich der Weiber-Emanzipation schroff gegenüber stellt". A. a. O., Bd. 2, S. 107 (Nr. 2324).
16 Briefe, Bd. 2, S. 33.
17 Friedrich Hebbel: Sämtliche Werke. Historisch-kritische Ausgabe, besorgt von Richard Maria Werner, Berlin o. J., Bd. 1, S. 26.
18 Ebenda, S. 79.
19 An Charlotte Rousseau, 27. Juli 1841. Briefe, Bd. 2. S. 112.
20 Werke, Bd. 11, S. 4–5.
21 Ebenda, S. 62.
22 Ebenda, S. 64.
23 Ebenda, S. 43.
24 Briefe, Bd. 2, S. 348.
25 Werke, Bd. 2, S. 71.
26 An Elise Lensing, 5. Dezember 1843. Briefe, Bd. 2, S. 342.
27 An Elise Lensing, 24. März 1844. A. a. O., Bd. 3, S. 55.
28 A. a. O., Bd. 4, S. 103.
29 Briefe, Bd. 6, S. 74.
30 Ebenda, S. 75.
31 An Friedrich von Uechtritz, 14. Dezember 1854. A. a. O., Bd. 5, S. 204.
32 Werke, Bd. 3, S. 242.
33 Ebenda, S. 261.
34 Ebenda, S. 297.
35 Ebenda, S. 315.
36 Ebenda, S. 344.
37 Ebenda, S. 239.
38 Ebenda, S. 335.
39 Ebenda, S. 336.
40 Briefe, Bd. 7, S. 163.
41 Werke, Bd. 4, S. 21.
42 Ebenda, S. 297.
43 Ebenda, S. 315.
44 Ebenda, S. 321.

Zu dieser Ausgabe

Nach einer Ausgabe von Dramen, Schriften und Tagebüchern im Reclam-Verlag vor dreißig Jahren (Hebbels Werke in vier Haupt- und drei Ergänzungsbänden. Hrsg. von Gerhard Fricke. Mit einem Lebensbild und Einleitungen von Siegfried Streller. Leipzig 1957) und neben der seit 1960 mehrfach unverändert wiederaufgelegten, aber vergriffenen Edition in der „Bibliothek Deutscher Klassiker" (Hebbels Werke in drei Bänden. Ausgewählt und eingeleitet von Joachim Müller) ist die vorliegende Auswahl das einzige verlegerische Projekt der letzten Jahre, Hebbels Theatertexte für die Aneignung in unserem Land zur Verfügung zu stellen.

Von wenigen anderen Untersuchungen abgesehen, stellen Joachim Müllers umfangreiche Studien den mit Abstand bemerkenswerten Beitrag der DDR-Germanistik zur Erforschung Hebbels dar, die allzulange in der literaturgeschichtlichen Bewertung den Positionen von Georg Lukács verpflichtet blieb, indem sie das Werk als Teil einer „reaktionären" Kontrastlinie in der deutschen Literaturgeschichte den fortschrittlichen Leistungen der Klassik dualistisch gegenüberstellte. Diese Haltung ist noch – bei allem Bemühen um Differenzierung – in dem Buch „Literaturverhältnisse im deutschen Vormärz" (Berlin 1975) von Rainer Rosenberg zu registrieren: „Hebbels Konzeption des historischen Dramas ist die erste nachromantische theoretisch-programmatische Literaturkonzeption, die sich außerhalb (sic!, L. E.) der Entwicklung der fortschrittlichen deutschen Literatur und Philosophie herausbildete." (S. 141 f.)

Demgegenüber ist der Herausgeber dieser Auswahl nicht bestrebt, sich dem Werk Hebbels mit der Intention zu nähern, es mehr oder weniger als „reaktionär" zu etikettieren, um damit einen gesellschaftlich notwendigen Aneignungsprozeß eher zu behindern als zu befördern. In seinem Nachwort möchte er vielmehr dem Leser einige Denkanstöße vermitteln, die ihn in die Lage versetzen könnten, die Produktivität der angebotenen Texte zu entdecken, und zugleich zu einer weiterführenden Lektüre inspirieren.

Die Grundlage der Ausgabe ist die Edition des Carl Hanser

Verlages München, dem Verlag und Herausgeber für die Erlaubnis zur Übernahme der Texte dankbar sind. (Friedrich Hebbel: Werke in zwei Bänden. Hrsg. von Karl Pörnbacher. Textauswahl von Gerhard Fricke. Anmerkungen von Karl Pörnbacher unter Mitwirkung von Werner Keller. Nachwort von Werner Keller. München 1978) Diese folgt der noch immer verbindlichen historisch-kritischen Ausgabe von Richard Maria Werner (Friedrich Hebbel: Sämmtliche Werke. Historisch-kritische Ausgabe besorgt von Richard Maria Werner. Säkularausgabe, Berlin 1911 ff.), wobei Berichtigungen und Ergänzungen, die durch spätere Editionen erfolgten, berücksichtigt wurden. Die Textgestalt der Vorlagen blieb unangetastet, so daß die editorischen Prinzipien der Hanser-Ausgabe für unsere Auswahl volle Gültigkeit besitzen:

„Unter Wahrung des ursprünglichen Lautstandes (etwa: eilf, fodern, Hülfe) wurde Hebbels Schreibweise behutsam der modernen Orthographie angeglichen (einschließlich der Groß- und Kleinschreibung, der Getrennt- und Zusammenschreibung), die Zeichensetzung wurde nur dort dem heutigen Gebrauch angepaßt, wo nicht satzrhythmisch bedingte Eigenheiten vorliegen."

Bei der Ausarbeitung der – knapp gefaßten – Erläuterungen wurden neben den genannten Editionen dankbar herangezogen: Friedrich Hebbel: Werke. Hrsg. von Gerhard Fricke, Werner Keller und Karl Pörnbacher. München 1963–1967 und die Ausgabe in der „Bibliothek Deutscher Klassiker".

Erläuterungen

Ein Wort über das Drama

Die Schrift entstand während der Arbeit an „Genoveva" zwischen Herbst 1840 und Frühjahr 1841 und erschien im „Morgenblatt für gebildete Leser" vom 25. und 26. Januar 1843. Da sie alle geistigen und ästhetischen Grundansichten Hebbels über das Drama enthält, ist sie – geringfügig der Chronologie widersprechend – der Ausgabe vorangestellt.
In den unmittelbaren Kontext der Abhandlung gehört ein Aufsatz, den Hebbel als Polemik gegen den dänischen Ästhetiker Johann Ludwig Heiberg verfaßt hat. Hebbels Aufsätze erschienen unter dem Titel „Mein Wort über das Drama" im Sommer 1843 als Broschüre. Auf den Abdruck des zweiten Aufsatzes konnte auch deswegen verzichtet werden, weil er über den Aspekt der Auseinandersetzung hinaus keine anderen Äußerungen über die dramatische Gattung enthält.

S. 5 *Nexus:* Zusammenhang.
S. 7 *Napoleon ... nannte:* in Napoleons „Denkwürdigkeiten von Sankt Helena ..." (Stuttgart 1822–1826).
S. 8 *Goethe ... aussprach:* Vgl. Louis-Sébastien Merciers „Neuer Versuch über die Schauspielkunst. Aus dem Französischen. Mit einem Anhang aus Goethes Brieftasche", Leipzig 1776, in der Übersetzung von Heinrich Leopold Wagner: „Jede Form, auch die gefühlteste, hat etwas Unwahres."
Hegel in seiner Ästhetik: Erst nach der Fertigstellung von „Ein Wort über das Drama" setzte sich Hebbel mit seinen Werken – in Kopenhagen von November 1842 bis April 1843 – intensiv auseinander.
S. 9 *Gutzkow:* Hebbel war Karl Gutzkow (1811–1878) in Hamburg begegnet. Gemeint sind folgende Stücke: „Richard Savage oder Der Sohn einer Mutter" (1839), „Werner oder Herz und Welt" (1840), „Patkul" (1841), „Die Schule der Reichen" (1841). Hebbel lehnte die jungdeutsche Literaturtheorie und -praxis, speziell auch Gutzkow, schließlich ab.
S. 10 *Vehikel:* hier: Mittel.
Wienbarg in seiner vortrefflichen Abhandlung: Ludolf Wienbargs (1802–1872) „Die Dramatiker der Jetztzeit" (1839).
Äschylos: Aischylos: ältester der großen griechischen Tragiker (525–456 v. u. Z.).

S. 11 *die nächstens erscheinende Genoveva:* Nach einem Teildruck im „Morgenblatt" (1841) erschien die Buchausgabe erst 1843 bei Hoffmann und Campe in Hamburg.

Judith

„Judith" hat Hebbel zwischen dem 30. Oktober 1839 und dem 28. Januar 1840 gedichtet. Anregungen dazu erhielt er schon während seines Münchner Aufenthaltes (1836–1839). Hier setzte er sich mit Schillers „Jungfrau von Orleans" und dem Buch „Judith" des Alten Testaments auseinander. Die Gestalt war ihm erstmals auf einem Gemälde in der Münchner Kunstsammlung entgegengetreten und hatte ihn sogleich fasziniert. In dieser Zeit entstand auch die Idee, Dramen über Alexander den Großen und Napoleon zu schreiben. Die Holofernes-Gestalt trägt Züge dieser historischen Vorbilder.

Die Uraufführung fand am 6. Juli 1840 auf dem Königlichen Hoftheater in Berlin statt. Das Bühnenmanuskript dokumentiert vor allem eine starke Abweichung des Schlusses gegenüber der Druckfassung, die 1841 bei Hoffmann und Campe erschien. Hebbel entschärfte mit Rücksicht auf zeitgenössische religiöse und sittliche Auffassungen die zwiespältige innere Problematik seiner Heldin: Von der Möglichkeit, daß sie einen Sohn gebären könnte, ist genausowenig die Rede wie von ihren seelischen Verstrickungen überhaupt. Die Tragödie endet mit einer Lobpreisung ihrer Befreiungstat, die als in Übereinstimmung mit dem göttlichen Willen stehend bestätigt wird. Die Handschrift ist nicht überliefert.

Hebbel hält sich im wesentlichen an die durch die Bibel überlieferten Vorgänge, so daß sich im Text durchweg Bezüge auch auf das Buch Judith finden, die in den Erläuterungen nicht alle nachgewiesen sind. Eine markante inhaltliche Korrektur liegt in seiner Motivierung von Judiths Tat: Sie tötet Holofernes schließlich nicht nur, um Bethulien vor dem Untergang zu retten, sondern auch, weil er sie als Frau entwürdigte.

S. 14 *Vorwort:* Der Text war dem Bühnenmanuskript von 1840, nicht aber der Buchausgabe von 1841 beigegeben.

Ebräer: Hebräer.

zurückgalvanisieren: hier: zurückverwandeln.

die neronischen Menschenfackeln: Anspielung auf die unmenschliche Politik des römischen Kaisers Nero (54–68 u. Z.).

Bibel es ... erzählt: im apokryphen Buch „Judith" des Alten Testaments.

S. 15 *Gemälde des Giulio Romano:* Giulio Romano (1499–1546), ita-

lienischer Maler. Später wurde als Schöpfer Domenichino (1581–1641) ermittelt.
vindizierten: vindizieren: beanspruchen; eigentl.: auf Grund von Eigentum gegenüber dem Besitzer beanspruchen.

S. 17 *Baal:* (hebr.) Herr; Gott der Westsemiten.
S. 19 *Nebukadnezar:* assyrischer König.
S. 23 *Moabiter:* östlich des Roten Meeres lebendes Volk.
Ammoniter: östlich des Jordan lebender Stamm.
S. 25 *Mirza:* Judiths Magd heißt in der Bibel Abra.
S. 28 *er hat mich nie berührt:* nicht in der Bibel.
S. 40 *Jonas:* Vgl. das Alte Testament, Prophet Jona, 1. und 2. Kap.
Samuel schlug den Aaron: Vgl. Buch der Richter, 4. Kap.
Auge um Auge: Vgl. 2. Buch Mose, 21. Kap.
S. 41 *Ihr sollt gedenken an Moses:* Vgl. 2. Buch Mose, 17. Kap.
S. 62 *beim Bel zu Babel:* beim Baal zu Babylon; Bel: babyl. Wort für Baal. Vgl. das apokryphe Buch „Vom Bel zu Babel".

Maria Magdalena

Das Trauerspiel geht – wie „Judith" – auf Erlebnisse Hebbels in München zurück, wo er beim Tischlermeister Anton Schwarz wohnte, der ihm das Vorbild für Meister Anton abgab. Hier wurde er mit Geschehnissen konfrontiert, in deren Folge „das ganze ehrbare Bürgerhaus sich verfinsterte" (an Sigmund Engländer am 23. Februar 1863). Erst im Frühjahr 1843 begann der Dichter mit der Ausarbeitung des Dramas, das am 4. Dezember des gleichen Jahres in Paris beendet und zusammen mit dem Vorwort 1844 bei Hoffmann und Campe gedruckt wurde. Eine angestrebte Inszenierung in Berlin kam nicht zustande, weil die Intendanz Anstoß an der Schwangerschaft Klaras nahm. So brachte das Königsberger Stadttheater die Uraufführung am 13. März 1846 heraus.

„Maria Magdalena" ist Hebbels meistgespieltes Drama und gilt allgemein als der Höhepunkt seines Schaffens. Das dürfte allerdings nur dann zutreffend sein, wenn man die aktuelle sozialkritische Tendenz und die realistisch widergespiegelte deutsche Bürgerwelt als entscheidendes Kriterium für eine Bewertung akzeptiert.

Um das Werk über das Genre des zeitgenössischen bürgerlichen Trauerspiels zu heben und ihm eine weite Dimension zu geben, benannte Hebbel es nicht nach Klara, sondern nach der mittelalterlichen Legendengestalt, welche auf das Lukas-Evangelium des Neuen Testaments zurückgeht, wo einer Sünderin von Jesus verziehen wird (7. Kap.).

„Maria Magdalena" ist der ursprüngliche Werktitel. Der Erstdruck enthält auf dem Titelblatt aber die fehlerhafte Schreibung mit „e", die Campe nicht revidierte, obwohl Hebbel dies gefordert hatte. Die Handschrift ist nicht überliefert.

Vorwort zu „Maria Magdalena" betreffend das Verhältnis der dramatischen Kunst zur Zeit und verwandte Punkte

Die Abhandlung schrieb Hebbel im Januar/Februar 1844. Sie bietet neben dem einige Jahre früher entstandenen Aufsatz „Ein Wort über das Drama" sein Programm als Dramatiker.

S. 84 *disjecti membra poetae:* „die zerstückten Glieder des Dichters" (Horaz „Satiren", 1. Buch, 4. Satire, V. 60)

S. 85 *Paganismus:* Heidentum.
Ödip: „König Ödipus", Tragödie des Sophokles (496–406 v. u. Z.)
„Das Leben ein Traum!": Calderóns Drama erschien 1635.

S. 86 *Zergliederer:* Anatom.
anatomische Theater: Hörsaal für anatomische Vorlesungen, der einem antiken Theater ähnelt.
Eduard und Charlotte: Hauptgestalten in Goethes Roman „Die Wahlverwandtschaften" (1809).

S. 87 *Kant:* Immanuel Kant; klassischer deutscher Philosoph (1724–1804).
Spinoza: Benedikt Spinoza, holländischer Philosoph (1632–1677).
Äschylus: Siehe Anm. zu S. 10.
Euripides: jüngster der großen griechischen Tragiker (etwa 480–406 v. u. Z.).
Aristophanes: größter griechischer Komödiendichter (etwa 445 bis nach 388 v. u. Z.)

S. 88 *Spadille:* höchste Trumpfkarte (in einem spanischen Kartenspiel).
akkomodierend: akkomodieren: anpassen.

S. 89 *Vetter von Thespis:* altgriechischer Tragiker, lebte um 550 v. u. Z., zog mit einem Wagen (Thespiskarren) durchs Land.
Paroxysmen: Paroxysmus: höchste Steigerung eines Krankheitsanfalles.

S. 91 *Superfötation:* Überspanntheit.
Der erste Rezensent: Karl Gutzkow im „Telegraph für Deutschland".
Epigrammatie: kurze geistreiche Spruchdichtung.

S. 92 *Juvenalsche Satiren:* Die „Satiren" des römischen Dichters Juvenal (etwa 60–nach 127 u. Z.)
Als Goethe ...: Vgl. seinen Brief an Karl Zelter vom 4. Oktober 1831. Die Formulierung: „Möchte wohl nichts Aufre-

gendes, Tüchtiges, das Menschengeschick Bezwingendes hervorgehen" wurde durch Gedichte Gustav Pfizers (1807–1890) provoziert.

S. 93 *in den Gesprächen mit Eckermann:* Goethe geht in mehreren Gesprächen auf diese Problematik ein, so daß die hier gemeinte Stelle nicht zu verifizieren ist. Am 25. Oktober 1823 äußert er sich z. B. im Hinblick auf die Dramatik über „forcierte Talente".

ein Mitglied: Gustav Pfizer.

Kerner: Justinus Kerner (1786–1862).

S. 94 *Ein berühmter Schauspieler:* Karl Seydelmann (1793–1843).

extemporierend: extemporieren: aus dem Stegreif spielen.

S. 95 *Konvenienz:* Übereinkunft.

S. 96 *Evidenz:* vollständige Klarheit.

S. 99 *Gnomen:* (griech.) Sinnsprüche.

Anthropologie: „Anthropologie in pragmatischer Hinsicht abgefaßt von Immanuel Kant" (Königsberg 1798).

S. 100 *Lyrici:* ironisch für Lyriker.

Baken: Bake: feststehendes Seezeichen.

S. 101 *Immortalitätsapparat:* Immortalität: Unsterblichkeit.

Galvanisierungsversuch: Galvanisierung hier: Verwandlung.

Lessingsche Ausspruch: Vgl. „Hamburgische Dramaturgie" (1767), 24. Stück. Lessing lehnt es ab, den Dichter „vor den Richterstuhl der Geschichte (zu) führen".

Wilhelms des Eroberers: Wilhelm I., König von England (1066–1087).

König Ethelreds: Es könnte entweder Ethelred I. (866–871) oder Ethelred II. (978–1016) gemeint sein.

Krieg der roten Rose mit der weißen: In den sog. Rosenkriegen von 1455 bis 1485 kämpften die Häuser von Lancaster (rote Rose im Wappen) und York (weiße Rose) um den englischen Thron.

Richmonds: Heinrich von Richmond, als Heinrich VII., König von England (1485–1509).

S. 102 *Hohenstaufenbandwürmer:* Gemeint sind Grabbes „Kaiser Friedrich Barbarossa" (1829) und „Heinrich der Sechste" (1830) sowie Immermanns „Kaiser Friedrich der Zweite" (1828).

Walter Scott: schottischer Schriftsteller (1771–1832); gilt als Begründer des historischen Romans in Großbritannien.

Willibald Alexis: Autor historischer Unterhaltungsromane (1798–1871); „Der falsche Woldemar" erschien 1842.

Bänkelsängerstab: Immermann hatte in einem Vorwort zum „Trauerspiel in Tirol" (1828) den sein eigenes Werk erläuternden Autor mit einem Bänkelsänger verglichen.

S. 104 *Malice:* Bosheit.
Tropen: Tropus: bildlicher Ausdruck.
S. 105 *Aesthetici:* ironisch für Ästhetiker.
Embrassement: hier: Versöhnung.
S. 106 *Christian dem Achten von Dänemark:* König von 1839 bis 1848.
S. 109 *Scherben:* Blumentopf.
S. 110 *sieben Jungfrauen ...:* Vgl. das Gleichnis von den zehn, fünf klugen und fünf törichten, Jungfrauen in Matthäus, 25. Kap.
S. 112 *Docke:* Puppe.
S. 113 *Nun danket alle Gott!:* Kirchenlied von Martin Rinckart (1586–1649), um 1630 entstanden.
S. 118 *Falsch wie die Taube ...:* Vgl. Matthäus, 10. Kap.
Mann und Weib: Vgl. Markus, 10. Kap.
S. 123 *Mahlschatz:* Mitgift.
Jakob liebte die Rahel: Vgl. 1. Buch Mose, 29. Kap.
S. 125 *als dem Vater Abraham ...:* Vgl. 1. Buch Mose, 22. Kap.
S. 128 *bosseln:* (niederdt.) kegeln.
S. 134 *Gaudieb:* Gauner.
S. 139 *Fallmeister:* Abdecker.
S. 140 *Justinian:* Justianianus, oströmischer Kaiser (527–565), ließ 529 das Römische Recht gesammelt herausgeben (Corpus juris civilis).
Gajus: Rechtsgelehrter (117–180), Verfasser des Standardwerkes über das römische Zivilrecht.
S. 141 *Lex Julia:* Bezug auf ein Gesetz des Kaisers Augustus (63 v. u. Z.–14 u. Z.), das sich gegen den moralischen Verfall im Staate richtete, indem es Ehen mit Kindern Privilegien einräumte. Seine Tochter Julia wurde wegen ihres sittenlosen Lebenswandels von ihm verbannt.
S. 153 *Martini:* Martinstag, der 11. November.
Rotrock: Gemeint ist der Gerichtsdiener Adam.
Boßel: (niederdt.) Kugel.
S. 155 *Dort bläht ein Schiff die Segel:* Die Verse stammen aus Hebbels Gedicht „Der junge Schiffer" (1836).

Gyges und sein Ring

Die Tragödie entstand zwischen Dezember 1853 und November 1854. Hebbel fand die Anekdote von Kandaules, Rhodope und Gyges zunächst in einem Lexikon und dann in den „Historien" des ältesten griechischen Geschichtsschreibers Herodot (etwa 484–425 v. u. Z.). Eine weitere Quelle ist „Der Staat" von Platon (427–347 v. u. Z.), dessen 2. Buch er das Motiv des Zauberringes entnahm.

Über den Stoff schrieb Hebbel am 12. April 1856 an Friedrich von Uechtritz: „... der uralten Fabel mußte wenigstens in den Voraussetzungen und in der Atmosphäre ihr Recht bleiben, und doch konnte sie nur durch einen Hauch aus der modernen Welt beseelt werden." Nach einem komplizierten Schaffensprozeß gelang dem Dichter eine Tragödie, die in klassischer Strenge und Geschlossenheit – bei allen gestalteten Widersprüchen – „die Idee der Sitte als die alles bedingende und bindende" (an Uechtritz am 14. Dezember 1854) repräsentiert.

Das Drama wurde in Wien bei Tendler gedruckt und – wie der Autor am 13. Januar 1856 an Felix Bamberg schrieb – „stark verkauft". Die Handschrift ist im Bestand des Goethe- und Schiller-Archivs in Weimar.

Eine baldige Uraufführung blieb aus. Hebbel hat den „Gyges" nicht auf der Bühne sehen können, obwohl er sich gerade von ihm große theatralische Wirkung versprach. Heinrich Laube, seit 1849 Intendant des Wiener Burgtheaters, lehnte eine Inszenierung wegen der öffentlichen Beobachtung der unverhüllten Schönheit Rhodopes ab. Die Uraufführung fand erst Jahrzehnte später, am 25. April 1889, im Hofburgtheater Wien statt.

S. 164 *Rhodope:* In Hebbels Quelle hat die Königin keinen Namen. Weitere einzelne Übereinstimmungen und Abweichungen werden im folgenden nicht vermerkt.
Lydien: kleinasiatisches Königreich.
S. 165 *Herakles:* berühmtester Held der griechischen Mythologie, Sohn des Zeus und der Alkmene.
Hephästos: griechischer Gott des Feuers und der Schmiedekunst.
S. 166 *Thetis:* Meeresnymphe, Mutter des Achill, in der Dichtung des Altertums zur Göttin erhoben.
S. 167 *Giganten:* riesenhaftes Volk, Söhne der Gaia.
Minotaurus: Ungeheuer mit menschlichem Körper und Stierkopf.
S. 168 *Dorier ... Jonier:* Angehörige der ältesten griechischen Stämme.
Böotier: Einwohner im mittleren Griechenland.
Ares: Gott des Krieges.
S. 169 *Medea:* Tochter des Königs Aietes; Vorbild aller Zauberinnen.
Thessalien: Landschaft im nördlichen Griechenland.
Kerze: Anachronismus; Kerzen sind erst seit dem 2. Jahrhundert u. Z. nachweisbar.
S. 172 *Erinnyen:* Göttinnen der Rache.
S. 175 *Hermenwächter:* Herme: pfeilerhafte Statuen, die in der Antike an Straßen und Kreuzungen aufgestellt wurden.

Agron ... Alkäos: Die Namen sind aus Herodots „Historien" übernommen.
S. 176 *Dike:* Göttin der Gerechtigkeit, eine der drei Horen; vgl. Anm. zu S. 196.
S. 178 *die alten Drachenhäute:* Anspielung auf Herakles' Sieg über den Drachen Ladon, der mit den Hesperiden die goldenen Äpfel des Paradiesgartens hütete.
S. 179 *Thyrsosstab:* mit Efeu und Weinlaub umwundener Stab, Zeichen des Weingottes Dionysos.
S. 184 *Aktäons Spähn in Artemis:* Aktaion beobachtete Artemis, die Göttin der Jagd, beim Bade, wurde zur Strafe in einen Hirsch verwandelt und dann von den eigenen Hunden getötet.
Aphrodite: Göttin der Liebe und Schönheit.
S. 185 *Parze:* römische Schicksalsgöttin.
S. 186 *Helios:* griechischer Sonnengott.
S. 193 *wie es die Tyndaridentochter schreckte:* Klytaimnestra, Tochter des Tyndareos und der Leda, wurde nach der Ermordung ihres Gatten Agamemnon in einem Traum an ihre Tat erinnert.
Styx: Fluß in der Unterwelt.
S. 194f. *Aphrodite ... den goldnen Gürtel:* Zeichen der magischen Kraft ihrer Liebe; vgl. Homers „Ilias", 14. Gesang.
S. 196 *alle Horen:* die drei griechischen Göttinnen der Jahreszeiten.
S. 197 *Allverknüpferin:* Aphrodite.
S. 205 *erebscher Schatten:* Schatten der Toten in der Unterwelt.
S. 207 *Orkus:* Unterwelt, Totenreich.
S. 208 *kastalscher Quell:* heilende Quelle bei Delphi, benannt nach der Nymphe Kastaleia.
Iris': auf dem Regenbogen zur Erde steigende Götterbotin.
Parnaß: griechischer Gebirgszug, an dem Delphi liegt, Sitz des Apollon, des Gottes des Lichtes, der Künste und der Musen.
S. 216 *Phöbus:* Beiname des Apollon; der Strahlende.
S. 219 *Titan:* Titanen: das alte griechische Göttergeschlecht.
Kronos: einer der Titanen, Vater des Zeus.
Gäa: Gaia: Göttin der lebentragenden Erde.
S. 221 *Briareus:* hundertarmiger, im Meer lebender Riese.
S. 222 *Hestia:* Göttin des Herdfeuers.
S. 223 *Hymenäus:* Hochzeitsgesang, nach Hymenaios, dem Gott der Hochzeit.
S. 224 *Lethe:* Fluß des Vergessens im Totenreich.

Die Nibelungen

Die Idee zur Dramatisierung des um 1200 entstandenen Nibelungenliedes kam Hebbel spätestens, als er im Januar 1853 in Wien die Inszenierung von Ernst Raupachs „Der Nibelungenhort" gesehen und negativ besprochen hatte. Die intensive Beschäftigung mit dem Stoff setzte im Oktober 1855 ein, schritt zunächst zügig fort, wurde dann allerdings abgebrochen. Erst im Februar 1857 konnte Hebbel die „Erste Abteilung" abschließen. Danach arbeitete er nur sehr sporadisch an dem Werk, auch, weil sich sein Verhältnis zum Burgtheater-Intendanten Heinrich Laube verschlechterte. Seit Herbst 1859 dichtete er wieder kontinuierlich, und am 31. März 1860 war das Drama vollendet.

Da sich seit 1858 gute Beziehungen zu Carl Alexander, Großherzog von Sachsen–Weimar, sowie zu Franz Dingelstedt, dem Intendanten des Hoftheaters, entwickelten, konnten hier am 31. Januar „Der gehörnte Siegfried" und „Siegfrieds Tod" und am 18. Mai 1861 „Kriemhilds Rache" – bei Anwesenheit Hebbels – erfolgreich uraufgeführt werden.

Der Erstdruck erschien 1862 bei Hoffmann und Campe. Die Handschrift liegt im Goethe- und Schiller-Archiv in Weimar.

Mit dem Nibelungenlied, das seit der Romantik populär geworden war, setzten sich mehrere deutsche Dramatiker auseinander. Sich vor allem von Friedrich de la Motte-Fouqués „Der Held des Nordens" (1810), Emanuel Geibels „Brunhild" (1857) und Raupachs „Der Nibelungenhort" (1828) abstoßend, bemühte sich Hebbel vor allem darum, „den dramatischen Schatz des Nibelungenliedes für die reale Bühne flüssig zu machen", ohne – wie es seine romantischen und trivialliterarischen Vorgänger versucht hatten – „ein modernes Lebensproblem zu illustrieren". (Vorrede)

Bei seiner Arbeit griff Hebbel auf die Übertragung des „Nibelungenliedes" durch Ludwig Braunfels (Frankfurt am Main 1846) zurück.

S. 228 *Vorrede:* Sie blieb zunächst ungedruckt und wurde zuerst von Emil Kuh in den „Sämtlichen Werken" (1865/67) veröffentlicht.

Nornen: germanische Schicksalsgöttinnen.

Valkyrien: Walküren: germanische Schlachtenjungfrauen.

S. 229 *Äschylos in seiner Klytemnästra:* im ersten Drama der Orestie, „Agamemnon".

Manen: bei den Römern die guten Geister der Toten.

Die in Weimar stattgefundene Darstellung: Gemeint sind die Uraufführungen am 31. Januar und am 18. Mai 1861.

S. 231 *in einem Garten:* bei Amalie Schoppe in Hamburg.

Wie des Odysseus Schar: Vgl. Homers „Odyssee", 11. Gesang.

du erschienst: in der Inszenierung von Raupachs „Der Nibelungenhort" in Wien.
S. 232 *Typhon:* Riese der griech. Mythologie.
S. 235 *Balmungschwinger:* Balmung: Siegfrieds Schwert.
Schweiß: in der Jägersprache: Blut.
S. 238 *Thor:* germanischer Gott des Donners und des Kriegs.
S. 248 *den Kuckuck machen:* sich wiederholen.
S. 254 *Odin:* (nord.) Wodan: oberster germ. Gott.
S. 256 *Hekla:* Vulkan auf Island.
S. 257 *Fafners:* Fafner: Riese in Drachengestalt, der den Nibelungenschatz behütet.
S. 260 *Seeschlange:* die die Erde umfassende Midgardschlange; Midgard: (altgerm.) poetische Bezeichnung für die Erde.
S. 262 *Alf:* (nord.) Alp: gespenstisches Wesen.
S. 264 *blöde:* hier: zurückhaltend.
S. 266 *So steht ein Roland da:* Anachronismus. Bezieht sich auf die mittelalterlichen Rolandsäulen, die Zeichen der Gerichtsbarkeit.
S. 273 *Wittum:* hier: Brautgeschenk.
Alraunenwurzel: im Volksglauben eine glückbringende, menschenähnlich gestaltete Wurzel.
S. 277 *sei der Tod:* Der Tod trifft den, der den Bund verrät.
S. 293 *Bracken:* Bracke: Jagdhund.
zehntet ihn: zwingt ihn zur Abgabe des Zehnten.
S. 302 *der heilge Stephanus:* der erste Märtyrer des Christentums; vgl. die Apostelgeschichte des Lukas, 7. Kap.
S. 303 *Dieser stand einmal:* Vgl. Matthäus, 14. Kap.
S. 308 *Druden:* germ. Nachtgeister, Hexen.
S. 313 *Schwäher:* Schwager.
S. 316 *Schächern:* Schächer: Räuber.
S. 329 *Kloster Lorsch:* bei Worms gelegen.
S. 338 *Treibt ihr den Tod aus?:* Gemeint ist der alte Volksbrauch des Winteraustreibens.
steckt den Lauch: das Aufhängen von Kräutern im Haus, um von ihm Gefahren abzuwenden.
S. 351 *Mautner:* (österr.) Zollbeamter.
Gelfrat: Im „Nibelungenlied" ist Gelfrat kein Fährmann, sondern ein bayrischer Adliger, der von Dankwart erschlagen wird. (26. Abenteuer)
S. 353 *Amelungen:* ostgotisches Königsgeschlecht.
S. 366 *Kronenprobe halten:* Anlegen der würdigsten Krone für die Begrüßung von Gästen.
S. 373 *Salzfaß:* Zeichen der Gastfreundschaft.
S. 374 *glupt:* glupen: (niederdt.) heimtückisch lauern.
S. 378 *Totenschiff:* das Schiff Nagelfare der nordischen Mythologie.

S. 382 *Teufe:* bergmännisch: Tiefe.
Ragnaroke: Ragnarokur: der Jüngste Tag.
S. 383 *Loke:* germ. Gott des Feuers.
S. 397 *Ein Gesicht ... das mich von Rom vertrieb!:* Papst Leo I. (440–461), der Etzel 452 aus Rom vertrieb.
S. 416 *Gral:* wundertätige Schale der mittelalterlichen Literatur.

INHALT

Ein Wort über das Drama 5
Judith 13
   Vorwort 14
Maria Magdalena 83
   Vorwort zu „Maria Magdalena", betreffend das Verhältnis
   der dramatischen Kunst zur Zeit und verwandte Punkte . . 84
Gyges und sein Ring 163
Die Nibelungen 227
   Vorrede 228
   Der gehörnte Siegfried 233
   Siegfrieds Tod 253
   Kriemhilds Rache 327
Nachwort 424
Zu dieser Ausgabe 446
Erläuterungen 448

BELLETRISTIK

GERHART HAUPTMANN
Dramen

Band 1125 · Broschur 3,– M

Gerhart Hauptmanns (1862–1946) erstes Drama, „Vor Sonnenaufgang", löste 1889 einen Theaterskandal aus. Aber sein umstrittenes Werk blieb erfolgreich. Mit ihm hatte sich der „Naturalismus", die „literarische Revolution" der achtziger Jahre, in Deutschland den Boden erobert. – Der Band vereinigt die wichtigsten Dramen aus dem Frühwerk des Dichters: Vor Sonnenaufgang / Die Weber / Der Biberpelz / Fuhrmann Henschel / Die Ratten. Hauptmanns Sympathie gehört den „leidenden, gedrückten Gestalten" aus dem Volk, die ihre Widersacher an Verstand und Herzensgüte allemal übertreffen.

Universal Bibliothek KUNSTWISSENSCHAFTEN

GOTTHOLD EPHRAIM LESSING
Briefe, die neueste Literatur betreffend

Mit einer Dokumentation zur Entstehungs- und Wirkungsgeschichte

Herausgegeben und mit einem Nachwort von W. Albrecht
Band 1187 · Broschur 4,– M

Die „Briefe, die neueste Literatur betreffend" erschienen von 1759 bis 1765 als Wochenblatt. Sie gelten als eines der Hauptwerke aufklärerischer Kritik im 18. Jahrhundert. In der traditionsreichen Briefform – der Fiktion zufolge sind die Briefe an einen im Siebenjährigen Krieg verwundeten Offizier gerichtet – wird ein breites Panorama literarischer Kritik und Reflexion geboten. – Die vorliegende Ausgabe bringt den Anteil Lessings, des Spiritus rector unter den Autoren der Zeitschrift. Ergänzt werden diese Texte durch eine umfangreiche Dokumentation zur Entstehungs- und Wirkungsgeschichte der „Literaturbriefe", die viele Dokumente erstmals zugänglich macht.

Universal Bibliothek

KUNSTWISSENSCHAFTEN

Von der Freien Bühne zum Politischen Theater

Drama und Theater im Spiegel der Kritik

2 Bände

Band 1: 1889–1918
Band 2: 1919–1933

Herausgegeben und mit einer Vorbemerkung
von H. Fetting
Band 1140 und 1141 · Broschur zusammen 10,– M

44 Jahre Berliner Theaterleben, geprägt durch Inszenierungen von Otto Brahm, Max Reinhardt, Leopold Jessner, Erwin Piscator u. a., werden durch Rezensionen aus der zeitgenössischen Tagespresse überliefert. Jeweils drei der damals einflußreichsten Kritiker äußern sich zu Uraufführungen von Gegenwartsautoren (Ibsen, Shaw, Hauptmann, Wedekind, Sternheim, Zuckmayer, Toller, Bronnen, Brecht u. a.) bzw. zu Neuinszenierungen des literarischen Erbes. Ergänzt durch Vorbemerkungen und einleitende Kommentare des Herausgebers sowie eine umfangreiche Biobibliographie der Kritiker entsteht eine einzigartige Dokumentation, ein Beitrag zur Theater-, Presse-, Kultur- und Berlingeschichte.